한국경제
학술총서
04

한국의 장례 문화와 상조업

한길수 지음 | 이문희 옮김

도서출판
해남

한국의 장례 문화와 상조업

초판1쇄 인쇄 2024년 5월 1일
초판1쇄 발행 2024년 5월 10일

저 자 한길수
역 자 이문희
발행인 노현철
발행처 도서출판 해남

출판등록 1995. 5. 10 제 1-1885호
주 소 서울특별시 마포구 마포대로8길 9 영명빌딩 405호
전 화 739-4822 **팩스** 720-4823
이 메 일 haenamin30@naver.com
홈페이지 www.hpub.co.kr

ISBN 978-89-6238-182-5 93330

이 저서는 2021년 대한민국 교육부와 한국학중앙연구원(한국학진흥사업단)을 통해 K학술확산연구소사업의 지원을 받아 수행된 연구임(AKS-2021-KDA-1250002).

한국어판 서문

호주 사람들의 입에 자주 회자되는 말이 있는데, 그것은 어느 누구라도 인간이라면 피할 수 없는 두 가지가 있다는 것이다. 그 두 가지는 바로 세금과 죽음이다. 요즈음처럼 수입은 좀처럼 증가하지 않고 생활비 지출은 치솟는 상황에서, 비교적 많은 세금을 내면서 살아가는 인생이라면 적어도 경제적인 측면에서는 만족스러운 삶이라고 볼 수 있을 것이다. 세금을 많이 내거나 적게 내는 것에는 어느 정도 개인이 선택할 수 있는 측면이 있다. 예를 들어, 세금을 적게 내려고 한다면 그만큼 수입을 줄이면 된다. 마찬가지로, 모든 인간이 맞이하게 되는 죽음의 모습을 그들이 스스로 선택할 수 있는 것은 아니지만, 대부분의 사람들에게 죽음의 모습은 그들이 살아온 삶의 궤적에 따라서 결정되는 측면이 있다. 여하튼 사람들이 세금을 낸다는 것은 나로 하여금 노동의 신성함을 깨우쳐 주고, 모든 사람들이 죽음을 맞이한다는 것은 '인간이 숨쉬는 순간' 또는 살아 있다는 것이 얼마나 고귀한 것인가를 생각하게 한다.

그런데 '산다는 것' 못지않게 죽음도 중요하다고 생각되는 것은 왜일까? 대부분의 종교적 관점에서 보더라도 죽음은 한 사람이 '현세'를 마치고 '내세'로 가는 과정으로 이해된다. 물론 어떤 이들에게 죽음이란 삶의 종지부를 찍는 순간이다. 이 과정이나 마지막 순간 또는 인간의 주검을 관리하는 예식이 장례 절차이다. 어떤 이는 죽어 가는 당사자로서 자신의 장례는 '비싸고 고귀한' 절차로 치러져야 한다는 기대가 있는가 하면, 어떤 이는 '저렴하고 검소하게' 치러지기를 원한다. 아마도 장례식이 비싸게 치러지는 더 흔한 이유는 유족들이 체면치레를 위하거나, 자신들의 만족감을 채우기 위한 것으로 이해된다. 이런 관점에서 한국의 장례 문화, 이대로 좋을까?

"개똥밭에 굴러도 이승이 좋다"는 속담처럼 우리가 살아 숨쉬는 오늘을 귀하게 여기면서, 보람 있고 의미 있는 오늘을 살고 싶다는 생각을 하며 한국어 번역판의 출판을 들뜬 마음으로 기다린다. 뜬금없는 이야기가 될 수 있지만, 한 사람이 보람 있게 살기 위해서는 개인의 노력과 더불어 국가나 사회가 적절한 역할을 다함으로써, 관련 공동체가 구성원들의 삶을 적극적으로 도와주어야 한다. 이는 비교적 단순한 경제적 지원뿐만 아니라, 교육, 문화, 복지 등의 총체적이고 전인적인 지원이 동반되어야 한다는 것이다. 이런 관점에서 오늘의 한국 사회는 잠시 무방비 사회가 된 듯하여 안타깝기 그지없다. 한 발 후퇴한 듯한 현재의 모습을 극복하고 재도약하는 날이 곧 도래하기를 바라는 마음 간절하다.

이 책이 출간되기까지에는 많은 분들의 도움이 있었다. 먼저, 이 책의 번역의 필요성을 공감해 주시고 출판이 가능하도록 적극적으로 도와주신 서울대학교의 조영준 교수에게 감사를 표한다. 한국의 경제 발전 과정에서 성취와 더불어 크게 변화한 것이 한국의 장례 문화인데, 이것에 대한 고찰이 필요하다는 그의 소견이 있었던 것으로 이해한다. 이 연구에 앞서 죽음과 장례에 대하여 고민하고 연구한 학자들, 그리고 본 연구를 위하여 자문해 주신 장례 산업계의 많은 분들께 다시 감사드린다. 해외 한국학자가 쓴 책을 한국어로 번역하는 과정은 그 나름대로 어렵고 복잡한 과정이다. 저자의 부족함을 보충하며 정성을 다하여 매끄럽게 번역을 해 주신 이문희 선생에게 고마움을 표한다. 학술적인 책의 중요성을 고집하시며 흔쾌히 출판을 허락해 주신 도서출판 해남의 노현철 대표께도 고마움을 전한다. 출판 준비 과정에서 여러모로 힘써 주신 서울대학교 한국경제와 K학술확산 연구센터의 박종령 선생에게도 감사를 표한다.

2024년 4월

호주 콜필드 이스트

한길수

호주 멜버른, 모나쉬 대학교

서문

1990년대 중반 시드니 한인 사회의 건강 결정 요인과 의약품 사용에 관한 연구과제를 수행하면서, 나는 당시 유일하였던 한인 장례지도사를 연구 참여자로 포함시켰다. 그는 매우 전문적이었고 자기 일에 헌신적이었다. 나는 그의 열정에 완전히 감탄하였고, 깊이 감동하였다. 하지만 너무 긴장해서 인터뷰하는 동안 잊어버리고 녹음기를 켜놓지 않았다. 그런 실수는 내 연구 경력 동안 처음이자 마지막이었다. 그 인터뷰가 지금까지 했던 인터뷰 중 가장 기억에 남는 또 하나의 이유는 그가 가르쳐 준 삶의 의미와 가치 때문이다. 장례 산업을 통해 삶의 소중함을 알게 된 역설적인 순간이었다. 그때의 경험이 장례 의식에 관한 연구를 하게 되는 일로 이어질 거라는 사실을 당시에는 알지 못하였다. 장례에 대해 생각하게 된 또 하나의 계기는 1990년대 한 학자로부터 들은 이야기이다. 그는 당시 추모사를 연구하고 있었고, 다양한 관을 판매하는 장례식장을 방문 중이었다. 그곳에서 그는 부드러운 면과 솜털로 가득 찬, 세워 놓은 관을 소개받았다. 장의사는 느낌이 좋을 거라며 직접 한 번 들어가 보라고 권유하였다. 그는 장의사와의 친밀감을 형성하기 위해 내키지는 않았지만 관에 들어가 보았다고 한다. 죽음에 관한 소식과 이야기는 잠시나마 다른 어떤 것보다도 생생하게 우리의 뇌리에 남게 되는 것 같다. 그의 죽음 연구에 대한 나의 관심도 한동안 내 머릿속에 남아 있었다.

그러나 이 책을 쓰기 시작한 직접적인 계기가 된 사건은 다음과 같다. 고국을 떠나 새로운 나라에서 이민자로 살면서, 나는 특히 저녁에 설거지하면서 한국 텔레비전 뉴스를 통해 고국의 소식을 듣는 일을 즐겼다. 모바일 앱에서 보는 TV 뉴스는 인터넷 뉴스와는 조금 다르게 한국 소식을 전달하는 면이 있다. 뉴스 자체도 그렇지만, 한국인들이 무엇을 원하고, 다른 사람들의 요구를 어떻게 기꺼이 충족하는지가 드러나는 상업 광고들이야말로, 한국 사회를 적나라하게 표현하면서 나에게는 지속적인 놀라움의 대상이다. 어느 날 한 장례 서비스 광고를 보고, 나는 '기절할 듯이 놀랐고' 완전히 넋이 나갔다. 내가 듣고 본 것을 도저히 믿을 수가 없었다. 한 장례 전문가가 장례 서비스를 통해 많은 돈을 벌었다고 자랑하고 있었던 것이다(제5장 참조). 이 사건은 내가 아직도 한국 사회에 대해 잘 모른다는 것을 깨닫게 해주었고, 나는 장례 의식이라는 주제를 통해 한국을 더 잘 이해하기 위해 노력하기로 결심하였다. 인간의 죽음이 이미 나에게 중요한 성찰의 주제가 되었다는 것을 인정하게 된 것이다.

한국 이민자들은 새로운 통신 기술을 통해 다양한 방법으로 고국의 친구들과 연락할 수 있고, 한국의 뉴스에도 쉽고 빠르게 접근할 수 있다. 그러함에도 오랜 친구들, 친척들, 그리고 '조국'의 변화와 직접 다시 접촉할 수 있는 한국 방문은 여전히 특별하다. 그러나 사랑하는 사람을 잃어 한국을 긴급 방문해야 하는 상황은 다르다. 고국으로 향하는 여정에서도 마음이 무겁다. 그런 여행을 하였던 지인 중 1명은 아버지의 장례식에서 자신이 할 수 있는 일이 거의 또는 전혀 없다는 사실에 황당해하였다. 그 모든 편리함에도 불구하고, 그는 장례식에 대한 통제권이 자식에게 주어지지 않는 점, 더 구체적으로는 장례 서비스가 너무나도 상업화되어 있는 점에 실망하였다. 그의 경험은 나 자신의 경험과도 다르지 않다. 우리의 경험에는 어떤 가치가 빠져 있으며, 그렇다면 마지막 의례를 진행하는 바람직한 방법은 무엇인가? 이는 인류 역사에서도 중요한 문제이다.

나의 지적인 여정은 호주의 한인 이민자로서 개인적인 여정과도 밀접하게 닿아 있다. 1980년대 중반 내가 고국을 떠난 이후, 한국은 OECD의 문턱을 넘기 위한 준비로 바빴다. 나는 한국이 사회적, 경제적, 정치적으로 발전하는 것을 계속 지켜보았다. 나의 한국 중심적인 견해에 의하면, 한국인들은 자원 부족과 한반도에서 또 다른 내전이 발생할 위험 등 온갖 역경 속에서도 부지런히 일해 왔다. 그래서 한국이 국제 사회에서 정치적, 경제적 지위를 계속 향상시킨 사실을 거의 당연하다고 여겼다. 그러나 영국 출신의 한 동료는 그의 출신국이 국제 사회에서 경제적, 정치적 강국의 지위를 계속 잃어 가고 있다고 말하였다. 이 흥미로운 대비는 내가 한국계 호주인으로서 정체성을 형성해 온 방식에 영향을 미쳤다. 그러면서 머릿속에는 다음의 질문들이 종종 떠올랐다. 한국은 어떤 방식으로 더 나은 사회를 위해 발전해 왔는가? 그 과정에서 그들의 삶과 역사에 오랫동안 중요한 부분을 차지하였던 위대한 가치와 관계에 대한 통제력을 어떻게 잃어 가는가? 간단히 말해서, '잘한 것은 무엇이고, 그렇게 잘하지 못한 것은 무엇인가?'라는 의문을 품기 시작한 것이다. 그렇다면, 현대 장례 의식을 통해 급변하는 한국 사회와 한국인의 삶을 이해할 수 있는 방법은 무엇일까?

미디어 뉴스 리포트의 출처

이 책에서 분석한 자료 대부분은 한국의 언론 보도 내용이다. 어떤 부분에서는 참조 뉴스 출처를 자세히 밝히고 이에 대해 길게 논의하였다. 이 경우, 언론 보도에서 가져온 모든 뉴스 출처에 대해 한 줄 한 줄 표시하는 것은 부자연스럽다. 독자들이 읽기에도 불편할 것이다. 『파이낸셜뉴스』나 『연합뉴스』처럼, 어떤 뉴스 매체들은 한국 밖에서도 잘 알려져 있고 한국어를 사용하지 않는 사람들도 쉽게 알아볼 수 있다. 이 경우, 한국어 표기는 따로 하지 않았고, 영어 명칭만 사용하였다. 그렇지 않은 경우에는 한국어 이름과 영문 번역을 함께 병기하였다. 예를 들어, 『밝은미래뉴스』(Bright Future News)와 같이 표기하였다. 본문 안에 삽입된 참조 사항에는 인용된 저자의 전체 이름을 표기한 경우도 있다. 이는 한국의 인명에 김씨와 이씨처럼 수가 압도적으로 많은 성씨가 있기 때문이다.

환율은 당연히 변동한다. 한국의 자료에서 찾은 금융 가치는 모두 1,000원을 1달러 기준으로 달러 가치로 환산하여 표현하였다. 이를 통해 한국 자료 발간 당시 원화의 가치를 쉽게 알 수 있을 것이다. 독자의 편의를 위해 정리하자면, 2018년 12월 14일 현재 1달러는 1,134원, 1호주달러는 813원에 해당한다.

호주 콜필드 이스트

한길수

감사의 말

본 연구는 대한민국 교육부와 한국학중앙연구원 한국학진흥사업단의 한국학세계화랩사업의 지원을 받았다(AKS-2018-LAB-2250001). 모나쉬대학교 인문학부에서는 감사하게도 한국에서의 현지 조사와 원고 작성에 전념할 수 있는 기간을 허락해 주었다. 특히 모나쉬대학교 한국학 사서 김정심 선생님께 감사드린다. 모나쉬대학의 한국학 학자들은 자신이 어떤 요구를 하든 한국 관련 자료에 대해서라면 확실하게 지원해 주시는 선생님의 헌신과 열정을 잘 알고 있다. 선생님은 자신의 역할에 대한 개인적인 열정뿐만 아니라 전문가다운 기법으로도 내 연구에 큰 도움을 주셨다. 실제로, 선생님께서 내 연구를 지원해 주신 덕분에 충분한 자료를 얻을 수 있었고, 그 결과 이 주제에 관한 한국의 학술 연구에 대해 깊이 이해할 수 있었다.

스프링어(Springer)의 커미셔닝 에디터 일라리아 워커(Ilaria Walker)와 편집장 닉 멜키오르(Nick Melchior)는 초기에 책의 잠재적 가치를 인정하고 계획을 진행하도록 격려해 주었다. 그들의 지지로 원고의 실제적인 준비를 시작하였고, 그들의 격려는 지난 몇 년 동안 집필을 이어 가는 데 큰 도움이 되었다.

익명의 검토자 4명이 원고의 구조를 좀 더 일관되게 재설계하도록 조언해 주었다. 그 결과 전환기 한국 사회에 대한 배경을 한 장으로 구성하고, 원래 계획하였던 한국 사회의 높은 자살률에 대한 장은 폐기되었다. 캐런 이스트게이트 댄(Caron Eastgate Dann)은 나의 영어 표현을 개선해 주었고, 원고 완성 과정에서 절실히 필요한 지적 동반자의 역할을 해 주었다. 제5장은 이전에 이미 출판된 장례자본주의에 관한 나의 논문을 수정하고 확장한 것이다. 하와이대학교(University of Hawaii)에서 발행하는 한국학 저널인 *Korean Studies*의 편집자가 감사하게도 원래 이 학술지에 실렸던 논문 내용을 다시 사용할 수 있도록 허락해 주었다.

나는 이 책의 내용 일부를 호주아시아 한국학회의 학술대회(Korean Studies Association of Australasia Conference)와 호주국립대학교 한국학연구소(Korea Institute at the Australian National University)에서 발표하였다. 이 당시 피드백을 제공해 준 청중에게도 감사의 뜻을 표한다. 특히 내 주장에 대한 사려 깊은 논평을 해 준 로알드 말리앙카이(Roald Maliangkay)에게 감사한다. 한국 현지 조사 당시, 바쁜 일정 중에도 틈을 내어 대중교통으로는 쉽게 접근할 수 없었던 화장장과 추모공원을 안내해 준 지영주 님, 신경환 님에게도 감사의 마음을 전한다. 이들은 한국의 장례 의식에 대한 깊이 있는 견해와 질문을 기꺼이 공유해 주었다. 또한 화장장과 추모공원에서 일하는 많은 전문가들도 오랫동안 축적한 한국 장례 의식에 대한 지식을 나에게 가르쳐 주었다. 시간과 지식과 견해를 아낌없이 나에게 공유해 준 이분들께도 큰 빚을 졌다. 이들과 이들이 근무하는 회사의 프라이버시 보호 차원에서 실명은 생략하도록 하겠다. 가능한 한 최선의 방법으로 인간의 마지막 여행을 준비하는 이들의 전문성과 일에 대한 헌신은 매우 존경스럽다.

학자로서 지내는 동안, 조이(Joy)와 오스카(Oscar)는 나의 지적인 여정에서 영감과 인내심, 그리고 열정의 원천이었다. 또한 나의 평생 친구이자 파트너인 성숙 님에게도 지적인 성찰과 삶에 대한 매우 귀중한 관점을 기꺼이 나와 공유해 준 것에 감사한다. 그녀는 자신만의 방식으로 내 생각을 더 잘 전달할 수 있도록 도왔고, 건설적인 비판도 아끼지 않았다.

차례

제1장

서론

인생은 태어나고, 자라고, 성숙해지고, 늙고, 병들고, 죽어서 작별하는 여정이다. 모든 인간의 생명은 소중하므로, 누군가에게 죽음에 대해 생각하고 대비하라고 요구하는 것은 무례하다. 죽음을 생각하는 이유는 모든 인간이 가치 있는 삶을 살고자 하는 욕망을 품고 있기 때문이다. 좋은 삶을 사는 것이 아마도 좋은 죽음을 위한 전제조건일 것이다. 모든 종교는 인간의 죽음 이후에 벌어질 일에 대한 해법을 제공한다. 죽음이 발생하면, 죽은 시체를 처리하고, 묻고, 추모하는 일이 의례의 핵심이 되며 이를 살아 있는 사람이 맡는다.

한국의 일간지 『조선일보』는 한국의 대학에서 일하는 아일랜드 학자 워렌 닐랜드(Warren Neiland)가 한국의 장례식에 참석하여 관찰한 내용을 보도하였다. 닐랜드의 할머니는 21년간 파킨슨병을 앓았고, 81세의 나이로 생애가 끝날 무렵에는 폐렴을 앓았다. 닐랜드는 할머니의 마지막 10년이 비슷한 상황에 있는 한국의 할머니보다 훨씬 더 편안했다고 말하였다. 아일랜드 정부는 할머니가 집에 머물 수 있도록 1주일에 2-3번 의료 전문가들을 보내 주었다. 이모가 20년 넘게 가까이에서 할머니를 돌보았고, 정부는 이모에게 보상하였다. 할머니는 마지막 2-3주 동안 친척들에게 작별 인사를 하며 보냈다. 그녀가 죽은 후, 3일간의 애도와 장례식이 있었다. 첫째 날은 가족과 작별하고, 둘째 날은 이웃과 지인들이 작별 인사를 하러 왔고, 관을 교회로 운반하였다. 셋째 날에는 교회에서 추도예배를 드렸다. 지역 주민들이 영구차가 묘지까지 가는 동안 동행하였고, 뒤이어 펍에서 간단한 음식과 맥주를 마시며 경야(經夜)를 치렀다. 추모객들은 교회와 펍에 장식된 추모 사진을 보며 대화를 나누었다. 장남이 추도예배에서 추도사를 읽었다. 닐랜드는 장례가 이루어진 3일 동안 주인공은 할머니였다고 강조한다.

그는 한국의 장례 의식을 관찰하고 무엇을 느꼈을까? 닐랜드는 한국을 사랑하지만, 죽음이나 장례를 다루는 한국 방식은 채택하고 싶지 않다고 말한다. 불만스러운 점이 많다. 예를 들면, 요양보호사는 병원 입원실의 환자 옆 간이침대에서 불편하게 자고, 조문객이 몰려들고, 한편에서는 흰 봉투에서 조의금(5만-10만 원)을 꺼내 세고 있고, 상주와 조문객은 고인과는 관련 없는 이야기를 나누고 있으며, 'X사의 CEO'라고 분명히 표시된 여러 개의 입식 화환이 늘어서 있다. 닐랜드는 화장장에서 유족이 대기표를 들고 있고, 사랑하는 사람조차 시신을 보기 위해 차례를 기다려야 한다는 점이 가장 충격적이었다. 그는 생의 마지막 의식이 유족을 위한 사적인 장소에서의 사적인 경험이 되어야 한다고 생각하였지만, 화장장은 마치 패스트푸드 음식점 같았다. 기사의 끝에 닐랜드는 자신의 소회를 밝혔다. 아일랜드에서 사람이 죽으면, 죽음을 애도하고 고인에게 경의를 표한다며, 닐랜드는 한국에서 장례식에 참석한 날이 그의 인생에서 가장 슬픈 날이었다고 하였다. 복지 서비스가 부족한 것도 사실이겠지만, 그것만이 문제의 전부는 아니라는 것이다.[1]

닐랜드는 현대 한국의 장례 문화와 아일랜드 장례 문화를 비교하였다. 마찬가지로, 한국인이 양국의 장례 문화를 비교한다면, 아일랜드 장례 의식의 어떤 점은 바람직하다고 생각하겠지만, 많은 부분을 이상하게 여겼을 것이다. 문화적으로 우월하거나 열등한 장례 문화는 있을 수 없다. 장례 문화는 단지 특정한 시간과 장소의 일반적인 생산 양식과 관계를 반영할 뿐이다. 하지만 우리는 널리 퍼져 있는 문화에 대해 비판적인 입장을 취하고, 특히 동시대의 문화에 대해 성찰할 수 있어야 한다.

---

1 「[한국인의 마지막 10년] [2부·2] "번호표 뽑는 화장터·현찰 세는 장례식장 … 패스트푸드점 같은 한국 장례 풍경 충격"」, 『조선일보』 2018년 9월 2일자.

천선영은 한국의 한 종합병원을 건축한 외국인 건축가에 관한 『조선일보』의 기사에 주목하였다(천선영 2014: 316). 천선영이 발췌한 보도 내용은 다음과 같다.

> "한국 병원은 '요람에서 무덤까지'라는 구호를 실천하는 공간 같아요." 한국의 대형 병원 건물 설계 프로젝트에 참여하였던 외국 설계사가 웃으면서 던진 말이란다. 산부인과부터 장례식장까지 한 빌딩에 있는 한국의 '백화점식' 종합병원은 이방인에게는 낯선 공간이다. … (한국의 종합병원은) 의료 선진국의 현대식 유명 병원과 겉모습은 거의 비슷하다. '한국형 종합병원'을 완성하는 결정적인 요소는 한국만의 내부 공간. 그중에서도 외국인들이 가장 신기하게 보는 공간이 장례식장이다.
> 병원 장례식장은 세계 어디서도 볼 수 없는 한국인의 특이한 장례 문화를 수용한 '서비스 공간'인 동시에 병원의 입장에서는 가장 많은 수익을 올릴 수 있는 '이익 창출 공간'이다. 건축사 박인수 씨는 "그 나라의 독특한 문화를 보여 주는 건물이 관혼상제와 관련된 건물인데, 그중에서도 한국의 병원 장례식장은 다른 나라에서는 유례를 찾을 수 없는 형태"라고 말한다.[2]

병원 안에 위치한 장례식장이 왜 이리도 불편하게 느껴질까? 병원이 인간의 출생과 의학 치료의 상징이 되어야 하기 때문일까? 결국, 현대 사회에서의 병원은 대다수 사람의 사망이 선언되는 곳이다. 어쩌면 우리는, 인간의 생명이 너무도 소중한 것이어서, 병원은 당연히 삶과 죽음이 함께 다루어질 수 없는 공간이라고 여기고 있는지도 모른다. 아니면, 죽음과 장례에 대한 인식이 너무나 어둡고 비인간적이어서 병원은 죽은 자들을 위한 장소가 아니라고 생각하는지도 모른다. 하지만 나는 삶이 소중하듯 모든 사람의 죽음이 존엄해

2 「[한국만의 건축] '요람에서 무덤까지' 책임지는 한국 병원 최후의 서비스·최대의 수익 창출 공간」, 『조선일보』 2009년 6월 10일자.

야 한다고 생각한다. 그리고 한국의 병원이 병자의 치료와 죽은 자의 마지막 긴 여행을 배웅하는 두 가지 역할을 모두 수용하고 있는 점이 오히려 적절하다고 생각한다. 실제로 한국의 병원은 삶의 두 가지 형태, 즉 살아 있는 형태와 죽은 형태를 모두 취급한다. 죽은 자는 단순히 물질이 아니고, 우리는 모두 제대로 된 마지막 여행을 할 자격이 있다. 이것이 이 책의 시작점이다. 장례 서비스는 계속해서 전문화되어 왔고, 이는 확실히 바람직한 일이다. 그러나 나는 현대 사회 곳곳에서 장례를 이용해 이익을 취하는 데 골몰하고 있는 것이 불편하다. 그리고 이런 우려가 있는 곳이 한국뿐만은 아니다. 안타깝게도, 장례식은 세계화 시대에 전 지구적인 사업이 되었다.

왜 묘지와 장례 의식이 인간의 삶에서 중요한 문제인가? 2014년 4월 16일 세월호 침몰 사고는 304명의 목숨을 앗아갔고 전 국민이 애도한 비극적인 사건이었다. 많은 추모식이 열렸다. 하지만 사랑하는 사람의 시신을 수습하지 못한 아홉 가족은 무엇을 할 수 있을까?[3] 난파된 세월호는 2017년 바다에서 인양되었고, 이때 희생자 4명의 유해가 추가로 수습되었다. 그러나 2018년 5월 현재까지 미수습 시신이 5구나 남아 있다. 시신이 없어 사랑하는 이와 제대로 작별하지 못한 유족은 계속 고통을 받는다. 이는 전쟁에서 사망한 것으로 추정되는 군인의 가족이 '사랑하는 사람을 묘지가 아닌 가슴에 묻고', 가족을 잃은 슬픔과 '제대로' 애도하지 못한 한이 자신의 죽음까지 이어지는 것과 유사하다.

사회를 이해하는 방법은 많지만, 장례 의식도 특정 사회에 대해 많은 것을 말해 준다. 특히 사회가 일련의 의식들로 이루어져 있다는 사실을 고려할

---

3 「세월호 '마지막 수색'했지만 … 미수습자 5명 흔적 못 찾아」, 『한겨레』 2018년 10월 19일자.

때 그렇다(Hockey 2002: 216; Bloch and Parry 1982; 둘 다 Oliver 2004: 237에서 재인용). 한국 사회도 예외가 아니다. 아마도 인류 역사상 어느 시대에나 사람들은 장례식이 혹시라도 품위가 부족할까 걱정하였을 것이다. 예를 들어, 부당한 이유로 사망하거나, 제대로 된, 또는 원하는 장례식을 치를 자원의 부족 등 다양한 이유가 우려의 중심에 있었을 것이다. 21세기 초반을 살아가는 사람에게 인간 생명의 가치가 시간이 갈수록 점점 하락할지도 모른다는 우려는, 특히 시장경제의 신자유주의적 전통의 맥락에서 기우가 아니다. 그런데도 동서양 모두에서 장례 의식의 중요성에 관한 관심은 계속 높은 것으로 보인다. 왜 그럴까? 이것이 이 책에서 탐구해야 할 중요한 질문이다.

1. 왜 죽음과 장례를 연구하는가?

나는 초등학교에 입학하기도 전에 화려하게 장식된 한국의 상여가 돌아가신 할아버지를 모시기 위해 우리 집 앞마당에 서 있는 것을 본 적이 있다. 그것은 내게 공포의 대상이었다. 할아버지는 나를 사랑하셨고 자랑스러워하셨지만, 죽음이 우리를 갈라놓았고, 내 마음속에는 두려움이 생겼다. 나는 화려한 상여가 내가 살던 마을에서 멀리 떨어진 곳에 보관되어 있었던 것을 기억한다. 친구들과 나는 언덕 위에 있는 상여에 대해 재잘대곤 하였는데, 우리는 가능한 한 상여에서 멀리 떨어져서 놀았다. 마을 사람들이 공동으로 새 상여를 사들이고 마을을 행진하며 모의 장례식을 치른 일도 기억난다. 주민들에게 뜻깊은 축하의 날이었을 것이다. 하지만, 시신이 타고 갈 가마를 시연하면서, 왜 축하하는 분위기였을까? 행진을 바라보면서 나는 커다란 두려움과 혼란스러움을 느꼈다. 빠르게 도시화하는 마을에서 자라면서, 나는 10대 후반에 고모 중 1명이 아버지에게 영구차가 아니라 아름다운 상여를 타고 마지막 여행을 하고 싶다고 말하는 것을 들었다. 아름다운 상여? 그 말은 여전히 내 마음에 와닿지 않았다. 고모가 세상을 떠난 지 여러 해가 지난 후, 나는 특정한 역사적인 시점에 살았던 고모가 한국의 전통 상여를 얼마나 사랑하였는지, 얼마나 상여를 타고 마지막 여행을 하고 싶어 하였는지 이해할 수 있었다. 하지만 고모의 소원은 환경을 의식하는 한국의 도시 상황에서 실현될 수 없었다. 나는 고모가 마지막으로 매장되기를 원하였는지 화장되기를 원하였는지 확신할 수 없다. 한때는 매장되기를 원하였을 수도 있다. 고모 세대에는 매장이 일반적이었다. 고모가 인생 후반기에 대중적 선택이 된 화장의 가능성을 받아들였을 수도 있다. 유감스럽게도, 나는 고모의 장례식에 참석해서 마지막 조의를 표할 수 없었다. 어린 시절 고모의 사랑을 많이 받아서 나는 고모에 대한 좋은 기억을 가지고 있다. 너무 먼 거리와 일 때문에 장례식에 참석하지 못한 내게 친척들은 위로를 건넸다. 내가 할 수 있었던 일이라고는 나중에 고모가 안치된 봉안당에 방문해서 조의를 표하는 것뿐이었다. 이런 일에는 중대한 인간의 이해가 몇 가지 걸려 있다. 죽음은 우리를 사랑하는 이들로부터 갈라놓는다. 우리와 그들 사이에 있었던 모든 위대한 기억들은 이제 다른 특성을 띠게 된다. 우리는 일상에서 시간을 내어 사랑하는 사람의 죽음을 애도한다. 그리고 언젠가 우리 자신의 마지막 여행도 애도를 받게 될 것이다. 죽음은 모두에게 찾아오니까.

한국소비자원의 연구보고서에 따르면, 묘지 산업은 연간 약 5조 원의 수익을 창출하고 있으며, 2012년 한국의 사망자 수는 26만 7,000명이었다(이기헌 2015: 56; 한국소비자원 웹사이트). 고령화가 빠르게 진행되는 상황에서 2030

년에는 45만 명, 2040년에는 57만 명의 사망자가 발생할 것으로 보고 있다. 1995년에 321개소였던 장례식장은 2013년 974개로 18년 만에 200% 증가하였다. 장례식장 운영 사업은 법적으로 정부에 등록할 필요가 없었기 때문에 이러한 증가는 기회주의적 세태의 결과인 것으로 보인다. 보고서는 이어 한국에서는 전통적으로 장례를 집에서 치렀지만, 오늘날은 병원 안이나 밖에 있는 전문 장례식장에서 치러질 가능성이 높다고 지적하였다. 앞서 언급하였듯이 장례식장 운영에 따른 병원 수익은 매우 크다. 2013년 현재 공설 봉안당 건물이 134개소, 사설 봉안당은 239개소이다. 총 257만 기의 유골함을 수용할 수 있다. 자연장/수목장과 관련해서는 공설 38개소, 사설 826개소로 향후 수용능력은 약 44만 기가 될 것으로 나타났다. 한국의 장례 및 묘지 산업은 매우 활기가 넘친다. 특히 지난 수십 년간 활성화되었다.

다른 산업도 마찬가지겠지만, 수익성이 좋은 장례 및 묘지 산업은 비윤리적 사업 거래가 활개 치는 곳이 되기도 한다. 소비자들은 왜 이러한 부정행위에 잘 걸려드는 걸까? 인간의 삶은 분명 유한하다. 많은 이들이 가족이 실제로 사망하기 전에 상조 서비스를 미리 구매하지만, 일반적으로 3-5일이 걸리는 장례식에서 자신 있게 사용할 수 있는 실질적인 지식과 정보는 거의 없다. 막상 장례 기간이 닥치면 이것저것 알아볼 충분한 시간이 없는 상태에서 갑자기 관련 상품 및 서비스를 구입해야 한다(이기헌 2015). 이 과정에서 장례 전문가가 고객이 장례식에 대한 지식과 정보가 부족한 것을 이용하여 금전적 이득을 취할 수 있다. 그리고 이는 장례 의식의 경험과 품질에 부정적인 영향을 미칠 것이다.

더욱이 죽음이라는 사건은 삶의 가치를 다시 새기는 계기여야 한다. '예술은 길고 인생은 짧다'라는 격언은 죽음이 인간에게 빨리 도달하고, 따라서 선하고 만족스러운 삶을 살아야 한다는 사실을 상기시킨다. 장례 의식은 우리 자신의 삶과 행동에 대한 성찰의 시간을 갖게 한다. 장례 의식에 관한 연구가 중요한 또 다른 이유가 여기에 있다(Henri Lefebvre; 천선영 2014: 320에서 재인용). 스웨덴 우드랜드 묘지공원(Woodland Cemetery)의 건축가에 따르면, '묘지는 매장만을 위한 장소가 아니다. 이곳은 죽은 자와 산 자가 끊임없이 대화하는 도시이다. 이곳은 우리의 삶에 대해 질문하고 성찰하는 사유의 공간이다. 이 공간은 하나님이 인간에게 베푼 사랑의 증표로 우리에게 내려준 아름다운 자연이다'. 장례 의식과 묘지는 '장례의 의사소통', 즉 세대를 초월하여 장례 의식과 추모 방식을 협상하면서 서로 소통하는 방식에서 핵심적인 부분이며, 그 형태 역시 끊임없이 변화한다(Desjarlais 2016: 157). 피터스(Peters)는 이를 '과거는 현재에서 선택적으로 살아간다'라는 말로 표현한다(Peters 1999: 3, 7). 과거 세대가 현재 세대에게 기억되고 싶어 하고, 현재 세대가 과거의 일부를 기억하고 싶어 하는 것은 당연하다(Han et al. 2018; McManus 2013: 179; Kearl 1989: 180; Horlyck and Pettid 2014; Suzuki 1998: 198, 202). 스미스(Smith)도 마찬가지로 '조상이 없었다면 산 자가 존재하지 못하였듯, 조상 역시 산 자가 기억하고 추모해야 존재한다'고 주장한다(Smith 1992; Suzuki 2002: 198에서 재인용).

흥미롭게도, 어떤 사람들은 일부 부유한 이들이 감당할 수 없는 수준의 스트레스를 받고 살고 있고 한국의 자살률이 선진국 중에서 가장 높다는 사실이 불편하였을 수 있다. 모의 장례식은 한국 사회에서 웰빙과 웰다잉을 위한 운동의 일부이다. 참가자는 흰 수의를 입고 유언장을 준비한 후 목관 안에 들어가 뚜껑을 닫고 눕는다.[4] 이러한 반성적 체험은, 어차피 돈 버는 행위

4 "South Korean 'mock funerals' seek to ease life's stresses," *CBS News* 2015년 12월 22일자.

에 지나지 않는다는 일부 비판에도 불구하고, 산 자들이 자신의 삶을 소중히 여기고 남은 인생을 어떻게 살고 싶은지 진지하게 생각하도록 격려하는 노력임이 틀림없다.

2. 장례 의식에 관한 해외 연구

주제의 특성상, 장례 의식은 많은 연구자들이 학술적인 조사를 포기하도록 하면서도, 동시에 죽음의 의미와 인간이 작별하는 방식을 탐구할 강력한 이유를 제공하기도 하였다. 연구의 광범위한 주제는 장례 의식이 특정 문화와 공간, 그리고 시간을 어떻게 반영하는가였다. 연구자들은 고대, 중세, 근대에서 현대에 이르기까지 오랜 기간을 연구 대상으로 삼았다(Jupp and Howarth, eds. 1997; McManus 2013).

장례 의식에 관한 최근의 연구들은 이주자들과 그들의 다양한 욕구에 특별한 관심을 기울인다. 이는 이주자들이 그들에게 익숙한 문화와는 다른 문화적 상황에서 마지막 여정을 맞이해야 한다는 점을 반영한 것이다(Clayton 2009; Adams 2015; Hunter 2016a, b; Balkan 2016; Han et al. 2018). 최근에는 베이비 붐 세대에 관한 연구도 증가하고 있다(Queenan 2001a, b). 이 밖에 삶, 죽음, 장례 전반에 관한 인류학적 연구(구인회 2015), 불교계에서의 연구(Desjarlais 2016), 일본의 연구(Danely 2014; Suzuki 2002)와 한국의 연구(Park 2010b; Han 2016a) 등이 있다. 이 문헌들은 죽음과 장례라는 보편적인 영역을 다루면서도, 연구 결과에서 구체적인 문화적 맥락을 잘 드러낸다. 이러한 한국과 외국의 연구를 비교 관점에서 세밀하게 참고한다면, 분명 더욱 풍성한 연구 결과를 얻게 될 것이다. 하지만 나는 장례 의식이 특히 현지 문화를 잘 반영하고 있고 한국 언론에도 풍부한 자료가 있다는 점을 인지하였다. 또한 한국어로 출판된 한국의 학술도 학문적으로 상당히 깊이 있고 정교하다. 한국의 사회과학적 탐구는 변화하는 사회경제적 맥락에서 급변하는 사회 현상의 다양한 범위에 대한 깊은 성찰과 더불어, 사회를 설명하고 이해하는 데 있어 상당한 통찰력을 제공해 왔다. 따라서 비록 해외 연구도 문헌 검토에 제한적으로 포함되겠지만, 책 전체에 걸쳐 내가 더 집중하고 있는 것은 이 한국의 자료들이다.

3. 이 책의 중심 목표

이 책의 핵심 목표는 다음과 같은 질문을 염두에 두고 장례 의식을 살펴봄으로써 한국 사회에서 인간 삶의 가치를 질문하고 성찰하는 것이다.

(1) 지난 30년간 한국에서 특히 장례 의식에 대한 관심이 높아진 사회문화적, 경제적 이유는 무엇인가?
(2) 같은 기간 상조업이 크게 성장한 이유는 무엇인가?
(3) 현대 한국의 장례 의식은 한국 자본주의 발전 과정을 어떤 식으로 반영하는가?
(4) 장례 의식이 상품화되었다는 것은 주지의 사실이다. 그렇다면 한국 사회의 맥락에서 어느 정도로, 그리고 어떤 방식으로 상품화가 이루어졌는가?

나는 한국 장례 의식을 현대 한국 문화의 중요한 부분으로 여기고 직접적인 연구 대상으로 삼고 있지만, 궁극적으로 추구하는 것은 한국 자본주의가 현 상황에서 어떻게 발전해 나가는가를 아는 것이다. 이 책은 한국의 장례 의식, 상조 사업, 묘지 등에 대한 조사를 통해 한국식 천민자본주의(pariah capitalism)를 묘사하려는 시도이다.

이 프로젝트를 추진하는 중에, 한국 뉴스 공공데이터베이스시스템 카인즈(KINDs)에서 '빅 데이터 분석' 서비스를 제공하기 시작하였다. 이 서비스를 이용하여 1992년 7월 10일부터 2018년 1월 2일까지 '상조회사'라는 키워드를 검색해 보니 2,939건의 뉴스 결과가 나왔다. 첫 번째 기사는 「50대 남성, 페이퍼상조회사 설립, 횡령 후 결국 감옥행」이라는 제목으로 시작한다. 기사는 주로 상조 서비스 업체들의 부정과 갑질, 고객 피해를 분석하며, 암암리에 '상조업체 가입 주의'라는 메시지를 전하고 있다.

이 책의 또 다른 중요한 목표는, 인간 존엄의 기표가 되는 중요한 관행 중 하나인 장례 의식에 대해 성찰하는 계기가 되는 것이다. 만약 인간이 가장 원하는 것과 가장 신경 쓰는 것만 행한다면, 사회에는 재앙이 될 것이다. 인간의 삶에는 하기 싫지만, 가치 있는 일이기 때문에 해야 하는 일들이 많다. 예를 들어, 현재의 장례 관행을 그대로 둔다면 문제가 될까? 분명히 그렇다. 한국을 포함한 장례 산업 전반이 우리가 '관용할 수 있는 수준'을 넘어선 시점에 있기 때문에, 개선될 여지가 상당히 있다.

4. 책의 구성

경험적 사실을 다룬 각 장은 해당 내용이 있으면 관련 배경을 서술하고 구체적인 문헌도 다룰 것이다. 그러나 더 넓은 이론과 맥락의 문제는 이에 앞서 제2장과 제3장에서 논의될 것이다.

제2장은 연구의 이론적 의의에 대한 간략한 문헌 검토로 시작한다. 해외 연구에 대한 피상적이거나 철저한 비평은 피한다. 큰 틀에서 내가 취한 이론적 접근법, 즉 비판적 실재론이 한국의 장례 의식을 중심으로 서술될 것이다. 또한 비판적 실재론의 근거 이론을 참조하여 연구 방법에 대해 간략히 언급할 것이다. 그리고 천민자본주의를 참고하여 장례자본주의의 개념을 자세히 설명함으로써 제2장을 마무리하고자 한다.

한국의 장례 의식에 관련된 몇 가지 일반적인 현상을 서술하면서, 나는 다음 사항들을 포함하여 이론적 틀, 즉 장례자본주의가 무엇을 의미하는지를 개괄할 것이다. (1) 애도하는 이들로부터 이익을 취할 정도로 상업화된 장례 의식. (2) 개인적, 사회적 변화와 상관없이 지속되고 있는 효의 관습. 자녀가 부모를 공경하며 모시고 살던 오랜 전통을 바탕으로 한 장례 의식이 변화하는 데는 어려움이 있다. (3) 반면에, 자녀 세대는 훨씬 더 경쟁적인 환경에서 삶을 이어 가야 한다는 생각. (4) 과거와 현재, 물질과 문화, 죽음과 삶, 행복과 애도 사이에서 분투하는 개인에 대한 고려.

제3장에서는 이어지는 장들의 배경이 되는 광범위한 경제적, 사회적, 그리고 가족의 변화에 대해 논의한다.[5] 지난 몇십 년간 한국 사회의 모습을 간략히

---

5 초고를 읽고 이러한 제안을 해준 검토자 중 한 분께 감사드린다.

스케치한 이 장이 독자에게 배경 정보를 제공할 것이다. 다른 장들에서 충분히 논의되기 때문에 이 장에서는 장례 의식에 대한 논의를 줄이려고 노력하였다.

제4장에서는 장례식과 관련된 5편의 영화와 1편의 연극을 분석한다. 제4장에서 다룰 작품은 다음과 같다. (1)「축제」(1996년작, 임권택 감독), (2)「행복한 장의사」(2000년작, 장문일 감독), (3)「염쟁이 유씨」(2004년작, 연극), (4)「장례식의 멤버」(2008년작, 백승빈 감독), (5)「내 사랑 내 곁에」(2009년작, 박진표 감독), (6)「화장」(2014년작, 임권택 감독). 이 작품들은 한국의 문화적 상황에서 죽음이 어떻게 반영되는지, 산 자들이 자신의 이익을 위해 장례 의식을 어떻게 기회로 사용하는지, 죽음과 삶 사이의 딜레마를 어떻게 이해하는지, 장례를 담당하는 직업이 어떻게 존경받는 직업으로 정착되고 있는지에 대한 풍부한 묘사와 깊은 통찰을 담고 있다.

제5장에서는 한국 장례 서비스의 광고를 분석한다. 한국 사회에서 장례 자본주의가 발현되는 양상을 TV 광고 분석을 통해 묘사할 것이다. 즉, 한국의 장례 의식이 어느 정도까지 사회경제 및 문화에 기초한 한국인의 탐욕을 관철하는 의례로 전락하였는가를 보여 주며, 디지털 미디어에 의해 강하게 뒷받침되는, 고도의 경쟁과 과도한 비인간화라는 한국 자본주의의 특징을 그려낼 것이다.

제6장에서는 탐사보도 기자들이 묘사한 상조업체의 부흥과 사기, 몰락을 살펴본다. 상조업은 1990년대 이후 호황을 누려 왔고 현재까지도 약 300개에 이르는 업체 간 치열한 경쟁이 계속되고 있다. 월 보험료를 납입하고 있는 개인 회원 수는 265만 명에 달하며, 2008년 8월 현재 누적 납입액은 약 9,000억 원에 이른다. 상조보험에 가입하는 목적은 사랑하는 이가 죽었을 때 장례에 필요한 인건비와 물품비 등 거액의 비용을 감당하기 위해서이다. 그런

데 상조업체들의 자금 횡령 사건이 계속 보도되었다. 이는 당연히 소비자들에게 상당한 수준의 불안을 야기하였다. 일부 파산한 회사의 경우, 심지어 소비자가 이미 납입한 보험료를 반환받지 못하기도 하였다. 또한 계약자가 보험해지도 못한 채 이탈하는 경우도 있었다. 소비자들에게 상당히 광범위한 재정적 손실을 야기하는 공통적이고 일반적인 문제에는 업체의 대부분이 제한된 양의 창업 자본으로 사업을 운영한다는 사실도 포함된다. 2008년을 기준으로 상조업체의 약 60%가 자본금 1억 원 미만으로 운영되고 있었다. 이 장에서는 장례 서비스를 특별 취재한 기자들의 보도를 통해, 애도하는 유족을 이용해서 이익을 취하는 장례 서비스 업체들의 만성적 행태를 분석한다.

제7장에서는 상조업계의 영업 행위에 대한 소비자 경험을 검토한다. 사기와 횡령으로 이어진 상조업체들의 부적절한 영업 관행은 지난 30년간 심각하고 고질적인 사회 문제가 되었다. 이는 현재 한국의 사회적 상황에서도 계속될 가능성이 있다. 언론은 소비자들이 상조업체의 사기와 배임에 대한 우려를 표현하고 서로 소통하는 모습을 전하고 있다. 이 장은 소비자의 우려를 소비자의 관점에서 분석한 것이다.

제8장에서는 매장 문화에서 화장, 자연장/수목장, 봉안당으로 옮겨 가는 복잡한 과정을 묘사한다. 또한 새로운 추모 방식에 따른 효와 조상 숭배의 새로운 문화에 대해 논의한다. 님비 현상으로 화장장, 자연장지, 봉안당 등을 건립하는 일이 얼마나 어려운지도 서술된다. 장의 말미에는 가족 구조의 변화와 고독사 현상을 논의할 것이다. 또한 시신을 인도하려는 지인이 없어서 제대로 '이승을 뜨지' 못하는 사망자가 늘고 있는 현실도 언급할 것이다.

제9장은 모든 장에 대한 간략한 요약과 결론으로 구성된다.

제2장

이론적 배경 및 조사 방법

1. 문헌 검토

한국 언론의 보도 내용을 보면 독자들은 한국의 장례비가 감당할 수 있는 수준과는 거리가 먼 경우가 많고 사랑하는 사람과 사별한 가족에게 지속적으로 재정적 영향을 미친다는 것을 이내 확인할 수 있다. 이 높은 장례 비용은 한국인들이 미디어를 통해 접하게 되는 큰 걱정거리와 위험 중 하나이지만, 금세 무시되고 잊히는 듯하다. 그러나 문제는 여전히 남아 있고 그 악영향은 계속된다. 문제의 중요성에도 불구하고 기저에 있는 사회문화적 차원을 이해하고 분석하려는 시도는 충분하지 않다. 이는 부분적으로는 장례 의식이 지닌 '터부'적인 특성 때문이기도 하고, 현대 한국인들이 일상생활에서 다루어야 할 다른 우선순위들에 밀려서이기도 하다.

최근 수십 년간 한국의 장례 의식에 일어난 주목할 만한 변화에 대해 기존 문헌들은 무엇을 말하고 있는가? 한국의 장례 의식이 벌어지는 문화적 맥락은 무엇이고, 장례 의식의 변화를 불러온 한국 사회의 구조적 변화는 무엇인가?

박창원(Park 2010b)은 지난 20년간 한국 장례에서 벌어진 두 가지 분명한 변화에 주목한다. 첫째, 1980년대까지는 집에서 장례가 치러졌으나 지금은 병원의 영안실이나 장례식장에서 치러진다. 둘째, 화장이 가장 일반적인 시신 처리 방법이 되어 매장을 대체하였다. 그가 제시하는 설명은 다음과 같다. 첫째, 이전에는 마당이 있는 단독 또는 독립 주택에 살면서 가족 행사나 이웃들과의 모임에 사용할 수 있는 야외 공간을 누렸던 한국인들이 1980년대 이후 압도적인 비율로 연립주택이나 아파트에 살게 되었다. 마당이 사라진 아파트에서는 장례를 치르기가 어려워졌다(Park 2010b: 28). 둘째, 1990년대 이후 매장지 부족 현상이 특히 심각해졌다. 한국 정부는 현대적인 시신 처리 방법을 시행하기로 하고 최신 화장 시설을 제공하였다. 언론 또한 매장에서 화장으로의 전환을 분명하게 지지하였다(Park 2010b: 23). 이는 인구가 4,000만 명이 넘어서는 상황에서 매장을 위한 땅이 부족하다는 것을 인정하는 것이다. 1990년대 이전까지 화장은 일본 제국주의의 잔재로 여겨졌고 한국인들은 수십 년 동안 화장에 대한 혐오감을 갖고 있었다(김시덕 2005: 56). 셋째, 봉안당의 등장으로 산 자들이 편리하게 망자를 추모할 수 있게 되었다.

이러한 관찰은 장례의 장소와 시신 처리 방법이 왜 달라졌는지에 대한 경험적 설명을 제공한다. 박창원의 설명은 장례 의식에 직접적인 영향을 미치는, 우리가 '물리적으로' 검증할 수 있는 경험적 현상들을 설명한다. 그러나 지난 30년 동안 장례 의식과 관련하여 한국 사회의 더 깊은 구조적 수준에서는 어떤 변화가 있었는가 하는 질문에 대한 근본적인 설명은 아직 남아 있다. 내가 제안하는 설명은 급속한 산업화, 도시화, 가족 구조의 변화, 분업화가 결과적으로 한국인의 일상생활뿐만 아니라, 사고 과정, 태도, 그리고 더 넓은 가치관, 즉 문화의 구성 요소들에도 급진적인 변화를 일으켰다는 것이다. 이러한 사회 현상들이 어떻게 얽혀 오늘날의 장례 의식을 형성하였는지는 아직 탐구되지 않았다. 예를 들어, 과거에는 광범위한 지역 사회를 기반으로 장례 의식을 치렀지만, 이는 훨씬 더 개인주의적인 방법으로 바뀌었다. 이러한 변화의 촉매가 된 것은 가처분 소득의 명백한 증가이다. 덕분에 한국인들은, 예컨대 과거의 전통대로 친구나 지역 사회 지도자를 찾는 대신 장례지도사를 찾는 것이 가능해졌다. 대규모의 정교한 장례 서비스 업체도 우후죽순으로 생겨났다. 결국 '도시는 무엇보다도 가장 진보한 경제적 분업의 본거지이다'(Simmel 1971a: 335, 337).

고도로 도시화된 한국 사회는 거의 모든 직업 분야에서 분업을 가속하였다. 1980년대 이전에는 사람들이 집에서 태어나고 죽었지만, 그 이후에는 병원에서 태어나고 죽는 것이 표준이 되었다는 박창원(Park 2010b)의 지적은 적절하다. 나는 이러한 변화가, 근대화의 핵심인 산업화와 도시화가 지속되면서 핵가족을 증가시켰고, 그 결과 나이 든 부모와 젊은 자식들이 떨어져 살게 되면서 나타나게 되었다고 주장한다. 핵가족은 한 사람의 삶이 일을 중심으로 조직되는, 도시화되고 산업화된 한국의 개인주의적 생활 양식에서 비롯된다. 핵가족의 형성은 알게 모르게, 원하든 원하지 않든, 나이 든 부모를 '방기'하도록 만들었다. 이 과정에서 오랫동안 유지되어 온 한국의 효 사상이 극적으로 변화하였다. 그리고 현대의 도시 계획은 정부 정책에 따라 공공 묘지와 주거 지역을 분리하였다.

정부 정책에 더해 의례의 서구화도 한국의 장례 의식에 지속적인 영향을 미쳤는데, 이는 특히 세계화와 미디어 포화의 시대에 나타난 현상이다. 예를 들어, 일본과 미국의 사회경제 제도와 의례 문화는 언론을 통해 한국인들에게 일상적으로 소개되었다. 이러한 방식의 외국 문화와 의례의 침투도 무시할 수 없다. 설리번(Sullivan 2013)과 포터(Potter 2014)는 미디어에 지속적으로 노출되는 것이 문화 변화에 미치는 영향에 주목한 바 있다.

급속한 산업화와 도시화를 경험하면서, 한국인들은 여전히 유교에 기반한 전통적인 가치와 관습을 현대의 생활 양식과 통합시키는 방법을 찾기 위해 고심하고 있다. 그러나 지금처럼 빠르게 변화하는 상황에서는 그리 쉽지 않은 과정이다. 우리는 한국인의 핵심 가치를 이해함으로써 왜 그들이 특정한 방식으로 생각하고 행동하는지에 대한 통찰을 얻을 수 있다. 앨퍼드(Alford 1999)는 한국인들이 촘촘하게 짜인 네트워크, 즉 후손이 이룬 가족에

소속감을 느끼는 '우리' 세계를 유지하고 살면서 강한 민족주의 의식을 갖게 되었다고 주장한다(Shin 2006). 이 '우리' 세계에서는 집단 자아와 '우리' 자아 사이의 경계가 흐릿하며, 사회 네트워크를 관리하는 지배적 가치는 '정'과 '한', 그리고 '기분'이다. 한국인은 그들 나름의 독자적인 방식으로 사회경제적, 문화적 투쟁을 겪었다고 느끼는데, '한'은 이때 그들을 규정하는 가치(이홍림 2016)이다. '정'은 상호작용을 매개하는 '사회적 접착제'로 보인다(윤문영 외 2013). 이 가치들은 한국인이 혼례나 장례 같은 중요한 의식에 참여하는 방식을 이해하는 데 중요하다. 한국인은 이러한 의식을 통해 긴밀한 네트워크를 유지하기 위해 상당한 노력을 기울인다(Kendall 1996a). 사실 이들은 네트워크로부터 고립되는 것을 두려워한다(Alford 1999). 장례는 여전히 이러한 신념과 태도가 깊이 표현되는 한국의 의례 중 하나이다. 사회과학적 관점에서는 현대 한국의 장례 산업이 어떻게 이해되고 있는가?

2. 죽음과 장례 산업에 대한 비판적 실재론의 관점을 향하여

1) 비판적 실재론

사회과학에는 오랫동안 지속된 주목할 만한 두 가지 논쟁이 있다. (1) 사회 현상이 왜 특정 방식으로 일어나고 역사나 사회적 사건을 우리는 어떻게 이해하는지에 관한 사회 구성원의 능동성-혹은 행위성(agency)-과 구조에 대한 논쟁, 그리고 (2) 사회과학의 적절한 방법에 관한 실증주의와 해석주의 사이의 논쟁이다. 인류 역사의 변화와 연속성을 만들어 내는 것은, 그리고 인간 행동과 사회 현상의 기초에 대한 우리의 이해에 기여하는 것은, 나름의 목표를 추구하면서 스스로에게 의미 있는 결과와 더 넓은 추세를 지향하는 개인 행위자인가? 아니면 개인의 목표를 형성하거나 결정하는 것은 사회 구조이고 개인 행위자는 그저 수동적으로 목표를 달성하는 것인가? 만약 구조가 절대적인 영향력을 지닌 주어진 조건이고 개인 행위자를 '지배'하는 것으로 이해된다면, 이는 사회의 개별 구성원의 역할을 과소평가하는 실수를 필연적으로 수반하게 된다. 이러한 오류를 아처(Archer 1995: 61)는 '상향 융합'(upward conflation)이라고 부른다. 반대로 '사회라는 것은 없고, 개인만이 있다'[1]는 말을 따른다면, 우리는 연구 주제의 맥락에서 벗어나 '하향 융합'(downward conflation)이라는 오류를 범하게 된다(Archer 1995: 61). 그렇다면 우리는 사회 현상을 어떻게 이해해야 하는가? 사회 구성원의 행위성과 구조에 대한 비판적 실재론의 관점에 따르면, 개별 행위자는 주어진 구조에 의해 행위성을 부여받는 동시에 제약도 받는다. 비판적 실재론은 로이 바스카(Roy Bhaskar)에 의해 창시된 이래, 지난 수십 년간 다양한 사회 현상과 인류 역사를 사회과학적으로 이해하고 설명하는 데 사용되면서, 더욱 정교해지고 적용성이 높아진 가장 경쟁력 있는 사회과학 철학이다(Collier 1994; Danermark et al. 2001). 이론, 방법 및 응용 사례를 설명하는 우수한 출판물이 많이 있으므로 이 장에서 굳이 이를 다시 설명하지는 않겠다.

그러나 비판적 실재론에 관한 최근 연구 몇 가지를 자세히 소개하고, 비

1 마거릿 대처(Margaret Thatcher)의 말이 맥락에 맞지 않게 인용되었다고 하는 논란이 있다. 이에 대해서는 다음을 참조하라. "There is no such thing as society," Institute of Economic Affairs Blog(2009. 9. 30 게시).

록 그 연구들이 사회복지 및 간호에 분과 학문적 초점을 맞추고는 있지만, 그것과는 상관없이 이 책의 목적에 맞게 배치될 수 있는 가능한 여러 가지 방법들을 제시하고자 한다. 소개하고자 하는 연구들은 올리버(Oliver 2012), 레드먼-매클래런과 밀스(Redman-MacLaren and Mills 2015) 및 포포러(Porpora 2015)의 연구이다.[2] 나는 비판적 실재론이 (한편으로는 조잡한 구조주의, 포스트구조주의, 실증주의, 포스트실증주의에서 다른 한편으로는 사회구성주의, 포스트모더니즘, 현상학, 해석주의에 이르는) 2개의 넓은 진영에 분포한 수많은 사회과학 이론에 대해 설득력 있는 대안이 될 수 있다는 것을 알게 되었다(Bhaskar 1989). 이 두 진영은 서로 대조적인데, 이를테면 실증주의는 자연과학에서 활용되는 객관적 방법과 분석을 지지하면서 인간의 주체성을 받아들이지 않는다. 요컨대, 이러한 견해에 대한 양 진영의 대표는 실증주의와 해석주의(Porpora 2015: 38-40)이다. 해석주의 옹호자들에게 인간의 영역에서 사회 현상을 작동시키는 핵심적인 추동 요인은 인과성이 아닌 이성이다(Porpora 2015: 40). 예를 들어, 윈치(Winch 1958)는 통계분석도 사회과학에 적합하지 않다고 할 정도로, 뒤르켐(Durkheim)이 제안한 사회과학에서의 인과관계 분석의 타당성을 일축하였다(Porpora 2015: 41). 양 진영의 대조적인 측면을 정확하게 파악할 수 있는 또 다른 방법은 구조와 개인의 의미 추구라는 대립이다. 실재론은 이 두 진영 사이의 차이를 조화시켰고 인간 사회와 그 현상을 이해하고 연구하는 데 유용한 방법을 제공하였다. 매커보이와 리처즈(McEvoy and Richards; Oliver 2012에서 재인용)는 사회 연구자의 목표가 사회 현상과 관련하여 일반화 가능한 법칙을 제안하거나(실증주의) 개별 사회 행위자의 주관적인 체험을 제공하는 것이(해석주

---

2 이 저자들이 인용한 일부 저술들의 출처도 역시 제시될 것이다.

의) 아니라고 주장하였다. 사회 연구자의 목표는 오히려 사회와 인간의 활동에 대한 이해의 깊이와 폭을 늘리고 그것을 설명하는 데 있다는 것이다.

그러나 비판적 실재론은 일부 입문서를 포함해 관련 문헌에서 종종 알아들을 수 없는 복잡한 언어를 사용하는 바람에 접근성이 떨어졌다(Oliver 2012: 371). 또한 특정 프로젝트의 요구에 따라 다양한 연구 방법을 수용하는 경향이 있다. 비판적 실재론은 관련 연구 방법이 없는 듯이 보이기도 해서 영(Yeung 1997: 51; Oliver 2012: 371에서 재인용)은 비판적 실재론을 '방법을 찾는 철학'으로 규정하기도 하였다. 하지만 올리버(Oliver 2012) 및 레드먼-매클래런과 밀스(Redman-MacLaren and Mills 2015)의 최근 논문은 위에서 언급한 두 진영 간의 모순과 이론적, 방법적 복수성이 사회에 대한 효과적인 이해와 설명을 위해 어떻게 조화될 수 있는지를 보여 준다. 이제 죽음과 장례 서비스 산업에 대한 비판적 실재론의 관점이 어떤 식으로 가능한지 상세히 설명해 보겠다.

비판적 실재론의 핵심 가정은 사회적 현실이 그것에 대한 인간의 지식과 합체된다고 보는 '인식적 오류'에 대한 거부이다(Bhaskar 1978: 36; Oliver 2012: 373에서 재인용). 비판적 실재론 역시 '우리의 생각과 독립적으로 존재하는 객관적 현실'을 전제로 한다(374쪽). 현실은 실제로 존재하는 것이며 인간의 생각이나 상상의 결과가 아니다. 일부 연구자와 사회 이론은 사회적 실재(social reality)를 기술하고 설명하는 것에 훨씬 가깝다. 과학은 실재에 대한 참된 설명에 더 가까이 다가가려는 지속적인 노력이다. 따라서 '상대주의의 심연'(Taylor and White 2001: 53)은 비판적 실재론의 관점에서는 전혀 만족할 수 없는 것이다.

질병과 죽음은 다양하게 묘사될 수 있다. 때로는 슬프고 비통하며, 때로는 피할 수 없으며, 개인과 주어진 맥락에 따라 때로는 자연스러운 것으로 여겨진다. 예를 들어, 비교적 건강하고 만족스러운 삶을 살던 것으로 여겨지던 80대 중반 이상의 노인이 죽으면 한국에서는 '호상'으로 생각한다. 하지만 죽음이 어떻게 좋을 수 있겠는가? 좋은 죽음이라는 것은 단지 주어진 문화적 맥락에서의 표현일 뿐이며, 우리가 어떤 죽음을 다른 죽음보다 더 기꺼이 받아들일지언정 인간의 죽음이 좋을 수는 없다. 따라서 죽음에 대해 기술한다는 것은 모두 '언어, 의미 부여 및 사회적 맥락이라는 필터를 통해 매개된다'(374쪽). 개인의 죽음은 자신의 존재에 대한 행위자(agency)로서 적극적인 역할을 포기하는 것을 의미한다. 게다가, 개인의 죽음은 또한 주어진 사회와 사회경제적 구조의 더 넓은 관계 속에서 자신이 해 온 역할을 포기하는 것을 의미하기도 한다. 이는 사망 당시 또는 사망 이전에 기여도가 상대적으로 높건 낮건 상관없다. 그 역할을 포기하는 사람/행위자는 중요하며, 우리가 그 '탈락' 과정을 처리하는 방식은, 아직 살아 있는 자들에게 한탕 큰돈을 벌 기회로 이용되는 것보다는 정중해야 한다.

바스카는 현실을 '상호작용하는 힘들이 만들어 낸 복잡하고 다층적이고 다중적인 인과관계의 그물'로 상정하고 사회 세계의 작동이 '자연 세계와 비슷해서 사회 현상 또한 점점 여러 겹의 기본적인 층위로 분해될 수 있다'(Oliver 2012: 374)고 주장하였다. 예를 들어, 나뭇조각은 쇳조각과 다르다. 그것들은 겉모습이 다를 뿐만 아니라 안팎의 물질적 구조도 다르다. 구리 조각의 외부와 내부 구조의 조합은 물질 자체의 각 층위에서 다이아몬드 조각과는 다르다. 이러한 구조 또는 기초적인 메커니즘은 '각 물체를 다른 것이 아니라 바로 그것이게끔 하는 내적 조성'을 의미한다(Danermark et al. 2001: 47). 마찬가지로, 사회 현상도 사회 구조, 권력, 통제를 언급하지 않고는 잘 설명될 수 없다. 한국 전통에서는 사람이 마지막 숨을 들이쉬고는 내쉬지 못할 때 죽었다고 말한다. 죽은 사람의 코 밑에 솜을 두고, 솜에 움직임이 없으면 그 사람이 죽었다는 것을 의미하는데, 이를 속굉(또는 속광[屬纊])이라 한다. 이러한 점, 즉 죽어 가는 사람의 호흡을 확인하기 위해 코 밑에 솜털을 두는 것, 다시 말해서 죽음이라는 신체적 상태는 일반적으로 모든 사망자에게 적용된다. 그러나 개인사적 궤적, 교육, 직업, 부, 권력, 그리고 통제와 관련하여 사람이 어떻게, 어디서, 그리고 왜 죽는지에 대해서는 광대한 다양성이 있다. 따라서 각각의 죽음은 이 모든 요소들의 교차점과 그 너머에서 나타난다. 즉, 모든 죽음이 같지 않으며, 사회에 미치는 영향도 다 다르다.

자연계에서는 하나의 금 조각이 존재론적 구조의 관점에서 다른 금과 본질적으로 동일하다. 자연 현상에 대한 실험은 닫힌 체계에서 이루어질 수 있지만, 열린 체계에서 일어나는 사회 현상에 대한 실험은 윤리적으로 불가능하지는 않더라도 훨씬 더 어렵다(Sayer 1992). 서로 다른 시기에 발생하는 사회 문제는 겉보기에는 똑같을지라도 사실 완전히 똑같지는 않다. 따라서 특정 시점의 특정 사회 현상의 생성 메커니즘에 대한 우리의 이해는, 그러한 현상이 아무리 반복되는 것처럼 보여도, 여간해서는 수월해지지 않는다. 이는 계속하여 변화하고 있는 수많은 요인들이 서로 영향을 주며 지속적으로 교차하기 때문이다. 이러한 변화는 또한 '사회 현실을 움직이고 예측할 수 없게' 만든다(Oliver 2012: 375). 이런 점에서 모든 지식은 잠정적이며 틀릴 수 있다. 역사의 한 시점, 이를테면 조선 초기의 죽음에 대한 일반적인 묘사는 현대 한국의 죽음에는 적절하지 않을 수 있다. 오늘날 죽음의 기저에 있는 메커니즘은 현대적 맥락에서 여러 겹의 층위로 나뉠 수 있는 사회경제적, 문화적 요인으로 이루어질 것이다. 실제로 조선시대의 죽음과 장례 의식을 이해하려면 당시의 계급 제도에 대한 고찰과 함께 사회문화적, 경제적 맥락에 대한 이해가 필수적으로 동반되어야 한다. 따라서 조선시대 사망자의 계급적 배경은 그 사람의 죽음에 대한 인식과 장례 의식이 치러지는 방식에 반영될 것이다.

근본적인 생성 메커니즘에 대해서는 이 정도로 논의하고, 그러면 그것은 사회적 실재의 존재론적 층위와는 어떻게 관련되는가? 비판적 실재론자들은 사회적 실재에는 세 가지 영역, 즉 경험적(empirical), 현실적(actual), 실재적(real) 영역이 있다고 가정한다. 이것들은 어떤 특정한 현상과 관련하여 사회적 실재의 깊이를 가리키는 것이다. 장례 의식을 예로 들면, 경험적 영역은 우리가 특정 장례 의식에 대해 개인적 또는 체계적으로 조사하면서 경험적으로 느끼고, 발견하고, 관찰할 수 있는 것을 말한다. 현실적 영역은 우리가 알거나 관찰하는 것과는 관계없이 장례 의식과 실제로 관련되거나 의식에서 발생하는 모든 것을 의미한다. 특정 장례에 대해 우리가 보고 겪는 일(즉, 경험적인 것)은 실재의 전부도 아니고 장례 의식 일반도 아니지만 그렇다고 거기에 경험적인 것만 있는 것은 아니다. 우리는 올리버가 말하는 '수박 겉핥기'(Oliver 2012: 376)를 훨씬 뛰어넘어야 한다. 실재적 영역은 장례 의식의 기본 메커니즘과 매우 유사하다. 죽음의 복잡성은 이미 언급한 바 있고, 장례 의식이라는 현상도 마찬가지로 복잡하다. 그러므로 죽음과 장례 의식을 서로 떼어놓고 이해해서는 안 된다. 여기서 과제는 실재적 영역을 어떻게 잘 이해할 것이며, 또 실재적 영역을 어떻게 경험적 영역 및 현실적 영역과 연결시켜 우리의 연구 결과와 분석이 장례식의 참모습에 더 가깝도록 하느냐 하는 것이다. 올리버(Oliver 2012: 375)는 잠재적으로 경쟁하는 다른 설명을 넘어서서 최상의 설명에 도달하기 위해서는 연구자가 연구 과정, 즉 데이터를 수집하고 분석할 때 기존 이론과 대안 이론을 인지하고 점검하여 적절히 배치해야 한다고 제안한다. 이러한 과정은 '데이터에 대한 모든 가능한 이론적 설명을 고려하고, 각 가능한 설명에 대한 가설을 구성하며, 데이터를 검토하고 가장 그럴 듯한 설명을 추구함으로써 그것들을 경험적으로 확인하는 것'(Oliver 2012: 380)을 수반하는데, 이는 '가추법'(abduction)이라고 알려져 있다. 사고 실험은 가추법의 중요한 부분인데, 이는 연구 결과가 데이터에 강하게 기반을 두고 있음을 보장해야 하는 비판적 실재론의 연구 설계 및 수행에서, 그리고 가용한 이론을 적절히 전개하는 연구자의 능력에서 중심적 역할을 하기 때문이다(Corbin and Strauss 2008: 33; Oliver 2012: 380에서 재인용).

연구자가 특정 연구 주제를 염두에 두고 '가추'를 수행하고 있다면 그는 또한 '역행추론'(retroduction)을 실행하고 있는 것이기도 하다. 그렇다면 비판적 연구자의 역행추론적 질문은, 위에서 언급한 바와 같이, '이것이 사실이 되려면 무엇이 사실이어야 하는가?' 혹은 '무엇이 이것을 가능하게 하는가?'이다(Oliver 2012: 380; Bhaskar 1986). 이는 현대 한국 사회 장례 의식의 독특한 특징을 만들어 낸 장례업, 관련 역사 문화, 고객의 욕구 등과 관련하여 무엇이 구조와 관계를 구성하는지를 규명하기 위한 노력이다. 질문에 답할 때 고려해야 하는 몇 가지 요인으로는 효, 도시화, 상품화, 시장화, 일본으로부터의 장례 문화 수입, 극단적인 자본주의 또는 천민자본주의 등이 있으며, 이에 대해서는 이후 논의할 것이다. 생성 메커니즘을 이루는, 보다 깊이 있는 존재론적 차원에서 작동하는 이러한 요소들을 고려하지 않는 사회 연구는 '수박 겉핥기'일 뿐이다.

2) 행위성, 구조, 문화

행위성과 구조가 교차하는 방식은 많은 사회 이론, 특히 비판적 실재론의 핵심적 관심사이다(Scott 2005). 구조는 다양한 사회적 요소의 관계를 가리킨다. 이 관계에는 입법, 경제 활성화 방안, 젊은 세대의 교육에 동등한 기회를 제공하는 방법, 심지어 종교, 교육, 경제, 정치와 같은 각각의 상부 구조 내에서 인간관계가 얽히거나 자원이 배분되는 방식도 포함될 수 있다. 이것들이 체계적으로 조직되고 장기간에 걸쳐 유지되지 않는 한, 특정 사회의 구성원들은 이러한 구조에 의해 만들어진 혜택을 누릴 수 없다. 행위성이란 사회 구성원 개개인이 수행하는 행동을 의미한다. 개별 행위자는 그들 나름대로 자율적이면서도 주어진 맥락에 영향을 받는다. 사회적 맥락에 대한 행위자들의 반응이나 반발이 모두 같은 방식으로 이루어지는 것은 아니다.

한편으로, 개인의 행동은 조직 구조, 소집단 구조, 커뮤니케이션 인프라, 언어 구조, 가족 구조, 정부 지원 및 사법 통제 구조 등과 같은 주어진 구조 덕분에 가능하다(Oliver 2012: 381). 다른 한편, 개인의 행동은 주어진 구조에 의해 제약도 받는다. 개인과 구조의 기능은 열린 사회계에서 영향력을 행사하는 측면에서 확연히 다르다. 구조는 개별 행동에 앞서 존재하지만, 개인이나 집단의 행동 역시 구조에 변화를 불러온다. 체계적으로 조직된 개인의 행동은 노력으로부터 최고의 결과를 얻기 위해 주어진 구조를 성찰적으로 평가한다. 이는 비판적 실재론의 연구가 사회 연구에서 '행위성과 구조, 개인과 더 넓은 사회에 이중 초점'을 두는 방식이다(Oliver 2012: 381). 이러한 점에서 특정 장례 의식에 대한 개인적 경험은 사회적 공백 속에서 이루어지는 것이 아니다. 장례 의식에 관한 연구 프로젝트는 개인의 욕구, 소망, 경험(이를테면, 그것을 수행하건 관찰하건)을 가능하게 하면서 동시에 제한하는 더 넓은 사회적 맥락을 반드시 포함한다.

위의 행위성과 구조에 대한 논의 외에도 비판적 실재론에서 또 다른 중요한 개념은 문화로서, 문화는 모든 사회에서 행위성 및 구조와 내재적으로 연결되어 있다(Archer 1989). 문화란 사람들의 생각과 관념을 일컬으며, 이는 한 사회의 변화에 대한 필요성이나 변화를 이룰 방법을 끌어낼 수 있다. 이런 문화가 충분히 정착되지 않으면 앞서 구축된 구조가 무너지고 역사의 수레바퀴가 과거로 되돌아갈 수 있다. 한국인들은 시대와 상관없이 효의 관습을 지키고 싶어 할 것이다. 그러나 효가 행해지는 방식은 역사 속 특정 시대마다 다를 수 있다. 어떤 관행이 허용되느냐의 여부 역시 시대에 따라 다를 것이다. 효의 방식이나 특정 관행의 허용 여부는, 예를 들어 특정 시점에 충분히 일반적인 특정한 효 문화에 의해 결정될 것이다. 마찬가지로, 어떤 장례용품을 사용하느냐 하는 것도 특정 시기에 무엇을 이용할 수 있느냐, 부모에 대한 존중을 나타내는 방법으로 무엇을 사용하는 것이 적절해 보이느냐에 따라 달라진다. 장례 재료가 고도로 상품화되어 있다면, 일부 장례용품의 낭비적 소비가 사실상 용인되거나, 심지어는 현실적으로 바람직하다고 여겨질 수도 있다.

3) 유교, 무속, 효, 한국의 장례

한국 문화에 대한 지속적인 논쟁에는 한국 사회가 어느 정도나 유교에 기반을 두고 있는가도 포함된다. 비록 28년 전의 글이지만 로빈슨(Robinson 1991)이 이 문제를 정확히 설명하고 있다. 그는 19세기 후반에 일부 한국 지식인들이 유교적 가치에 문제가 있다고 생각하였다는 점에 주목하였다. 예를 들어, 19세기 중반의 토착 종교인 동학은, 당시 서양 선교사들에 의해 보급된 기독교와 같이 예배에서 남녀 간의 평등한 권리를 주장하였다. 그 후 한국에 새로 등장한 종교는 서구화된 엘리트들이 유교의 관습에 도전할 수 있는 계기가 되었다(Deuchler 1977; Robinson 1991: 211에서 재인용). 유교에 대한 또 다른 비판은 조상 숭배가 낭비적이라는 점, 젊은 세대를 기성세대에 종속시킨다는 점, '조상 숭배와 그 의례가 사람들이 나이의 자연적 위계, 가부장적 권위, 장자 우선주의를 받아들이도록 사회화시켰다는 점', 그리고 중요한 역할과 권리에서 여성을 배제한다는 점을 포괄한다(Ch'oe 1962; Robinson 1991: 211에서 재인용).

현대 한국 사회로 넘어가면서 지식인과 관료들은 오랫동안 유교적 전통과 의례의 '폐단'에 반대하고 규탄해 왔는데, 예를 들어 1960년대 이후에는 유교적 전통에 대한 공공연한 비판이 국가를 현대화하거나 서구화–더 정확하게는 미국화–하기 위한 방편이었다(Robinson 1991: 217). 그러나 현대 한국인들의 압도적인 비율은 사적인 삶 속에서 유교의 원칙과 의식을 철저히 지켰다(217쪽). 로빈슨은 또한 한국인의 새로운 생활 방식, 즉 직장 생활이, 끊임없이 공격받던 전통적인 유교적 가치와 완전히 공명하지는 않았지만, 유교의 에토스는 한국인의 일상생활에서 계속 신봉되었다고 주장하였다(217쪽). '가족에 성실하고, 친구를 신뢰하고, 위계를 수용하고, 권위에 복종하는' 것과 같은 유교의 중심 가치도 현대 기업 생활의 근본적인 태도에 반영되어 있다(225쪽). 흥미로운 점은, 현대 한국인들 사이에서, 개혁의 진전이 더딘 것과 부패와 같은 바람직하지 않은 관행의 변화를 열망한다는 맥락에서, 일명 '유교 때리기'가 만연해 있다는 점이다. 많은 한국인들은 『공자가 죽어야 나라가 산다』(김경일 2005)라는 책의 제목과 내용에 공감한다. 그러나 '유교적 가치관은 변화된 형태일지언정 여전히 강력하다'(Robinson 1991: 224).

한국 사회에 유교적 가치관의 실천이 널리 행해지고 있는 것을 볼 때, 나는 왜 이러한 현상이 21세기에도 사라지지 않는지를 궁금해하는 것은 애초에 잘못된 것이라고 주장한다. 비판적 실재론의 관점에서 보면 이는 놀랄 일이 아니다. 유교는 오랜 기간에 걸쳐 한국인의 사적, 공적 페르소나를 형성하였으며, 비이행적 문화로 한국 사회에 정착하였다. 매우 지속적인 문화이어서 주요 특징은 어떻게든 유지된다. 그렇다고 유교가 항상 한국 문화의 필수적인 부분이 될 것이라는 말은 아니며 그 중요성은 변화할 수 있다. 그러나 현재의 맥락에서 그리고 가까운 미래에는 유교의 핵심 가치가 그 영향과 실천 면에서 약간 다른 형태와 방식이겠지만 이전과 마찬가지로 강력하게 유지될 것이다.

말 그대로 서로 돕는다는 뜻인 '상조'의 오랜 전통을 짚어 보자. 한국에서는 지인이나 지인의 가족이 사망하면 그 유가족에게 문상을 가는 것이 오랜 전통이었다. 문상객들은 또한 유가족에게 금전적인 부조를 하여 장례 준비를 돕는다. 이러한 상조의 오랜 전통 또는 말 그대로 '서로 돕는 것'은 장례 비용을 치르는 데 부분적으로 기여한다. 김민정(2006: 126)은 자신의 연구에 참여한 대부분의 사람들이 유가족을 문상하고 부조하는 것을 부담스러워한다고 보고하였다. 그의 연구에 의하면, 참여자들은 조문 갈 때마다 매번 3만 원에서 10만 원씩, 연간 평균 310만 원을 지출하였다(124쪽).[3] 그러나 이들은 또한 다른 사람들로부터 부조를 받는 것은 큰 힘이 되며, 이 전통이 계속되리라고 믿었다. 하지만 긍정적인 측면이 있음에도 불구하고, 금전 부조는 의미 없는 '체면 차리기'인 경우가 많고 가계 재정에 부담이 되는 것이 사실이다. 즉, 한국인은 다른 이들에게 부조하는 것은 부담스러워하면서도 다른 이들의 부조금은 기꺼이 받는다(132쪽). 김민정(2006: 126)의 연구는, 비록 한국인들이 전통을 불편한 것, 혹은 '맞지 않는' 것, 심지어 부담스럽고 비이성적인 것

3 이는 2017년 이른바 「김영란법」이 조의금의 한도를 5만 원 이하로 정하고 있기 때문이다. 이 규정을 위반하는 것은 불법이다.

으로 생각하더라도, 이미 확립된 상조 문화는 강하게 작동할 것임을 시사한다. 물론 유교, 효 또는 노인 공경과 같은 다른 우세한 가치들이 이 전통의 고수를 계속 뒷받침하고 있다. 결과적으로 이는 많은 사업가들이 장례 서비스 업체를 운영하기 시작하는 계기가 되었다.

민속 종교(특히, 무속)와 유교는 한국의 장례 의식에 큰 영향을 미쳤다(김성일 2012). 사실 유교의 영향력이 줄어들고 있고 여성의 권리가 크게 향상되었다는 잘못된 인식에도 불구하고 그러하다. 후자는 완전히 틀린 말은 아니다. 그러나 한국의 노동력 구성에서 여성이 큰 비율을 차지하는 오늘날에도 여성의 권리는 지나치게 억압되어 있다. 한국의 여성 취업률은 1970년대 이후 꾸준히 증가하여(김병우 2008) 현재 (15세 이상) 여성 취업자 비율은 49.9%에 이르고 있다(통계청 2016). 구체적으로, 부모가 죽을 때 자식과의 관계를 끊는 것이 아니라 조상신들과 하나가 된다는 유교의 가르침과 전통에서 효 사상은 매우 중요한 부분이다. 조상신은 후손들을 계속 보호하여 삶의 어떤 역경도 이겨낼 힘을 준다고 여겨지기 때문이다(박보영 2015: 217). 한국이 현대 과학기술에 매우 친화적임에도 불구하고 무속 역시 여전히 한국의 문화와 제도에서 중요한 부분을 차지하고 있다. 기독교인들도 여전히 매우 무속적인 기복 신앙에 의지하고 있는데, 이는 기독교의 하나님이 무조건적인 축복을 주는 무속 신의 원류로 격하된다는 점에서 확인된다(Grayson 2002, 2009). 현대 한국 사회의 호화로운 장례 서비스와 관련된 실제적이고 이론적인 질문은 다음과 같다. (1) 장례 서비스 산업이 기하급수적으로 성장한 이유는 무엇인가? (2) 구조적이고 문화적인 요인은 무엇인가? (3) 능동적 행위자로서의 개인적 요인은 무엇인가? (4) 한국 사회와 한국인들의 마음속에 무슨 일이 벌어지고 있는가?

사회에서 개인으로의 초점 이동은 산업화, 도시화, 세속화의 주요 특징이었다(Gittings 1997: 21). 그러한 맥락에서 자율성과 생산성은 개인의 성공과 만족을 위한 가장 중요한 가치이다(McManus 2013: 20, 22). 사회 구조는 종종 대부분의 사회적 사건을 설명하는 변수로서는 거의 아무런 역할도 못하였던 것처럼 묘사된다. 개성이 최대한의 자율성을 취하는 방식에 주목하는 것도 유익할 수 있는데, 이는 기존 사회 구조를 변화시키는 데 중요한 수단이 되기 때문이다. 이 책의 경험적인 여러 장들은 효와 관련하여 그들이 믿는 바를 실천하고자 하는 개인 행위자들의 열망을 보여 줄 것이다.

개인 행위자는 기존 사회 구조를 이어받았지만 수많은 개인 행위자들이 함께 또는 각자 규범적으로 상속받은 구조에 새로운 원칙과 아이디어를 주입하는데, 이런 식으로 그들은 문제로 인식하고 경험한 사회경제적, 문화적 맥락과 구조를 '개선'하거나 '수정'한다(Bhaskar 1989). 그러한 변화는 기술의 변화나 직장에서 새롭게 등장한 요구로 인해 새로 구성된 삶에 적응하기 위한 것일 수 있다. 장례와 관련해서는, 특히 단시일 내 끊임없이 변화하는 생산관계의 맥락에서 어느 정도 설명을 요구하는 질문이 많다. 한국의 장례는 장비나 비품 측면에서는 지속적으로 '현대화'되어 왔지만, 그 변화가 반드시 합리적인 것만은 아닌 듯하다. 예를 들어, 화장할 시신에 값비싼 고급 수의를 입히는 등 호화로운 장례식에 높은 가치를 두는 것으로 보인다. 이는 장례식을 부모가 돌아가신 후 효를 표현하는 기회로 보는 문화가 만연해 있기 때문이다. 즉, '가치와 형식'(Suzuki 2002: 200)을 하나로 합치려는 유족의 욕구를 충족시키기 위한 것이다. 이러한 관행들은, 오래된 의례에 '새로운 옷을 입혀' 현대 한국 사회에 '되돌려 보내기' 위한 시도라고 해도 과언이 아닐 것이다. 이켈스(Ikels 2004: 12)도 이와 같은 맥락에서 '어떻게 한국인들은 현대화하면서도 민족의 문화 정체성에 매우 본질적인, 효로 대변되는 핵심 가치들을 보유할 수 있는가'라는 질문을 제기하였다. 달리 표현하자면, 이러한 관행을 과거에 살기 위한 시도라고 볼 수 있을까? 왜 그럴까? 이 질문에 대해 다음과 같은 잠정적인 답변이 가능하다. 첫째, 한국인들은 유구하게 이어져 온 가치 있는 문화를 현대의 사회 환경에서는 지킬 수 없다고 느낀다. 둘째, 그들은 '좋았던 옛날'이라는 향수에 사로잡혀 있다. 결과적으로 한국인들은 가능한 한 기술적, 제도적으로 발전된 사회 환경 속에서도 전통적 가치를 높이 평가하고 과거의 삶을 살아가고자 하는 것이다.

선교사 등 20세기 초 급격한 변화의 시기에 한국에 거주하였던 외국인들도 한국 가톨릭 신자의 장례에 대해 유사한 견해를 보였다(박보영 2015). 일제는 한국의 의례와 문화를 일본의 풍습에 동화시키기 위한 정책으로 1934년 '의례준칙'을 부과하였다. 고인을 운반하는데 상여 대신 차량 이용이 도입되었고, 곡하는 것이 금지되었다. 일본의 정책은 한국인의 일상생활에서 한국의 전통을 분리하기 위해 고안된 것이었다. 곡을 하며 슬픔을 표출하는 것은 일본인의 관점에서 식민 권력에 대항하는 정치적 행동이 될 가능성이 있었고, 이는 1926년 순종의 인산일에 기하여 일어난 6·10만세운동을 통해 실제로 입증되기도 하였다(박보영 2015: 219). 그렇지만 화장보다 매장을 선호하는 등의 일부 한국 전통은 일본의 잠식 시도에도 불구하고 살아남았다. 장례 의식을 현대화하는 과정은 더디게 진행되었고, 이 과정에서 어색하거나 '부적절한' 영역도 나타났다. 이는 오랜 기간 지속된 한국 전통에 대해 힘 있는 외국 세력이 급격하고 혁명적인 변화를 가한 사례이다. 그러나 '평화로운' 시기에도 정치적, 경제적 또는 문화적인 이유로 변화를 강요하는 영향력 있는 힘들은 항상 존재한다.

4) 근대화와 도시화

와인스타인과 와인스타인(Weinstein and Weinstein 1989: 55)은 기계적 연대에서 유기적 연대(뒤르켐[Durkheim])로의, 혹은 게마인샤프트에서 게젤샤프트(퇴니스[Toennies])로의 전환을 통해 현대화와 메트로폴리스가 동전의 양면처럼 하나가 되었다는 게오르그 짐멜(Georg Simmel)의 관찰을 지적한 바 있다. 이들(Weinstein and Weinstein 1989: 55)에 따르면, 메트로폴리스를 동반한 현대화에 대한 짐멜의 변증법적 접근은 '개인의 고립을 초차별화된 문화의 성장과 관련시킴으로써 사회의 객관성에 대한 뒤르켐의 강조와 본향을 잃은 개인에 대한 퇴니스의 강조를 중재'하는 일종의 타협안이다. 나는 이 비교가 구조주의적/실재론적 관점과 포스트모더니즘적 관점 사이의 고전적 논쟁 중 하나일 수 있다고 생각한다. 비록 이 책은 대체로 실재론에 기반하여 썼지만, 메트로폴리스에 대한 짐멜의 견해를 되풀이하는 와인스타인과 와인스타인(Weinstein and Weinstein 1989)의 해석도 설득력 있다고 생각한다. 왜냐하면 이 견해는 오늘날 도시화되고 산업화된 한국 사회를 아주 잘 대변하고 있기 때문이다.

> 메트로폴리스는 너무 많은 다양성이 존재하기 때문에 그 속에서 삶의 내용을 객관적인 전체로 구성할 수 있는 가능성이 진지하게 받아들여지지 않는다. … 사회가 더 '유기적'이 되면서 (기능적으로 전문화된) 그것은 목적을 지닌 통합된 실체라는 유기체로서의 성격을 잃었다(56쪽). … 그러나 근대성은 또한 억압적인데, 이는 획일성, 응집력, 구체적인 특수성보다는 다양성, 단절성, 추상성에 기인한다. … 메트로폴리스는 … 질적 통일성을 잃었다(57쪽).

실제로 도시화된 한국 사회를 비롯한 많은 현대 도시들에서 질적 통일성 상실, 익명성, 단절, 개인주의, 응집력 결여 등 근대성과 도시 생활의 전형적인 특징이 나타난다. 와인스타인과 와인스타인(Weinstein and Weinstein 1989: 58)이 언급한 바와 같이, 근대 문화 발전의 과정은 한마디로 말하자면 '주관적인 것에 대한 객관적 정신이라고 부를 수 있는 것의 지배'(Simmel 1971b: 337)라고 할 수 있다. 주관적 개인은 객관적 정신의 억압적 지배에 대한 반응으로 기껏해야 '지적 적응'을 수행하거나 '기능적 정신분열증'을 보였다(Weinstein and Weinstein 1989: 58). 이를 다르게 표현하자면, 개인 행위자는 주어진 사회문화적, 구조적 영향력에 압도되는 경우가 많고, 그래서 주어진 구조에 '맞추기' 위한 나름의 방법을 궁리하면서 자신의 목표를 계속 추구한다. 공동체나 국가의 모든 구성원의 요구사항을 충족시키는 정책이나 구조가 있을 수 없기 때문에, 능동적 행위자와 구조의 관계가 조화로운 경우는 거의 없다. 구조는 한 국가의 대다수 국민보다는 그들 중 특정 분파에 유리하게 설정되는 경우가 많다. 게다가, 그 구조는 사회의 기존 계층에 혼란을 야기할 가능성을 최소화하는 방향으로 기능할 가능성이 높다. 따라서 권력의 격차가 큰 일부 사회에서는 피고용자에 대한 사회경제적 착취와 노동자에 대한 통제가 뚜렷이 나타난다. 그리고 일부 사회에서는 이러한 관계가 천민자본주의(pariah capitalism)로 표출된다.

지적한 바와 같이, 근대성과 도시 생활의 주요 특징은 지역 사회에서 익명성, 단절, 그리고 사람들 사이의 개인주의적인 상호작용을 가져왔다. 의심할 여지 없이, 이것들은 현대 자본주의의 중요한 구성 요소들이며 이른바 합리적 사고에 기초해 있다고 상정된다(Brubaker 1984: 1). 현대 자본주의의 맥락에서 현대적 생활을 하는 대부분의 사람들은 그것을 변화시킬 수 있는 능력이 제한적이며, 일반적으로 그들이 참여하는 사회 활동, 예를 들어 현대적인 장례 의식이 합리적인 이유로 도입되었다고 여긴다. 그러한 활동들이 실제로 합리적 사고에 기반을 두고 있는지, 혹은 심지어 바람직하거나 도덕적으로 수용 가능한지는 거의 의문시되지 않거나 일반적으로 사람들이 생각할 수 있는 영역 너머에 있으며, 이는 주어진 구조 안에서 행동하는 능동적 행위자의 한계를 나타낸다. 브루베이커(Brubaker)는 막스 베버(Max Weber)의 현대 자본주의에 대한 정의를 반복하는데, 그 핵심 요소는 합리성이다.

> 따라서 현대 자본주의는, 형식적으로는 자유로운 노동의 합리적인(체계적이고 계산 가능한) 조직을 통한, 그리고 합리적인(정확하고 순수하게 정량적인) 회계 절차와 정치 체계의 감독을 받는 합리적인(비인격이고 순수하게 도구적인) 시장 교환을 통한 합리적(의도적이고 체계적인) 이윤 추구로 정의된다(Brubaker 1984: 2).

인간의 행위와 사회 활동 및 상호작용은 대개 현대 자본주의를 이루고 있는 이러한 원리들에 기반을 두고 있다. 그렇다면 누가 그러한 행위와 활동에 의문을 제기할 것인가? 이 책은 그러한 것들 전반에 걸쳐 질문을 던진다.

근대화 과정은 기술 발전, 세계화 및 향상된 생활 방식과 더불어 여전히 작동하고 있다. 그러나 다소 무모해 보일 수도 있지만, 나는 전근대적 인간관계가 현대 한국인의 삶에서 차지하는 비중이 상당하다는 점을 제시하고자 한다. 예를 들어 국제앰네스티가 지적한 바와 같이, 이는 인권 침해를 보여주는 한국의 TV 시리즈를 통해 잘 드러난다(Amnesty International 2017). 이 책은 이 점을 설명하기 위해 한국의 장례 의식을 다루고 있다.

5) 장례자본주의의 개념[4]

장례자본주의를 논하기에 앞서 '천민자본주의'를 논하는 것이 유익할 것이다. 둘 다 윤리와 보살핌의 의무를 거의 무시하고 작동하기 때문이다. 막스 베버의 『프로테스탄트 윤리와 자본주의 정신』(1958)에서 처음 소개된 천민자본주의의 개념은 자본주의 초기에 관찰되는 전통적인 무역, 고리대금업, 초기 은행업과 같은 다소 규모가 작고 발전되지 않은 형태의 자본주의를 말한다(Swedberg 1998: 49). 천민자본가는 상품의 생산보다는 자본의 전유를 통해 이익을 추구하는 경향이 있다. 베버에 따르면, 천민자본주의는 '정치적 자본주의'라고도 표현될 수 있으며, 상대적으로 낮은 윤리적 기준에 근거하여 투기적 이익을 추구하는 경향을 지닌다. 이러한 정치적 자본주의는 '현대 산업자본주의'와 대비된다(Gerth and Mills 1946: 66; 백종국 1998: 253에서 재인용). 정치적 자본주의 또는 천민자본주의는 대부분 상업 활동을 통해 막대한 이익을 추구하고 적법한 정치적, 종교적 지원을 통해 사회적 위계에서 독점적 지위를 차지하고 이를 강화하려고 한다는 특징이 있다(백종국 1998: 253). 자본주의 관행에 대한 비평가로서, 나는 천민자본주의의 요소는 단지 정도만 다를 뿐 개발도상국이건 선진국이건 어떤 현대 경제 체제에서도 관찰된다고 주장한다.

베버의 이 용어는 한국에서 '천민'자본주의로 번역되었다. 문자 그대로 번역한 것으로 보이지만, 한국 언론에서 사용되는 이 용어의 기원과 의미, 용법은 원래 베버가 사용하였던 것과는 상당히 다르다. 베버에게 이 용어는 덜 발

4 이 절의 많은 부분은 전에 발표된 나의 다른 논문(Han 2016a)에 포함되어 있다.

달되거나 전근대적인 자본주의의 성격을 구별하기 위한 것이었던 반면, 한국의 천민자본주의는 마치 기본적인 인권이나 인격이 주어지지 않았던 조선시대의 천민에 의해 자본주의가 실천되는 것처럼 매우 부정적인 의미를 함축하고 있다. 이런 점에서 나는 '천민자본주의'라는 번역어가, 한국적 맥락에서 생산력과 생산 양식에 의해 조잡하게 영향을 받는, 더 광범위한 생산관계를 적절하게 묘사하고 있다는 점(백종국 1998: 253)을 충분히 인정한다. '천민자본주의'는 일부 기업이 노동자들에게 적절한 보상을 지급하지 않는 등 그들을 극단적인 방식으로 전유하거나 대우하면서, 기업 활동이나 지나치게 공격적인 마케팅을 통해 이익을 추구하는 행태를 가장 잘 묘사하고 있다. 예를 들어, 2014년 4월에는 세월호 침몰 사고가,[5] 2014년 12월에는 대한항공 직원에 대한 임원의 갑질 사건인 '땅콩 회항' 사건이 있었다.[6] 이후 조현민 씨가 대한항공 계열사인 진에어의 광고 대행사와 간부회의 당시 폭력을 행사한 것을 시작으로, 2018년 초 조 씨 남매와 부모가 모두 검찰 수사를 받게 되었다. 온 가족이 부적절한 행동과 해외 명품 불법 구매를 통해 대규모 탈세를 한 혐의를 받고 있다.[7] 그리고 소위 '갑질'이라고 불리는, 돈 많은 여성 고객들이 아무런 이유 없이 유명한 백화점에서 서비스 직원을 학대하거나 괴롭히는 수많은 사건들이 보고되었다. 천민자본주의 문화에서는 윤리, 규칙, 규정, 그리고 직원이나 다른 인간에 대한 배려는 가진 자의 힘, 위신, 이익에 굴복한다.

---

5 "Almost 300 missing in South Korean ferry disaster; death toll expected to rise," *Washington Post* 2014년 4월 16일자.

6 "Korean Air nut rage incident prompts South Korea to shell out higher fines," *ABC News* 2016년 1월 19일자.

7 「경찰, '물벼락 갑질' 조현민 기소의견 송치 … 업무방해 혐의」, 『한겨레』 2018년 5월 11일자.

6) 장례자본주의의 탄생: 개념적 틀

다양한 사회과학 이론 중에서 비판적 실재론의 전통은 구조와 능동적 행위자를 분석적으로 분리한다. 구조는 오랜 기간에 걸쳐 형성된 주어진 사회경제적 맥락, 문화 또는 사회 제도를 의미한다(Archer 1995, 2003). 이들은 일반적으로 단기간에 변하지 않는다. 이러한 이유로 이들을 종종 비이행적 요인이라고도 한다. 서로 다른 비이행적 요인들 간의 역동적 교차는 그러한 비이행적 요인들의 특성을 지닌 고유한 사회 현상이나, 아니면 그러한 특성에 반대하는 목소리의 출현을 촉진하는 특유한 사회문화적 맥락들을 생성한다. 그렇다면, 현대 한국의 장례 문화와 관련하여 한국 문화의 비이행적 특성은 무엇일까? 강준만(2010)은 여러 요인들을 제시하고 있는데, 인용하자면 다음과 같다. (1) 체면(face)을 지키는 것, (2) 죽은 자가 산 자에게 미치는 영향에 대한 믿음, (3) 의미 있는 상호작용과는 별 관련이 없을 수도 있는 과시적이고 피상적인 문화들. 이 모든 요소들은 21세기에도 한국 사회에 뿌리 깊고 만연한 무속과 얽혀 있는 토착화된 유교적 전통에 기반을 두고 있는 것으로 보인다(Kendall 1996b).

'체면'이란 '개인이 효과적으로 자기 자신에 대해 주장하는 긍정적인 사회적 가치'를 말한다(Brown and Levinson 1987: 61). '체면 차리기'는 고프먼(Goffman)이 말한 '인상 관리'와 비슷하다. 강준만(2010: 93)은 한국 문화가 죽은 사람의 잘못에 대해 관대하거나 심지어 용서하는 경향이 있다고 언급하였는데, 이는 예컨대 자녀들이 큰 소리로 울면서 고인이 된 부모와 긍정적인 관계를 향유하였다는 것을 표현하도록 장려한다. 더욱이 유교 문화권에서는 이기적인 이익을 억제하고 가족, 집단, 공동체의 이익에 관심을 기울이는 것을 바람직하다고 여긴다. 따라서 부모의 죽음에 대해 자녀가 노골적으로 애도를 표현하는 것은 바람직하며 긍정적인 일이다(강준만 2010: 93). 조상에 대한 적절한 예우와 지속적인 조상 숭배는 한국 문화의 중요한 부분이었다(Park and Muller 2014). 이것은 무속과 얽혀 있는 토착 유교에 깊게 뿌리를 두고 있다. 예를 들어, 기독교의 추도식도 유교의 제사 문화에 기반을 두고 있다(Grayson 2009). '내용'보다 '형식'에 주목하는 경향 역시 유교적 문화와 위계에 뿌리를 두고 있다. 많은 한국인들이 전근대는 물론이고 현대에 들어서도 호화로운 장례식을 치른 후 경제적으로 사실상 빈털터리가 되었다고들 한다(Kim 1997; 김민정 2006에서 재인용). 그러므로 가족에게 경제적 피해를 주는 호화로운 장례식은 죽은 사람에 대한 두려움 때문이 아니라, 일반적으로 산 사람들의 '체면'을 살리기 위해 행해진 것이다.

위에서 살펴본 대로 이미 확립되어 지속하는 한국 문화와 함께, 지난 한 세기가량에 걸쳐 확립되어 수정을 거듭하고 있는 다른 사회문화적 요인과 현상들이 있다. 물적 교환의 화폐화, 도시화, 산업화, 개인주의, 대가족 해체와 핵가족 형성(Lee 1996: 54), 고도의 상업화/시장화, 미디어의 포화(Park 2010b: 33) 등이 그것이다. 이 가운데 일부에 대해서는 이미 지적한 바 있다.

가치와 화폐에 대한 짐멜(Simmel 1971b: 328-329)의 관점은 장례식이 극단적일 정도로 상품화 또는 화폐화되는 현상을 이해하는 방법을 제시한다. 짐멜은 합리성, 계산성, 비인격성을 화폐의 핵심적인 특징으로 언급하였다. 물론 한반도에는 수천 년 동안 '더 단순한 경제'일 때조차 여러 형태의 화폐가 존재하였다(330쪽). 그러나 짐멜의 화폐론이 주로 근대 서구 사회와 관련되듯이, 나는 한국 사회가 화폐화에 전적으로 힘을 쏟은 것은 일제강점기나 1945년 일본으로부터 독립한 이후라고 주장한다. 이러한 주장은 일본이 1902년부터 한국에 대해 일본식 통화제도를 시행한 후 1931년에 수정된 통화정책을 도입하였다는 안재욱(2008)의 주장과도 궤를 같이한다. 일제강점기에도 사회문화적으로 전근대적 혹은 화폐 이전 경제의 맥락이 여전히 강했지만, 이 시기는 한국인들이 자신이 소유한 농지나 산을 팔아 '만들어졌을' 화폐의 힘과 유용성을 배운 시기이기도 했다. 이 돈은 근대적인 교육기관을 설립하고 심지어 중국과 미국 등 해외에서 활동하는 한국 독립운동가들을 지원하는 데도 사용되었다. 다른 경우, 농지나 가축을 판 돈은 자녀들이 근대 교육을 받을 수 있도록 지원하는 데 사용되었다. 근대 교육이 이미 잘 정착되어 있던 일본과는 달리 한국에서는 이러한 현상이 한국전쟁이 끝난 이후에 두드러졌다. 조선시대(1392-1910)에는 양반들만 이용할 수 있었던 교육이 이제 근대 교육의 도입과 함께 사회적 계층 상승의 새로운 방법이 되었다.

1960년대와 1970년대에 농촌에서 도시로 농민들의 대규모 이주가 일어났다. 많은 농부들이 땅을 팔아 자본금을 마련하는 식으로 자산의 부피를 줄였다. 그들의 목표는 농사에서 얻을 수 있는 것보다 더 많은 이익을 내어 자녀들에게 더 나은 교육과 도시에서의 더 풍요로운 삶을 제공하는 것이었다(박해광 2004). 이런 맥락에서, 일단 일상생활에서 돈의 힘을 경험하자 돈은 그들의 삶에서 수단이자 목적이 된 것처럼 보였다. 하지만, 한국인의 일상생활의 특징은 이성적이고 계산적이며 비인격적이기보다는, 어김없이 감정과 기분을 기반으로 하는(Alford 1999), 비계산적이고 고도로 대면적(personal)인 것이었다. 이러한 특징은 유교적 원리와도 잘 통하는데, 특히 장례 의식에 관해서 더욱 그러하다. 이런 식으로 장례 의식의 전근대적 특징들이 지속적으로, 특히 한국의 생활 수준이 크게 향상되고 가처분 소득이 증가한 1980년대 후반 이후까지 만연하였다. 사실, 1980년대 이전까지만 해도 장례식은 수십 년 동안 어떤 변화에도 강하게 저항하였다(강준만 2007: 150). 결혼식과 같은 다른 의식들이 급속하게 변화하여 서구화되거나 혼성화-의식이 치러지는 장소를 포함해 한국적인 측면과 서양적인 측면이 혼합되고 조화되는(Kendall 1996a)-된 것과는 다르다. 그러나 1988년 서울올림픽 이후, 즉 1990년대 초반에는 현대 자본주의 사회의 핵심적인 특징인 분업화에 따라 전문 장례업이 각광 받게 되었다(김경일 2005: 77). 2018년 현재 한국에는 전문 장례지도사를 배출하는 고등교육기관이 5개나 있다.[8] 한국 사회가 점점 풍요로워지면서, 근대 이전부터 1990년대 이전까지는 사망자의 친척이나 공동체 구성원들에 의해 행해졌던 장례 의식이 이제는 장례지도사에게 기꺼이 맡겨지게 되었다. 이에 따라 장례 서비스 산업이 급속히 성장하였다(천선영 2014). 이미 일본과 미국에서 장례업이 인기를 끌었고, 언론과 사람들의 이동을 통해 한국의 잠재적인 고객과 상조업체의 업자들도 이를 잘 알고 있었기 때문에, 장례업의 수요와 공급은 동시에 늘어났을 것이다.

이런 변화 가운데 눈에 띄는 현상이 장례 서비스 업체들의 대기업화이다. 오늘날 한국에는 100개가 훨씬 넘는 '대규모' 장례업체들이 있다.[9] 그들의 상업화 수준도 상당해졌다. 2007년 현재 한국에서 장례 서비스를 제공하는 업체는 300여 개에 이르는 것으로 추정된다. 회사 자산 가치와 회원 수 등을 포함해 상위 10대 장례 업체를 광고하는 기사들이 간혹 나오고 있다. 회사 자산 가치는 700억 원에서 2,500억 원 사이이고, 회원 수는 7만 3,000명에서 30만 명 사이이다.[10]

---

8 「장의사」, 나무위키(2018. 12. 26 접속).
9 「보람상조 외에도 상조회사가 엄청나게 많네요」, 『상조장례뉴스』 2015년 3월 31일자.
10 「상조회사 순위로 알아본 상조회사 추천」, OnePunch.Com, 티스토리 블로그(2013. 3. 13 게시).

그림 2-1 한국의 장례자본주의의 도래와 재생산

구조적 맥락과 사회문화적 · 역사적 맥락
(유교; 효; 지속적인 현대화 과정; 역사적 요인; 사회문화적 요인;
일상생활에 영향을 미치는 민족주의의 정치화)
T1 ____________________

사회적 상호작용
(회사 생활; 효를 실천할 수 없음; 죄의식의 확산; 가처분 소득 증가;
장례자본주의의 탄생)
T2 ______________________________ T3

구조적 정교화
(장례자본주의 문화의 재생산; 중단된 현대화 과정; 문화의
일부 수정; 연속성)
________________________________ T4

자료: Archer(1995) 참조.

[그림 2-1]은 지난 수십 년간 한국 사회의 더 넓은 사회적 환경을 뒷받침한 사회문화적, 경제적 맥락을 보여 준다. 다음으로 이러한 구조적 맥락과 대두되고 있는 사회경제적 요인이 교차하고 다시 이는 장례와 관련해 새로운 문화와 기대로 이어진다. 결국, 새로운 문화와 기대의 관행은 정착되고 이것들은 구조적 맥락, 즉 생성 메커니즘의 재구성에 반영된다. 일부 구조적 특성은 개별 행위자가 행사하는 힘으로부터 근본적으로 독립적이다. 일부 속성은 비교적 쉽게 구현될 수 있으며(예컨대, 화장 및 매장에 관한 법률), 다른 속성은 변경 및 시행에 더 오랜 시간이 필요할 것이며(일상에서 시행되는 장례에 관한 새로운 법률을 적용시키는 것), 일부 속성은 변화에 극도로 저항적이며(효 의식), 일부 속성은 변하지 않는다(매장할 수 있는 토지의 면적)(Archer 2010: 232).

7) 조사 방법

비판적 실재론적 근거 이론에서 방법론적 엄격성을 주장하는 2개의 최근 논문이 제시한 통찰에 주목할 필요가 있다. 캐롤린 올리버(Carolyn Oliver)는 사회복지학자이고 미셸 레드먼-매클래런(Michelle Redman-MacLaren)은 간호학자로 (Redman-MacLaren and Mills 2015), 두 사람 다 이론적 관점, 특히 비판적 실재론과 관련해 앞서 논의한 바 있다. 전통적으로 사회복지 및 간호학 연구자들은 고객과 환자의 구체적인 체험에 상당한 관심을 기울였으며, 이들의 핵심 관심사는 삶의 질과 질병으로부터의 최선의 회복이었다. 그러나 이렇듯 개인 행위자의 의미 있는 삶의 질 추구나 개인의 구체적 체험에 관심을 집중하다 보니 관련 사회 구조들은 적절한 학문적 관심을 아무래도 덜 받게 된 것 같다. 올리버와 레드먼-매클래런의 방법론적 고찰은 그들이 통상 사용하는 연구 방법론, 즉 근거 이론(grounded theory)의 확장을 통해 이러한 단점을 극복하려는 최근의 노력과도 일맥상통한다.

비판적 실재론은 연구 프로젝트의 목적에 따라 엄격한 양적, 질적 데이터와 분석의 강점을 잘 수용할 수 있다. 비판적 실재론은 구체적 방법을 표방하기보다는 각 연구의 목적에 맞는 가장 엄격하고 적절한 방법을 표방한다(이기홍 1998). 원래 글레이저와 스트로스(Glaser and Strauss 1967)가 제안한 근거 이론은 질적 데이터 집합을 체계적으로 분석하고 그 분석으로부터 이론을 발전시키기 위한 연구 방법론으로, 사회과학 분야에서 널리 사용되었다. 이 이론은 애초 20세기 중반 연역적 방법론에 대한 반응으로 개발된 것으로, 연역적 방법은 이론에 대한 가설을 도출하고 이 가설을 경험적으로 검증하는 방법이다. 이에 비해, 근거 이론은 데이터 수집과 분석을 동시에 하면서 이론을 개발하는 귀납적 방법이다(Oliver 2012: 376). 올리버는 근거 이론의 방법론을 다음과 같이 서술한다.

> 연구자는 들어오는 데이터를 즉시 분석하여 코딩하고(Glaser 1978), 이론적 샘플링이라는 과정을 통해 새로운 분석적 통찰을 개발할 잠재력을 지닌 새로운 데이터 소스를 선택한다. 연구 전반에 걸쳐 작성된 메모는 연구자 내면의 분석적 대화를 포착하여 성찰을 촉발하고, 나아가 코딩 및 분석을 위한 추가 데이터가 된다(Oliver 2012: 376).

연구자가 면담이나 뉴스 보도를 통해 자료를 수집하기 시작하면 자신이 이미 가지고 있던 아이디어와 이 새로운 자료 사이에서 끊임없는 '비교와 대조'를 수행하며, 이러한 코딩 과정은 데이터 포화 또는 데이터 수집이 완료되는 순간까지 계속될 것이다. 데이터 수집의 초기에 정형화된 코드는 이미 수집된 데이터와 새로 수집된 데이터 간의 지속적인 '비교 및 대조'를 통해 다시 정형화될 수 있다. 연구자는 공개 코드를 이해하여 범주를 생성시키고, 이는 다시 일련의 주제들이 종합되어 논의 중인 현상에 대한 전반적인 설명을 형성하는 것으로 이어진다(Oliver 2012: 376-377).

어떻게 적용되느냐에 따라 근거 이론은 현상학적 연구나 비판적 실재론과 같은 다양한 이론적 성향, 강조점 및 방향에서 연구자의 목표를 달성하는 데 도움이 될 수 있다(Oliver 2012: 378). 근거 이론은 특정 사회 이론을 채택하지 않은 상태의 연구자들도 사용할 수 있다. 특정 사회 이론에 전념하였던 많은 연구자들 역시 근거 이론의 원리를 적용해 왔다.[11]

---

11 질적 내용 분석을 위한 비슷한 원리들이 다음 문헌에도 서술되어 있다. Hsieh and Shannon (2005)을 참조하라.

이것은 그들의 데이터를 개별 행위자들, 즉 사회 구조를 형성하고 그 구조 위에서 역할을 수행하는 사회 구성원들에 근거 짓는 방법이자 사회적 사건에 대한 생각과 아이디어를 만들고 주장하는 원천이다. 사회구성주의자들은 연구 참여자들의 목소리, 가정, 무언의 경험을 드러내기 위해 근거 이론을 전개하며, 객관적 현실에 대한 주장을 펼치기 위해 일반 이론을 제시하기보다는, 연구 참여자들이 자신의 일상생활을 어떻게 이해하는지 알아낸다(Oliver 2012: 377). 비판이론가들은 불평등한 사회 구조를 비판하고 변화시키기 위해 근거가 되는 데이터에서 더 넓은 구조를 드러내는 데 근거 이론을 활용하였다(Oliver 2012: 377-378). 연구자는 데이터의 근거를 부지런히 확보하는 한편 더 넓은 사회 및 경제 구조와 그 구조들이 투영된 참여자들의 구체적 체험 사이의 교집합을 드러낼 수 있을 연구 질문을 제기할 것이다(Han and Davies 2006). 비판적 실재론적 근거 이론에 대한 올리버(Oliver 2012: 378)의 해석에 따르면, 이 이론은 '사건 자체와 그 사건으로 만들어진 의미를 모두 다루고, 출현 및 생성 메커니즘에 대해 미리 구상된 분석적 개념으로 데이터에 접근하며, 단순히 기술(記述)적 목표가 아닌 해방적인 목표를 추구한다'.

올리버(Oliver 2012: 378)와 레드먼-매클래런 및 밀스(Redman-MacLaren and Mills 2015)는 비판적 실재론과 근거 이론이 고도의 호환성을 지니며, 이 둘의 조합이 연구 조사의 강력한 도구가 될 수 있다는 점을 보여 주는 일련의 근거를 제시하였다. 내가 이 책의 목적을 위해 두 가지 주요 학술적 시도의 호환성을 찾은 구체적인 이유는, 풀뿌리 수준, 즉 개인 행위자에 근거한 데이터 집합으로서 광범위한 언론 보도를 활용할 가능성이 있었기 때문이다. 의심할 여지 없이, 언론 기사는 저널리즘적 관점과 사건 보도를 제공한다. 수도권과 도시 지역에 기반을 둔 언론사들은 인터넷 공간에서도 여전히 우세한 위치를 차지하고 있다. 예를 들어, 일단 구글 검색을 해보면 유명 언론사에 보유된 검색 결과 목록이 먼저 나열되고 덜 유명한 언론사의 기사는 뒤로 밀리게 될 것이다. 하지만 검색 결과의 '관련도'는 그러한 가정을 방해하여 '가장 관련도가 높은' 결과가 먼저 나열될 수도 있다. 결과적으로 수도권 언론사건 지방 언론사건 상관없이 가장 관련도가 높은 보도가 분석 자료로 수집될 수 있을 것이다. 사실, 카인즈(KINDS, 한국 뉴스 공공데이터베이스 시스템)는 한국의 지방뿐만 아니라 도시에 위치한 모든 언론사의 뉴스 보도를 포괄한다. 이러한 '공식적인' 언론 보도의 단점은 그것이 언론사의 걸러진 관점을 반영하는 중재된 보도일 수 있다는 점이다. 그러나 한국에는 주류 신문사를 비롯해 금융자산 규모나 이데올로기적 입장에서 차이가 있는 수많은 언론 매체들이 있고 이들의 시각이 점점 더 다양해지고 있다는 점을 인정하는 것이 타당하다. 또한 주류 언론 기사는 대개 독립적인 전문가와 작가들의 기고를 포함한다. 재정 안정성이 거의 모든 언론사에 중요한 관심사로 남아 있지만, 뉴스 보도의 적절성을 결정하는 유일한 요인은 아니다.

오늘날 미디어가 포화 상태인 세상에서 소셜 미디어의 중요성과 데이터의 양과 질을 과소평가해서는 안 된다. 의견, 보도, 수많은 담론의 형태로 이루어진 정보의 플랫폼에는 수천 개의 블로그, 인터넷 카페, 유튜브, 트위터 등이 있으며, 그 내용을 구글 검색을 통해 검색할 수 있다. 네이버 밴드와 카카오톡 또한 한국에서 정보 공유를 위한 대중적인 플랫폼이 되었다. 연구 참여자들로부터 수집한 인류학적 면담 자료에 엄청난 가치가 있다는 사실은 부인할 수 없다. 이들이 연구에 관여하는 범위는, 관련된 조직의 이해관계 없이 순수하게 개인적인 관심, 기득권을 가진 회사의 다양한 위계에서 직업상의 역할에 따른 전문적인 관심, 또는 정부 규제자로서의 관심 등 다양하다. 연구자의 면담 자료가 특정한 목표를 염두에 두고 수집되는 반면, 데이터 집합으로서의 언론 보도는 꼭 목적에 맞게만 수집되지 않는다. 이 점에서 데이터 집합으로 언론 보도를 사용하는 것은 무척이나 까다로운 일이지만 분석을 위한 가치는 매우 높다(Han 2016b 참조). 인터넷 공간에서 입수할 수 있는 어떤 정보건 오류가 있을 수 있는데, 이는 면담 자료도 마찬가지이다. 연구자가 데이터를 비판적으로 분석하고 최종적으로 연구 문제와 관련하여 정보에 입각한 범주와 주제를 형성할 수 있게 하는 것은 대량의 언론 보도를 부단히 '비교 대조'하는 방법이다. 이러한 지식의 유동성은 근거 이론과 비판적 실재론의 노선과 일치한다. 따라서 나는 면담 자료는 엄밀한 분석적 발견을 위한 고유의 가치를 가지고 있고, 언론 보도는 오늘날 사회 연구에 귀중한 자료가 된다고 주장한다. 언론의 재현, 정부 보고서, 여론 조사 및 소셜 미디어의 개인 의견과 같은 여러 출처의 데이터가 다 유용할 수 있다. 사실 이용할 수 있는 모든 정보는 데이터이다(Oliver 2012: 379). 여러 출처의 데이터를 사용하면 데이터 분석에서 삼각 측량의 기능도 수행할 수 있다. 제한된 출처의 데이터를 비교하면 증명된 패러다임과 상반된 관점이 도출될 수 있지만, 여러 다른 출처의 데이터 집합은 모순으로 보이는 것을 해소하여 오히려 전체 연구 결과를 풍성하게 할 수 있다(Olsen 2004).

앞서 언급한 바와 같이 근거 이론을 전개하는 비판적 실재론자는 연구 참여자로부터 수집된 데이터 분석과 함께, 다른 데이터, 문헌 및 정책 문서에 대한 탐색을 통해 사회 구조를 드러내야 하는 과제를 갖는다. 이는 사회 현상의 생성 메커니즘을 구성하는 분석 과정이다. 과거 연구 참여자들과의 면담에서 나는 그들의 구체적인 경험에 대해 물었고, 많은 이들이 개인적인 삶의 경험과 밀접한 관련이 있을 뿐만 아니라 명백하게 불평등한 사회 구조를 시사하는 답변으로 응답하였다. 그러나 연구자로서 나는 그들이 사회 구조를 의식하고 있는지 완전히 확인하지 않았다. 그들 중 일부는 그랬을지도 모르고, 다른 사람들은 그렇지 않을지도 모른다. 그러나 분명한 것은 수집된 데이터의 대부분이 구체적인 체험의 측면에서 매우 분석적이었고, 또한 참여자들이 자신의 삶의 궤적을 제한할 뿐만 아니라 가능하게도 해준다고 생각하는 기존 사회 구조에 대해 비판적이었다는 것이다(Han and Budarick 2018). 이는 내가 언론 표현을 분석하면서 발견한 것과도 일치한다(Han 2010, 2012a, b, 2013, 2015, 2016a, b). 이러한 측면에서, 포포러(Porpora 2015)가 재검토한 기술(記述)적 분석의 가치를 떠올리게 된다.

비판적 실재론은 인과성을 '**메커니즘의 인과 구조와 인과적인 속성들**의 관계로서' 개념화하려는 과학적 노력이다(Porpora 2015: 46, 강조는 원문). 하나 이상의 유력한 메커니즘이 특정한 사회적 사건을 설명해 주며, 이 메커니즘은 많은 속성들로 작동된다. 속성의 특성은 지속적으로 변화를 겪으며 결과적으로 메커니즘 또한 열린 사회계에서 시공간에 따라 다르게 작동한다. 사회연구자들의 임무는 검토 중인 사회적 사건(이 책에서는 장례 의식)과 관련하여 어떤 종류의 인과적 속성이 생성 메커니즘을 형성하는지를 파악하는 것이다. 이 과정에서는 민족지(ethnography)와 기술적 분석이 특히 유용할 수 있다. 영화, 문학 및 언론의 재현에서 예시되는 장례 경험에 대한 기술은 연구자가 분석할 수 있는 풍부한 데이터 소스를 제공한다. (이는 대체로 '미디어 인류학'이라고 불리는 것의 한 유형인데, 전통적인 인류학자들은 상당 기간 심층적인 참여 관찰이 동반되지 않는다는 이유로 이를 받아들이지 않고 있다). 그러나 앞서 언급하였듯이, 오늘날 언론의 재현은 사회과학적 연구의 목적에 맞게 그 나름대로 풍성한 자료를 제공하며, 생성 메커니즘을 이해하는 과정에서 언론의 기술적 관찰도 많은 부분 매우 분석적이다. 이러한 관점에서 나는 이 책에서 상당한 양의 한국 뉴스 보도를 '채택'하고 분석하였다. 나는 부지런히 보도 기사의 출처를 참조하였고 기사와 나의 분석점, 즉 내 목소리를 구별하였다. '채택되고 번역된' 부분에 인용 부호가 있어야 하는 게 아니냐는 질문이 있을 수도 있다. 나는 특별히 인용 부호를 사용할 필요가 있다고 결정하는 경우를 제외하고는 그렇게 하지 않았다. 이는 다른 말로 바꾸어, 인용한 문장에 인용 부호를 쓰지 않고 출처만 제시하는 관행과 유사하다.

제3장

현대 한국의 경제, 사회 및 가족 변화

1. 서론

서구의 학자들은 한국이 제2차 세계대전 이후 강력한 경제 발전과 민주주의를 모두 이룬 유일한 국가라는 것을 널리 인정해 왔다. 국제 사회에서 한국의 경제적 영향력은 적지 않고, 또 이코노미스트 인텔리전스 유닛(EIU)이 발표한 2017년 민주주의 지수에 따르면 한국 민주주의는 세계 20위 수준이다.[1] 이 지수는 선거 과정의 다원주의, 정부의 기능, 정치 참여, 정치 문화 및 시민 자유를 측정하여 산출된 것이다. 한국은 1945년 일본 식민 지배로부터 독립하자마자 한국전쟁(1950-1953)을 겪은 나라이다. 전쟁 후 남겨진 것이라곤 폐허뿐이었다. 1961년 5월 박정희는 군사 쿠데타로 민간 정부를 전복하고 정권을 잡았다. 박정희 독재 정권이 1962년부터 경제 개발 5개년 계획을 실시함에 따라 1970년대와 1980년대에 걸쳐 한국은 점차 극심한 빈곤에서 벗어났다. 한국의 경제적 성취는 '한강의 기적'으로 알려져 있다. 이제 한국은 2017년 기준 세계 11위의 경제력을 지닌 중견 국가이다.[2] 이처럼 짧은 기간 동안 한국이 이룬 사회적, 경제적 성취는 전례가 없는 것이다. 선진 경제국으로 들어선 한국의 최근 경제 성장은 이전만큼 크지 않다. 1970년에 9.39%였던 경제 성장률이 2015년에는 2.6%로 떨어지는 등 둔화되고 있다(김선재·이영화 2011).[3]

현재의 상태에 도달하기 위해 크게 발전해 오면서, 한국은 저출산과 고령화, 가계 부채 증가, 청년 실업, 높은 복지 수요, 그리고 국가 경쟁력 약화와 같은 현재와 미래의 도전에 직면해 있다. 이러한 우려를 극복하기 위해 노력

1 "Here're The World's Top-20 Best Democracy Countries – But U.S. Is Not One Of Them," FinanceTwitter.com(2018. 2. 1 게시).
2 "The World's Top 10 Largest Economies," Focus Economics 웹사이트(2017. 12. 19 게시).
3 "South Korea GDP Annual Growth Rate," Trading Economics 웹사이트(2018. 1. 25 게시).

하고 있고 또 한 번의 경제적 성취를 위한 도약을 모색하고 있지만, 다른 한편으로 많은 한국인들이 상당히 불안정한 생활을 하며 고생을 겪고 있다. 사실, 그 고생은 한국인의 일상, 특히 그들의 삶의 질에 대한 인식에 깊이 내재되어 있는 것처럼 보인다. 나는 이러한 맥락으로부터 배태된 더 큰 사회경제적 환경이 교육, 직업, 정치, 스포츠 등 한국 사회 모든 분야의 문화와 관행에 밀접한 영향을 미칠 수 있다고 주장한다. 이 장은 한국의 빠른 경제 발전과 그에 따른 여파를, 높은 자살률과 사회 제도로서의 가족과 관련한 변화를 포함하여 개관할 것이다. 이는 충분하지는 않더라도, 어느 정도 한국 사회의 사회문화적, 경제적 배경 지식을 제공함으로써 독자들이 이 책의 내용을 보다 잘 이해할 수 있게 하기 위함이다. 이 장의 내용은 구성이 다소 산만하게 보일 수도 있지만 '절충적으로' 한국 사회의 많은 특징에 대한 스냅숏을 보여 주는 방식을 취하였다.

2. 경제 발전, 재정적 풍요, 그럼에도 불안정한 경제 생활

지난 수십 년간 한국경제에 관한 학술서와 논문은 지속 가능한 경제 성장이 아닌 경제 발전 그 자체에 관한 것이었다. 오늘날 한국경제의 활력은 강력한 무역 성과뿐만 아니라 문화 창조 산업, 교육, 스포츠, 예술 분야에서의 활약을 통해 얻게 된 것이기도 하다. 한국이 강력한 경제적, 국제적, 문화적 영향력을 지닌 중견 국가임은 의심의 여지가 없다. 지난 반세기에 이룩된 한국의 경제 기적을 다룬 최근의 책은 한국이 성공한 핵심 이유로 여섯 가지를 꼽았다(김기환 2013). 시장경제 시스템을 채택하고 이를 발전시킨 점, 대외 지향적인 개발 전략, 인적 자본의 계발, 기술 혁명, 거시 경제의 안정적인 관리, 그리고 긴밀한 한미동맹이 그것이다. 한국의 성공적인 경제 발전에 관해서는 두 갈래의 주장이 있는데, 하나는 친시장 전략을 취하는 입장이고 다른 하나는 친정부 전략을 취하는 입장이다. 자유시장경제 옹호론자들은 한국경제의 성공은 정상을 벗어난 것이며, 다른 곳에서 한국의 사례를 재현하는 것은 거의 불가능할 것이라고 주장한다(Jwa 2017). 반면에, 친정부 개입론자들은 지난 수십 년간 한국이 이룬 성과에는 어느 모로 보나 정부 주도의 정책이 주효하였다고 생각한다. 한국의 경제 성장과 관련하여 정부가 실제로 맡은 역할에 대해서도 논란은 계속되고 있다. 친시장 학자들은 정부의 개입이 없었다면 한국이 훨씬 더 잘 살았을 것이라고 주장한다(Sakong and Koh 2010; Jwa 2017: 3에서 재인용).

이 밖에도 한국의 발전에 관한 논쟁에는 상당히 다른 접근법들이 많다. 하나는 류석춘의 문화적 접근법(Lew 2013)으로서, 그의 연구는 흥미롭게도 국가 개입을 당연한 것으로 취급하며 높게 평가한다. 이를테면 '국가는 시장에 깊이 관여하면서 경제를 계획하였고, 이는 큰 효과를 보았다'(100쪽)는 것이다. 류석춘은 한국에서는 유교가 서구 사회에서 기독교가 맡았던 역할을 하였다고 보면서, 이와 관련하여 효 의식, 자기희생, 교육에 대한 높은 가치 부여 등 유교의 몇 가지 핵심 원칙으로부터 비공식적이고 정의(情誼)적인 연줄망이 형성되었다고 지적하였다. 이러한 원칙들이 결국 한국의 산업 발전이 요구하는 인적 자본의 핵심적인 특징을 형성하였다는 것이다(38쪽). 류석춘의 문화적 관점은 한국의 발전을 이끈 문화적 추진력을 상당히 잘 설명하고 있다. 한국 사회가 오랫동안 중국 사회보다 더 유교적이었다는 사실은 잘 알려져 있다.

물론, 유교 문화적 요소가 광범위한 사회 현상을 어느 정도나 근본적으로 설명할 수 있는지는 논란의 여지가 있다. 하지만, 장례식과 같은 한국의 많은 사회 현상이 설명될 수 있다는 것은 부정할 수 없다. 그러나 나는 정서나 감정에 기초한 연줄망과 유교 문화의 밀접한 영향을 받은 국가와 기업 간의 유착이 엄격하게 제어된 방식으로, 즉 사익보다는 공익을 위해 작동되고 있다는 류석춘의 주장은 과도하다고 생각한다(Han 2014). 경제 발전만을 놓고 보면 국가와 기업의 유착으로 눈에 띄는 시너지 효과가 있었을 수도 있지만, 연고주의와 부패, 그리고 그것들이 한국 사회에 얼마나 해로운 영향을 미쳤는지를 입증하는 문헌들은 수없이 많다. 사실 한국 사회 구조 존재론의 최상위 수준에 있는 이 정경 유착과 더불어, 압축적인 발전 속도, 높은 교육열, 극심한 경쟁, 급격한 도시화, 그리고 이로 인한 삶 전반에 걸친 변화가 한국인의 삶에 크나큰 불확실성을 야기하였다. 이는 한편으로 한국인의 삶을 매우 어렵고 고생스럽게 만들었으면서, 동시에 모든 일에서 더 나은 것을 갈망하게 하는 지속적인 추진력을 제공하였다.

한국의 경제적 성공이 어떻게 가능하였는지를 설명하는 명료한 관점이 만들어질 여지는 있을 것이다. 혹 그러한 관점은 시장 옹호, 정부 개입 옹호, 문화적 전환, 정치경제학적 관점을 모두 결합하여 더 산만한 측면을 포함할 수도 있을 것이다(Lie 1998; Chang 1999; Han and Sharp 1997 참고). 비록 다른 나라에서도 한국의 성취를 되풀이할 수 있는지가 많은 개발도상국의 관심 주제였지만, 사회적 현상이란 열린 시스템에서 발생하므로 이러한 일이 다른 나라에서도 똑같이 일어나기란 쉽지 않을 것이다. 넓은 의미에서 역사는 반복되지만, 비판적 실재론자의 눈으로 보게 되면 경제적 기적의 복제는 국내적으로나 국제적으로 상당히 유사한, 서로 교차하는 생성적인 메커니즘이 존재하느냐 여부에 달려 있다. 내가 보기에 그러한 환경이 다시 만들어지는 것은 불가능하다. 이러한 문제는 다른 연구자에게 맡기고, 나는 유례없는 경제적 성공 속에서도 여전히 경제적으로 불안정한 한국인의 삶을 고찰하고자 한다.

OECD 회원국이 된 이후 한국에서는 시간당 적정 최저임금이 얼마인지가 사회적 논쟁의 주제가 되었다. 2018년 한국 정부는 시간당 최저임금을 7,530원으로 정하였다. 값싼 노동력에 의존하던 많은 소상공인이 불만을 토로하였고, 정부는 이들이 근로자에게 정해진 기준으로 임금을 지급할 수 있도록 보조금을 지급하는 방식으로 해결책을 마련하였다. 2018년 초, 한국 고용노동부는 주요 TV 방송 등을 통해 다음과 같은 홍보 광고를 내보냈다.

> 세계가 대한민국의 성장을 부러워했지만 성장한 경제만큼 임금이 따라가지 못했습니다. 삶이 나아지지 않았습니다. 행복하지 않았습니다. 그래서 우리는 최저임금에서 그 해결책을 찾았습니다. 임금이 오르면 삶의 질도 오른다! 최저임금 인상으로 인한 사업주 여러분의 부담을 잘 알고 있습니다. 고용노동부가 일자리안정자금으로 그 부담을 나누겠습니다. 30인 미만 사업장에 월 13만 원까지, 4대 보험료는 90%까지 지원하겠습니다. 최저임금 인상, 국민이 행복한 경제 성장입니다.[4]

이 주목할 만한 광고의 요점은, 노동자에게 지급되는 임금, 특히 저임금 노동자들에게 지급되는 임금의 수준이 부적절하다는 점을 정부가 공개적으로 인정하였다는 것이다. 이 전례 없는 적극성은 부분적으로는 노동자의 삶을 개선하기 위해 노사 합의를 끌어내는 것에 소극적이었던 앞선 두 보수 정부와 차별화하기 위한 문재인 정권의 정치적 이해관계에서 비롯된 것이다. 그

4 「일자리 안정자금 시행계획(안)」, 고용노동부 보도 자료 2017년 11월 9일자.

러나 노동자들, 특히 저임금 노동자들의 삶의 질을 높이기 위해 이렇게 용기 있는 시도를 하였다는 점은, 비록 앞으로 갈 길은 멀고 험난하지만, 과소평가될 수 없다. 서두에서 지적하였듯이, 기적적인 경제 발전의 중심에 있었던 노동자들은 적절한 보수를 제대로 받지 못하였다. 이는 한국경제에서 높은 생산성이 우선순위였고, 따라서 가용한 생산 방식을 최대한 활용하고 지속적으로 개선해야 하였다는 것을 의미한다. 한국경제가 성장에 맞춤한 구조로 되어 있고 공정한 부의 분배는 소홀히 해 온 터라, 2018년에 '포용적 성장'을 도입하려는 정부의 시도는 전혀 쉽지 않은 과제였다. 한국인들은 OECD 국가들 중 두 번째로 긴 시간(연간 2,163시간)을 일한다. 경제 구조는 노동자의 이익을 증대시키기보다는 대개 자본의 이익이 되는 방향으로 변화를 지속하였을 것이다. 이 밖에도 한국 사회의 더 넓은 사회문화적 환경에서 주의를 기울여야 할 것은 많다. 많은 정부 부처가 국민 삶의 질을 향상시키기 위해 새로운 노력을 하고 있기 때문이다. 지난 20년 동안 결국에는 소비자의 인간적인 요구를 배려하지 않을 수도 있는, 극도로 경쟁적인 사회 환경과 기업 활동을 낳은 사회경제적, 문화적 환경은 무엇인가? 예를 들어, 사랑하는 사람을 잃고 진정한 위로와 격려가 필요할 때 한국인들이 어떤 경험을 겪는가? 이 질문에 대한 답은 이후의 장에서 찾을 수 있겠지만, 이 장에서 제시하는 더 넓은 사회경제적 환경에 대한 개략적 설명이 배경지식을 제공할 것이다.

정보통신기술(ICT)의 발달로 인터넷을 통해 한국 언론을 따라가다 보면 경제에 대한 한국인의 우려가 높아졌음을 느낄 수 있다. 한국인들은 한국경제가 항상 어려움을 겪고 있고 이것이 삶에 부정적인 영향을 미치고 있다고 생각하는 것 같다. 1997년 외환위기 이후로 한국을 가끔 방문하였을 때, 내 지인들은 'IMF의 엄격한 구조조정을 받았던 1997년 외환위기 당시보다 더 어렵다'며 금융 상황에 대한 인식을 전하였다. 한국경제가 성장을 거듭해 왔고(비록 1980년대에 비해 성장 속도가 둔화되기는 하였지만) 연간 GDP도 성장하였는데 어떻게 이런 일이 가능할까? 이러한 주제는 정치경제학자나 정치사회학자들이 더 잘 다루겠지만, 나는 한국인들의 삶, 장례 산업, 관련 마케팅 사업과 미디어가 필수적인 부분을 차지하는 한국 사회의 더 넓은 사회경제적 맥락을 강조하고 싶다.

삶에 대한 만족도와 행복의 수준은 최근 수십 년간 한국 주류 미디어가 지속적인 관심을 보인 주제였다. 이에 관한 연구들은 한국의 경제적 불평등과 양극화가 구조적인 문제임을 인정하였다. 이는 또한 상식으로 받아들여지고 있고 일간 신문과 온라인 뉴스에서도 숱하게 논의된다. 한국인들은 한국이 OECD의 모든 회원국 중에서 자살률이 가장 높고, 최저임금 이하로 버는 노동자와 빈곤 수준 이하로 사는 노인들의 비율이 가장 높다는 것을 심각하게 우려하고 있다(조동현·권혁용 2016). OECD의 2016년 조사에 따르면, 한국인의 삶의 만족도와 행복도는 38개국 중 30위, 성 불평등은 38개국 중 38위, 사회적 불평등은 33개국 중 17위로 나타났다(OECD 2016, '삶의 만족도'[Life Satisfaction] 섹션 참조). 이러한 조사 결과를 보면, 여성의 사회적 상황이 개선되려면 아직 갈 길이 멀고, 사회적 평등도 개선되고 있는 것처럼 보이지만 그 또한 가야 할 길이 상당히 멀어 보인다. 조동현·권혁용(2016)은 신뢰할 수 있는 다른 조사 결과를 지적한 바 있는데, 2012년 미국 갤럽이 148개국을 대상으로 조사한 결과와 2015년 유엔이 158개국을 대상으로 한 『세계행복보고서』에 따르면 한국의 순위는 각각 97위와 47위였다. 이러한 조사 결과들이 말하는 바는 분명하다고 할 수 있다. 즉, 한국인들은 불만족스럽고 불행하다는 것이다(조동현·권혁용 2016). 그런데 조동현·권혁용(2016)이 지적하였듯이, 소득의 증가가 반드시 삶의 만족도와 행복지수의 증가로 이어지는 것은 아니다. 행복지수에는 행복에 대한 개인의 주관적인 인식, 특정 삶의 단계에서의 주관적인 맥락, 개인의 경제적 필요(Di Tella et al. 2003), 소득 수준, 사는 나라의 정치적 맥락(Helliwell and Huang 2008; Travits 2008)과 같은, 다른 많은 요인들이 영향을 미친다(모두 조동현·권혁용 2016에서 인용). 한국의 사례를 연구한 문헌들은 늘어나고 있다(이현송 2000; 이양호·지은주·권혁용 2013; 장승진 2011; 강정희·염동문 2014; 이민아·송리라 2014). 조동현과 권혁용(2016: 7)의 연구 결과에 따르면, 소득 불평등에 대한 인식은 국민의 삶의 만족도에 영향을 미치지 않는 반면, 기회 불평등에 대한 인식은 고소득층과 정치적 중도층, 그리고 민주화운동 세대(35-50세)에게 부정적인 영향(즉, 불만 증가)을 미치는 것으로 나타났다.

한국 사회의 사회경제적 맥락에 대한 인식은 언론에 어떻게 보도되고 묘사될까? 아마도 부분적으로는 '3포 세대'(또는 N포 세대), 헬조선, 저출산, 높은 자살률, 높은 노인빈곤율, 흙수저나 금수저, 가난한 사람들에 대한 부자들의 '갑질' 같은 말이나 꼬리표로 표현될 것이다. 일부는 그 자체로 변별적인 의미를 전달하지만 모두 현대 한국 사회의 경제적 불평등과 팍팍한 경제적 맥락과 관련이 있는 것으로 보인다. 미디어 표현인 만큼, 다소 노골적인 과장도 물론 섞여 있다.

'3포 세대'는 인생에서 중요한 세 가지, 즉 연애, 결혼, 출산을 포기한 젊은 세대를 일컫는 신조어이다. 한국의 사회 환경이 더 나빠졌든 아니든 그것과 상관없이 연애, 결혼, 출산에 더해 취업과 내 집 마련도 포기한 '5포 세대', 여기에 더해 대인관계와 꿈도 포기한 '7포 세대' 등의 문구가 연이어 만들어졌다. 이런 'N포 세대'의 개념은 『경향신문』이 '복지국가를 말한다'라는 특집기사를 연재하면서 시작되었다.[5] 그 첫 번째 기사는 전통 한국 사회와 현대 한국 사회에서 복지의 주요 제공자인 가족의 역할을 다루는 것으로 시작된다. 가족 구성원의 상당한 비율이 다른 가족의 필요에 대해 적절한 돌봄을 제공해야 하는 부담을 더 이상 감당할 수 없을 때, 사회기관으로서의 가족은 의미가 없어지고 오히려 사회적 위험 요소가 된다. 한국 사회의 젊은이들은 대학 교육을 위한 대출, (3년에서 5년, 혹은 그 이상이 걸리는) 긴 구직 기간, 높은 주거비, 비싼 생활비라는 조건에서 '자립' 생활을 시작한다.

『아시아경제』의 보도에 따르면, 20-30대 참가자 2,192명을 대상으로 한 조사에서 경제적 이유로 '3포 세대'에 속한다고 응답한 비율이 42.3%에 달하였다. 설문 참가자 중에는 대기업에 근무하는 사람도 있었는데, 이들 중에서도 '3포 세대'에 속한다고 주장하는 사람이 33.3%나 되었다.[6] 비록 대기업도 다양한 사회경제적 배경을 가진 노동자를 채용하지만, 대기업에서 일한다는 것은 지금까지도 특권으로 여겨진다. 상당한 비율의 대기업 직원들조차 '3포 세대'에 속한다고 주장한다면, 이는 한국 사회의 사회경제적 맥락에 대해 많은 것을 시사한다.[7] 주류 언론의 뉴스에도 수많은 사례가 떠돌고 있다. 『경향신문』이 소개하는 사례는 다음과 같다. 고용 보장이 없는 비정규직 김상진(27) 씨는 지난해 여름(2011년) 여자친구와 헤어질 때 결혼을 포기하기로 결심하였다. 김씨는 여자친구를 한 식당에서 아르바이트를 하다 만났다. 관계는 1년 동안 지속되었지만, 여자친구는 김씨가 전화를 먼저 하지 않는다는 이유로 이별을 통보해 왔다. 자신에게 관심이 없다는 불만이었다. 실제로는 그

---

5 「복지한국을 말한다 (1부) ② 과부하 걸린 한국의 가족」, 『경향신문』 2011년 5월 11일자.

6 「20-30대 10명 중 4명 "나는 삼포세대"」, 『아시아경제』 2012년 2월 1일자.

7 이것이 꼭 한국의 청년들에게만 특이하게 나타나는 현상이 아니라는 증거가 있다. 미국과 일본에도 비슷한 우려들이 팽배해 있다. 「Sad Millennials … 美도 '삼포 세대' 졸업=독립 옛말」, 『국민일보』 2013년 9월 24일자.

때 전화요금이 두 달이나 연체되어 발신정지가 되어 있던 터라 전화를 할 수 없는 형편이었지만, 그 사정을 여자친구에게 차마 이야기할 수 없었다. 사실, 김씨는 2000년대 초에 세 학기째 등록금을 내지 못해 대학에서 제적되었다. 2007년 1월 제대하였을 때 그를 맞이한 것은 학자금 대출 500만 원의 빚, 신용불량자라는 딱지였고, 여기에 교통사고 후유증으로 고통 받는 어머니를 돌보아야 하였다. 그는 케이크 공장 임시직, 이탈리안 레스토랑 주방 보조 등을 전전하며 하루 12시간씩 일하였다. 그러나 은행 빚 갚는 데 월 40만-50만 원 쓰고 월세 내고 나면 남는 돈이 거의 없었다.

공기업에서 비정규직 사무보조로 일하는 한지혜 씨(27)의 사례도 크게 다르지 않다. 한 씨는 대학 졸업 후 학자금 대출 2,800만 원이라는 빚을 안고 직장 생활을 시작하였다. 대출금을 6년째 갚고 있는데도 갚을 돈이 아직 700만 원이나 남아 있다. 한씨는 대학에 들어간 후 계속 아르바이트를 해 왔기 때문에, 한때 짝사랑하던 선배를 잊은 후로는 10년 동안 남자친구를 만날 여유가 없었다. 한씨는 말한다. "결혼하는 친구들은 주로 경제력 있는 친구들이에요. 예식비, 전셋값 이야기를 듣다 보면 '연애든 결혼이든 출산이든, 내 인생에는 있을 수 없겠다'는 생각이 듭니다"(『경향신문』 2011. 5. 11).

최근의 한 언론 보도는 50대와 60대가 성인 자녀와 노부모를 동시에 경제적으로 부양하는 '더블 케어' 현상을 묘사하였다. 김모(62) 씨 부부는 30평대 아파트를 소유하고 있는데, 이 아파트를 전세 내주고 20평대 아파트로 옮겨 갔다. 딸의 신혼집 마련과 미혼 아들에게 각각 5,000만 원씩 보태주느라 목돈이 필요하였기 때문이었다. 김씨는 노모에게도 매달 100만 원씩 보내드리고 있다. 한 은퇴연구소가 50-69세 남녀 2,001명을 조사한 결과에 따르면, 이들 중 34.5%가 '더블 케어' 상황에 놓여 있었다. 『조선일보』는 이 같은 현상의 원인이 기대수명 증가와 저성장인 것으로 분석하였다. 설문 참가자의 약 28%(27.9%)는 부모만 지원하고, 18.7%는 성인 자녀만 지원하며, 18.9%는 둘 중 아무도 지원하지 않았다.[8]

사회경제적 압박이 젊은 세대뿐만 아니라 중장년층과 노년층에게도 문제인 것이다. 『한겨레』와 같은 한국의 일간지들은 이러한 문제들이 대중들로부터 상당한 주목을 끌었기 때문에 수년간 중장년층의 삶의 만족도에 관심을 가져왔다. 『한겨레』는 나이가 삶의 만족도에 미치는 영향에 대한 국내외 연구 결과를 검토하기도 하였다(예를 들어, Blanchflower and Oswald 2008; Steptoe et al. 2015).[9] 스텝토 등(Steptoe et al. 2015: 640)에 따르면, '160개국 이상에서 지속적으로 실시되고 있는 조사인 갤럽 월드 폴(Gallup World Poll)은 고소득 영어권 국가에서는 삶의 만족도와 연령 사이에 U자형 관계가 있으며 45-54세의 연령대에서 삶의 만족도가 가장 낮다는 것을 보여 준다.' 그러나 스텝토 등(Steptoe et al. 2015)은 구소련과 동유럽 지역에 속한 응답자들은 나이가 들면서 점진적으로 삶의 만족도가 감소하는 것을 보여 주기 때문에 U자형 관계가 보편적인 것은 아니라고 주장하였다. 『한겨레』가 관련 연구를 조사한 결과는 OECD 회원국인 한국의 노년층 인구는 미국, 영국, 호주, 뉴질랜드, 아일랜드 등 대부분의 영어권 국가와 달리 뚜렷한 U자형을 보이지 않는 것으로 나타났다.

이윤경(Lee 2015)은 1997년 아시아 경제 위기와 그에 따른 IMF의 구조조정 추진으로 한국경제 구조에는 신자유주의 정책이 엄격하게 주입되었다고 평

8 「다 큰 애들 용돈 주랴 … 부모님 모시랴 … 5060 짓누르는 '더블케어'」, 『조선비즈』 2018년 3월 13일자.

9 「'흔들리는 중년', 어느 나라나 공통된 현상인가요?」, 『한겨레』 2018년 2월 28일자.

가한다. 그 결과 한편에서는 대기업이 고용 문제에 있어서 노동자의 권리 제한, 노동자에 대한 더 세밀한 관리, 성과 기반 임금 및 승진 제도, 해고 요건 완화 등 정책적 혜택을 받았다(Lee 2015: 186). 비정규직과 파편화된 노동에 종사하는 사람들이 늘어나자 중산층의 비중이 감소하고 노동자 계층의 복리후생은 더욱 축소되었다(Lee 2015: 185, 199). 신자유주의 정책은 계급 관계를 재편하였고(185쪽), 이에 따라 노동자들 사이의 긴장이 고조되었다. 이런 맥락에서는 직업을 가진다는 것, 특히 사회적으로 인정받는 직업을 갖는 것은 특권이 된다. 한 기업 내부에서도 정규직과 비정규직, 그리고 상급자와 하급자 사이의 긴장이 고조되었다. 빠르게 민주주의를 발전시켜 왔음에도 불구하고, 한국 사회에는 언론에 보도된 것처럼 다양한 형태의 따돌림과 괴롭힘이 만연하다. 예를 들어, 제2장에서 언급한 것처럼, 대한항공 상속녀에 의한 '땅콩 회항' 사건이나 몇몇 고급 백화점에서 여러 명의 고객이 점원을 학대하였던 일 등은 널리 알려진 사건이다.[10] 서울의 한 종합병원에서는 간호사 간 괴롭힘 사건이 일어나 결국 피해자의 자살로 이어졌는데, 이 사건이 유일한 사례는 아닐 것이다.[11] 인력 부족에 시달리는 간호 부서에서는 평등하게 책임지는 업무 환경이 조성되지 않으며, 새로 채용된 간호사들은 종종 버티거나 그만두거나 해야 하는 궁지에 몰리게 되어 결국에는 탈진으로 무기력해지거나 괴롭힘의 대

10 "Korean Air 'nut rage' heiress all smiles as her former target scrubs toilets," *Sydney Morning Herald* 2018년 2월 8일자; 「백화점 갑질 모녀, 알바생 3명 2시간 동안 무릎 꿇려」, 『한겨레』 2015년 1월 5일자.

11 「자살 간호사 유가족 "서울아산병원 잘못 인정하고 책임져야"」, 『청년의사』 2018년 2월 26일자. 경찰이 이 사건을 수사하였지만 괴롭힘과 자살 간의 연관성은 밝히지 못하였다. 물론 이것이 둘 사이에 아무런 관련성이 없음을 입증하는 것은 아니며, 문제를 해결하기보다는 더 많은 의문점을 남겼다고 나는 생각한다. 「박선욱 간호사 유족 "경찰, 서울아산병원 말만 듣고 내사종결"」, 『한겨레』 2018년 3월 20일자.

상이 된다.[12] 이직률도 높다. 한 연구에 따르면(연영란 2015), 간호사의 60.9%가 괴롭힘을 경험하였다고 한다(윤은자 외 2017; 이윤주·이은진 2014; 한은혜·하영미 2016).

여기에 한 인기 만화의 이야기를 추가하는 것도 괜찮을 것 같다. 만화는 한국계 미국인이 관찰한 불안정한 한국 사회를 묘사한다. 떠난 지 수십 년 만에 처음 고국을 방문하여 마주한 한국의 모습을 그린 인류학적 스케치이다. 서울에 도착하자마자 그는 어디서나 빠른 인터넷, 차마다 달려 있는 블랙박스, 차량번호 자동 인식 주차장 등 정교한 기술과 경제적인 풍요에 놀란다. 가는 곳마다 첨단 티켓 관리 시스템과 지하철역의 스크린도어 같은 편리한 시설과 기술들로 가득 차 있다. 사람들은 비싼 휴대폰을 들고 다니고, 전화 한 통이면 음식이 배달되는데 게다가 싸며, 택시 요금도 저렴하다. 이는 그가 미국으로 떠날 때만 해도 상상도 못하였던 것이다. 게다가 의료 서비스도 비싸지 않다. 미국으로 돌아가면서, 그는 한국의 많은 좋은 것들을 두고 다시 돌아가는 걸 못내 아쉬워하면서도 고국에 대해 뿌듯함을 느낀다. 그런데 이내 한국이 이룬 성취 이면의 다른 것이 그의 눈에 들어오기 시작하였다. 그는 한국인들이 부정부패에 대해 불평하고 정치에 불만을 품고 있으며, 높은 주거비, 자녀의 사교육비, 여성들에게 덜 안전한 밤거리, 그리고 높은 실업률로 인해 일상생활에서 어려움을 겪고 있음을 알게 된다. 이런 부정적인 점들에 대해 이 한국계 미국인은 미국에서 이민자와 시민으로서 겪었던 온갖 어려움들을 떠올리게 된다. 그가 보기에는 세계에서 가장 부유한 나라인 미국보다 한국이 더 자랑스럽다. 한국인들의 이 모든 걱정이 어디에서 오는 것인

12 「신발 날아다니고 … 간호사 탈의실의 말 못할 비밀」, 『오마이뉴스』 2014년 12월 26일자.

지 그로서는 이해하기 어려운 것이다. 그는 한국에 있는 동포들이 풍요로운 삶보다는 평화로운 삶을 누릴 수 있기를 기도하며 미국으로 돌아간다.[13]

3. 대가족에서 핵가족으로, 그리고 다양한 가족 유형으로

한국의 경제적 성취와 사회적 변화가 그 속도 면에서 전례가 없었던 것처럼, 한국 가정에 일어난 변화도 현대사에서 유별나다. 한국 사회의 사회적, 인구학적 구조를 재편한 도시화와 산업화가 1960년대에 시작되었다면, 한국경제 발전의 일부로서 문화적 변화는 1970년대와 1980년대에 본격적인 궤도에 올랐다(Chung 2001; Park 2015b; Choi 1987). 남녀 모두를 위한 교육은 한국 사회가 지속적인 사회경제적, 문화적 발전을 유지하는 중요한 요소 중 하나였다. 1988년 서울올림픽은 때마침 우호적인 국제 무역 환경 속에서 독재 정권이 주도한 수출 지향적인 경제 개발 계획의 혜택을 거두어들이기 시작한 전환점이었다(Lie 1998; Han and Sharp 1997). 특히 잘 교육 받은 여성들이 한국의 가족 구조에 근본적인 변화를 불러온 것으로 보인다. 새로운 가족 구조의 영향을 예시하기 위해 1990년대 이후 나타난 몇 가지 주목할 만한 현상을 나열하면, 세계에서 가장 낮은 출산율, 이혼과 재혼의 증가, 맞벌이 가정 및 1인 가구의 증가, 이혼과 재혼에 따른 복합 가정의 증가, 원정 출산, '기러기 가족' 및 초국가적 가족(다문화 가족) 등이 있다(이재경 2015: 284; Hong 2006).

---

13 「[朝이라이드] 오랜만에 찾아온 조국」, 『조선일보』 2016년 7월 7일자.

이러한 현상은 대개 한국인의 문화적 가치관에 발생한 중대한 변화에 의해 야기되고 지지되는 구조적 변화의 본질적인 부분이다. 일단 구조적 변화가 일어나면 되돌리기는 거의 불가능하다. 예컨대, 저출산(2005년 1.08명, 2017년 1.05명 등)에 대한 우려가 20여 년 전부터 높았지만 좀처럼 개선될 기미가 보이지 않고 있다. 1980년에 기혼 여성의 40%가 일하였다면 2010년에는 그 비율이 49.4%로 늘어났다(이재경 2015: 295-296에서 인용). 양난주 대구대 사회복지학과 교수는 한국 정부가 출산율을 높이기 위해 지난 10년간 약 1조 원을 투자하였지만, 이는 돈을 쏟아붓는 것만으로 개선될 문제가 아니라고 지적한 바 있다. 요점은 '여성이 일하기 어려운 나라에서 출산율을 높이는 것은 어렵다'는 것이다. 한국에서는 6살 이하 자녀를 둔 여성의 고용률이 (같은 조건인) 남성의 절반도 되지 않는다(Kim 2009).

남녀 임금 격차는 다른 OECD 국가들의 평균보다 3배나 높고, 이 격차는 지난 11년 동안 변하지 않고 있다(양난주 2018). 이는 급격한 사회경제적 변화에도 불구하고 한국인의 가치관과 사고방식은 완전히 변화하지 않았음을 나타낸다. 이재경(2015: 287)은 한국 가족의 변화를 다음과 같이 표현한다. 경제 개발 계획이 시작된 1960년대부터 한국 가족은 산업화, 도시화, 가족계획 사업 등의 영향으로 크기가 축소되는 소가족화 추세를 보였다. 하지만, 전통적인 가족주의 및 대가족 네트워크의 지속 등 전통적 요소는 1990년대까지도 강력히 유지되었다. 일간지의 보도가 분명하게 보여 주듯이, 나는 이러한 전통적 가치와 관행이 오늘날 한국인의 삶에서도 생생하게 유지되고 있다고 주장한다.[14] 요컨대, 오랜 전통과 현대는 병존해 오고 있다. 현대 가족은 자연

14 「시월드를 퇴사하다, 며느리 사표」, 『한겨레』 2018년 2월 14일자.

스럽게 개인 지향적이며, 수직적이고 위계적으로 조직된 관계보다는 수평적인 (즉, 대등한) 인간관계를 지지한다(286쪽). 장혜경(2014), 이재경(2015: 288)과 같은 다른 학자들은 낮은 출산율, 낮은 혼인율, 이혼율 증가, 결혼에 대한 인식의 변화, 가구 구성 방식의 다양화 등으로 인해 가족 내의 긴장과 갈등이 복합적인 변화를 겪었다고 지적한다. 이재경(2015: 289-290)은 사회 제도로서의 가족이 근본적인 성격에 있어 혁명적인 변화를 겪는 것은 아니지만, 그 변화는 확실히 사회적 긴장을 초래하였다고 주장한다.

최근 몇 년간, 『경향신문』 등 주요 언론사들은 이 주제에 대한 보도를 앞다투어 냈고, 공개토론회를 주관하기도 하였다. 공개토론회에 나온 기조 발제 중 하나는 가족에 지나치게 의존하는 현 '사회 재생산 메커니즘'의 오랜 관행을 넘어설 필요성에 대한 것이었다(Park 2015a). 서울대 사회학과 장경섭 교수는 북유럽 복지국가들이 사회 제도로서의 국민국가와 가족의 관계를 서로 상생하게끔 잘 조율해 효과적인 사회 재생산 메커니즘을 확립하였다고 주장하였다.[15] 예컨대, (한국의) 가족은 아이들을 교육하는 데 많은 책임을 부담해 왔고, 노동자들이 국가나 기업으로부터는 받는 지원은 최소한에 그쳤다. 교육이 사회 이동을 위한 주요 수단이었기 때문에 이 과정에 가족은 다소 공격적으로 참여하였다. 한국은 수년간 고등교육으로 진학하는 중등교육 이수자의 비율이 세계에서 가장 높았고, 이로써 산업계는 좋은 교육을 받은 양질의 노동력을 공급받았다. 하지만 이는 가족 부양에 대한 아무런 정부 투자 없이 이루어진 것이다. 장경섭은 지금의 중장년층은 자신의 노후를 위한 재정적 대비를 거의 하지 않았고, 이에 따라 이들 대다수가 빈곤층으로 살

15 「가족중심 재생산시스템 탈피를」, 『경향신문』 2011년 6월 29일자.

게 되었다고 지적한다. 반면 앞서 언급하였듯이 모든 대학 졸업자들이 전공에 맞는 일자리를 찾을 수 있는 것도 아니고, 능력 이하의 일을 찾는 것조차 쉽지 않다. 투자한 자원을 재정적으로 회수하지 못하다 보니 개인뿐 아니라 온 가족이 경제적 어려움을 겪게 된다. 오늘날 한국의 가족은 돈을 빌려서 사회 재생산 메커니즘에 기여하고 있다. 그래서 한국은 GDP 대비 부채 비율이 세계에서 가장 높은 나라 중 하나이다(『경향신문』 2011. 6. 29).

이러한 점들이 한국 가족이 급격한 변화를 겪고 있는 상황에서 갈등, 긴장, 그리고 윤리적 딜레마를 가리키고 있다는 점을 염두에 두면, 이러한 변화가 일과 인간의 상호작용에 미치는 영향을 상상하는 것은 그리 어렵지 않다. 앞에서도 언급하였듯이 유사한 인구통계학적인 변화와 가족 변화가 동아시아에서뿐만 아니라 서구 국가들에서도 양적으로나 질적으로 관찰된다. 물론 동아시아의 낮은 출산율은 이미 많은 서구 국가의 수준을 넘어서긴 하였지만 말이다(Ji 2015: 1037; Lee 2011).

한국 가족의 변화 속에서 주목할 만한 현상은 한국인들의 상당수가 외국인과 결혼하였다는 것이다. 이른바 '다문화 가정'은 2000년대 중반까지 지속적으로 증가하였다. 다문화 간 혼인(국제결혼)은 2006년 전체 혼인의 11.9%였고, 2014년에는 7.6%를 차지하였다(이재경 2015: 294-295). 한국에서 다문화 가정이 크게 늘기 시작한 것은 2001년 농촌 총각들의 결혼 상대자를 찾아 주기 위한 몇몇 개인들의 노력에서 비롯되었다.[16] 1960년대 이후 도시화는 농촌에서 도시로 인구의 대이동을 야기하였고, 지방에는 노인들과 농사를 육체적으로 감당할 수 있는 소수의 청년만이 남게 되었다. 많은 젊은 여성들은 시

16 「짝 없는 농촌 총각들 결혼 도와드려요」, 『경남도민신문』 2015년 3월 30일자.

골살이를 거부하고 도시에서 살기 위해 시골을 떠났다. 사회 제도로서의 가족에 나타난, 특히 지방에서 두드러진 이러한 변화는 한국 사회 전반의 여러 부문에 걸쳐 상당히 복잡한 변화가 일어나고 있음을 시사한다.

4. 자살 공화국과 헬조선

경제적으로 부유하고 정치적으로 민주적인 한국 사회의 높은 자살률은 이 사회에 사는 위험과 리스크가 어느 수준인지에 대한 의문을 제기해 왔다. OECD 국가들의 전반적인 자살률 감소 추세에도 불구하고 한국의 자살률은 1990년부터 늘기 시작해 1997년 아시아 경제 위기 동안 정점에 달하였다. 자살률은 1998년에 잠깐 수그러들긴 하였지만 2000년부터 2005년까지 다시 급격히 증가하기 시작하였다(이민아·강정한 2014; Hong and Knapp 2014; Kwon et al. 2009: 2). 인구 10만 명당 자살자 수는 1997년 15.6명, 1998년 21.7명, 2000년 14.6명, 2004년 24.2명, 2008년 24.7명, 2011년 31.7명이었다(이민아·강정한 2014: 1-2).[17] 자살자 수는 2012년에 28.1명, 2015년에 28.4명으로 감소하였는데, 2015년 기준으로 한국의 자살률은 OECD 회원국 중에서 가장 높고 세계에서는 네 번째로 높다.[18] 많은 사회 평론가들이 이렇듯 높은 자살률을 개탄하며 자살 공화국이라는 용어를 만들어 냈다.[19] 어떤 이들은 한국 사회 전반의 부정적인 상황을 '헬조선', 문자 그대로 '지옥 같은 한국'이라고 달리 부르기도 한

17 "Suicide rates (indicator)," OECE iLibrary.
18 「농약 판매 제한했더니 … 한국 자살률 4위로 떨어졌다」, 『조선일보』 2017년 5월 19일.
19 「[자살률 특집] ④ '자살공화국' 한국, 원인과 대책은?」, JTBC 2014년 9월 23일자.

다. 이렇듯 부유한 한국의 저렇듯 높은 자살률은 어떻게 이해해야 할까?

자살률에 대한 우려가 높은 만큼 한국 내에서는 원인을 규명하고 해결책을 모색하기 위한 수많은 연구가 진행되고 있다. 이민아·강정한(2014: 5-6)은 이 주제와 관련해 문헌 조사를 한 바 있는데, 그 내용은 다음과 같다. 자살의 원인에 대한 연구는 경제 위기와 실업률 같은 사회경제적 요인을 중심으로 이루어졌다(김형수·권이경 2013). 1인당 국민총소득은 1997년 11,200달러에서 1998년 7,400달러로 떨어졌다(Kwon et al. 2009: 2). 바로 앞에서 인용한 연구(Kwon et al. 2009: 2)에 따르면, 도시 근로자의 소득 불평등을 측정하는 지니계수는 1997년까지 상당히 안정적이었으나 1998년부터(1997년 0.282에서 1999년 0.320으로) 크게 증가하였다.

자살의 원인을 설명하는 주요한 요인으로 광범위한 경제적 어려움을 지목한 연구가 해외에서도 진행되었다(Chan et al. 2014; Milner et al. 2013; Chang et al. 2009). 하지만 이민아·강정한(2014: 5-6)이 지적하였듯이, 다른 연구(예를 들어, 송재룡 2008)들은 국가 경제 위기가 완화되기 시작한 2000년대 중반 이후에 자살률이 증가한 이유에 대해 의문을 제기한다. 그러한 연구들은 높은 자살률을 설명하는 데 있어 경제 위기의 영향력을 축소하는 경향이 있다. 따라서 다른 연구들(예를 들어, 김형수·권이경 2013)은 계층 양극화, 높은 소득 불평등 수준, 경제 성장률, 실업률을 탐구하는 데 천착하였다. 예컨대, 김형수·권이경(2013)은 노인 자살률에 대한 연구에서 경제활동 참가율이 높아질수록, 상대적 빈곤율이 낮아질수록 노인 자살률은 감소한다고 보고하였다. 이민아·강정한(2014: 6-7)은 사회복지 수준, 이혼율, 한국 사회의 급속한 고령화 등 영향력 있는 요인을 지목한 다른 연구들(김상원 2010; 김기원·김한곤 2011; 나달숙 2008: 461)도 언급한다. 이러한 요소들이 잘 관리되지 않으면 사회는 응집력 부족에 시달릴 수 있고, 이는 자살 증가에도 기여한다(Peterson 2003; Marmot 2017).

한국 사회의 높은 자살률은 분명 어느 모로 보나 위험하다. 그러나 그것을 한국 사회를 표상하는 핵심적인 측면으로 간주하는 것은 오해의 소지가 있다. 한국의 자살률은 이 장에서 논의된 다른 우려들과 마찬가지로 압축적인 경제 발전의 수많은 증상들 중 하나이다. 한국은 이러한 우려를 점차 해소하고 있다. 다른 나라들이 부러워하는 OECD 국가 중 하나인 핀란드는 한국과는 다른 이유로 높은 자살률로 악명이 높았다. 1990년 이래 핀란드는 자살률을 상당히 줄였고, 나는 머지않아 한국도 나름의 해결책을 찾을 것으로 기대한다. 그때까지 한국의 삶은 높은 수준의 불안감을 동반할 것이다.

5. 금전적 풍요와 새로운 사업 기회

1988년 서울올림픽의 성공적인 개최 이후, 한국경제는 그 어느 때보다 부유해졌다. 국민들은 자가용을 소유하기 시작하고 가처분 소득도 많아졌으며 해외여행도 다니는 등 경제 발전의 혜택을 누리기 시작하였다. 1990년대 이래 빠르게 성장한 사업 중 하나는 병원 영안실에서 장례식장을 운영하는 것이었다. 이들은 시신을 처리하고 조문객을 접대하고 기타 장례 의식을 치르는 일을 맡았다. 한국인들은 웰리빙(well-living)뿐만 아니라 웰다잉(well-dying)에 대해서도 더 의식하게 되었다. 천선영(2014)은 병원 장례식장 사업의 성장과 관련된 문헌을 조사하였다. 이현송·이필도(1995: 27-28; 천선영 2014: 305에서 재인용)는 1993년까지 한국 장례의 30% 이상이 병원 장례식장에서 치러졌으며, 1995년 무렵 서울에서는 그 비율이 60%를 넘었을 것이라고 보고하였다. 한국갤럽에 따르면, 2001년에는 54%, 2005년에는 70%에 이르렀을 것으로 추정된다(천선영 2014: 305; 장석만 2009: 124). 천선영(2014)은 또 1990년대 초부터 병원 영안실이 장례식장 역할도 하게 된 이유를 탐색하였다. 그는 1994년 '가정의례'에 대한 정부 정책의 변화, 특히 장례식장 설치가 '허가제'에서 '신고제'로 바뀐 것이 중요하고 영향력 있는 요인이라고 주장하였다(김시덕 2010: 447). 이에 따라 1993년 27곳이던 한국의 장례식장이 1994년에는 84곳으로 늘어났다. 그러다가 1995년 말이 되면 장례식장은 321곳으로 증가하고 이 중 318곳이 병원에 부속되어 있다(천선영 2014: 306; 송현동 2004: 320). 천선영(2014: 306-307)은 병원에 장례식장을 설치하는 일반적인 이유로, 우선 시신이 위생적으로 처리된다는 점, 건강보험이 확대됨에 따라 사망자가 발생하는 장소인 병원으로의 접근이 쉬워진 점, 핵가족화로 집에서 장례를 치르기 어려워진 점, 도시화의 맥락에서 인기 있는 거주지가 된 아파트에서 장례를 치르기가 곤란하다는 점 등을 지적하였다(이현송·이필도 1995: 37-40; 김시덕 2007: 113-118; 김시덕 2010: 447-448; McManners 1981; Howarth 1997 참고). 또한 1982년에 시행된, 100병상 이상 병원의 경우 반드시 영안실을 갖추도록 한 정부의 법률 시행 방침은 점차 병원 내 장례식장의 등장을 이끈 원동력이 되었다(천선영 2014: 306).

중요한 것은, 사람들이 사랑하는 이의 장례식을 어떻게 치르고 싶어 하는지에 대해 한국의 사업가들이 잘 알고 있었다는 것이다. 고창병원 영안실에 최초의 장례식장이 들어선 것은 1978년 초였다(천선영 2014: 306).[20] 사실 1993년까지는 병원에서 장례식장을 운영하는 것이 불법이었다(송현동 2005: 220). 하지만 가족이 중대한 변화를 겪은 맥락에서, 오늘날 효도가 무엇인지에 대한

20 장례식장의 등장과 이후 일어난 변화에 대해 천선영(2014)은 박정석(2002, 2003), 송현동(2004), 이현송·이필도(1995)의 논문을 참고하였다.

한국인의 이해는 과거와 같지 않을 것이다. 사회문화적 환경이나 직장 환경도 한국의 중장년층이 학창 시절 때 알던 장례 의식을 그대로 수행할 수 있을 만큼 호의적이지 않다(Park 2015a).

장례식장이 생겨난 원인으로 제시된 수많은 이유 중에서, 나는 규제 변화가 촉진 요인으로 가장 설득력 있다고 주장한다. 그것은 수익성을 추구하는 금융권과 정부 사이의 긴밀한 협력을 상징한다(천선영 2014: 315). 실제로 병원 장례식장 현상은, 가용한 정부 정책과 부모 생전에 효도를 다하지 못하였다는 죄책감을 만회하고 싶어 하는 한국의 문화를 지극히 잘 활용하여, 수익을 낼 기회를 적극적으로 모색한 행위의 결과이다. 이익을 낼 기회가 있으면 업자들은 빠르게 움직인다. 그리고 이것이 이 책 전체를 통해 논의되고 있는 바로 그 주제, 곧 천민자본주의라는 맥락에서의 장례자본주의이다.

6. 맺음말

1988년 서울올림픽 이후 한국경제는 고임금의 선진 경제로 빠르게 이동하였고, 경제 발전 속도는 더뎌졌다. 그럼에도 불구하고 한국의 산업 전반에 연고주의, 부패와 같은 오랜 문화적 전통에서 비롯한 비효율적인 관리에 대한 우려가 좀체 사라지지 않고 여전히 남아 있다. 또한 1997년 아시아 경제위기 이후 한국의 산업은 세계 시장에서 경쟁력을 유지하기 위해 노력해 왔고, 이에 산업 구조 조정이 지속적으로 두드러진 역할을 맡았다. 이러한 구조적 우려는 모든 한국인의 삶의 질에 직접적인 영향을 미쳤다. 이런 가운데 한국 정부와 정치 지도자들은 자신의 정치적 기회를 정당화하는 방법으로 경제 안정을 추구하였고, 이를 위해 고용을 창출할 수 있는 모든 수단을 옹호하였다. 경제적 풍요의 문화와 함께 점점 삶이 더 불확실해지는 시기에, 한국 사회의 구성원 각자는 자신의 '아바타'로 역할을 수행할 수 있는 전문가들을 필요로 하게 되었다. 그리하여 장례 전문가의 등장에서 여실히 드러나듯, '감정 산업'의 부상이 불가피해졌다(김성일 2012: 223; Moshe 2014).

모셰(Moshe 2014)는 이를 다음과 같이 정확하게 지적한다.

> 사랑, 미움, 용기, 두려움, 고통, 기쁨, 슬픔, 자부심, 수치심 같은 감정은 더 이상 개인의 사적인 일이 아니라, 다른 사람의 사무실, 작업실, 거실, 침실 등에서 토론되는 대상이 되었다.

제4장

장례식을 다룬 한 편의 연극과 다섯 편의 영화

1. 서론

영화와 연극은 종종 한 사회의 현실과 우려를 반영하고, 그 시점에 존재하는 일부 관행을 비판할 뿐만 아니라 사람들에게 교훈을 전달한다. 일반적으로 죽음은 세계 어느 지역에서나 아주 자주 연극과 영화의 주제가 되어 왔다. 그런데 장례식이 그 자체로 연극이나 영화의 초점이 되는 경우는 훨씬 적다. 그러나 한국에서는 1990년대 중반 이후 죽음과 장례식을 동시에 다룬 영화들이 있었다. 영화 제작은 매우 포괄적인 작업이라 이 장에서 내 과제는 가능한 한 많은 측면을 다루는 것이 아니라 다음과 같은 질문으로 논의를 제한하는 것이다.

(1) 인간의 죽음으로부터 교훈을 얻을 초월적인 기회를 볼 수 있는 능력을 수용하기 위해 죽음에 대한 인식이 어떻게 변화하였는가?
(2) 현대 한국의 맥락에서 오래된 전통의 가치는 어떻게 그려지는가?
(3) 효도는 현대 한국에서 어떤 위치를 차지하고 있는가?
(4) 장례식의 상품화는 한국에서 어떻게 자리 잡게 되는가?
(5) 가치 및 장례식과 같은 의례의 변화를 뒷받침하는 사회, 경제, 가족 구조에서의 더 큰 변화는 무엇인가?
(6) 가장 중요한 것으로, 누리꾼 비평가들은 영화와 공연에 대한 자신들의 생각을 어떻게 표현하였는가?

누리꾼이나 영화 관객은 영화와 현대 한국인의 일상이 교차하는 현실을 논하는 사람들이다(Lomborg and Kirkevold 2003: 189; Mertens 2009; Redman-

MacLaren and Mills 2015 참고). 이 장은 작품 자체를 분석하는 데 초점을 맞추기보다는 이러한 관점들의 통합을 목표로 삼는다. 개략적으로 말하자면, 특정 시점에 장례식을 소재로 한 영화를 낳은 '교차 메커니즘'은 무엇인가?

나는 영화의 목표가 다양한 만큼 몇 가지 핵심 테마를 중심으로 영화를 분석하는 것은 어렵다는 것을 알았다. 그렇게 되면 영화감독이 영화에서 의도한 범위를 제한할 수도 있을 것이기 때문이다. 따라서 각각에 대한 나의 분석에는 편차가 있을 것이다. 이 장에서 분석한 5편의 영화와 1편의 연극은 다음과 같다: (1) 「축제」(1996년작, 임권택 감독), (2) 「행복한 장의사」(2000년작, 장문일 감독), (3) 「염쟁이 유씨」(2004년작, 연극), (4) 「장례식의 멤버」(2008년작, 백승빈 감독), (5) 「내 사랑 내 곁에」(2009년작, 박진표 감독), (6) 「화장」(2014년작, 임권택 감독).

또 다른 영화인 「두 번의 결혼식과 한 번의 장례식」은 2012년에 개봉하였다. 그러나 이 영화는 제목에 '장례'라는 단어가 사용되었지만, 죽음이나 장례식에 대한 것이 아니라 게이의 커밍아웃, 그리고 그와 관련된 러브 스토리이다. 따라서 이 영화는 이 장에서 논의하지 않는다.

2. 문헌 검토

장례식을 소재로 한 영화는 한국 영화 역사상 비교적 새로운 현상이기 때문에 몇몇 예외를 제외하고 이에 대한 학술적 논의는 대체로 이루어지지 않았다. 장례식을 의미 있게 다룬 한국 영화사 최초의 영화인 「축제」는 이성준(2012), 이혜영(2001), 표정옥(2009) 등과 같이 학술적 관심과 해석을 불러일으켰다. 한국의 전통 의례와 사회적 맥락의 급격한 변화를 다룬 이 영화는, 비록 학생들이 쓴 에세이를 인터넷에서 구할 수는 없었지만, 대학에서 제공되는 일부 과목의 과제용으로 대학생들의 분석 대상이 되기도 하였다. 「축제」를 포함해 이청준의 소설과 그의 소설에 기반한 영화에 대한 연구가 몇 편 있는데, 사회과학적 접근보다는 영화학·문학·철학적 관점에서 접근한 것들이다(예컨대, 장미영 2017; 이채원 2010; 용석원 2011; 장윤수 2003).[1]

박정희 대통령은 군사독재 시절인 1961년에 「표준의례」를, 1973년에는 「가정의례준칙」을 도입하였다. 김열규(2001: 11-72)는 박정희의 가정의례 합리화로 '열린 죽음'에서 '닫힌 죽음'으로, '공적인 죽음'에서 '고독한 죽음'으로, '기억하기 위한 의례'에서 '잊기 위한 의례'로 바뀌었다고 언급하였는데, 합리화에 대한 이런 비판적 시각은 이성준(2012)과 같은 일부 비평가들 사이에 공유되고 있다. 「축제」는 퇴색해 가는 한국의 전통과 한국 사회가 이러한 전통을 대하는 방식을 다시 생각해 보기 위한 성찰적이고 비판적인 시도이다. 물론, 박정희의 합리화 조치가 한국인들의 삶에 뿌리 깊게 자리한 미신을 극복하는 출발점이 되었고, 생활 방식을 현대화하는 데 중요한 자극제가 되었다는 다소 대중적인 견해가 우세하긴 하였다. 중요한 것은 「축제」가 효(孝)라는 가치를 중심에 두고 모든 서사를 배치하였다는 것이다. 부모가 살아 있을 때 자녀들은 효도할 기회를 쉽게 찾는다. 부모가 막 세상을 떠났다면 장례식은 효도를 표현할 수 있는 마지막 기회이다. 유가족이 흰옷을 입은 이유도 부모의 마지막 여정을 밝게 비추기 위해서이다(이성준 2012: 237).

이 장의 목표는 죽음과 장례에 대한 인식과 현대 한국에서의 변화를 개

1 이러한 접근들에는 유사점도 있고 차이점도 있다.

략적으로 그려 보는 것이다. 이러한 스케치는 비판적 실재론의 관점에서 다음과 같은 역행추론적(retroductive)인 질문, 즉 '이것이 사실이 되려면 무엇이 사실이어야 하는가?' 혹은 '무엇이 이것을 가능하게 하는가?'라는 물음을 던짐으로써 가능해진다. 다시 말해서, 이것이 사실이 되기 위해서는, 혹은 현재의 장례식 관행이 자리잡기 위해 어떤 구조적이고 문화적인 변화가 일어났는가? 영화의 몇 가지 양상을 선택하여 살펴보면서 이 질문에 대해 검토할 것이다. 영화의 몇 가지 공통적인 특징을 이해하려고 노력하겠지만, 각 감독의 중심 목표와 인터넷 공간에서 공유되는 리뷰 및 논평을 참조하여 각각의 영화를 개별적으로 다루는 것이 적절할 것이다.

3. 조사 방법

'극장 출구 조사'를 통한 데이터 수집은 분석을 위한 일차 데이터를 생성하는 데 이상적일 수 있다. 그러나 이 방법은 실행하기 어려운 데다 비용 대비 비효율적이다. 「축제」에 대해 나는 구글 검색을 통해 관련 보도와 반응들을 수집하였다. 검색어로는 영화 제목과 감독의 이름인 '축제', '임권택'을 사용하였으며, A4용지 70쪽 분량의 데이터를 모았다. 나는 텍스트를 분석 대상으로 삼지는 않았지만, 타당한 관점들은 내 연구 결과에 통합하였다. 「행복한 장의사」에 대해서는 영화 제목인 '행복한 장의사'라는 검색어로 구글 검색을 하였다. 수많은 뉴스와 관련 항목들이 검색되었는데, 그중 처음 140건은 92쪽에 달하였다. 그럼에도 불구하고, 많은 것들이 이 장의 목적과는 관련이 적었다. 카인즈(KINDS, 한국 뉴스 공공데이터베이스 시스템)에서는 3건의 보도 기사만 검색되었는데, 이는 이미 구글 검색에 포함되어 있던 것이다. 「염쟁이 유씨」에 대해서는 카인즈를 통해 20건의 언론 보도를 수집하였고, 문화체육관광부 홈페이지를 통해 이 연극을 '추천'한 20건의 관객 댓글을 수집하였다. 논의 중인 다른 영화들과 마찬가지로, 「장례식의 멤버」도 학술 문헌에서 관심을 받거나 해석을 끌어내지 못하였다. 카인즈의 검색 리스트에도 이 영화와 관련된 논평은 나오지 않았다. 구글 검색에서 9개의 검색 결과만 내려받았다. 카인즈나 DBPIA에[2] 수집된 언론 기사나 학술 논문들에는 영화 「내 사랑 내 곁에」에 대한 논의가 없었다. 나는 구글 검색을 통해 90건의 검색 결과 중 24건을 내려받았다. 24건의 보도 기사는 '낱장으로' 98쪽에 달하였다. 마지막으로 「화장」은 최근 영화라 그런지 학술적인 논의 주제가 되지 않았다. 나는 구글 검색에서 A4용지 145쪽 분량의 25개의 결과를 내려받았다.

언론 보도 기사들이 입수 가능한 유일한 종류였고 이를 모아놓은 것이 데이터의 상당량을 이루었지만, 각 영화에 대한 리뷰와 보도 기사는 눈에 띄게 비슷하였고 어떤 종류의 주제 분석도 별 의미는 없었다. 따라서 리뷰와 논평을 꼼꼼하게 대조 확인하고 이를 서술하여 정리하는 것은 여전히 의미가 있다고 판단하였다. 개중에는 통찰력을 보이는 것도 많았다. 관객은 영화와 그들이 살아가는 사회문화적 맥락 사이에 놓인 '교차하는 행위자'인 것이다.

2 한국의 주요 학술기관이 발행하는 여러 학문 분야의 저널 논문들의 전문을 제공하는 데이터베이스.

4. 연구 결과 및 논의

1) 「축제」(1996)

영화 「축제」는 이청준의 동명 소설에 바탕을 두고 있으며, 어머니의 장례식에 대한 그의 개인적인 경험을 주로 반영하고 있다(이혜영 2001; 이채원 2010). 소설은 영화감독 임권택과 상의하여 쓰였다. 영화는 소설가 이준섭의 어머니가 치매를 5년 넘게 앓다가 87세의 나이로 세상을 떠나는 이야기를 그린다. 고인의 집에서 상을 치르는 가족의 특징은, 영화의 배경이 한반도 남단의 시골 마을인 남도이기 때문에 전형적인 한국 전통에 바탕을 두고 있다. 인기 있는 신문 기자인 남재일은 약간의 논평을 덧붙여 이 영화를 다음과 같이 소개한다.[3] 영화는 노모의 부음을 받고 집안 식구들이 모이는 장면으로 시작해 장례식 절차에 따라 시간순으로 전개된다. 그 흐름은 3개의 지류를 타고 가다 나중에 하나로 합쳐지는 형식을 취한다. 모든 과정이 엄숙하다. 그러나 장례를 치르는 문상객들의 태도는 사뭇 다르다. 윷 도박을 벌이던 마을 주민들은 결국 싸움을 벌이고, 서울에서 온 문상객들은 아예 여관으로 자리를 옮겨 화투판을 벌인다. 상주인 준섭은 심각한 어조로 조문하는 친구에게 "신소리 그만하고 빨리 가서 한잔 하라"고 말한다. 밤이 늦고 술이 거나해지면서 손님들은 심지어 노래하고 춤까지 춘다. 고인의 가족들은 노인의 죽음을 슬퍼하기보다는 딴 데 정신이 팔려 있다. 요란한 곡소리의 이면에서는 취직 청탁이 오가고 치매 노인을 모신 공과를 두고 언쟁이 벌어지기도 한다. 남재일

---

3 「임권택 감독 새작품 영화 "축제"」, 『중앙일보』 1996년 5월 2일자.

은 "이 영화의 묘미는 장례식이 죽은 자를 위한 형식인 동시에 살아남은 사람들의 삶의 현장으로 설득력 있게 그려진다는 데 있다. 그래서 문상객의 무례와 불손함도 따뜻한 유머로 용서된다"라고 말한다(『중앙일보』 1996. 5. 2).

준섭의 이복조카 용순은 13년 전 집에서 돈을 훔쳐 가출한 뒤 처음 집에 왔다.[4] 그녀는 아버지의 무덤을 찾아 (모두 외국산인) 오렌지, 수입 초콜릿, 헤네시 코냑으로 제상을 꾸미는데, 그녀의 행동은 무례한 것이기보다는 아버지를 사랑하는 방식으로 수용된다. 요란한 곡소리를 듣고도 담담하게 상례를 치르던 준섭은 문상객들이 '차차차'를 부르며 노는 모습을 보면서 처음으로 눈물짓는다. 이 역설적인 삶의 단면들을 통해 감독은 아름다운 삶에 대한 하나의 비전을 제시한다. 그 비전은 상가 풍경과는 별개로 삽입되는 동화 부분을 통해 선명하게 드러난다.

작가인 준섭이 치매에 걸린 어머니를 소재로 쓴 이 동화는 치매를 앓고 있는 어머니의 삶이 소멸하는 과정을 그리고 있다. 죽어 가는 할머니는 자신의 나이를 손녀 은지에게 조금씩 나누어 주시다가 나중에는 은지보다 더 작아지고 어려지게 된다. 즉, 할머니가 점점 어려지고 작아지는 건 늙어 가면서 자신의 나이를 내주기 때문이다. 이렇게 해서 은지는 할머니가 내주는 나이를 먹고 성장하고, 할머니의 죽음에 새로운 세대의 시간이 찾아온다. 좋든 싫든 이것은 모든 인간이 겪는 일이다. 마침내 할머니는 배추꽃 나비가 되어 날아간다. 결국 이 동화는 삶은 죽음을 통해 새로운 생명의 탄생을 불러오는 순환의 한 장이라는 메시지이다(김열규 2001). 이 과정에서 효는 생명이 흐르는 수로와 같다. 남재일에 따르면, 영화 제목인 '축제'는 장례식에서 제공되는 잔치를 넘어

---

4 「영화 추천, 축제, 임권택, 1996」, 『후아이엠』 2011년 4월 8일자.

관객들에게 새로운 삶의 지평에 대한 통찰력을 갖게 하므로 진정한 삶의 축제라는 의미를 함축하고 있다. 영화 속 동화도 이청준 작가의 작품이다.

(1) 핵가족화, 산업화, 도시화의 맥락에서 본 효

장례식은 가족들을 다시 불러들이고 고인의 집에 조문객을 끌어들이는 축제이며, 3일 동안 그들 모두에게 많은 일이 일어난다. 죽은 사람에 대한, 그리고 가족과 친지 사이에 있던 온갖 불편한 감정과 행복한 기억들이 끄집어내지고 토론된다. 그 모든 논란과 문제들은 다만 인간적이고 현실적인 것들이다. 문상객들은 고인에게 조의를 표하지만, 금세 술 마시고 화투판을 벌인다. 이 모든 것은 겉으로 드러나는 모습에 불과하지만 그럼에도 불구하고 중요한 이야기이다. 이것들은 모두 효의 개념을 중심에 두고 고인에게 경의를 표하는 것이다.[5]

40대의 유명 작가인 준섭은 모친의 부음을 듣고 외가로 내려가면서 집에서 장지까지 상여를 멜 사람들을 모으고 있다. 그들은 이웃이나 동네 사람들이 아니라, 이 어촌에 낚시하러 여름에 몇 번 왔었던 '하는 일 없이 술 먹고 돌아다니는 놈들'이다. 준섭의 친구로서 어머니(고인)를 몇 번 찾아갔기 때문에, 상여를 멜 자격이 있다고 여겨진다. 은지는 준섭의 딸로 차 뒤에 앉아 있다. 은지는 할머니의 죽음에 대한 소감을 묻자 "슬퍼야 되는데 별로 슬프지 않다"고 말한다. 몇 년 동안 엄마보다 훨씬 더 무조건적인 사랑을 할머니로부터 받았다는 것을 아는데도 그렇다. 이것은 부분적으로 핵가족의 도래 혹은 대가족 소멸의 결과이다. 은지는 어떤 면에서는 할머니와 친하지만, 거리감을

5 「임권택 영화 축제와 영화 원작 이청준의 축제 이야기」, 바다개미, 티스토리 블로그(2014. 1. 22 게시).

느끼기도 한다.

준섭은 어머니가 돌아가시기 전 다행히 아직 살아 있는 어머니를 볼 수 있었다. 그가 도착한 직후 그녀가 잠깐 깨어났기 때문이다. 현대 한국에서, 많은 자녀들이, 특히 해외에 사는 자녀들은 부모님의 임종을 지킬 수 없다. 준섭은 어머니가 돌아가신 것을 눈치채고 고운 솜 한 조각을 어머니의 코 밑에 놓는다(속광). 솜에는 아무런 움직임이 없어 그녀가 세상을 떠났음을 알 수 있다. 고인이 죽을 때까지 돌보았던 며느리가 지붕에 올라가 저고리를 흔들어 시어머니의 죽음을 알린다. 초혼(招魂)이라고 불리는 이 의식은 죽음으로 인하여 떠난 혼을 다시 불러들여 죽은 사람을 살려 내려는 간절한 소망을 담은 행위이기도 하다(장미영 2013).

일제강점기인 1910년대에 태어났을 것으로 추정되는 준섭 어머니의 삶은 고달팠다. 열일곱 살에 시집온 그녀의 삶은 투쟁의 연속이었다. 시아버지가 세상을 뜨자마자 곧이어 시어머니의 죽음을 보아야 하였다. 그녀의 남편은 가족에게 그다지 경제적으로 보탬이 안 되었고, 그나마 갑자기 죽었다. 아내와 7명의 아이를 남겨 놓고 죽은 것이다. 큰아들은 어머니가 부지런히 일해서 모은 재산의 상당 부분을 뜯어내 해운업에 투자하였다. 그는 어쨌든 가족 중심의 사람이 아니었고, 처와 세 아이를 남기고 죽었다. 준섭 어머니의 삶은 자신의 관점에서는 고유해 보이지만, 아마도 그 시기에 살았던 대다수의 한국인들과 비교하면 그렇지도 않을 것이다. 그렇기는 해도 준섭의 어머니는 가족과 친척, 모든 마을 사람들, 심지어 거지들에게도 베풀고 보살피는 사람이었다.

용순은 준섭의 형의 딸로, 형과 술집 작부로 일하던 첩 사이에서 태어났다. 용순은 한때 아버지와 함께 살았지만 제대로 돌봄을 받지 못하였다. 그는 매일 술에 절어 살았고 결국 자살로 생을 마감하였다. 그래서 용순은 준섭네 가족, 즉 준섭의 아내와 아이들 그리고 그의 어머니로 구성된 대가족에 합류하게 된 것이다. '외부자'인 용순이 그 가정에서 사는 것은 편치 않았다. 용순은 한때 자신의 어머니가 일하던 술집에서 준섭의 지인으로 서울에서 온 잡지사 기자 장혜림과 불행한 기억을 나누는데, 숙모(즉, 준섭의 처)가 자신을 어떻게 부려 먹었는지 이야기하며 씁쓸해한다. 가족을 겉도는 용순을 숙모가 어떤 식으로 돌보아 주었든, 그들의 관계는 한국 문화적 맥락에서 우호적인 관계로 여겨지지는 않는다(손경목 1996: 319). 한편 장혜림과 용순은 소주 다섯 병을 마시고, 장혜림은 인사불성이 되어 바지에 오줌까지 지리고는 여관방으로 업혀 간다. 이렇듯 '추한' 행동은 일상의 일부로서 애도의 시간에도 계속된다.

용순은 상갓집으로 돌아와, 할머니의 관 앞에 쳐진 병풍 앞에 앉아 있는 삼촌인 준섭을 발견한다. 용순은 묻는다. "근데 지금 혼자 무슨 생각하고 계세요? 할머니 생전을 소설로 다 써서 팔아먹었으니 인제 당신 죽음까지 써서 팔 궁리를 하고 계신 거 아니에요?" 아프게도, 이것은 바로 작가 준섭이(더 구체적으로는 원작자인 이청준이) 한 일이다. 준섭은 조카딸을 쳐다보고 아무런 대답도 하지 않는다. 이것은 본질적으로 한 과정으로서, 한국의 효의 일부이다. 즉, 임신하였을 때부터 부모는 아이들이 자립하고 그 이상이 될 때까지 아이들에게 자신이 가진 것을 계속 내어 준다. 아이들은 부모로부터 취할 수 있는 모든 것을 계속 빼앗는다. 장성해서 자신의 아이를 낳아 키우면서, 그제야 그들은 부모가 자신을 위해 무엇을 하였는지 깨닫기 시작한다.

준섭의 어머니는 말년에 치매를 앓아 정신이 혼미해져 길을 잃기 일쑤였다. 며느리와 마을 사람들은 그녀를 찾느라 많은 시간을 써야 하였는데, 이런 일은 한 달에 두세 번, 심지어 하루 사이에도 일어났다. 어느 날 어머니 집에 불이 나 연기가 자욱하게 뿜어져 나왔고, 어머니는 빠져나오다 툇마루에서 굴렀고, 많은 이웃이 집으로 몰려왔었다. 담요를 태운 것은 어머니의 담뱃불이었다. 그날부터 며느리는 담배를 압수하고 시어머니의 머리를 짧게 잘라야 한다고 주장하였다. 아마도, 그녀의 긴 머리는 영예와 긍지의 상징이었을 테지만, 삶의 끝을 향해 지쳐 가는 나날 동안 자기 머리카락조차 주체할 수 없었다. 긴 머리를 고정해 주는 비녀는 이제 필요 없는 물건이 되었다. 그때부터 그녀는 아무것도 부끄러워하지 않게 되었고 치매 증상은 훨씬 더 심각해졌다. 며느리가 밭매러 나가 있어야 하는 동안 시어머니는 방에 갇혀 있었다. (이는 마을의 몇몇 엄마들이 어린 자녀들에게 한 일이기도 하다.) 그때까지 그 집에는 이 두 사람만 살고 있었다. 서울에 사는 준섭은 어머니가 겪고 있는 일을 아무래도 알고 있었을 것이다. 하지만 그렇다고 한들 그가 무엇을 할 수 있었을까? 준섭은 어머니 집에 갈 때마다 동네 사람들에게 선물을 돌리느라 상당한 돈을 써야 하였다.

장혜림 기자는 준섭이 혼자 있는 틈에, 용순이가 준섭의 소설 어디에도 언급되지 않는 이유를 묻는다. 장혜림은 준섭에 대한 용순의 감정이 좋지 않아 보인다고 지적하며 준섭이 늙은 어머니를 모시지 않아서인지, 즉 한집에 함께 살면서 돌보지 않았기 때문인지 묻는다. 그의 대답은 "그럴 수도 있겠지"이다. 아마도 준섭은 늙은 어머니를 모시지 않은 것을 후회한다는 데는 동의하지만 장혜림의 암시를 인정하고 싶지는 않은 것 같다. 준섭이 서울로 떠난 것은 스스로 원한 것이지만 그건 또한 아들의 성공을 위한 어머니의 바람이기도 하였던 것이다(티스토리 블로그 2014. 1. 22). 이것은 많은 사람들이 도시로 이주하는 과정의 일부이다(소영현 2014; 이한방 2001). 그런데 용순이 삼촌에 대해 느끼는 좋지 않은 감정의 이유는 다른 데 있다. 준섭은 작가로서 초기에 잡지사에서 일하는 동안, '눈길'이라는 소설로 문학상을 받고 상금으로 500만 원을 받았다. 용순은 그 소식을 듣고 준섭의 사무실을 찾아가, 큰돈을 벌 수 있는 술집에 공동 투자할 돈을 빌려 달라며 1년 안에 갚겠다고 한다. 준섭의 대답은 그 돈이 남의 집 곁방살이하고 있는 어머니를 위해 시골집 짓는 데 보탤 용도라는 것이었다. 그러자 용순은 이렇게 불평한다.

> 용순: 상금 못 탔으면 어떻게 하려고 했어요? 그래요, 어디서 낳은 줄도 모르는 나 같은 거한테 무슨 정이 있어서 돈을 꿔 주겠어요? 찾아온 내가 미친 년이지. 식구들이 고생고생한 얘길 소설에 담아서 출셋길을 달리는 고귀한 분이신데 나 같은 천덕꾸러기가 사람으로 뵈겠어요? 이젠 절대로 돈 안 달랄 테니까 삼촌도 내 얘기는 소설로 팔아먹지 마요.

준섭의 요청으로 지관이 도착하자 집안 어른들은 준섭 어머니의 묏자리를 어떻게 찾을 계획인지 묻는다. 지관은 "당장 명당은 돌아가신 분의 유덕이 잡을 거고 긴 명당은 자손들이 사람 노릇 하기에 달린 게 아니겠습니까? 풍수는 그런 세상 이치가 시키는 대로 따를 뿐이지요"라고 말한다. 장례식의 또 다른 조언자는 옛 법의 복잡한 절차를 따르지 말고 단순화할 것을 권한다. 옛 법을 따르면 너무 많은 노력이 들 것이므로 이러한 타협은 지속적으로 일어난다. 현대 한국인들은 현재 진행 중인 이러한 수정을 얼마간 열렬히 환영하는 것처럼 보인다. 여기서 장례식의 변화가 시작된다.

꼭 술집에서처럼 사람들이 온갖 것에 대해-예를 들어, '요즘 젊은이들은 효에 대한 개념이 없다'는 둥-토론하고 불평하는 등 주변이 시끄러운 가운데, 장혜림 기자는 다시 기회를 잡아 준섭에 대한 마을 사람들의 의견이 극과 극으로 갈리는 이유를 묻는다.

> 장 기자: 고향을 빛낸 사람에 대한 존경과 신뢰가 있는가 하면 은근히 불신과 매도를 보내는 쪽도 있거든요?
> 준섭: 좋은 학교를 나왔으면 판검사가 돼서 일문을 빛냈어야 하는데 이 별 볼 일 없는 글쟁이가 돼서 실망들 해서 그래.

준섭의 동료 중 한 명이 준섭이 최근에 출판한 동화책 몇 권을 가져왔다.[6] 준섭은 어머니의 영정 근처에 책 한 권을 놓고 "어머니, 평소에 잘 못 모신 죄스러운 마음 이 책에 담았습니다" 하고 말한다(손경목 1996: 318 참조). 영화의 마지막 장면은 18명의 대가족이 가족사진을 찍는 모습을 담고 있다. 준섭은 겉돌던 식구인 용순도 부른다. 실로 용순은 삼촌이 자신을 부르고 있다는 전갈을 받고 사진 찍는 현장으로 급히 돌아온다. 남은 사람들은 화해하고 계속 삶을 이어간다. 이 화해는 고인이 원하는 바이다.[7] 그리하여 고인의 매장을 통해 나머지 가족들은 새롭고 순조로운 출발을 할 수 있게 된다. 장례 때 이루어지는 소통의 진정한 가치는 여기에 있다. 이것이 장례식이 고인과 산 사람 모두에게 축제인 이유이다.

(2) 상조 서비스의 도래

부고와 함께 영화가 시작되자마자 고인의 집에는 남녀노소 모든 마을 사람들이 앞서거니 뒤서거니 하며 모여든다. 마을 어른들은 자리를 잡고 앉

---

6 『할미꽃은 봄을 세는 술래란다』.
7 「영화 "축제"(임권택 감독)를 보고」, 인터넷 매일 성경연구원(2006. 11. 9 게시); 이청준의 『축제』(2016, 문학과지성사)에 실린 양윤의의 '해설'도 참고하라.

아 부고를 준비하고 장례식에 대한 구체적인 내용을 논의하고 있다. 상조 서비스의 흔적은 아예 없다. 죽음은 온 가족의 일일 뿐만 아니라 마을 전체의 일이기도 하다. 그 과정에서 상주인 준섭이 중요한 역할을 하지만 한계가 있다. 고인이 열일곱 살의 나이에 시집와 마을 일에 적극적으로 참여하고 기여한 구성원이었기 때문에 마을 사람들이 와서 문상을 해야 할 충분한 이유가 있는 것으로 보인다. 이는 대부분의 사람들이 아파트에 살면서 이웃이 누구인지조차 모르는 도시 생활과는 사뭇 다르다.[8]

이성준(2012: 228)은 효와 예의 원리에 따르면 염습 전에 죽은 사람을 씻기는 것은 가족 구성원들이 해야 한다고 지적한다. 하지만 이 영화에서는 이 일을 마을 사람과 장의사가 한다. 그들은 고인의 손톱과 발톱, 머리카락을 자르고 그것들을 싸서 관에 넣는데, 이는 그것들이 여전히 몸의 일부로 간주되기 때문이다. 고인이 저승길을 여행하려면 음식과 돈이 필요하기 때문에 고인의 입 속에는 쌀 몇 숟가락, 주옥, 동전 몇 개를 넣는다(Langford 2009 참고).[9] 마침내 고인의 얼굴에 천이 덮이고 친지들은 더 이상 얼굴을 볼 수 없게 되자 슬픔에 오열한다. 염습과 수시(收屍)는 모든 가족 구성원들 앞에서 이루어지며 이는 오늘날에도 계속되는 문화이다. 며느리는 시어머니의 존엄을 상징하는 비녀를[10] 관 속에 넣고, 다른 이들은 고인에 대한 정표로 노잣돈과 목걸이를 넣는다.[11] 비녀는 어머니가 나름대로 사람 구실을 하며 살기 위해 자존심

8 「치킨 배달부보다 먼 그대, 옆집사람」, 『조선일보』 2017년 12월 22일자.

9 영화에서는 쌀만 입 속에 넣어진다. 다른 문화에서도 이와 비슷한 것을 볼 수 있다. Langford(2009)를 참조하라.

10 비녀는 쪽머리나 이와 비슷한 머리 모양을 고정시키기 위해 사용되는 13-18cm 길이의 곧고 끝이 뾰족한 도구이다. 위키피디아(Wikipedia)의 「비녀」 항목을 참조하라.

11 이렇게 '복을 되돌려주는' 의식은 영화가 촬영된 남도 섬 지방에 특유한 관습으로 알려져 있다. 「한국인과 죽음_영화 〈축제〉를 중심으로」, 감나영, Prezi 웹사이트(2015. 10. 28 게시).

과 품위를 지켜 왔음을 상징하는 것으로, 이러한 모습은 그녀가 온 가족에게 본이 되기를 바랐던 것이다.[12] 딸 하나가 고인에게 "어머니, 저세상 가셔서 아버지를 만나서 재미나게 사시오"라고 말한다. 심지어 어떤 이웃은 고인에게 자기 무릎 통증 같은 병도 가져가 달라고 부탁하기도 한다. 마지막 순간, 며느리는 부적이 가득 담긴 상자를 꺼내 온다. 이 부적은 준섭의 어머니가 멀리 움직일 힘도 없이 건강이 좋지 않은데도 자녀들이 복 받게 하려고 유명 사찰을 다니며 모은 것들이다. 준섭의 어머니가 후손들, 특히 준섭에게 그 부적의 영향이 온전히 미치도록 하기 위해 꼭꼭 숨겨 두었기 때문에 며느리는 그제야 부적의 존재를 알게 되었다.[13] 한가득 부적이 담긴 상자는 이제 고인의 마지막 여정을 축복하기 위해 관 속에 놓인다. 부적을 관 속에 넣으면 후손들이 복을 받는다는 또 다른 해석도 있다.[14]

장례식이 거의 다 그렇지만, 여기서도 조문객들은 와서 고인을 추모하며 장례 비용에 도움을 주기 위해 약간의 부조를 한다. 이는 '상조' 정신에서 시작되었는데, 즉 적으나마 많은 사람들의 부조는 혼례나 장례 같은 중요한 인생 대사를 치르는 사람의 큰 짐을 덜어 줄 수 있다. 각각의 손님은 가족과 특별히 가까운 사람이 아닌 한 대개 5만 원에서 10만 원 정도를 부조한다. 비용의 측면에서 현대 장례의 관행은 조문객에게 부조금을 받는 것 외에 가족 구성원 개개인이 선납식 상조 서비스에 가입하는 경우가 많다. 부조금은 기부로 간주되지만 갚아야 할 빚으로도 이해되기 때문에 '부조금을 누가 얼마나 냈는가'를 기록하는 것은 중요한 문제이다. 보통 부조금을 받아 모으는

---

12 「임권택 영화 축제와 영화 원작 이청준의 축제 이야기」, 바다개미, 티스토리 블로그(2014. 1. 22 게시).

13 「영화 "축제"(임권택 감독)를 보고」, 인터넷 매일 성경연구원(2006. 11. 9 게시).

14 「이청준 원작/임권택 감독 '축제', 영화/소설 동시 완성」, 『한국경제』 1996년 4월 18일자.

사람은 가족 중 1명이다. 이 영화에서 손님들은 상갓집 여기저기에 앉아서 화투를 치는데, 마을 사람들은 그들끼리, 더 잘 배우고 아마도 사람들이 우러러보는 직업을 가지고 있을 서울에서 온 다른 손님들은 그들끼리 무리를 짓는다. 후자의 무리에서 양복을 입은 한 사람이 준섭의 조카에게 와서 돈 봉투를 담아 둔 가방을 빼앗는다. 그 신사는 가방에서 돈 봉투 한 뭉치를 꺼내고는 다시 가방을 조카에게 돌려준다. 신사는 밤새 화투를 계속 치기 위해, 같이 화투 치던 무리를 여관으로 데려가려고 한다. 준섭이 조카를 불러 얼마나 빼앗겼는지 묻는다. 대답은 "봉투째 한 움큼"으로, 조카는 뜯긴 돈 봉투에 대해 일련번호만 적어 놨지 그 속에 얼마나 들었는지, 즉 "누가 얼마를 부조했는지"는 알 수 없다고 한다. 준섭은 "돈 계산은 틀려도 사람 이름은 틀리면 안 된다"고 답한다. 조카가 빼앗긴 돈을 걱정하자 준섭은 "넌 나서지 마라"면서 "다 내가 갚아야 할 빚"이라고 말한다.

한 손님은 '가정의례준칙'이 소중한 한국의 전통을 모두 버리게 만들었다고 비난하며 결국 "본례는 10분 만에 끝나 버리고, 장례는 송장 갖다 버리는 절차로 전락해 버리고, 제례는 산 사람들이 모여서 술 퍼먹고 회식하는 자리가 돼 버렸다"고 불평한다. 그러나 마지막 문장은 항상 사실이었을지도 모른다.

장사 전날 밤이 깊어지면서 사람들은 상갓집 곳곳에서 먹고 마시고 도박을 계속하고 있다. 도박으로 돈을 잃은 사람들은 화가 났고, 이것은 싸움을 유발한다. 밤이 깊어질수록 사람들의 취기도 오른다. 특정 절차에서 주역을 맡아야 하는 사람들도 술에 취해 의식을 제대로 수행하지 못한다. 이는 인간의 삶 속 축제에서 종종 나타나는 특징이며, 상갓집도 예외는 아니다(표정옥 2009: 274).

(3) 다시 동화로

은지가 초등학교에 다니기 시작한 여덟 살 무렵에 은지와 할머니의 키는 거의 비슷해졌다. 할머니는 밤에 집에서 조금 떨어진 변소에 갔다 오시다 마루나 부엌 같은 데서 주무시기도 하고, 또 옛날에 돌아가신 집안 어른들을 살아 계신 양 찾기도 하시고, 어떤 때는 당신 방에 계시면서도 남의 집에 와 계신 양 늦기 전에 돌아가야 한다고 집을 나서기도 하였다. 혼례 때 입었던 한복을 꺼내 입기도 하였다. 그 옷은 그녀의 어머니가 손수 지어 준 것이다. 은지는 아빠에게 할머니가 왜 자꾸 옛날이야기만 하고 점점 어린애처럼 되어 가냐고 묻는다. 준섭은 "그건 할머니께서 은지에게 나이를 덜어 주실 때 그 나이에 담긴 지혜를 함께 나누어 주시기 때문"이라고 답한다. 은지는 할머니에게 고마움을 느끼지만 여전히 불안하였다.

> 은지의 엄마는 이렇게 덧붙인다. "은지가 어른이 되려면 할머니의 지혜를 마다할 수 없는 거야. 훌륭한 어른이 되는 것은 키만 크는 것이 아니라 할머니처럼 밝은 지혜도 쌓아 가는 일이거든."
> 준섭: 할머니는 은지에게 나이와 지혜를 나누어 주시며 즐거운 어린 시절로 돌아가고 계시지 않니? 그래서 은지하고도 가장 마음이 잘 통하는 친구가 되어 주시고. 그건 은지를 위해서도 할머니를 위해서도 기뻐해야 할 일이 아니겠니?

할머니는 계속 키가 작아져서 은지보다 더 작은 또래의 어린이 모습이 되어 갔다. 말씨나 몸짓, 하시는 노릇들도 은지보다 더 어린아이들을 닮아 갔다. 할머니는 이미 재미없어진 어린애들의 놀이를 하자고 떼를 쓰기도 하시고 은지가 공들여 하고 있는 장난감 놀이를 망가뜨려 은지를 화나게 하기도 하였다.

준섭: 은지야, 할머니는 은지가 태어나서부터 지금까지 은지를 돌봐 왔고 또 나이를 나누어 주시느라 어린애처럼 됐는데, 마땅히 은지도 할머니를 잘 돌봐 드려야지?

은지는 자신이 이만큼이나 큰 것도 다 할머니의 사랑 때문이라고 돌이켜 생각해 보고 할머니에게 짜증을 냈던 자신을 부끄러워한다. 은지는 이제 자신이 할머니의 보호자가 되어야 한다는 것을 깨닫는다.

은지가 초등학교에 들어가고 네 번째 겨울 방학을 맞았을 때 은지네 가족은 할머니를 방문하였다. 은지는 할머니가 더 이상 함께 놀 수 없을 정도로 작아지고 유치해졌다는 것을 깨달았다. 그리고 엄마와 아빠는 할머니가 아무리 어린애처럼 굴어도 화를 내지 않는 것을 알아차렸다. 그들은 그게 당연한 일처럼 언제나 할머니를 정성껏 돌보았고, 아빠는 할머니에게 음식을 떠먹여 주고 있다. 은지는 할머니가 나이를 모두 나누어 주시고 하나도 안 남게 되면 그땐 어떻게 되실까 하고 걱정하였다.

준섭: 그거야, 나이를 다 나눠 주시고 나면 할머니는 나이가 한 살도 남지 않는 갓난쟁이 작은 어린아이가 되는 거지. 그러다 끝내 그 모습이 더 작아질 수 없을 만큼 조그마해지시면 할머니는 어느 날 이 세상에서 모습을 거두시고 우리 곁을 떠나시게 된단다.

아빠의 말은 결국 은지가 걱정하던 대로 할머니가 돌아가신다는 뜻이었다. 은지는 이제 정말 절대로 할머니의 나이를 나누어 먹지 않겠다고 결심한다.

은지 엄마: 우리 착한 은지! 아무렴, 우리 은지는 마음씨가 고우니까 할머니께서 돌아가시는 걸 싫어할 게 당연하지. 하지만 할머니께서 우리 곁을 떠나시더라도

> 할머니의 모든 것이 사라져 없어지는 것이 아니란다. 없어지는 건 자꾸만 작아져 간 할머니의 모습뿐 그 속에 간직된 영혼은 어디에선가 새 아기의 모습을 얻어 예쁜 갓난아기로 태어나시게 된단다.

"그것은 마치 나비 애벌레가 고치 속에서 고운 나비로 변하여 헌 고치를 벗고 날아가는 것과 같다"는 엄마의 말을 은지는 이해하였다. 그래도 은지가 모든 사람이 그렇게 되는 것인지 궁금해하자 준섭은, "하지만 이 세상 사람들의 모든 영혼이 다 새 아기로 태어날 수 있는 건 아니란다. 이다음에 새 아기로 태어날 수 있는 사람은 이 세상에서 착하고 옳은 일을 많이 한 사람의 영혼뿐이거든" 하고 답한다. 은지는 이제 할머니가 어디서 어떤 아기로 태어날지, 할머니의 영혼이 새 모습으로 태어난 아기를 자기가 알아볼 수 있을지 걱정하였다. 어디서 어떻게 태어나시는지는 이 세상 사람들이 알 수 없다는 아빠의 말에 그 걱정은 더하였다.

할머니는 훨씬 작은 사람으로 쪼그라들어 며칠 동안 몸을 웅크리고 잠을 잤다. 은지는 할머니가 다시 태어날 준비를 하고 있고 이제 곧 떠나가실 것임을 알았다. 그래도 은지는 할머니와 영영 헤어져야 한다는 것이 못내 섭섭하고 싫었다. 할머니가 새 아기로 태어나지 말고 그냥 이대로 은지하고 함께 사셨으면 싶었다. 어느 따뜻한 봄날, 할머니는 깊은 낮잠에서 깨어나 창밖을 내다보셨다. 할머니는 정말 은지네 집을 떠날 차비가 끝나 가고 계신 것 같았다. 준섭은 은지에게 "할머니께서는 오늘 마지막 남은 나이를 다 나눠 주신 모양이다"라고 말하였다. 은지는 할머니의 혼령이 배추꽃 나비 위에 실려 가고 있다고 생각하였다. 은지는 예쁜 아기로 태어나기 위한 할머니의 여정에 축복을 빈다. "할머니 고마워요. 안심하고 떠나세요. 할머니께서 저한테 나눠 주신 나이는 제가 잘 맡아서 간직하고 있을게요. 그래서 이다음에 어른이 되고 나면 제가 할머니 대신 새로 태어나는 아기들에게 그 나이를 다시 나눠 줄 거예요."

이 영화에서 '교차 메커니즘'을 직접적으로 나타내는 요소는 장례식을 전반적으로 주관하는 사람, 즉 상주와 마을의 장례 전문가들이다. 한국 사회가 역할과 기대에서 변화를 겪으면서, 그들의 능력과 욕구, 그리고 그 역할을 수행할 필요성도 변화한다. 예를 들어, 이성준(2012: 233)에 따르면, 전통적으로 효는 매우 중요한 것이어서 처음 3년 동안은 고인의 부모가 육체적으로 여전히 존재한다고 여겨졌다. 그러나 이러한 관습은 더 이상 관찰되지 않는다.

영화 「축제」는 장례식을 통해 한국인의 생각과 생활 방식을 반추하려는 시도이다. 선불식 상조 서비스는 1982년 처음 부산에 도입되었지만, 1996년 영화가 개봉될 당시만 해도 한국인들은 이런 상조 서비스 회사에 완전히 익숙해지지는 않았다. 그렇지만 상조 서비스 회사가 제공하는 편리함에 익숙해지는 데는 오랜 시간이 걸리지 않았다. 의례를 치르기 편리해지고 또 상품화가 진행되면서 의례에 내재된 의미도 점차 퇴색하고 있다(이성준 2012: 237). 지역 사회의 참여는 드문 일이 되고, 상업 서비스를 통해 개인주의적으로 의례를 치르는 경우가 더욱 보편화되고 있다. 산 사람들, 유족, 그리고 조문객 사이의 의사소통은 덜 중요해진다.

소설에서는 염습을 준섭이 맡지만 영화에서는 마을 사람 중 1명인 장의사가 한다. 관 뚜껑을 못 박기 전 가족 구성원들은 (개인적이고 소중한) 반지, 목걸이, 돈 등을 관 안에 같이 넣는데, 이는 고인에게 효와 감사를 나타내는 방법이다(이성준 2012: 231). 다시 말하지만, 이러한 교류는 산 자와 죽은 자 사이의 길고 조용하지만 생동적인 의사소통의 시작을 기념하는 축제의 일부가 되기도 한다. 그리고 나는 이것을 '장례의 의사소통'이라고 부른다.

2) 「행복한 장의사」(2000)

낙천이라는 한국의 한 시골 마을에서는 지난 10년 동안 집에서 죽은 사람이 아무도 없었다. 현대식 병원에서 죽은 사람의 장례에 필요한 모든 일을 도맡아 해주기 때문이다. 지역 사회의 사기에는 좋은 일이지만 동네 장의사인 장판돌 노인에게는 악재이다. '일거리'인 시체가 없으니 그의 손자 재현을 포함한 직원들의 삶은 한가하다. 재현은 서울에서 컴퓨터 게임방(오락실) 사업에 실패한 후 빚더미에 올라앉아 이제 막 장의사의 길에 들어섰다. 재현은 할아버지에게 장의사 문을 닫고 대신 오락실을 차리자고 하지만 할아버지를 설득하는 데 실패하였다. 그는 할아버지를 끊임없이 들볶는다. 재현은 불운한 실패자 철구, 대식과 함께 시간을 보낸다. 벌인 사업마다 모두 실패하고 이 마을에 새로 온 철구는 목을 매려다 실패하였다. 마침 장의사집 간판을 보게 된 철구는 장의사가 되어 돈을 벌기로 결심한다. 대식은 동네 괴짜로 이웃 슈퍼집 아들이다. 그들은 함께 장의사가 되기로 결심한다. 그러나 그들은 배운 것을 실행하지 못한 채 누군가 죽기만을 초조히 기다리고 있다.[15] 심지어 홍보 전단까지 배포하지만[16] 이 또한 이 동네 장의사들에게 일거리를 만들어 주지 못한다. 장의사가 되기 위한 여정은 험난하였지만, 그들은 인간의 생명이 얼마나 소중한지를 배웠고 다른 세상으로의 마지막 여정을 시작하도록 돕는

---

15 "Happy Funeral Director(2000)," Moviefone 웹사이트(2018. 1. 3 접속); "Happy Funeral Director," Variety 2000년 10월 9일자.

16 「행복한 장의사」, Allcinema 웹사이트(2018. 1. 3 접속).

직업이 얼마나 보람 있는지를 이해하게 된다. 한 『중앙일보』 기자는 이 영화에 코믹하고 웃기는 순간이 많은 이유는 "죽음이 삶의 끝이 아니라 [다음 생을 향한] 새로운 시작임을 강조하기 위한 것"이라고 언급하였다.[17] 그렇기 때문에 장례는 본래 축하하는 축제인 것이다.

고령의 장의사 장씨에게 장의사란 영리사업 그 이상이다. 장의사 일을 배우기 시작한 철구는 특히 새로운 일에 대한 호기심이 많은데, 이를테면 수의의 가격대나 장례식에 들어가는 전체 비용을 알고 싶어 하는 등 이 일로 돈 벌 궁리에 열심이다. 예를 들어, 동네 우체부가 죽자 그의 가족은 그에게 수의 대신 우체부 복을 입혀 주고 싶어 하는데, 수의 한 벌이라도 팔려고 하는 철구는 '예법'에 맞게 고인에게 수의를 입혀야 한다고 강권한다. 이때 장씨가 끼어들어 가족의 요청을 흔쾌히 받아들인다. 장의사라는 직업의 의미에 대해 장씨와 철구 사이에 충돌이 벌어진다. 철구는 장씨를 떠나 읍내 병원에 도착하는데, 여기에는 의미심장한 메시지가 있다. 김은주는 『불교저널』에 다음과 같이 그 의미에 대해 잘 표현하고 있다.

> 병원은 요즘 우리 장례 문화의 중심지입니다. 초상났다고 하면 당연히 병원 장례식장으로 달려갈 정도입니다. 그런데 이 영화에서 장례를 돈벌이로 여겼던 유일한 사람인 판철구가 병원으로 간 것에는, 중요한 메시지가 담겨 있습니다. 병원은 죽은 자를 그저 돈벌이 수단으로 여긴다는 것이고, 지금의 장례 문화는 망자에 대한 예의도 존중도 없다는 항변입니다. 전문화와 편리함을 쫓다 보니 다들 병원만 찾게 된 것입니다(김은주 2015).

철구의 예는 진실성을 갖춘 장례식이 무엇인지, 그것이 비용에 의해 결정

---

17 「'죽음' 넘어선 경쾌한 웃음 … 〈행복한 장의사〉」, 『중앙일보』 2002년 2월 25일자.

되는 것은 아닌지에 대한 생각을 불러일으킨다. 관과 장례식의 합당한 비용은 1988년 서울올림픽 이후 경제적 풍요와 함께 근대성과 물질주의가 가속화하면서 한국에서 뜨거운 논쟁거리가 되었다. '다한'이라는 아이디의 한 누리꾼은 "앞으로는 나오기 힘들 한국형 정서의 하트워밍코미디 … 20세기 냄새(가 난다)"라고 적절히 표현하였다(Watchpedia 웹사이트). 사실, 이 영화의 사회문화적 배경은 앞으로 반복되지 않을 것이다. 즉, 미래의 새로운 문화적 환경은 당연히 그 자체의 새로운 사회적 특성을 가져올 것이다. 한 『중앙일보』 기자는 "이 영화는 '잃어버린 것'에 대한 그리움도 잔뜩 담았다. 노인에 대한 공경심도 그렇고, 도회적 분위기를 극구 배제한 채 자연 그대로의 산과 들, 비와 바람, 꽃과 향기 등을 화면 가득히 채워 관객들을 아련한 추억 속으로 안내한다"고 비평하였다(『중앙일보』 2002. 2. 25).

또 다른 누리꾼 윤세영은 죽음이라는 무거운 주제가 코미디의 맥락에서 의미 있게 논의된 점에 주목하였다(Watchpedia 웹사이트). 다른 누리꾼들의 댓글 반응은 다음과 같다.[18]

> 따분한 시골 마을의 꾀죄죄한 옷을 입은 할아버지와 장의사 … 젊은이는 할아버지의 삶 전체를 완전히 거부한다. 화려하게 장식된 상여 장면 … 그 젊은이는 할아버지처럼 행복한 장의사가 된다. 아름다운 영화이다. 문제는 내게 때가 왔을 때 나는 행복하게 죽을 수 있느냐는 것이다(yeat****).

> 장의사는 죽음 가까운 곳에 있다. 영화는 장의사의 일상을 통해 삶의 의미를 스케치한다. 자연, 너그로움, 따뜻함을 배경으로 한 수채화 같았다. 많은 재미있는 장면들이 웃음을 유발한다. … 하지만 나는 깊은 감동을 받았다(humo****).

---

18 「행복한 장의사」, 네이버 영화 웹사이트.

이 영화의 감독인 장문일은 다음과 같이 약간의 해설을 남겼다. “이 영화는 결코 죽음에 대한 영화는 아니다. 장의사라는 특이한 직업을 가진 평범한 사람들이 살아가고 아파하고 성장해 가는 이야기이다”(『중앙일보』 2002. 2. 25). 첫 번째 장례식을 치르고, 3명의 초보 장의사들은 죽음과 삶에 대해 배우기 시작한다. 죽음이라는 계기를 통해서이지만 초점은 삶에 더 맞추어져 있다. 장례식 장면은 부차적이고 일차적인 초점은 장의사의 배려심인 것이다. 사랑하였던 여인의 시신을 염습하고 집으로 돌아온 재현은 장의사가 세상에서 가장 행복한 사람이라는 할아버지의 가르침을 그제야 깨닫는다.[19] 죽음은 그가 자신에게서 가장 멀리 떨어뜨려 놓고 싶었던 것이지만, 죽음의 현실과 살아 있는 사람들이 함께 어우러져 인간의 삶을 이룬다는 것을 알게 된 것이다.[20] 장씨는 욕심 없이 떠나보낼 줄 아는 사람이다. 사람은 마지막 떠날 때의 모습이 가장 아름답다고 생각하는 그는 죽은 자의 영혼을 떠나보낼 줄 안다. 장씨의 마지막 소원은 손자가 장의사가 되어 할아버지의 염습을 하는 것이다. 하지만 그는 손자가 처음에 장의사가 되는 것을 꺼렸을 때 그 소망까지도 떠나보낼 준비가 되어 있었다(『한겨레』 1999. 12. 31).

병원이 장례업을 인수한 이후 지역 장의사들 간의 경쟁이 우려되었다. 즉, 많은 사람들이 병원에서 죽고 그곳에서 장례식이 치러지는 것이다. 평소 그 일을 고귀하고 보람 있는 일로 여겼던 장씨에게는 10년 동안 ‘손님’이 없는 것이 문제가 되지 않았다(김은주 2015). 하지만, 3명의 초보 장의사들은 부지런히 고객을 찾아다닌다. 누군가 죽는 일이 생기자 재현은 자전거를 타고 왼손에

19 「[주말 TV영화/28일] ‘행복한 장의사’ 외」, 『동아일보』 2004년 3월 26일자.
20 「행복한 장의사: 떠나보내는 일이 행복하다」, 『한겨레』 1999년 12월 31일자. Murakami(2000)도 참조하라.

는 상가임을 알리는 조등(弔燈)을 들고 상갓집으로 내달린다.[21] 그는 도중에 다른 장의사가 같은 상갓집으로 달려가고 있는 것을 발견하는데, 이렇게 내달리는 경쟁이 벌어지는 이유는 먼저 조등을 다는 사람이 장의사로서의 권리를 얻기 때문이다.

이 영화는 1997년 아시아 경제 위기의 지속적인 영향 등으로 자살률이 전례 없이 증가하던 시기에 극장에서 상영되었다. 일부 뉴스 매체들은 이 영화가 인간의 삶의 가치를 깨닫게 해준다고 보도하였다(김은주 2015). 죽음에 대한 공개적인 논의, 특히 '장의사'의 역할에 대한 공개적인 논의는 여전히 드물다. 그리고 아마도 영화 「행복한 장의사」가 개봉된 2000년에는 더욱 그랬을 것이다. 이 영화는 당초 2000년 1월 1일 개봉 예정이었지만, 극장 운영자들이 새해 첫날에 제목에 '장의사'라는 단어가 들어 있는 영화를 공개하는 데 난색을 표해 개봉이 1주일 늦추어지기도 하였다(『동아일보』 2004. 3. 26). 영화 「축제」에 대한 관객들의 긍정적인 경험은 한국인들이 장의사라는 주제를 받아들일 만큼 '영향력이 충분하지는' 않았다. 「행복한 장의사」는 영어로는 종종 'Happy Funeral Director'로 번역된다.[22] 그러나 그 시점의 한국 문화적 맥락에서는 'Happy Mortician'이 더 좋은 번역이다. 사실 이 영화는 흥행 수익 면에서 특별한 성공을 거두지 못하였다. 하지만, 감독은 2000년 카이로 국제 영화제에서 감독상을 수상하였다. 그 후 이 영화는 한국 TV에서 몇 차례 방영되었고 다양한 매체를 통해 의미 있는 관람평을 끌어냈다.

장례 전문직이 한국의 맥락에서 일반적으로 존경받는 직업은 아니지만,

---

21 조등은 상갓집 문에 걸어 둔다.
22 '장의사'(葬儀師)는 말 그대로 장례 의식을 집전하는 사람을 뜻한다. 일부 한국 사람들 사이에서 이를 다른 한자 표기의 '장의사'(葬醫師)로 오해하는 일이 생길 수도 있다.

이 영화는 그들의 전문적인 기여를 긍정적으로 조명하였다. '행복한 장의사 홍범표 씨' 이야기처럼 이따금 장의사와 그들의 삶이 소개되기도 한다.[23] "정상적인 장례 비용을 감당할 만큼 형편이 넉넉하지 못한 고인의 장례를 준비할 때 특별한 보람과 성취감을 느낀다"는 홍씨의 말에 그의 소명 의식이 분명히 드러난다. 시골 마을에서 20년간 장의사로 일한 후, 홍씨는 2004년에 지역 거점 도시인 대전으로 이사하였다. 그는 이에 대해 "대규모 상조 서비스 산업의 도입으로 중소 상조업자의 90%가 문을 닫았기 때문"이라고 말한다. 또 다른 장의사는 버스 운전을 주업으로 하는 한우기 씨이다. 그는 지금까지 100여 명의 망자를 무료로 염습하였다. 농촌 지역의 가난한 사람들이었다. 그에게 있어 불우한 이웃의 마지막 여정을 보살피는 일은 큰 보람이다.

다른 한편으로 장례의 상품화는 우려할 만한 수준이다. 언론에서 인터뷰한 또 다른 장의사 김대흥 씨는 다음과 같이 언급하였다.

> 상주가 장의사에게 웃돈을 얹어 주는 것은 … 다 옛날이야기지요. 예전에는 고인에 초점을 맞춘 장례를 치르다 보니 꽃상여다 뭐다 해서 비용이 많이 발생하였지만, 지금은 상주 중심의 장례 문화다 보니 최대한 간소하게 장례가 치러집니다. 이 업종도 경쟁이 만만치 않아 바가지를 씌웠다간 당장 문을 닫아야 합니다.[24]

변화의 징후는 김씨의 논평에서 명확하게 나타난다. 그러나 장례 비용이 평균적으로 얼마냐는 질문에 대한 그의 대답, 즉 '변두리권 병원 장례식장이 400만-500만 원 선이라면 시내권 병원 장례식장이 700만-800만 원 선, 전문

---

23 「"시신 염습 전 반드시 이걸해요" 행복한 장의사 홍범표씨」, 『대전일보』 2014년 2월 25일자; 「행복한 장의사 한우기, 30년 장례봉사」, 『상조장례뉴스』 2010년 9월 20일자.

24 「"복 받을 껴" 소리 듣는 행복한 장의사」, 『시민의소리』 2008년 11월 5일자.

장례식장이 900만-1,000만 원 선 정도'라는 것을 고려하면 우리는 여전히 그 변화에 대해 양면적인 느낌을 갖지 않을 수 없다.

3) 「염쟁이 유씨」(2004)

「염쟁이 유씨」는 2004년부터 2015년 5월까지 한국 전역에서 3,000회 이상 공연된 1인극이다. 이 공연은 60만 명 이상의 관객을 끌어모았고, 이는 지금도 이어지고 있다.[25] 유씨는 조상 대대로 염을 업으로 살아온 집안에서 태어난 염쟁이다. 평생 염을 하며 다양한 죽음을 접하다 보니, 삶과 죽음에 대한 생각 또한 남다르다. 그러던 그가 어느 날 일생의 마지막 염을 하기로 결심하고, 염하는 것을 취재하고 싶어 하는 기자를 초대한다. 유씨는 기자에게 수시(收屍)로부터, 반함(飯含), 소렴(小殮), 대렴(大殮), 입관(入棺)에 이르는 염의 절차와 의미를 설명하며 염의 전 과정을 보여 준다. 그 과정에서 유씨는 기자에게 오로지 장삿속으로만 시신을 대하는 장의 대행 업자와의 만남, 자신이 염쟁이가 되었던 과정, 아버지의 유산을 둘러싸고 싸우는 자식들, 그리고 그 연극에서 염습 대상이 된 그의 외아들의 죽음 등 자신이 겪어 왔던 사연도 이야기해 준다.[26]

희곡을 쓴 김인경 작가에 따르면, '염쟁이 유씨는 죽음을 통해 삶을 바라보려고 하는' 노력이다. 김인경 작가는 "산 사람도 우습게 여기는 사람들이 차고 넘치는 이 세상에서 죽은 사람에게 정성을 다하는 염쟁이는 얼마나 고

25 「내려올지 말지 선택이 고민스러울 때 '단재'를 보세요」, 『한겨레』 2016년 11월 17일자; 「1인 15역 신들린 연기, 삶을 반추하다」, 『경인일보』 2016년 8월 10일자.
26 「염쟁이 유씨, 작품내용」, 예술공장두레 웹사이트(2008. 1. 6 접속).

귀한가"라고 반문한다. 그러므로 염쟁이의 말을 들어보려는 작가의 의도는 모든 사람에게 어려운 실존적 물음을 제기하고 같이 생각해 보자는 것이었다. 그 질문의 출발점은 '어떻게 사는 것이 잘 사는 것일까'이다. 작가는 계속해서 다음과 같이 말한다.

> 사람들이 착하게 살기를 바라는 것은 생명이 모든 개인에게 소중하기 때문이다. 생명이 소중한 이유는 생명은 짧기 때문이다. 그리고 생명의 길이는 구체적인 죽음의 시기에 달려 있다. 가난한 사람은 재물에 간절하고 아픈 사람은 건강에 간절하듯이 죽음에 진지한 사람은 삶에 간절하게 된다. 즉, 삶과 죽음은 멀리 떨어져 있지만 너무나도 가까이 마주하고 있기도 한 것이다(예술공장두레 웹사이트 2008. 1. 10).

극 중 염쟁이는 동시대를 살고 있는 사람들에 대해 특히 비판적이다. 그는 삶에 대해 다음과 같이 근본적으로 비판적인 관점을 제시한다.

> 죽음은 생명을 마감할 수는 있어도, 살면서 만들어 놓은 관계를 소멸시킬 수는 없다. 이러한 사실을 되새길 때, 우리는 스스로의 삶에 더 강한 책임감을 느끼게 된다. 또 죽음이 자신에게도 언젠가는 닥칠 것임을 긍정적으로 인정한다면 우리는 삶을 보다 적극적으로 대할 수 있을 것이다. 더불어 제한된 삶을 함께 살아가는 이웃에게도 훨씬 애정을 느낄 수도 있을 것이다(예술공장두레 웹사이트 2008. 1. 10).

> 죽은 사람 썩는 냄새보다 더 구역질나고 더러운 게 산 사람 썩는 냄새여. 요새 돌아다녀 보면 여기저기서 썩는 냄새가 나. 자기 몸 한 귀퉁이가 썩는 줄도 모르고 돌아다니는 시체가 한둘인 줄 알아?[27]

27 「염생이 유씨」, 다음 카페(2012. 12. 5 게시).

공연을 관람한 관객들의 규모에서 알 수 있듯이, 극 중의 염쟁이는 관객들에게 다음과 같은 성찰의 순간을 선사하였다.

> 관객 1: 죽는다는 거에 대해 막연하게만 생각을 해 왔었는데, 잘 죽기 위해서는 잘 살아야 한다는 공연 내용을 접하고 참 많은 것을 느꼈다. 특히 죽는다는 건 생명이 끊어지는 것일 뿐 인연이 끊어지는 것은 아니기 때문에 다른 사람에게 함부로 대하거나 상처를 입혀선 안 된다는 대사가 참 인상적이었다.[28]

나는 "죽은 사람 무서워하지 말라. 무서운 건 산 사람이다. 산 사람은 사기 치지만 죽은 사람은 사기 치지 않는다"고 염쟁이 유씨가 한 말의 진실을 떠올린다.[29] 이것은 상조 산업과 한국 사회 일반에 대한 면밀한 성찰, 실은 인간 사회 일반에 대한 성찰이다.

이 연극은 2004년 5월 지방 도시 청주에서 초연된 후 이어 서울 대학로 소극장에서도 짧은 시간에 1만여 명의 관객을 동원하는 등 라이브 연극으로서는 드물게 흥행에 성공하였다. 연극 공연의 중심지인 서울 대학로에서 공연하기로 하면서 연극인 유순웅은 처음에 1,000만 원 정도의 손해를 각오하고 있었다. 실망스럽게도, 그의 서울 첫 공연에 들어온 유료 관객은 단 1명뿐이었다. 그럼에도 그는 공연을 계속하였고, 이내 객석의 90퍼센트가 정기적으로 꽉 찼으며 주말 공연은 공연 이삼 주 전에 매진되었다. 유순웅은 자신의 연기가 좀 거칠다고 생각하지만, 관객들은 그의 열정적인 연기와 이 연극이 지니는 의미를 높이 평가한다. 많은 한국 관객들이 이미 이 연극을 감상할 준비가 되어 있는 것처럼 보이는데, 아닌 게 아니라 현재 그들이 살고 있는 사

---

28 「현대차 전주공장, 노인 위한 문화공연 관람행사 열어」, 『전북연합신문』 2012년 10월 16일자.
29 「염쟁이 유씨를 통해 삶을 돌아본다~!!!」, 브런치스토리(2016. 9. 12 게시).

회문화적 맥락을 고려할 때 그러한 성찰의 시간이 그들에게는 필요하다.[30] 유씨가 이 연극을 3,000회 이상 공연하기까지는 길고 힘든 여정이었다. 한 가지 그에게 용기를 준 것은 자신의 손을 꼭 잡고 "이제 살아갈 힘을 얻었다"고 말하는 관객들의 존재였다.[31] 어쩌면 관객인 우리 모두가 개인의 삶에 대해 성찰하며 삶의 목적을 추구할 힘을 얻어야 할는지도 모른다.

4) 「장례식의 멤버」(2008)

열일곱 살 소년 희준의 장례식에 한 무리의 사람들이 모인다. 서로를 부르는 호칭으로 짐작해 볼 때 이들은 아버지, 어머니, 딸로 구성된 한 가족이다. 이들은 각자의 일상에서 누구보다 가깝게 희준을 공유하였던 '장례식의 멤버'이지만, 정작 서로가 왜 장례식에 오게 되었는지는 알지 못한다. 더없이 냉랭한 분위기의 이 가족을 살펴보면, 아버지인 준기는 지루할 정도로 평범해 보이는 중년의 대학농구단 재활치료사이지만, 사실 누구에게도 털어놓을 수 없는 어두운 비밀을 간직한 남자이다. 한때 애거서 크리스티(Agatha Christie) 같은 추리소설 작가를 꿈꾸었던 그의 아내 정희는, 고등학교 문학 교사로 일하고 있는 지금도 더 많은 미스터리를 필요로 하는 아마추어 작가이며, 이들의 딸 아미는 학교 수업과 시체 염습을 수년째 병행해 오고 있는 조금 특별한 여고생이다. 어느덧 희준은 가족들과 일상에서 보낸 시간보다 더 많은 시간을 들여 '장례식의 멤버'라는 제목의 소설을 마무리한다. 그리고 어느 날 희준은 이들에게 자신이 완성한 소설을 하나씩 선물로 준 뒤 자살한다.[32]

---

30 「못생긴 얼굴 거친 연기 … 내 연극, 관객이 살렸죠」, 『경향신문』 2006년 12월 4일자.
31 「10년간 1인극 "염쟁이 유씨" 열연한 "명량" 김 노인」, 『프레시안』 2014년 8월 25일자.

영화의 대략적인 줄거리는 다음과 같다.[33] 이 가족의 구성원인 주인공들은 각자 자신과 비교적 가까운 사람의 죽음을 겪었고, 그 결과 다소 비틀어진 삶을 살게 된다. 흥미롭게도, 주인공들은 자신에게 영향을 준 사람들과 비슷한 삶을, 특히 그들의 부정적인 면을 모방하며 살았다. 준기(극중 아빠)는 따르던 선생님의 동성애 성향을 못마땅하게 여겼지만 지금은 동성애자다. 정희(극중 엄마)는 할아버지가 지독한 남성우월주의자이고 폭언을 일삼는 분이었지만 지금의 모습은 그와 별반 다르지 않다. 즉, 준기와 정희는 자신들과 가까웠던 사람들의 행동, 그것도 자신들이 싫어하는 행동을 따라하는 것이다. 결국 그들은 주위의 다른 사람들에게 부정적이고 달갑지 않은 경험을 겪게 하고 만다. 흥미롭게도, 영화의 감독에 따르면, 한국인과 외국인 관객들의 이 영화에 대한 반응이 서로 달랐다고 한다. 외국 관객들은 영화 속 한국의 가족을 보며 한국 사회의 가부장적이고 유교적인 문화를 관찰하였고, 한국 관객들은 기성세대에 대한 청소년들의 불신, 한국 가족들의 우울한 모습, 그리고 그들의 절망감에 주목하였다.[34]

영화는 장례식으로 시작해서 장례식으로 끝난다. 하지만 장례식 자체는 영화의 주요 초점이 아니라, 이를테면 성소수자의 1명으로 살아가는 어려움, 개인적·사회적 제약으로 인해 꿈을 포기한 사람들, 개인적인 고뇌에 몸부림치느라 '정상적인' 가족으로 살 수 없는 가족 구성원들 같은, 현대 한국 사회의 관심사를 반영하는 요소이다.[35] 이 장과 관련되는 요소는 영화가 장례식

---

32 「장례식의 멤버」, 맥스무비 웹사이트(2018. 1. 8 접속).
33 「장례식의 멤버」, Flatinum, 티스토리 블로그(2013. 11. 14 게시).
34 「영화 "장례식의 멤버", 장례지도사 이야기, 베를린영화제 초청」, 『상조장례뉴스』 2009년 2월 14일자.
35 「영화 장례식의 멤버(2008) 흔한 이웃의 초상」, XXWXX, 네이버 블로그(2016. 4. 20 게시).

을 '플랫폼' 삼아 이야기를 전개하고 완성하였다는 점이다.

5) 「내 사랑 내 곁에」(2009)

이 영화는 현대의 장례지도사가 핵심 소재로 등장한 최초의 한국 영화이다.[36] 장례지도사를 미래의 유망 직업으로 꼽는 이 영화는 200만 명이 넘는 관객을 동원하며 많은 이들에게 감동을 준 것으로 알려졌다.[37] 영화의 줄거리는 다음과 같다. 종우는 루게릭병을 앓고 있고 그의 몸은 점점 마비되어 가고 있다. 루게릭병 환자는 발병 후 3-4년 안에 인공호흡기를 사용해야 할 정도로 마비될 수 있다. 마지막에는 그저 눈만 깜박거릴 수 있을 뿐이다. 어머니가 종우의 유일한 혈육이었으나 그 어머니마저 막 세상을 떠났다. 어머니가 돌아가신 날은 그가 어린 시절 한 동네에서 자란 소꿉친구 지수를 운명처럼 만난 날이었다. 그들은 병원 장례식장에서 만났다. 거기서 지수는 전문 장례지도사로 일하고 있었다. 그들은 사랑에 빠졌고 1년 만에 결혼하였다. 종우의 병원이 바로 그들의 신혼 보금자리이다. 종우는 밥 먹을 때 숟가락 하나 손에 쥐는 것도 힘겨운 처지이다. 하지만 언제나 그를 돌보아 주는 지수 덕분에 그는 어느 때보다 행복하고 투병 의지도 간절해진다. 그는 기적적인 회복을 바라고 있다.

6인용 중환자실에는 마비 환자나 식물인간 상태의 환자들이 모여 있다. 환자들은 서로를 격려하고 위로하며 '병동 식구'가 되고, 그러는 사이 회복세를 보이는 환자나 수술의 희망을 찾게 된 환자도 하나둘 생겨난다. 그러나

---

36 「최초 장례지도사 영화 "내 사랑 내 곁에" 개봉」, 『상조장례뉴스』 2009년 9월 15일자.
37 「내 사랑 내 곁에(영화)」, 알파위키(2017. 9. 27 수정).

종우의 상태는 점점 나빠져 간다. 자신의 건강이 날로 악화되는 것을 보면서 종우는 긍정적인 태도와 병을 낫겠다는 강한 의지가 시들해지고, 마음은 점점 두려움에 사로잡힌다. 그리고 마침내 그토록 피하고 싶었던 언어 장애가 그에게 닥친다.

6인실의 다른 환자는 다음과 같다. 식물인간 상태인 남편이 깨어나기만을 간절히 기다리는 노부인, 혼수상태에 빠진 아내를 지극정성으로 간호하는 남편, 사고로 전신마비가 된 딸 앞에서 눈물을 감추고 가슴으로 통곡하는 엄마, 그리고 아픈 형을 돌보며 직장과 병동을 오가는 남자. 가족은 한계 상황에 처한 환자들에게 계속 살아갈 이유가 되어 주고 그들에게 조건 없는 사랑과 보살핌을 제공하는 사람들이다.[38]

이 영화가 이야기하는 핵심은 질병으로 심신이 쇠약해지는 환자를 둔 가족 간의 사랑이다(다음 팁 웹사이트 2010. 3. 19). 영화에 대한 전문가 및 일반 관객 리뷰에는 다음과 같은 내용이 포함되어 있다. 첫째, 영화는 중병을 앓는 환자와 그 가족 사이에 흐르는 의사소통과 그에 따른 정서적 피해를 잘 묘사하였다. 비평자들은 더 나아가 극도의 건강 악화를 겪고 있는 환자 주위의 사람들이 어떻게 느끼고 행동하는지, 그리고 보호자들이 슬픔에서 분노로 변하는 그들의 감정 상태를 어떻게 다루는지를 언급하였다. 이 영화는 특히 사랑하는 사람들을 말기 질환으로 잃은 관객들에게 좋은 반응을 얻었다. 종우는 점점 병이 깊어져 감에 따라 죽여 달라고 하는데, 이는 그냥 하루하루 똑같은 일상을 살고 있는 사람들에게 삶의 바로 이 순간이 너무나도 소중하고 감사한 것이라는 메시지를 전한다.[39] 여기서 딜레마는 발생한다.

---

38 「영화: 한국영화 뭐가 재밌죠?」, 다음 팁 웹사이트(2010. 3. 19 게시).
39 「희귀병의 가슴 아픈 영화 내 사랑 내 곁에 결말」, 장사의신, 네이버 블로그(2014. 12. 1 게

> 환자와 보호자가 힘들면 서로 보내주는 게 맞는지, 아니면 힘들어도 서로 함께 해야 하는 게 맞는 것인지 … 장기간 어떠한 희망도 보이지 않고 투병을 하는 환자들 … 장례 전문가로서 지수는 항상 가장 편안한 방법으로 고인을 배웅하기 위해 최선을 다하였다. 지수는 이제 자기 남편도 비슷한 방식으로 배웅해야 할까? 지수는 아직 남편과 할 일이 너무 많다고 느껴 남편을 차마 편하게 보내주지 못한다(네이버 블로그 2014. 12. 1).

영화 속 지수는 장의사라기보다는 전문 장례지도사이다. 장의사의 주된 역할은 염습이지만, 장례 전문가는 장례 절차와 의식, 그리고 그와 관련된 구체적인 방법에 대해 유가족들에게 조언한다. 장의사라고 하면 한국 사람들에게 전근대적이거나 전통적으로 들리는 반면, 장례 전문가는 현대적으로 들린다. 지수는 조문객의 접대와 시신의 염습을 비롯해 장례식의 모든 부분을 지휘하고 관여한다. 한국 전통에서 시신의 염습과 입관은 남자들의 일이었다. 이 영화는 특히 여성이 장례 전문가 역할을 맡은 첫 번째 영화이다.[40] 지수 역을 맡은 배우 하지원은 장례 전문가 역할을 하기 위해 7년 동안 길러온 긴 머리를 잘랐고, 염습과 입관 절차를 열심히 배우고 연습하였다. 영화 제작이 끝나고 하지원은 다음과 같이 말하였다.

> 따뜻한 마음이 없으면 할 수 없는 직업이다. 장례지도사의 손이 '세상에서 가장 아름다운 손'이란 생각이 들었다. 유족을 대신해 고인의 마지막을 책임지는 매우 중요하고 섬세한 배려가 필요한 직업이다. 여성들의 진출도 많아지고 있는데, 이 일이 일반에 아직 잘 알려지지 않은 것 같다. 영화의 지수 캐릭터가 향후 장례지도사에 대한 인식이나 직업 인지도에 영향을 미칠 수 있다고 생각해 장례지도사

시); 「[애프터 스크리닝] 〈내 사랑 내 곁에〉, 하지원을 위한 영화?」, iMBC연예 웹사이트(2009. 9. 16 게시); 「김만동 영화이야기: 내 사랑 내 곁에(2009)」, 경북북부권문화정보센터 웹사이트(2009. 10. 23 게시)도 참조.

40 「상조산업 성장 저해하는 할부거래법 개정」, 『상조매거진』 2015년 6월 29일자.

를 연기하는 마음가짐이 남달랐다.[41]

영화가 모든 면에서 높은 평가를 받은 것과 대조적으로, 적절한 배우를 캐스팅하였는가 하는 점에 대해서는 충분한 비판이 있는데, 이는 다른 단점들도 드러냈다. 예를 들어, 여자 주인공 지수는 '지나치게 밝고 명랑한' 성격이었고, 종우와 지수의 '연애 케미'는 부족하였다. 오히려 더 깊은 사랑을 보여 준 것은 혼수상태에 빠진 환자와 그녀의 남편이었다.[42] 또 다른 비판은 이 영화가 「국화꽃 향기」(2003), 「가을동화」(2000), 「너는 내 운명」(2005) 같은 다른 영화나 TV 시리즈와 내용 면에서 유사하다는 것이었다. 관객들의 허를 찌르는 신선한 이야기를 보여 주지 못한 채 뻔한 전개를 보인 점은 아쉬웠다. 누리꾼 평론가 진민용은 일부 관객들이 이 영화를 부분적으로 안 좋게 평가하는 이유를 다음과 같이 제시하였다.[43]

> 종우 역을 맡은 배우는 루게릭병 환자 역할을 하기 위해 20kg을 감량하였지만, 침대에 누워 있는 환자는 루게릭병을 앓고 있는 환자처럼 보이지 않았다. 허벅지와 팔뚝은 비교적 건강한 신체 부위처럼 보였고, 발가락이 뒤틀리거나 구부러진 흔적도 보이지 않는다. 실제로 관객들은 영화 「오아시스」(2002)에서 뇌성마비로 휠체어를 탄 소녀 역을 한 문소리의 연기와 「말아톤」(2005)에서 자폐아 역을 맡은 조승우의 연기에 이미 깊은 감동을 받았다. 종우 역의 열연에도 불구하고 관객들의 눈높이가 너무 높아져 있었고 기대에 부응하기 어려웠다는 이야기다.

다른 이들은 이 영화가 매우 슬프다고는 느꼈지만, '눈에서 눈물이 나오

41 「[기획] 알고 보면 더 재밌다 〈내 사랑 내 곁에〉」, 맥스무비 웹사이트(2009. 9. 22 게시).
42 「내사랑 내곁에, 정말 김명민이 필요했을까」, 송원섭, 티스토리 블로그(2009. 9. 26 게시).
43 「〈내사랑 내곁에〉 왜 재미가 없을까」, 『오마이뉴스』 2009년 9월 30일자; 「내사랑 내곁에, 김명민 루게릭 연기는 100점」, 『코리아헬스로그』 2009년 10월 25일자도 참조.

는' 경험은 할 수 없었다.[44] 일부 관객이 동의할 수도 있는 이러한 비판에도 불구하고, 이 영화는 상당한 수의 관객을 극장으로 끌어들이면서 흥행에 성공하였다. 심신이 쇠약해져 가는 질병과 그 영향을 다루는 영화임에도 불구하고, 이 영화의 주된 초점은 질병과 죽음보다는 가족애인 듯하다. iMBC 장석우 기자는 연인과 커플들에게 이 영화를 볼 것을 권하며 다음과 같이 제안한다.

> 영화를 보고 사랑하는 사람으로부터 '너도 내가 루게릭병에 걸리면 저렇게 내 곁에 있어 줄 수 있어?'라는 유치한 질문을 받게 된다면 고민하지 말고 하얀 거짓말로라도 '그걸 말이라고 해?'라고 대답하자.[45]

연인이나 배우자들 사이의 깊은 사랑과 헌신의 감정은 오늘날 한국의 이혼율이 서구 못지않게 높은 데서 보이듯이(OECD 34개국 중 9위이다.[46]) 여전히 지속적인 변화를 겪고 있을지 모른다. 배우자 사이에 헌신하는 문화와 가치관이 급변하는 가운데, 높은 수준의 조건 없는 헌신에 대한 한국인들의 향수가 이런 영화를 낳았다고도 할 수 있을 것이다.[47] 사려 깊지만 독특한 한 비평은 이 영화가 단순히 감정적인 카타르시스를 제공하려는 것이 아니라 현대 한국 사회에 몇 가지 문제를 제기하기 위한 것이라고 주장한다.[48]

---

44 「울지 않았다, 그저 지금에 감사할 뿐 … 영화 내 사랑 내 곁에」, NEOEARLY* by 라디오키즈 웹사이트(2009. 9. 28 게시). 「김만동 영화이야기: 내 사랑 내 곁에(2009)」, 경북북부권문화정보센터 웹사이트(2009. 10. 23 게시)도 참조.

45 「[애프터 스크리닝] 〈내 사랑 내 곁에〉, 하지원을 위한 영화?」, iMBC연예 웹사이트(2009. 9. 16 게시).

46 「이혼율 9.3% 수준」, 『중앙일보』 2004년 4월 20일자; 「한국의 이혼률 세계 1위 정말일까」, 디디, 티스토리 블로그(2016. 3. 21 게시).

47 「영화리뷰: 내 사랑 내 곁에」, 『경향신문』 2009년 9월 16일자.

48 「'내 사랑 내 곁에', 이건 신파가 아니다!」, 주작, 티스토리 블로그(2009. 9. 24 게시).

「내 사랑 내 곁에」는 루게릭병 자체를 다루고 있으며, 영화는 다음과 같은 물음들을 던지고 관객들에게 대답을 청한다. 서서히 근육이 굳어 인간으로서 최소한의 품위 유지를 못해 죽고 싶어 하는 환자들에게 '안락사'를 할 수 있는 권리를 줘야 하는 것인지, 무제한적인 병원 비용은 언제까지 가족들의 희생에만 맡겨야 하는 것인지, 환자의 성생활은 어떻게 해야 하는지 ….

이러한 것들은 확실히 이 영화에서 제기되고 현대 한국 사회가 맞닥뜨리고 있는 사안들이다. 과거의 한국에서라면 이러한 문제를 다룰 여지가 거의 없지만, 오늘날 한국에서는 훨씬 더 절박한 문제가 되었다. 이 문제들은 삶의 질에 영향을 미치는 것으로 이해된다. 나로서는 이 영화가 주로 루게릭병에 관한 것이라는 난해한 주장에 동의하기 어렵다.[49]

여주인공으로서의 장례지도사와 상조 산업의 희망

영화가 상조 산업 진흥의 기폭제가 될 것이라는 업계의 기대도 언급할 만하다. 실제로 국민상조는 영화에 직접 참여해 실제 업체명을 사용하고 사무실을 차리는 방식으로 사업을 홍보하였다. 영화 제작에 1억 5,000만 원의 현금도 협찬하였다.[50] 사실 상조업계와 장례의전 업계는 한국 영화 사상 처음으로 현대식 장례지도사를 영화의 주인공으로 내세웠다는 이유만으로 2008년 제작 단계부터 영화에 큰 기대를 걸고 있었다. 당시 한국인들은 이 직업에 대해 완전히 알지 못하였고, 또 언론을 통해 상조 산업에 대한 부정적인 평판이 확산되어 있어서 상당한 '이미지 제고'가 필요하였다. 남녀 주인공 역을 유명

49 인터넷 공간에는 이 난해한 관점에 동의하지 않는 의견들도 충분히 있다. 예컨대, 주작의 리뷰에 대한 몇몇 댓글을 보라.

50 「장례지도사 영화 "내 사랑 내 곁에" 촬영 마쳐」, 『상조장례뉴스』 2009년 6월 9일자.

배우들이 맡았다는 사실도 상조업계의 기대를 키웠다.[51] 영화는 진주의료원에서 촬영되었고 진주 시민들도 이 영화의 제작에 대한 기대로 들떠 있었다.[52] 영화가 제작에 들어가기에 앞서 동남상조, 현대종합상조 등 몇몇 다른 상조회사들도 협찬사로 참여하려고 협상 중이었다. 하지만 비용 부담이 너무 커서 사업에 대한 홍보 효과를 확신하지 못한 채 결국 협상이 결렬되었다.[53] 결국 국민상조가 협찬사로 참여하였고 회사 로고 및 업무가 영화에 상당히 노출되어 홍보 효과를 볼 것을 기대하였다. 국민상조 내부뿐 아니라 업계 전반에서 기대가 컸다(『상조장례뉴스』 2009. 6. 9).

그러나 영화가 개봉되자 상조업계는 이 영화 전반이 루게릭병을 주요 내용으로 하고 그저 여자 주인공의 직업이 우연히 장례지도사일 뿐이라는 점에 실망하였다.[54] 상조업계 종사자들에 따르면, 상대적으로 미미한 장례지도사의 역할 비중은 상조업계가 오래 기다렸던 만큼 가졌던 높은 기대를 훨씬 밑도는 것이었다. 『상조장례뉴스』는 다음과 같이 보도하였다.

> 장례지도사 지수가 하는 일에 대한 설명이 한참 부족하였다. 장례지도사가 유족에게 해주는 상담도 현실감이 떨어졌다. 이를테면 지수가 고인에게 '질 좋은 중국산 수의'를 권하는 것도 그렇고, 장례지도사가 무슨 일을 하는지를 비롯해 영화 제작자 측의 충분한 현지 조사가 부족하였다. 장례지도사는 단순히 고인의 시신을 수습하고 입관하는 일을 하는 게 아니라 전체 의전을 주관하는 사람인데, 장례지도사 역을 자문한 이는 이런 포괄적인 성격을 제대로 전달했어야 하였다(『상조장례뉴스』 2009. 10. 6).

51 「주연 하지원 '장례지도사 영화' 제작-내 사랑 내 곁에」, 『상조장례뉴스』 2008년 12월 16일자.
52 「장례지도사 영화 "내 사랑 내 곁에" 진주서 촬영」, 『상조장례뉴스』 2009년 4월 16일자.
53 「최초 장례지도사 영화 "내 사랑 내 곁에" 개봉」, 『상조장례뉴스』 2009년 9월 15일자.
54 「장례지도사 영화 "내 사랑 내 곁에" 실망」, 『상조장례뉴스』 2009년 10월 6일자.

『상조장례뉴스』에 따르면, 이 영화 제작사는 수십 개의 상조회사에 영화 협찬을 요청하였다. D상조, B상조, H상조와 같은 상조회사들이 상당한 금액의 협찬을 요청받았다. 결국 국민상조가 1억 5,000만 원 이상을 협찬하였다. 영화에서 국민상조에 대한 직접적인 홍보는 정지 화면으로 1초 정도 협찬사로 소개되고 영화 중간에 회사와 로고가 여섯 장면 정도 나오는 게 전부로, 업계에서는 상조 산업 홍보가 미흡하다고 판단하였다. 『상조장례뉴스』에 따르면 이 문제는 부분적으로 업계가 영화 제작 협찬 경험이 거의 없었다는 데서 비롯된 것이다(『상조장례뉴스』 2009. 10. 6).

협찬에 대한 영화업계와 상조업계의 접근 목표가 애초에 달랐던 거 같다. 상조업계의 고질적인 사기 및 부정행위 문제를 감안하면, 영화 제작에 협찬할 당시 업계가 재정적으로 건전하였다고는 상상하기 어렵다. 국민상조는 이 영화를 통해 전국적인 홍보 효과를 기대하였다고 보아도 무방하다. 그로부터 2년이 채 지나지 않은 2011년 1월 국민상조는 경찰의 대대적인 수사를 받았다.[55] 이 회사는 재정적으로 위험에 처한 많은 상조회사들을 인수하려고 시도하다 결국 파산하였고, 이에 관해서는 다른 장에서 논의할 것이다.

6) 「화장」(2014)

이 영화는 2004년 출판된 김훈의 단편 소설 『화장』(제28회 이상문학상 대상 수상)을 원작으로 한다. 언론의 상당한 주목을 받은 이 영화는, 점차 죽어가는 것과 싱그럽게 꽃피는 것, 즉 불치병이 걸려 죽어가는 아내와 젊고 아름다

55 「국민상조 비리 수사 결과」, 대검찰청(2011. 1. 13 발표).

운 직장 부하 여직원 사이에서 고민하는 중년 남성의 이중적인 정신 상태를 보여 준다. 이러한 양면성은 인간으로서 누구도 피할 수 없는 실존적 고뇌로 표현된다. 따라서 이 영화는 죽음이 주요 관심사의 일부이기 때문에 이 장의 목적과 간접적으로 관련이 있다. 그러나 장례식은 제한적인 의미만 지니므로, 미디어에서 공유되는 줄거리만 간략히 소개하겠다.

이 영화는 전통적인 상여, 즉 꽃장식이 없는 단순한 흰색의 상여가 나오는 장면으로 시작된다.[56] 여덟 사람이 상여를 메고 상여 앞에 10명, 뒤에 10명 정도의 조문객이 있다. 여자 주인공, 즉 젊고 아름다운 동료만 빼고 모두가 검은 옷을 입고 있다. 영화는 관 속에 든 남자 주인공의 죽은 아내와 붉은 원피스를 입고 귀걸이를 한 젊은 여자를 포착한다. 상여와 젊은 여자 사이를 걷고 있던 중년 남자는 뒤를 돌아 상여와 뒤에서 따라 걷고 있는 젊은 여자를 쳐다본다. 그의 몸은 죽은 아내와 가까이 있지만 마음은 젊은 여성 추은주에 가까이 있는 것이다.[57]

영화 제목인 '화장'은 쓰이는 한자에 따라 두 가지 다른 의미를 가지고 있는데, 하나는 화장품을 바르거나 문질러 얼굴을 곱게 꾸민다는 뜻의 '화장'(化粧)이고, 다른 하나는 시체를 불에 살라 장사 지낸다는 뜻의 '화장'(火葬)이다(강규일 2015). 남자 주인공은 화장품 회사의 중역으로 홍보팀을 맡고 있는 오 상무이고, 다른 캐릭터로는 홍보팀에서 대외업무를 담당하는 추은주, 그리고 오 상무의 아픈 아내가 있다. 아내의 이름이 빠진 것은 아마도 무엇이 퇴색하고 있는지 보여 주는 것 같다. 오 상무의 아내는 뇌종양으로 투병 중

56 「영화, 화장: 줄거리 & 결말 포함」, Realzzin, 네이버 블로그(2015. 6. 23 게시).
57 「영화 〈화장〉 리뷰_죽음과 삶 사이에 예의를 다해 존재하기」, 신씨's 미시 라이프, 네이버 블로그(2015. 5. 24 게시).

이다. 추은주는 생동감이 넘치고 막 피어난 장미꽃처럼 보인다. 그녀의 화사한 옷차림은 쉽게 오 상무의 마음을 사로잡는다. 아내를 극진하게 보살피는 오 상무는 자신의 몸이 수척해질 정도로 옆에서 간호한다. 아내는 삶의 끝자락에 서 있는 인간으로서 아리따운 추은주의 모습과 극명하게 대조를 이룬다. 두 사람 사이에 서 있는 오 상무는 그 자신도 전립선염으로 고통을 받으며 살아가는 중년의 남자이다. 편안한 잠을 이룰 수도 없고 코피가 나고 피곤해도 아내 곁을 지키며 보살핀다. 하지만 그의 마음과 눈은 추은주를 향해 있고, 부서 회의 때나 사무실에 멍하니 앉아 있을 때나 그녀에게서 눈을 뗄 수 없다. 오 상무는 그런 마음의 상태를 받아들일 수 없어 고뇌하며 괴로워한다(강규일 2015).

삶과 죽음

강규일의 리뷰는 계속된다(강규일 2015). 죽음이 임박한 오 상무의 아내는 대변조차 가리지 못하고, 오 상무는 그런 아내를 씻겨 주고 간호한다. 그는 현실과 환상을 넘나들며 추은주의 육체를 탐닉하고 그리워한다. 오 상무가 추은주에게 적극적으로 다가가지 못하는 결정적인 이유 중 하나는 전립선염으로 고생하는 자신의 나약한 육체, 자신이 인간으로서 어쩔 수 없이 받아들여야 하는 노화되어 가는 중년이라는 것이다. 반면 추은주는 오 상무와 달리 젊음과 생기를 가진 빨간 장미를 상상하게 한다. 오 상무의 처지에서 볼 때 추은주는 가시 돋친 장미로, 그는 그녀 주위를 맴돌기만 할 뿐이다. 이는 마치 추은주와의 관계에 넘지 말아야 할 선을 그어 놓고 그것에 '절제'라는 의미를 부여한 것처럼 보이기도 한다. 다가설 듯 다가서지 않는 것은 아마도 죽어 가는 아내에 대한 깊은 배려 또는 오 상무가 남편으로서 지켜야 할 진심이 담긴 사랑 때문인지도 모른다.

5. 맺음말

영화의 내용을 논의하고 화제로 올릴 때 가장 주목할 만한 점은 이 각각의 영화들이 제작된 특정 시점, 당시의 수요와 공급, 죽음과 장례가 중심이 된 영화를 수용하는 한국 관객들의 문화적 성숙도일 것이다. 예를 들어, 높은 자살률은 경제 침체기에 삶이 고달플 때 인간 생명의 중요성을 경시하는 문화를 만들었다. 다시 말해서, 하나의 경험적이고 역행추론적인 질문은 '1996년을 기점으로 한 20년 사이에 이러한 영화들이 제작된 배경은 무엇인가?'이다. 영화 「축제」가 1996년에 제작된 데는 개인적인 이유와 역사적인 이유 둘 다 있는 것으로 보인다. 이청준 작가와 임권택 감독이 시나리오를 같이 쓰고 영화를 만든 것은 죽음과 장례라는 주제에 대한 논의를 받아들일 만큼 한국 사회가 성숙하였다는 점이 고려되었을 것이다. 나는 급격한 근대화와 서구화 속에서 죽음과 장례에 대한 인식에 많은 변화가 일어났다고 주장한다.[58]

한국의 오랜 장례 문화는 도시화와 핵가족화, 고도로 전문화된 상조 서비스 산업의 도입과 함께 사라지고 있었다. 대한민국은 1996년 12월 12일 OECD 회원국이 되었다. 이는 '현대' 국가가 되어 감을 나타내는 표시이다. 실로 한국의

---

58 장의사에 대한 편견은 점점 사라지고 있지만 장의사와 그들이 하는 일에 대한 정보 기반 언론 보도는 최근에서야 관심의 대상이 되었다. 일례로 다음 기사를 참조하라. 「대통령 3명 염한 '무념무상'의 손」, 『조선일보』 2017년 12월 23일자.

모든 생활과 풍경은 한국전쟁이 끝난 이후로 완전히 바뀌었다. 이러한 새롭게 구성된 맥락에서 죽음, 효, 장례에 대한 전통적인 가치관을 어떻게 유지할 수 있었는가 하는 것은 현대 한국인들에게 중요한 질문이 되었다. 하지만 유구한 한국의 문화와 전통은 여전히 강하며 앞으로 수십 년 동안은 그렇게 유지될 것이다. 전통적인 가치관과 그들이 처한 현실 사이의 긴장은 한편으로는 끊임없이 부분적으로 해소되겠지만 다른 한편으로는 긴장의 수준이 가속화되어 해소되지 않은 채로 남아 있을 것이다.

처음 3편의 작품은 현대와 전통의 충돌을 다룬다는 점에서 많은 공통점을 가지고 있다. 의심할 여지 없이 6편 모두 죽음과 장례를 논하기보다는 삶의 중요성에 대한 메시지를 담고 있다. 그러나 처음 세 작품은, 비록 그 메시지는 죽음의 문제를 훨씬 넘어서지만, 죽음과 장례를 더 엄밀하게 다루고 있다.

나중의 세 작품은 죽음과 장례를 소재로 '가볍게' 다루었지만 '이런저런 상황에서의 죽음과 장례'보다는 '러브 스토리'와 개인의 성적 지향 등 다른 문제에 초점을 맞춤으로써 그 나름의 메시지를 만들어 냈다. 다시 한 번 강조하자면, 나는 6개의 작품을 어떤 의미 있는 범주로 구분하는 것이 어렵다는 것을 인정한다. 예를 들어, 「내 사랑 내 곁에」는 죽음과 질병에 초점을 맞추고 있지만, 또 다른 초점은 연인 사이의 애정과 서로에 대한 헌신을 바탕으로 한 삶의 중요성이다.

작품 제목은 죽음과 장례의 집전에 관한 것이고 이는 내가 이 장에서 분석 대상으로 이 작품들을 선택한 기준이다. 그러나 작품의 내용은 필연적으로 생명, 삶, 그리고 인간의 삶의 질이 어떻게 향상될 수 있는지에 관한 것이다. 죽음과 장례라는 계기를 통한 삶의 진정한 의미에 대한 탐구는 수 세기 동안 계속되어 왔다. 비슷한 영화들이 다른 나라에서 제작되었고 그들이 전하는 메시지가 별반 다르지 않다는 것은 놀라운 일이 아니다. 2007년 제작된 필리핀 영화 「행복한 장의사 가족」(Casket for Rent), 2009년 일본 영화 「굿바이」(Goodbye), 2013년 영국 영화 「스틸 라이프」(Still Life) 등이 그 예이다.

제5장

미디어 광고와 상조회사

1. 서론

장례업은 본질적으로 상조회사가 고객에게 장례 서비스를 제공하여 수익을 창출하는 사업 분야이다. 북받치는 감정이 동반되는 서비스로 수익을 창출하기 때문에, 장례업은 다른 사업들과 다소 다르다. 어느 정도의 기업 간 경쟁은 산업의 지속적인 발전을 촉진하여 고객들에게 더 나은 서비스를 제공하는 계기가 된다. 경쟁 자체는 문제가 되지 않지만, 그 정도가 지나치게 되면 문제가 된다. 경쟁에는 고객이 다른 제품보다 특정 제품을 선택하도록 설득하기 위해 제품을 광고하는 것도 포함된다. 상조업체의 홍보는 기존의 사회문화적 맥락, 상조업계에서 사용되는 기술, 업계에 내재된 문화적 전통을 반영한다.

이 장은 상조 광고가 한국의 전통을 어떤 식으로 반영하는지, 그리고 사업 운영을 통해 어떤 방식으로 최대한의 이익을 얻으려고 하는지 탐구할 것이다. 또한 오래 지속되어 온 한국의 전통이 현재 새롭게 등장하는 문화 및 근대성과 교차하는 방식을 묘사할 것이다. 어느 정도로 윤리적 광고를 하는지 또한 이 장의 관심사이다.

2. 이론적 고려사항

'옥시싹싹', '와이즈렉', '홈플러스', '세퓨' 등 유독성 가습기 살균제로 인해 1994년부터 2011년 5월까지 국내 영유아와 임산부 142명이 사망하였다.[1] 이

---

1 「가습기 살균제 사망사건」, 나무위키(2017. 12. 17 접속); 「옥시싹싹, 침묵의 살인자는 입을 닫았다」, 『한겨레』 2015년 5월 29일자.

밖에도 이 제품들로 인해 피해를 입은 사람은 수천에 이른다. 특히 문제가 된 것이 '유아에게 안전하다'는 광고 문구였는데, 많은 소비자가 이 문구에 끌려 해를 입거나 죽게 되었다. 이 사건은 우선 제품의 독성에 대해, 그리고 생산 과정을 승인한 과학계와, 제품 등록 및 광고를 승인한 정부에 대해 문제를 제기하는 계기가 되었다. 이런 점에서 제품의 광고와 그 결과는 광고 자체를 넘어선 요인들과 얽혀 있다. 가습기 살균제는 '산업용 제품'으로 분류되어 소비자가 사용할 수 있는 제품이라는 정부 요건을 충족하였다. 그러나 그 결과는 의학적으로 재앙이었다. 정부의 안전 관리에서도 허점이 드러났을 뿐만 아니라, 관련 연구를 수행한 과학자들의 비윤리적인 행동도 밝혀졌다. 그리고 폭리를 취하고자 만들어진 비윤리적이고 과장된 광고에도 문제가 제기되었다.

급속하게 산업화되고 현대화된 한국에서 비윤리적인 광고가 사회적인 재앙을 일으킨 사례는 지난 수십 년간 간혹 있었지만, 정작 비윤리적인 광고에 대한 연구는 거의 없다. 예를 들어, 징칸(Zinkan)은 1970년대 초에 처음 출판된 미국의 광고 저널(*Journal of Advertising*)에는 20년 동안 (비)윤리적인 광고와 관련하여 159개의 논문(또는 33.6%)이 출판되었다는 것을 알아냈다(Zinkan 1994; 한선민 2016에서 재인용). 하지만 한선민(2016)이 주목한 바에 따르면 한국에서는 그러한 연구가 거의 행해지지 않았다.[2]

윤리적 광고에 대한 철학적 논의가 이 장의 초점은 아니지만, 한선민(2016: 44)은 광고 윤리와 관련된 2개의 광범위한 철학적 흐름에 대한 인식이 필요하다고 지적한다. 그중 하나는 '보편적이고 절대적인 윤리'의 존재를 주

2 이 중 언급된 논문은 다음과 같다(한선민 2016: 43). 최창섭·문영숙(1992), 최병록(1993), 한은경·류은아(2003).

장한 소크라테스와 플라톤으로부터 발전된 전통이다. 즉, 어떤 윤리는 모든 인간 사회에 적용되며 여기에 협상의 여지는 거의 없다는 입장이다. 소크라테스와 플라톤은 소피스트들에 반대하여 진리의 이해에 대한 상대론적 접근이나 부와 명성과 같은 세속적 가치를 높이 평가하는 것에 동의하지 않았다. 이러한 절대적 진리와 상대주의라는 이슈는 많은 사회과학자들이 진리를 다루는 과정에서 씨름해 온 주제이기 때문에, 진리에 대한 플라톤과 소피스트의 대조적인 관점은 현대 사회과학자들이 역사와 사회 현상을 다양하게 이해하는 데 계속해서 영향을 미치고 있다(Bhaskar 1989).[3] 인간 사회의 윤리 역시 그 현상들 중 하나이다.

어떤 윤리는 시간과 장소를 초월하여 적용되고 절대적인 중요성을 지닐 수도 있지만, 대부분의 윤리는 그 보편적인 의미에도 불구하고 시간과 장소에 따라 약간 다르게 예측되고 실행된다(Drumwright and Murphy 2004; Batra et al. 1996). 예를 들어, 효는 보편적인 가치일 수 있지만 그것이 표현되는 방식은 문화와 시대에 따라 달라진다. 같은 장소에서라도 일정한 시간이 지나면 부모의 죽음에 대한 적절한 애도 방식과 기간이 변화한다. 이 장의 목표 중 하나는 장례 서비스의 광고 및 관련 요소들에 대해 비판적 실재론자의 관점에 입각한 성찰을 제공하는 것이다. 즉, 존재론적으로 더 깊은 수준에서 메커니즘에 의해 뒷받침되는, 기존의 사회경제적 맥락에 의해 가능해진 동시에 제한되는, 장례에 대한 개개인의 의미 있는 추구 사이의 교차점을 탐구할 것이다.

한선민(2016: 44)에 따르면, 현대적 맥락에서 광고를 할 때, 일반적으로 두 가지 광범위한 윤리 영역을 고려한다. 첫째는 제도적 규정, 지침, 형식적/공무

---

3 예를 들어, 한쪽에는 실증주의, 구조주의와 기능주의가 있고, 다른 한쪽에는 해석주의, 포스트모더니즘, 포스트구조주의가 있다.

상의 통제 및 기타 조직 절차에서 파생되는 윤리이다. 둘째는, 개인의 가치와 무엇이 옳고 그른가에 대한 기준에서 도출되는 시스템이다. 한선민(2016: 48)은 다음과 같이 언급하였다.

> 마케팅은 소비자에게 적절한 품질의 제품을 적정한 가격으로 제공하여 가치를 창출하는 행위이며, 광고는 이를 촉진하는 역할을 하는 것이다. 허위 과장 광고는 정당한 교환을 방해하는 행위이며, 범죄 행위가 된다. 기업의 생존을 위해서는 이윤이 있어야 하지만, 적정한 이윤이어야 한다. 극대 이윤 추구는 자신의 이익을 위해 남을 희생시킬 수 있으므로, 또 다른 사회적인 문제를 발생시킨다는 것을 항상 명심해야 한다. 시장 경쟁이 심할수록 지나친 행동을 하기 쉽지만, 그럴수록 경영자의 냉철한 이성적 판단과 공정한 심판자로서의 정부기관의 역할이 필요하다. 그렇지 못할 경우, 그 존재 이유가 문제 될 수 있다.

한선민(2016: 48)을 해석해 보면, 장례 서비스 광고에 대한 실재론자의 관점은 어떤 것이 될 수 있을까? 오늘날 한국의 장례 서비스는 고유한 특징을 가지고 있어서 고객들에게 충분히 매력적이다. 이 고유한 특징이 모두 사업 부문에서만 생성되는 것은 아니고 고객과의 협의를 통해서도 창출된다. 사업 부문에는 언젠가 자신의 장례 서비스를 요구할 근로자들이 포함되는데, 이들이 고객의 선택을 반영하는 것이다. 특정 서비스를 이용할 때의 기능과 이점은 개별 기업의 마케팅 전략에 의해 촉진된다. 따라서 마케팅은 장례 서비스의 이미지와 고객의 요구를 연결하는 매개체이다. 마케팅 전략은 제공 중인 서비스의 이미지를 향상시키고, 서비스의 다각화를 통해 끊임없이 변화하는 고객의 욕구를 개선할 수 있는 최선의 방법을 계속해서 찾아낼 것이다. 양질의 제품을 윤리적인 책임감을 가지고 광고한다면 기업과 고객은 긍정적이고 소통이 원활한 관계를 발전시키게 된다. 적절한 수준의 시장 경쟁 역시 기업들이 양질의 제품을 개발하고 그러한 노력을 통해 이윤을 추구하는 자극제가 될 것이다. 고객 또한 이 과정에서 이익을 얻는다. 그러나 시장은 개방적인 시스템이며, 사용 가능해지는 자원들과 마찬가지로 고객의 욕구 또한 시간이 지남에 따라 계속 진화하고 있다. 기업 간의, 그리고 기업과 고객 간의 역학 관계는 다른 요인들에 의해서도 크게 좌우된다. 비윤리적인 광고와 마케팅 전략이 분출되어 장례 산업에 부정적인 영향을 미칠 수 있는 가능성도 여기에 있다.

비판적 실재론자라면 '이것이 사실이 되려면 무엇이 진실이어야 하는가?' 또는 '이것을 가능하게 하는 것은 무엇인가?'라는 역행추론적 질문을 할 것이다. 다시 말하면, 현대 한국에서 유행하고 있는 광고의 종류에 대한 진실은 무엇인가? 이 질문은 현상을 파생시키는 더 깊은 생성 메커니즘을 참조하여 현상을 설명하려는 시도이다(Bhaskar 1978, 1979, 1989; Danermark et al. 2001; Oliver 2012: 380). 제품의 미디어 광고는 인식된 욕구를 자극하고 부풀리는 역할을 한다. 이는 특히 한국의 고령층 사이에서 장례 의식이 긴급하고 중요하다는 인식을 불러일으키고 있다. 장례 서비스 제품 광고는 효의 문화를 재조명하고 홍보해 왔으며, 고인을 매장할 장소가 한정되어 감에 따라 친환경적인 시신 처리 역시 장려되었다. 어떤 방법으로 시신을 처리하는 것이 환경친화적인지는 또 다른 문제이며, 이는 다른 장에서 논의될 것이다. 그리하여 이 광고들은 효도, 유교 윤리, 체면 유지, 최상의 사업 성과에 대한 자기만족이라는 개념을 효율적으로 사용하고, 크루즈 여행, 리조트 시설 사용, 생활용품 등과 같은 '사은품'과 엮어서 고객들에게 상품 구매를 강요한다.

3. 조사 방법

먼저, 2008년부터 2014년까지 방송된 YTN(연합텔레비전뉴스) 장례 서비스 광고 6편을 무작위로 샘플링하였다. 광고의 내용은 사람들이 원하는 것과 싫어하는 것을 반영하는데, 이 때문에 광고는 미디어 분석의 대상으로서 가치를 지닌다. 광고의 대본은 비교적 짧다.[4] 두 번째로, '상조회사 광고'라는 검색어로 구글을 검색하여 상조 광고를 수집하였다. 이 과정에서 공정거래위원회로부터 경고를 받은 광고를 확인할 수 있었다(공정거래위원회 웹사이트). 긍정적인 평가를 받은 광고는 없다. 구글 검색은 분석할 광고를 무작위로 추출하기 위해 활용한 것이다. 그중 (1) 천궁실버라이프로 알려진 이안상조,[5] (2) 조은상조, (3) 다음세계, (4) 프리드라이프 상조의 프리드 대왕 3호, (5) 보람상조 등 5개의 광고를 선정하였다.[6]

분석 결과는 광고의 대본과 함께 이 장에 제시될 것이다. 나의 분석은 근거 이론(Corbin and Strauss 1990)의 방법적 원리에 기초하였다. 내용이 표현하고자 하는 의미와, 내용에 대한 나의 비판적 실재론적 해석(Sayer 1992, 2000)을 모두 고려하였다.

---

4 이러한 광고들 때문에 나는 한국의 장례 의식과 그것이 구체적으로는 한국 사회, 나아가 인간 사회 일반에 말하는 바가 무엇인지에 대해 많은 의문을 갖게 되었다. 이 광고들은 2016년 발표한 내 논문(Han 2016a)의 연구 대상이었다.

5 「이안상조 Real-TV 로그인세상속으로」, 정윤식, 유튜브(2011. 11. 16 게시).

6 「상조의 모든 것을 한눈에, 상조가이드」, 상조가이드 웹사이트(2017. 8. 17 게시). 2017년 8월 17일자로 공정거래위원회가 제공한 이 내용에 따르면, 이 중 170개의 상조회사가 목록에 올라 있어 사업 개시일, 폐업 시 고객에게 지급할 수 있는 능력, 부채/자산 비율, 총자산, 선수금한 원금의 보전율 등을 참고할 수 있게 되어 있다.

4. 연구 결과 및 논의

이어지는 내용은 2008년에 방영된 주요 장례 서비스 회사의 TV 광고들이다. 회사 이름은 '사랑하는 부모님의 장례 서비스'라는 뜻의 부모사랑상조로, 장례식이 효를 표현하는 것이어야 한다는 의미를 담고 있다. 이 섹션에서는 최근 몇 년간 방영된 몇몇 장례 서비스 TV 광고의 대본을 제시하고 분석하고자 한다.

1) 사례 1: 2008년 부모사랑상조의 서른두 번째 TV 광고

장례식에 다녀온 한 남자가 아내에게 말한다.

(독백) 오늘 다녀온 장례식은 참 달랐습니다.
조문객: 끝까지 잘 모셨구나.
(아내에게) 미리 당부하신 대로 준비해 왔던 거래. 부고부터 장지까지 전문가 6명이 도와줘서 편히 모셨으니까 그 친구도 무거운 마음 조금은 덜었을 거야. 상조보증에 가입해서 보호되니까 믿을 수 있었대.

또한 다음과 같은 추가 정보가 화면에 표시된다:

부모님이 주인공이신 부모사랑상조의 장례식
친구분들 모두 오실 수 있는 SMS 부고
부모님의 삶을 기억하는 추모 영상
고객 보호 프로그램
자본금 100억 원의 든든함

이 30초짜리 광고는 많은 양의 정보를 효과적으로 전달한다. 이 광고에 대한 나의 분석은 다음과 같다. 장례식은 자식들이 부모에게 효를 다하는 마지막 의례이다. 고인이 생전에 어떤 대우를 받았는지, 자녀들이 부모에게 얼마나 효도하였는지에 대해서는 명시적인 언급이 없고, 장례식은 6명의 장례지도사 및 전문가의 도움으로 치러졌다. 이는 형식을 내용보다 우선시한 것으로 볼 수 있다. 효에 대해 배우고 효의 문화에 적응하면서, 대부분의 한국인들은 평생 죄책감을 가지고 살게 되는데, 왜냐하면 부모님께 해드려야 하는 일을 그들이 배운 대로 적절하게 실천하지 못하는 상황이 많기 때문이다. 한 가지 중요한 이유는 대부분의 나이 든 부모들이 자식과 함께 살지 않고 따로 살기 때문일 것이다. 즉, 부모를 부양하는 것이 효의 지극한 형태로 간주되는 경향이 있는데, 이는 1960년대 산업화가 시작된 이래로 부모를 모시고 사는 것이 어려워졌음에도 불구하고 여전하다. 사실, 어떤 한국인도 자신이 평생 부모님을 완벽하게 공경하며 살았다고 자신하지 않을 것이다. 따라서 그들은 모두 부모님의 장례를 치르며 죄책감을 느낀다.

한국 통계청에 따르면, 1970년에는 전체 가구의 71.5%가, 2010년에는 82.3%가 핵가족이었으며, 이에 비해 확대가족은 1970년에 18.8%, 2010년에는 6.2%에 불과하였다(통계청 지표누리 웹사이트). 장례 서비스 업체의 회원이 되는 것(즉, 장례 서비스 상품을 구입하는 것)은 부모의 비싼 장례식에 대비할 수 있는 방법일 뿐만 아니라, 뒤늦게 효심을 표현하는 일이다. 이는 장례식에 드는 막대한 비용을 줄이는 방법이기도 하다. 즉, 장례 서비스 상품은 자식이 부모에게 사드릴 수 있는 마지막 선물이다. 중년의 자식들은 호화로운 장례식이 부모에 대한 효심을 보여 준다고 생각한다. 연간 '보험' 납입금은 3만 원에서 120만 원 사이이다. 장례지도사가 중점을 두는 것은 고인의 가족과 친구 사이의 관계를 재구축하는 것이 아니라 고인의 자녀를 만족시키는 방식으로 시신을 처리하는 것, 그리고 그 모든 과정이 손님들에게 인식되는 방식일지도 모른다(McManus 2013: 98).

광고에 나온 대로 돌아가신 부모님이 장례식의 주인공이 되게 하되, 실제로는 자녀가 완전히 성취하지 못한 것, 즉 살아 계시는 동안 부모에게 다하지 못한 효도를 마저 하거나, 심지어 '소명'하는 데 초점을 맞추고 있다(강준만 2007). SMS와 시청각 디스플레이와 같은 최신 통신 기술도 서비스의 필수적인 부분인 것으로 보인다. '고객 보호 프로그램'은 상조업체의 고객이 금전적으로 부당한 대우를 받은 수많은 사기 사례를 암시하는데, 이는 다음 장에서 논의될 것이다.

2) 사례 2: 2011년 부모사랑상조의 TV 광고

광고의 내레이터가 다음과 같이 말한다.

> 지금 상조 때문에 불안한 분 손들어 보십시오. 바로 그 손으로 꾹 눌러 주십시오. 1566-0114 부모사랑상조.

장례 서비스 비용은 한국인들에게 심각한 사회적 관심사가 되었다. 이러한 사회경제적 맥락에서 장례를 위한 재정적인 준비가 필수가 되었고 전문적으로 제공되는 서비스가 보편화되었다. 그리고 전문적인 장례 서비스 업체는 장례가 걱정된다면 보험에 가입할 것을 강력히 권장하는 것이다. 수익화된 장례 서비스는 도시화와 산업화의 지배 아래에 있는 사람들의 삶과 밀접하게 관련된 것으로 보인다. 비록 한국경제의 발전이 소득 불평등을 해소하지는 못하였지만, 실제로 한국인의 소득은 1970년대 이후 꾸준히 증가하여 장례식과 같은 새로운 비용이나 추가 비용을 감당할 수 있는 가처분 소득이 늘어나고 있다(Suh 2011).

3) 사례 3: 2012년 부모사랑상조의 TV 광고

내레이터가 말한다.

> 내 부모님의 임종! 상조에 가입하지 않았어도 전화만 주십시오. 장례 전문가가 즉시 출동하여 임종 조치, 차량 운구, 안치까지 무료입니다. 부모사랑상조, 무료 운구 전화 1566-0114

이미 언급한 바와 같이 이제 장례식은 가족이나 친구, 공동체 구성원이 아닌 전문적인 장례지도사가 주관한다. 경쟁적이고 수익화된 한국의 경제 상황에서 장례 서비스를 '무료'로 제공하는 것은 말 그대로 불가능한 일이지만, 이것이 '불편한' 일을 처리해야 하는 상주들을 유인하는 방법일 수 있다. 아니면, 운구만 무료이고 나머지는 비용이 청구되며, 운구만 따로 계약하지 못할 수도 있다. 이러한 사업 전략은 사람들이 감정적으로 취약한 순간을 악용할 수 있으므로 쓸데없거나 부자연스럽게 느껴진다. 만약 광고에 나온 것처럼 정말 무료 커뮤니티 서비스라면 그러한 서비스가 어떻게 장기적으로 지속가능하겠는가?(부모사랑상조 웹사이트) 미래의 고객은 자신이 요청한 서비스 비용 외에 다른 비용을 지불해야 할 수도 있다. 하지만 나는 이 무책임한 광고에 대한 불만이 공식적으로 제기되었다는 소식은 전혀 듣지 못하였다.

4) 사례 4와 5: 2013년 부모사랑상조의 TV 광고 두 편

'노원점 조순이의 리얼 성공스토리' 편의 내용은 다음과 같다.

보험 영업 20년 하면서도 이루지 못하였던 꿈을 저희 부모사랑상조에서는 3년 만에 이루어 냈습니다. 제 소득 궁금하시죠? 오셔서 확인해 보세요.

'새부산지점 정은희의 리얼 성공스토리'는 다음과 같다.

상조에 대해 알고 나니까 굉장히 매력이 많아요. 그래서 이제 즐겁고, 돈을 쫓아가는 게 아니고, 정말 일을 쫓아가다 보니까 돈은 따라오더라고요. 제 소득 궁금하시죠? 오셔서 확인해 보세요.

장례 서비스 산업에 대한 조순이의 진지한 참여와 헌신은 의심할 여지없이 인정해야 한다고 생각한다. 다른 서비스 산업과 마찬가지로 장례 서비스도 전문화되어 전문적으로 훈련된 인력이 담당하고 있다. 게다가, 조순이 씨가 장례 산업을 통해 재정적인 목표를 달성할 수 있었다면, 얼마나 다행한 일인가. 그러나 일반적으로, 특히 한국 사회에서 자신의 수입을 자랑하는 것은 미덕이 아니다. 이것은 다른 출처에서 얻은 수입을 자랑하는 것과 마찬가지로 문제가 있다고 여겨질 수 있다. 하물며, 돈과 장례 서비스와의 연관성은 언급할 필요가 없다. 장례 서비스를 통해 벌어들인 수입을 다른 산업에서 벌어들인 수입과 비교하여 자랑하는 것은 민망한 일이다. 이는 마치 남의 불행을 이용해 돈을 번 후, 이를 '좋은' 일이라고 알리는 것과 같다. 광고의 주된 목적이, 잠재적인 직원을 모집하는 것뿐만 아니라, 고객에게 양질의 서비스를 제공할 수 있도록 회사가 긍정적인 근무 환경을 제공한다는 사실을 알리는 것일 수도 있다. 하지만 이는 이익을 극대화하기 위한 전략일 뿐이다.

내가 참석하였던 장례식들은 모두 고인과 지인들의 관계를 되돌아보는 엄숙하고 기억에 남는 시간이었다. 나는 항상 장례지도사가 제공할 수 있는 모든 서비스의 가치를 인정하였으며 지금도 그러하다. 과거 한 연구 프로젝트에서 어떤 장례지도사와 인터뷰할 기회가 있었는데, 그때도 모든 장례식을 대하는 그의 사려 깊은 태도에 탄복한 바 있다. 정은희 씨가 정말로 장례지도사라는 직무에 즐겁게 임하면서 돈을 좇지 않을 가능성도 있다. 자신의 수입에 대한 관객의 호기심을 자극하지 않았다면 '즐거운 일'이라는 그녀의 언급도 더 진지하게 받아들여질 수 있었을 것이다. 사실 이는 광고가 순전히 돈을 잘 버는 장례지도사에 관한 것인지, 아니면 '정성스러운' 장례 서비스를 제공하는 것에 관한 것인지 청중은 혼란스러울 수 있다. 광고에 나오는 '성공한' 장례지도사들은 한국 문화의 맥락에서 체면을 유지하기 위한 노력을 거의 하지 않는 것처럼 보인다.

5) 사례 6: 2014년 부모사랑상조의 TV 광고

광고에는 다음과 같은 내레이션이 나온다.

> 부모 사랑을 가슴에 새기듯 부모님 성함을 명함에 새겼습니다. 강정호 씨와 이선례 씨의 딸 강선미입니다. 부모 사랑이 저희의 정신입니다. 부모사랑상조.

도시화와 산업화의 결과로, 핵가족은 최근 수십 년간 더 일반적인 형태의 가족이 되었다. 나이 든 부모를 핵가족의 가정 내에서 모시는 것이 어려워졌고, 이는 계속해서 개인주의를 강화시킨다. 가처분 소득이 있는 나이 든 부모들은 예전과 달리 독립적인 삶을 추구하는 것을 선호할 수도 있다.[7] 하지만 많은 중년의 한국인들은 어렸을 때 대가족을 이루며 살았고, 당시의 경험이 이들의 효 의식의 근본을 이루었을 것이다. 대가족 내에서 효도가 더 잘 행해졌는지의 여부는 논쟁의 여지가 있다. 그러나 자신의 핵가족 가정에서 부모를 수용할 수 없다면 어느 정도의 죄책감을 지니게 된다. 한국 문화에서는 자녀들이 보통 부모님의 이름을 언급하지 않지만, 이 광고의 내레이터는 그렇게 한다. 강선미 씨가 부모님의 이름을 명함에 새긴 것은 죄의식을 줄이거나 효도를 할 수 없는 상황을 대신하기 위한 것으로 보인다. 사실, 부모님의 이름을 명함에 새기는 것과 효도와는 상관관계가 거의 없다. 오히려 그러한 명함을 소지하는 것이 부모에 대한 존중을 다소 가식적으로 드러낸다는 느낌을 준다. 즉, 현대 한국인들의 마음속에 여전히 효도의 실천적 표현으로 남아 있는 것은 함께 모시고 사는 것이다. 하지만 현실적으로 이는 어려운 일이다. 아마도 한국인들은 부모와 함께 살지 않고 효도를 실천할 수 있는 실질적인 방법이 무엇인지 알아내는 과정에 있는 것일지도 모른다. 그 와중에 한 가지 방법으로 등장한 것이 명함에 부모님의 이름을 새기는 것이다. 또 다른 방법은 앞서 제시한 상조보험 가입이다. 회사 이름인 부모사랑상조가 나타내듯이, 정성스러운 장례 의식은 효도를 표현하는 중요한 요소이다. 사실, 상조보험에 가입하는 것, 예를 들어 어버이날에 상조보험에 가입하는 것은 일반적으로 효행으로 간주된다.[8] 상조회사에서는 이를 어버이날 선물로 부모님께 알려드린다.

이 광고에서도 특히 눈에 띄는 것은 묘사된 장면과 인물들이 1960-1970

7 이는 중국계 호주인 사회에서 관찰된 바 있다(Han et al. 2018).
8 짱가짱가~, 티스토리 블로그(2016. 3. 4 접속).

년대의 한국 사회를 반영하고 있다는 점이다. 광고 속의 젊은이들은 이제 중년이고, 나이 든 사람들은 이제 노쇠하였다. 광고는 조만간 부모의 죽음을 맞닥뜨릴 사람들과 밀접하게 연관되어 있지만, 묘사된 장면과 생활 방식은 현대적이라기보다는 훨씬 전통적인 모습을 지향하고 있다. 즉, 사회적 풍토는 정적이고 과거에 고착되어 있는 것이다. 한국인들이 받아들일 수 없는 것은 바로 이 전통과 현대 사이의 괴리감이다. 사실, 한국의 전통과 근대성은 변화해 왔고 지금도 여전히 그러하다. 그러나 이를 다르게 표현하면, 현대 한국인들은 과거와 현재 모두를 포용하고 살고 싶어 하며, 그렇게 하는 것이 불가능하다는 사실을 알고 있지만, 계속해서 가능한 척하고 있다고도 말할 수 있다. 과거의 바람직하다고 생각되는 문화와, 그 바람직한 문화를 지켜 내지 못하도록 필연적으로 한국인들을 제한하는 현대 문화 사이의 딜레마 속에서, 마케팅 윤리에 대한 고려가 거의 없는, 일부 불쾌한 디지털 마케팅이 기승을 부린다(Coetzee et al. 2014).

업계의 상위에 있는 상조업체들은 공격적인 규모로 언론 광고를 하고 그 내용도 대담한 경우가 많다. '상조회사', '과장 광고' 등의 검색어를 통해 분석을 위한 텍스트와 음성 및 영상 클립을 수집한 결과 드러나는 문제점, 특히 공정거래위원회(공정위)가 조사 중인 광고의 문제점은 다음과 같다. 한창 경쟁이 치열하던 2009년 당시, 공정위는 허위·과장 광고를 하거나, 충분한 정보를 제공하지 않거나, 허위 정보를 제공한 상조업체 10곳을 적발하였다. 그 결과, 극단적인 허위 광고의 한 형태가 '계약된 상조 서비스는 회사의 존폐와 관계없이 실시된다'는 내용인 것으로 나타났다.[9] 이 광고가 방영될 당시 상조

9 「허위·과장광고를 행한 10개 상조업체 제재」, 공정거래위원회 웹사이트(2009. 9. 7 게시).

보증회사의 적립금은 고객 납입금의 3%에 불과하여 상조업체가 폐업하게 되면 고객이 제대로 보상받을 수 없는 상황이었다. 다른 형태의 불법 행위에는 시정 조치를 이행하지 않은 것, 언론 광고 중 중요한 정보를 고지하는 데 충분한 시간을 할애하지 않은 것, 회사가 충분한 적립금을 보유하고 있지 않으면서 고객에게는 보유하고 있다고 거짓으로 이야기한 것, 서비스에 대한 거짓 보증 혹은 서비스가 불가능할 경우 환불해 준다고 거짓으로 주장한 것, 그리고 규정을 지키지 않으면서 규정을 준수하고 있다고 선언한 것 등이 있다. 부모사랑상조는 전화 문의를 한 잠재 고객을 확정 고객으로 집계하여 자사 고객 수를 부풀려서 광고하였다. 현대상조는 자사의 장례 서비스 전문가들이 모두 대학에서 장의학을 전공하고 1급 장의사 자격증을 취득하였다는 거짓 정보를 내보내어 회사를 홍보하였다. 하지만 현대상조의 장례 전문인력 총 95명 가운데 대학 수준에서 장례 관련 과정을 공부한 사람은 16명에 불과한 것으로 드러났다. 보람상조개발은 상조공제조합에 적립되어 고객이 보상받을 수 있는 예치금의 한도를 허위로 조작해 규정을 어겼다. 공정거래위원회는 해당 업체에 허위 광고에 대한 시정명령을 내렸지만, 업체는 시정 조치를 이행하지 않았다.

언론 보도는 오해의 소지가 있거나 허위인 부분이 광고에서 어떻게 제시되었는지는 보여 주었지만, 그러한 부분이 포함된 광고 자체를 찾기는 오히려 어려웠다. 따라서 무작위로 몇 가지 광고를 선정하였는데, 이들 역시 대부분 공정위의 비판을 받은 것들이다.

6) 사례 7: 2011년 천궁실버라이프의 홍보 영상

천궁실버라이프는 허위 광고로 적발된 상조업체 중 하나였다. 앞서 지적하였듯이, 적발 대상이 된 특정 광고를 찾는 일은 어렵다. 그런데 우연히 '기자'와 회사 CEO의 대화를 바탕으로 한 천궁실버라이프의 홍보 영상을 보게 되었다.[10] 먼저 홍보 영상의 대본을 제시하고, 이에 대한 논의를 이어가도록 하겠다.

> 내레이터: 시작이 있으면 끝이 있게 마련입니다. 오늘은 죽음에 대해서 이야기를 해볼까 하는데요. 누구에게나 다 찾아오는 죽음이지만 이게 언제 찾아올지는 아무도 모릅니다. 그래서 주변 사람들, 특히 가족들이 가장 많이 당황하게 되는데요. 미리미리 준비해서 기품 있게 마지막을 준비할 수 있는 아주 좋은 방법이 있다고 합니다. 이 방법에 대해서 지금부터 함께 알아보시죠.
>
> 내레이터: 안녕하세요?
>
> CEO: 예, 안녕하세요?
>
> 내레이터: 갑작스럽게 상을 맞았을 경우에요, 물론, 가족들이 당황하는 것도 있지만, 갑자기 큰 목돈이 나가기 때문에 부담이 되는게 사실인데, 이때를 대비해서 아주 좋은 서비스가 있다고요?
>
> CEO: 저희 회사는 고인을 모실 한국형 리무진을 제작하는 특수 자동차를 모체로, 집안에 상이 났을 때 내 가족의 일처럼 운영되는 토털 장례 서비스가 있습니다. 이 서비스는 임종에서 장지에 이르기까지 일괄 진행되는 서비스로서 전국 지사망을 통한 네트워크를 형성하여 24시간 출동 대기하고 있습니다.
>
> [내레이터와 CEO는 밖으로 나가 고인을 모실 운구 차량을 구경하는데, 윗부분은 한국 전통 상여의 모양으로 만들어졌다.][11]
>
> 내레이터: 와! 이 리무진 좀 보세요. 정말 화려하네요. 아니, 이 화려한 리무진도 그 서비스에 포함이 되는 건가요?

---

10 「이안상조 Real-TV 로그인세상속으로」, 정윤식, 유튜브(2011. 11. 16 게시).

11 「장의차」, 나무위키; 「가마」, 위키피디아(Wikipedia); 「진천 농다리」, 문화재청 국가문화유산포털.

CEO: 네, 당연히 포함됩니다. 여러 회사들이, 장례 토털 서비스 회사들이 많지만, 저희 회사만의 장점이 바로 이 특수 자동차입니다.

내레이터: 와, 이 지붕이요, 제일 마음에 드는 것 같아요.

CEO: 네, 그렇습니다. 우리나라 장례 문화는 전통적인 상여 문화였습니다. 그래서 우리나라 전통 장례 문화를 계승 발전시키기 위해서 상여의 형태를 본뜬, 가마의 형태죠, 그 지붕 형태를 따라서 이 지붕을 제작하였고, 그다음에, 측면에 보시면 국화 모양을 이 꽃 모양으로 재현해서 제작된 그런 차량입니다. 자, 이 뒤의 부분은 지금 꽃 모양으로 되어 있어서 자연스러운 모습입니다. 그래서 우리나라에는 각각 여러 사람들마다 종교가 다 틀리기 때문에, 기독교나, 불교나, 천주교, 그 상주의, 고객의 종교적 필요를 충족시킬 수 있는 그런 장점이 있습니다.

내레이터: 여러분 어떠셨나요? 리무진 너무 멋있죠? 저는 지금도 눈앞에 선한데요. 이런 고품격 리무진을 제공하는 그런 서비스에서부터 시작해서 궁중 염습까지, 참 차별화된 서비스를 제공하고 계시는데, 이번에 새로 개발된 상품은 그보다 한 차원 더 높은 완벽한 서비스라고요?

CEO: 이번에 개발된 실버라이프 플래티넘은 기존의 상품보다 조금 업그레이드된 제품입니다. 앰뷸런스 출동부터 45인승 버스, 고인이 타실 리무진 차량이 거리에 제한 없이 전국 어디서든 무료로 운행되고, 기존 홍보되었던 상품에서는 빠졌던, 영정사진, 꽃장식, 제단 꽃장식 등 꼭 필요한 부분이 포함되었으며, 국가 정책의 일환으로 화장을 하시는 분들에게 화장비 또한 지원되는 최고의 상품이라 생각됩니다.

내레이터: 네, 지금까지 남다른 서비스로 한 차원 높은 상조 문화를 이끌어 가시는 기업을 함께 만나봤는데요. 앞으로도 좀 더 한 차원 높은 이런 서비스로 우리에게 든든한 버팀목이 계속 되어주셨으면 하는 바람입니다.

CEO: 급변하는 시대적 상황과 바쁜 현대인의 일상에서, 장례는 바로 다가올 나의 일이며, 우리 고유의 문화입니다. 앞으로 좋은 상품 개발과 편리한 서비스로 고객님을 찾아뵙겠습니다. 지켜봐 주시길 바라며, 항상 건강하십시오.

내레이터: 갑작스런 사고를 당해서 장례 의식을 제대로 치르지 못한다면, 보내드린 분에 대한 미안한 마음으로 평생 동안 가슴에 한이 남을 겁니다. 유비무환이라는 말이 있죠? 인생을 가장 지혜롭게 사는 길은 뭐니뭐니 해도 바로 준비인 것 같습니다.

내레이터와 장례 서비스 회사의 CEO 간의 대화로 구성된 이 홍보 동영상은 대부분 짧은 다른 TV 광고와는 조금 다르다. 현대 한국인들은 죽음에 대한 주제를 금기시하는 것 같지 않고, 한국이 경제협력개발기구(OECD) 국가 중 자살률이 가장 높은 나라라는 사실도 알고 있다. 임종부터 장지에 이르기까지의 종합 서비스는 현대 한국인들이 장례 의식을 적극적으로 준비하고 실행하는 것과 거리를 두는 상황을 어느 정도 반영한 전문화된 서비스이다. 과거의 장례식은 고인의 가족과 지역 사회 구성원들이 적극적으로 참여하여 치렀다. 게다가, '24시간 출동 대기'는 실제로 장례 전문가, 또는 문자 그대로 '장례 수행자'를 의미하는 '장의사'의 일을 표현한다. 장례 서비스가 '24시간 출동 대기'를 제공하는지, 그리고 화장이나 매장을 위해 운구 차량이 얼마나 멀리 이동할 것인지는 종종 논란의 대상이 되는데, 광고 문구가 지켜지지 않는 경우가 많기 때문이다.

광고 속 CEO는 특히 상여와 가마, 현대식 리무진을 결합한 제품인 영구차를 자신 있게 내세운다. 상여는 집에서 장지까지 시신을 운반하기 위해 화려하게 장식한 수레이다. 10명 이상의 '젊은' 남자들이 상여꾼이 되어 대장의 지시에 따라서 상여를 운반하고, 주요 조문객들이 상여 뒤를 따른다. 인구가 많은 마을은 공용 상여를 가지고 있었으며, 상여가 낡으면 정기적으로 새로운 상여를 구입하였다. 새 상여를 구입하면 마을에서는 이를 축하하는 행사를 하였고, 이때 상여는 실제로 시신이 들어 있는 것처럼 마을을 행진하곤 하였다. 노인들은 마을 사람들의 작별 인사를 받으며 '명예롭게' 상여를 타게 될 것을 거의 '기대'할 정도였다. 1980년대 한국의 도시 변두리에서는 상여의 사용이 극히 드물었지만, 지방에서는 여전히 흔히 사용되었던 것을 기억한다.[12] 당시 도시 변두리에 살던 나는 70대의 지인이 친구들에게 무덤으로 가는 마지막 여정에서 당시 일반적인 방법이었던 버스로 만든 영구차보다는 상여에 실려 가고 싶다고 말하는 것을 들었다. 그 지인은 사망 후 영구차로 운구되어 화장되었고 유골은 납골당에 보관되었다. 흥미로운 점은 전통의 일부가 수정되어 현대적 맥락에서 다시 나타나는 방식이다. 장례회사들은 계속해서 신제품을 개발할 것이고, 고객의 관점에서 받아들여질 만한 것들은 살아남을 가능성이 높다.

종교는 보편적으로 장례 의식에서 중요한 역할을 한다. 광고 속 CEO는 종교가 있는 고객들을 위해 특정 종교의 상징이 부착된 다양한 리무진을 제공한다. 또한 주요 조문객과 가족들 앞에서 진행되는 '궁중 염습'도 언급된다. 수의와 염포에 최대한 신경을 쓸 것을 예상할 수 있다. 오늘날 염습을 위해 제공되는 서비스의 품질은 매우 전문화되어 있으며, CEO는 그 스타일과 품질이 과거에는 궁중에서만 행해지던 수준일 거라고 말한다. 이 광고에서 CEO가 언급하였듯이, 상조회사들은 서비스 수수료를 근소하게 인상한 신제품을 계속해서 내놓는다. '서로 먹고 먹히는' 치열한 경쟁 환경에서 이들에게 선택의 여지가 거의 없는 것 같다.

7) 사례 8과 9: 2013년 조은이웃 스마트 A, B

문자 그대로 '좋은 이웃'을 의미하는 조은이웃은 2013년 20초짜리 동영상 광고 클립 2편을 내놓았다. 다음은 '조은이웃 스마트 A'의 대본이다.

---

12 제1장에서 이 점을 지적한 바 있다.

남성 내레이터: 상조에 대한 스마트한 생각? 신뢰, 자산 관리, 예와 정성? 아, 조은이웃!

조은이웃이 상조에 대한 생각을 바꿉니다.[내레이터가 말하는 동안 키워드가 공중에 떠 있다.]

CEO: 상조에 대한 스마트한 생각. 조은이웃이 앞장서겠습니다.

[회사의 상호인 조은이웃이 공중에 표시된다.]

[마지막으로 여성 내레이터가 전화번호와 회사 이름을 노래로 부른다.]

상조에 대한 스마트한 생각이라는 남성 내레이터의 질문은 상조 산업의 고질적인 병폐를 저격한다. 그동안 상조업체들이 고객에게 보인 행태는 신뢰를 주는 것과는 거리가 멀었다. 자산 관리를 제대로 못하였고, 횡령까지 하였다. 그럼에도 상을 당한 고객들은 장례 서비스 전문가들에게 정중함과 양질의 서비스를 기대한다. 내레이터는 자산의 적절한 관리에서 나오는 양질의 서비스가 상조업체와 고객 사이의 신뢰를 구축한다고 주장한다. 다시 말하면, 조은상조는 상조 산업의 고질적인 문제가 없는 회사임을 어필하고 있는데, 이는 다른 회사들과 구별되기 위한 노력인 것이다. 여기서, 고객들은 상을 당한 사람들에게 너무나 많은 고통을 안겨준 비윤리적인 사업 행위를 연상할 수도 있다.

'조은이웃 스마트 B'의 대본은 다음과 같다.

여성 내레이터: [내레이터와 CEO의 음성이 재생되는 동안 아름다운 밤하늘 풍경이 나오고, 추모객들을 위로하기 위해 한 쌍의 손이 다른 한 쌍의 손을 잡아주는 모습도 보여 준다.] 모든 상조들은 1등이라고 말합니다. 그러나 조은이웃은 고객과 함께 하기에 1등이라고 말하지 않습니다. 상조에 대한 가치 있는 선택.

CEO: 여러분의 좋은 이웃이 되겠습니다.
[마지막으로, 여성 내레이터가 전화번호와 회사 이름을 노래로 부르고, 장례 전문가로 추정되는 3명의 남성과 2명의 여성이 선 채로 허리를 굽혀 정중히 인사한다.]

기업들은 신자유주의적 맥락에서 모든 부문이 서열화된 듯하고, 앞서 언급하였듯이 상조 산업도 예외가 아니다.[13] 자산이 가장 많고 고객 수가 가장 많은 기업들은 이러한 통계를 활용하여 지속적으로 기업 홍보에 열을 올리고 있다. 하지만 약정된 서비스를 제공할 수 있는 역량과 적립 보험료의 비율에 관해서라면, 이들 일등 상조업체들도 내세울 것이 없다. 이 20초 광고를 통해 조은이웃은 상조 서비스의 핵심이 폭리를 취하는 것이 아니라 상을 당한 사람들을 위로하는 데 있다고 강조한다. 고객들이 회사를 그렇게 기억해 주기를 바라며 고객에게 접근하는 방식이다. 2017년 공정거래위원회가 국내 170개 상조업체를 대상으로 작성한 순위 리스트에는 조은상조가 포함되지 않았다. 조은상조는 2010년 10월에 사업을 시작하여 2014년 12월 24일에 폐업한 것으로 밝혀졌다.[14] 회사는 애도하는 고객들에게 '좋은 이웃'이 되기를 원하였지만, 정작 장례 서비스의 경쟁적인 세계에서는 살아남을 수 없었다.

8) 사례 10: 2008년 다음세계상조의 TV 광고

다음세계상조 역시 공정거래위원회에 의해 적발된 또 다른 기업이다. 다

13 「상조의 모든 것을 한눈에, 상조가이드」, 상조가이드 웹사이트(2017. 8. 17 게시).
14 「한국상조공제조합 "조은이웃 상조회원에 보상금 지급"」, 『매일마케팅신문』 2015년 3월 3일자.

음세계는 문자 그대로 '다음 세상'을 의미한다. 회사는 한 중년의 TV 배우와 CEO가 등장하는 평범한 15초짜리 광고를 냈다.[15]

배우가 말한다. "내 부모님을 모실 수 있는 내 생애의 마지막 효. 이제, 여러분도 준비하십시오." CEO가 "고객을 황제처럼 정성을 다하겠습니다"라며 화답한다. 두 사람의 말은 회사의 상호와 전화번호, 홈페이지 주소와 함께 화면에 표시된다. 마지막으로, 한 여성이 전화번호와 회사 이름을 즐겁게 노래한다. 이 짧은 광고는 부모를 '부끄럽지 않게' 보내드리는 장례식이 효의 필수적인 부분이라는 사실을 한국 시청자들에게 상기시키며, 이는 쉽게 받아들여진다. 하지만 상대적으로 자산이 한정된 이 회사 역시 경쟁을 견디지 못하고 2014년 10월 22일 폐업하였다.[16]

9) 사례 11: 2017년 프리드라이프 상조의 광고

구 현대상조였던 프리드라이프 상조는 2017년 8월 기준 자산 규모가 6,458억 1,100만 원에 이르는 1위 기업이다. 이 회사의 인기 상품은 대왕 1, 2, 3호라는 포괄적인 이름으로 묶여 있는데, 이는 지속적으로 인기 상품을 개발한 결과이다. 1분 길이의 '프리드 대왕 3호'는 2017년 TV를 통해 대대적으로 홍보되었다.[17] 대왕은 위대한 왕을 지칭하며, 광고의 사회문화적 배경은 조선왕조를 중심으로 하고 있다. 이 광고는 왕이 정무회의를 여는 궁궐의 지붕을 보여 주는 것으로 시작한다. 왕이 보좌에 앉아 있고 붉은 카펫이 깔린 가

15 「내 생애 마지막 효(다음세계상조 광고)」, 광고정보센터 웹사이트(2009. 5. 12 게시).
16 「(주)다음세계상조 피해보상안내(우리은행, 무기한)」, 다음 블로그(2015. 7. 7 게시).
17 「[키즈플래닛] 프리드라이프, '프리드 대왕 3호' 안마의자」, ON1Entertainment, 유튜브(2017. 3. 31 게시).

운데 복도의 양쪽으로 각각 관료 10명이 두 줄로 서 있다. 카펫 끝에는 높은 왕좌에 왕이 앉아 있다. 정무회의실은 실제의 공간과 유사하게 표현되었으며, 왕과 관료들도 조선시대의 복장을 하고 있다. 조선시대 무인 복장을 한 파발꾼이 정무회의실 한가운데로 달려오며 왕에게 큰 소리로 보고한다.

> 파발꾼: 전하, 난리가 났사옵니다! 온 나라의 백성들이 너도나도 가입하겠다고 난리가 났사옵니다!
> 왕: [권위적인 목소리로] 하하하, 다들 저길 보시오! [화면을 가리킨다.]

양복에 넥타이를 맨 내레이터가 상조 상품을 소개하기 시작한다. '프리드 대왕 3호'라고 쓰인 화면을 들고 있는 두 관료가 비치는 동안 광고 내레이터가 말한다.

> 오늘 프리드 대왕 3호 가입 즉시, 여러분 가족의 건강을 지켜 줄 2017년 신제품 쉴랙스 안마 의자를 드립니다. 그리고 처음부터 끝까지 편안히 모시는 고품격 장례 서비스와 프리드 한화리조트 멤버십까지 모두 누리세요. 만기 고객이나 장례 행사 완료 고객은 안마 의자도 받으시고, 만기 완납 후 환불을 원할 시, 납입금 100퍼센트를 돌려드립니다. 대한민국 상조업계 1위. 프리드는 가족 사랑입니다. 프리드 대왕 3호로 가족의 건강까지 챙기십시오. 1644-5043, 지금 전화 주세요.

내레이터가 말하는 동안, 인기 있는 여배우인 한 할머니가 안마 의자에 앉아 미소를 지으며 손자를 안고 휴식을 취하고 있다. 며느리로 추정되는 인물이 안마 의자 옆에 서서 의자를 잡고 아이의 등을 토닥인다. 할머니가 앞으로 상조 서비스가 필요할 수도 있는 분임을 암시하며, 가족 3대의 행복하고 건강한 순간을 그려낸다. 안마 의자를 사용하는 장면이 재생되는 동안 '작은' 글씨로 된 문장이 두어 줄 나타난다. '상조와 안마 의자 결합상품으로 상품 가입 시 별도의 안마 의자 할부매매 계약 필요. 상조 계약 해지 시에도 안마 의자 할부 계약은 계속됨.' 안마 의자의 가격은 '226만 원 상당'이라고 화면에 적혀 있다.

다음으로 세 대의 장례 리무진이 등장한다. 제복을 입은 20명 남짓한 장례 전문가들이 리무진 양쪽에 서 있고, 잘 차려입은 여러 명의 현악기 연주자들이 음악을 연주한다. 내레이터의 말처럼, 장례식은 품격 있고 정성껏 준비된 것처럼 보인다. 호텔 건물, 테마파크, 수영장 등이 포함된 한화리조트 시설의 조감도도 등장한다. 큰 글씨로 '1년 10박, 10년 100박'이라는 자막이 표시된다. 그 아래 작은 글씨로 '주말, 성수기 제외'라고 쓰여 있다. 내레이터는 다시 시청자들에게 상조 제품을 구매하고 그에 따른 모든 혜택을 누리라고 권하고, 이어서 마사지 의자를 즐긴 후 상쾌한 기분이 된 젊은 여성이 등장한다. 마지막으로 내레이터는 프리드라이프 상조가 대한민국 1위 기업임을 강조한다. 광고는 약관이 나오는 슬라이드 화면 2개로 마무리되는데, 글자 크기가 작아서 시청자들이 제대로 읽어 보기에는 무리가 있다.

이 광고는 한국 사극 시리즈의 인기에 기반을 두고 있다. 시청자들은 많은 TV 시리즈를 통해 고위 관료들이 참석한 정무회의를 왕이 주재하는 장면에 익숙해졌기 때문에, 이 장면을 보자마자 이해할 수 있다. 광고에서, 존경받는 자상한 왕은 장례가 백성들에게 얼마나 중요한지 잘 알고 있다. 조선시대 궁궐 장면에서 가장 중요하게 활용되고 있는 포인트 중 하나는 유교의 세 가지 본질적 가치로, 양반이 하층민을 통제하기 위해 내세웠던 효, 인, 예이다. 광고에서 효를 특별히 언급하지는 않았지만, 상조 산업의 맥락에 조선의 모습을 도입하는 것 자체가 시청자들에게 효의 중요성을 상기시키는 것이라고 할 수 있다. 광고는 조선의 궁궐 풍경으로 시작하지만, 현대 한국의 상조, 기술, 호화로움, 클래식 음악, 명절, 품격 등을 다루며, 프리드 상조를 다른 업체들과 차별화하고 있다. 회사는 현대적인 맥락에서 이러한 호화로운 제안을 조선시대부터 이어지는 효라는 좋은 가치와 연결시키고 싶어 한다.

'프리드 대왕 3호'는 '프리드 대왕 1호'를 약간의 변형과 함께 단축시킨 버전이다. 1호 버전은 조선시대 의상을 입은 농민들이 모여 한화리조트 시설에서의 휴일을 포함한, 상조 상품의 수많은 혜택을 보여 주는 화면을 보며 환호하는 장면을 포함한다. 2016년 광고 '1호'는 안마 의자의 가격을 135만 원으로 명시하고 있다. '1호'의 또 다른 특징은 궁에서 열린 회의에 참석한 각료들과 관료들이 모두 안마 의자의 편안함을 즐기고 있다는 점인데, 이때 등장하는 안마 의자는 10개나 된다. '1호'와 '3호'의 눈에 띄는 차이점은 '1호'에서는 상조 회원에게 안마 의자를 무료로 제공한다고 언급하고 있다는 점이다. 하지만 상조 계약 중도 해지 시에도 안마 의자 할부금 납입이 지속된다는 경고문이 화면에 작은 글씨로 표시되어 있다. 다만 안마 의자의 매매 계약을 별도로 체결할 필요성은 표시되지 않는다. 안마 의자가 고객에게 무료로 제공되는지 여부는 네티즌을 포함한 수많은 이들에게 관심의 대상이었다.[18] 이들은 프리드라이프 상조의 도덕성과 영업 윤리에 문제를 제기해 왔으며, 안마 의자는 전혀 무료가 아니고 그 비용이 상조 상품에 포함되어 있다는 것이 일반적인 견해이다. 고객이 상조 서비스 계약을 해지할 경우 의자 비용을 공제한 뒤 고객의 환급금이 지급된다고 본 것이다. 이러한 견해는 한 기자의 보도와 일치한다.[19] 안마 의자는 프리드라이프 상조 CEO의 아들이 소유한 회사

18 「프리드 135만 원 안마의자는 공짜인가?」, 『상조장례뉴스』 2014년 4월 25일자.
19 「프리드라이프, '상조 가입시 안마의자 공짜' 허위광고에 소비자만 피해」, 『이뉴스투데이』 2016년 11월 28일자.

에서 생산된 것으로, 상조 상품에 추가된 강제 결합 상품에 지나지 않는다는 사실이 뒤늦게 밝혀졌다.[20]

10) 사례 12: 2015년 보람상조의 광고

보람상조는 대부분 2010년과 2011년에 설립된 9개의 상조회사를 아우르는 대표적인 상조 그룹이다. 2017년 8월 17일 기준으로, 고객에게 약속된 서비스를 제공할 수 있는 기업의 능력, 부채 금액, 총자산에서 이들의 순위는 170개 기업 중 5위에서 96위까지 다양하다. TV에서는 일반적으로 단축된 버전이 사용되지만, 2분간의 홍보 광고는 다음과 같이 진행된다.[21] 병원 영안실 근처에 마련된 것으로 추정되는 빈소에서, 고인의 지인이나 상주의 친구들이 조문을 오는 와중에, 남편과 아내가 서서 이야기를 나누고 있다.

> 아내: 여보! 관이랑, 장례식장비랑, 음식값, 이것저것 다 해서 1,000만 원도 넘을 것 같아.
> 남편: 그렇게나 많이 들어?

관련 신문기사의 헤드라인이 화면에 나오고, 남성 내레이터의 목소리가 겹쳐진다.

> 장례비 지출, 평균 1,000만 원 넘어. 국민 10명 중 7명, 장례비 부담. 장례 비용 너무 비싸다.

---

20 「프리드라이프, 아들회사 안마의자 끼워 팔다 '뭇매'」, 『데일리포스트』 2016년 12월 16일자.
21 「보람상조 인포머셜영상」, 브랜드무비, 유튜브(2015. 3. 18 게시).

남성과 여성 내레이터가 화면에 나타나 번갈아가며 말하는 동안, 화면에는 그들의 말이 자막으로 표시된다.

남성: 장례식장에서조차 돈!

여성: 돈 걱정을 해야 하는 현실.

남성: 장례! 반드시, 꼭, 미리 준비하십시오.

여성: 믿을 수 있는 대한민국 상조업체.

남성: 보람상조가 있습니다. 월 3만 5,000원! 부담 없이 준비하는 합리적 장례 서비스. 보람상조. 1661-xxxx. 규격화된 고품격의 장례용품을 제공합니다. 추가 비용 없는 왕실 궁중 대렴과 오십여 가지의 장례용품을 빠짐없이 제공합니다.

여성: 보람상조만의 고품격 장례 서비스를 만나보세요.

남성: 링컨 콘티넨털 리무진으로 품격 있게 정성껏 모셔드립니다. 장례도 상조 전문가가 필요합니다. 장례 전문 FD가 모든 장례 절차 및 장례 예법을 3일간 정성껏 진행합니다.

여성: 상조업체의 안전장치, 꼭 확인하셔야 합니다.

남성: 할부거래법 시행. 한국상조공제조합에 총 144억 6,000만 원 출자. 소비자 피해 보상 보험 계약. 이제 아무리 물가가 올라도 걱정이 없습니다. 월 3만 5,000원, 인상도 갱신도 없고, 양가 부모님 누구든 양도 양수할 수 있는, 보람상조. 지금 전화하세요. 1661-xxxx.

여성 고객의 증언: 보람상조에서 한 20-30분 안에 오셨어요. 그분이 길을 딱딱 가르쳐 주시는 거예요. 염하신 모습을 보니까 너무 평안해 보이셨고, 이제는 우리 아버님이 고통스럽지 않게 최고의 모습으로 가시는구나. … 리무진에 이렇게 운구가 들어가잖아요, 운전해 주시는 분이 이렇게 90도로 인사하면서, 아버님한테 안전하게 모시겠습니다라고 인사를 하시더라고요. 말로만 보람상조가 아니라 정말 최고로 서비스를 해주는구나.

남성: 22년 전통! 연간 1만 건 이상 행사를 진행해 온 보람상조.

여성: 지금 전화하세요.

남성: 1661-xxxx.

여성의 목소리가 회사 이름 보람상조를 노래한다.

광고는 장례식 비용이 많이 든다는 부부의 걱정에서 출발한다. 비용의 증가는 서비스가 고도로 상품화된 결과이다. 고인에게 경의를 표하는 일이 병원 건물의 내부에서 이루어진다. 집 밖에서 하는 이러한 관행은 상주와 조문객들에게 편의를 제공하지만, 비용이 많이 든다. 광고는 비용이 많이 든다는 점을 인정하고 있지만, 상조회사는 근본적인 해결책을 제시하지 않고 장기간 비용을 축적할 수 있는 할부 방법을 제시하고 있다. 광고의 내레이터가 월 보험료라고 이야기하였듯이, 이 특정 장례 상품의 비용은 140개월 또는 11년 8개월 동안 지불해야 한다. 작은 글씨로 표시된 약관에도 장례식장 대여비, 조문객 식비 등이 해당 상품에 포함되지 않는다는 점이 명시되어 있다. 회사는 오십여 가지의 장례용품이 요구되는, 조선시대 왕실에서만 행해졌을 법한 왕실 궁중 대렴도 제공하고 있다는 이미지를 투사하는 것 같다. 어떤 의례들은 조선시대보다 단순해졌을 수도 있지만, 장례용품은 오늘날 상업화로 인해 더 많이 도입된 것으로 보인다. 내레이션을 하는 남자는 링컨 콘티넨털 리무진을 사용함으로써 예의를 갖춘 서비스의 질이 어느 정도 높아진다고 주장한다. 회사는 왕복으로 리무진 차량 이용을 제공하지만, 그 이상의 거리에는 추가 비용이 발생할 것이다. 장례 서비스 팀은 장례복지사 1명, 장례 전문가 2명, 보조자 4명, 버스를 타고 이동하는 손님들을 모실 직원 2명 등 9명으로 구성되었다. 광고는 고객들이 10년 후에도 계약한 상조 상품을 받게 될 것이라고 확신하기를 원한다. 하지만 많은 고객들이 부정적인 경험을 하였고, 이는 다음 장에서 설명할 것이다.[22] 제품과 회사에 대한 광고가 1분 20초 동안 진행된 후, 최근 아버지의 장례 서비스를 받은 고객의 증언이 30초 동안

22 「'피해 나몰라' 상조회사 배째라에 소비자 '뿔났다'」, 『경향신문』 2008년 10월 14일자.

이어진다. 고객의 꾸밈없는 증언은 정말 서비스의 품질을 효과적으로 입증하는 듯한 느낌을 준다.

5. 맺음말

상조업체들은 텔레비전 광고를 통해 회사의 서비스를 적극적으로 홍보해 왔다. 장례는 인간 삶의 다소 어두운 부분이다. 이 점이 광고에 유명한 연예인들을 등장시켜서 회사의 서비스가 다른 업체들의 서비스와 질적으로 어떻게 구별되는지 확실하고 명확하게 설명하도록 하는 하나의 요인일지도 모른다. 허위 광고는 여전히 많다. 그러나 정부가 공정한 광고를 장려하고 있고,[23] 공정거래위원회에서 현재 모든 상조 관련 광고를 면밀히 조사하고 있으며, 심지어 민간인을 고용하여 문제가 되는 광고를 위원회에 보고하고 있기 때문에, 허위 광고가 설 자리는 점점 좁아지고 있다.[24]

여기서 발생하는 문제는, 모든 서비스가 공명정대하게 제공된다면 어떤 상품이 다른 상품보다 어느 정도나 우수한지 어떻게 아는가이다. 비록 하루 정도 안에 매장되거나 화장된다 하더라도, 시신을 존엄하게 다루는 것은 지극히 정상적인 일이다. 하지만 특히 화장을 하는 경우에는 꼼꼼한 염습이 의미가 적을 수 있다. 이 또한 부분적으로 개인의 선택에 달려 있다. 인간은 시

---

23 「상조보증공제조합, 상조회사 표시·과장광고 세미나 개최」, 『아유경제』 2017년 8월 23일자; 「상조 표시·과장광고 세미나 개최」, 『시사경제뉴스』 2017년 9월 7일자.

24 「상조분야 허위·과장 광고 감시요원 활동中 … 업계는 '벌벌'」, 『상조장례뉴스』 2017년 7월 31일자.

간이 지남에 따라 더 나은 품질의 장례 서비스를 더 구체적으로 요구하고 있는가? 역사 연구는 이것도 일정 기간에 걸쳐 변동하고 있음을 보여 주는 것 같다(Jupp and Howarth, eds. 1997). 나는 장례 산업의 사업적인 측면에 대해서는 아무런 불만이 없지만, 염려가 되는 것은 극단적인 수준의 상품화이다. 장례 의식에 대한 인간의 관심을 살아 있는 사람들에게, 특히 사회적 약자들에게로 돌릴 수 있는 방법을 고민해 볼 때가 된 것 같다. 그러나 이는 기업들이 취하고 있는 방향이 아니다. 장례 비용은 계속 증가하고 있고 많은 한국인들이 감당할 수 없는 수준이다. 이러한 우려를 염두에 두고, 다음 두 장에서는 한국의 장례 산업에 대해 상세히 논의할 것이다.

제6장

데스케어 산업의 흥망성쇠: 탐사보도 기자들의 주제와 관심사

1. 서론

1980년대 이전까지, 한국의 장례 의식은 일반적으로 집에서 치러졌고, 고인의 집 밖에서 장례를 치르는 일은 부정적인 것으로 여겨져 기피되었다. 그러나 1980년대 이후 장례식은 장례식장이나 병원 영안실에 인접한 홀에서 치러지는 경우가 많아졌다(김성일 2012: 217). '죽은 자를 위한 시간은 누구에게도 없다'는 아리에스의 말처럼(Aries 1981: 544; Wernick 1995: 281에서 재인용), 시간적 여유가 거의 없는 현대 한국인들은 고인을 보내는 준비에 소요되는 시간을 최소화하고 싶어 한다. 이러한 변화는 장례 산업의 전문화와 성장을 위한 길을 열었다(Howarth 1997; McManners 1981 참조). 특히 1988년 서울올림픽 이후 한국경제가 뚜렷하고 지속적인 발전을 보이면서 한국인들은 가처분 소득의 증가, 장례 서비스의 전문화(예: 1999년 이후 5개 대학교에 장례지도학과 설립), 그리고 결과적으로 장례 서비스 산업의 성장과 확장을 경험하게 된다.

워닉(Wernick 1995: 280, 285)에 따르면, 최근 몇 년 동안 확실히 변화하고 있기는 하지만 서구 사람들은 '데스케어 산업'의 제품과 서비스를 적극적으로 찾지 않는다.[1] 이러한 서비스는, 미디어 등을 통해 적극적으로 광고되지 않고, 고객이 장례식장이나 묘지를 직접 방문할 때만 홍보가 이루어진다(286쪽). 서구 언론의 장례 서비스 상품 마케팅은 상대적으로 흔치 않고 암묵적으로 이루어진다고 보는 것이 더 정확하다. 그러나 한국의 장례업계는 홈쇼핑 채널이

1 예를 들면, 2018년 12월, 내 친구가 구입한 한 호주 잡지에는 선불식 장례식에 대한 안내책자가 들어 있었다. 그녀는 선불식 장례식을 홍보하는 TV 광고도 많이 알고 있었다. 하지만 그녀는 그것이 한국에서만큼 일반적이지는 않을 수도 있다고 하였다. 이를테면 호주에서는 시신에 수의를 입히는 관습은 없다. 아마도 '호주 사람들'은 고인이 생전에 가장 좋아하였던 옷을 입혀서 고인을 보낼 가능성이 더 높다.

나 텔레마케팅 등 매체를 통해 장례 서비스 상품을 적극적으로 홍보하고 있다.[2] 이러한 적극적인 홍보는 단순히 제품을 알리려는 업계의 의욕뿐만 아니라, 상품에 대한 잠재 고객들의 열렬한 관심을 반영하는 것이며, 또한 한국 사회의 사회문화적 맥락과 경쟁적인 경제적 맥락을 드러낸다. 물론 고객의 관심은 누군가가 죽기를 바라는 것이 아니라, 가장 '적절하고' 고인을 잘 기념할 수 있는 장례식을 제공하고자 하는 열망을 의미하며, 이 열망은 기존의 구조와 문화에 얽혀 있다.

이 장에서 논의될 상조업은 장례식과 같은 행사를 치르기 전에 월 보험료를 납부하기로 약정한 고객에게 행사 서비스 및 물품을 제공하는 계약을 말한다.[3] 보험료는 대개 정기적으로 분할하여 지급한다(한양대학교 법학연구소 2007: 4; 주기종 2010: 313). 일본에서는 1950년대부터 고도로 전문적이고 상업화된 장례 서비스가 보편화되었다(Suzuki 2002; Danely 2014). 한국에서도 비슷한 서비스가 일본에서 유입되어 1982년 부산에서 처음 등장하였다(강재경 2007: 1; 주기종 2010: 312).[4] 2012년 기준 한국의 장례 산업 규모는 10조 원으로 추산되며, 2030년에는 30조 원 규모로 성장할 것으로 전망된다(김성일 2012: 217).

장례 서비스 산업은 1990년대 이래로 호황을 누렸고 300개의 서비스 업체들 사이에 치열한 경쟁이 계속되고 있다. 2008년 8월 기준으로 월 보험료를 납부하고 있는 개인 회원 수는 265만 명에 달하였고 보험료 잔액은 약 9,000

2 예를 들어, 다음을 보라. 유튜브 영상(고유번호: r_Ozl30B0G4); 「프리드라이프 상조상품 홈쇼핑광고」, 한상욱, 유튜브(2014. 7. 11 게시).

3 상조란 공동체의 구성원들이 돌이나 회갑, 결혼식, 장례식과 같은 주요 경조사에서 서로를 기꺼이 도왔다는 의미에서 말 그대로 '서로 도움'을 의미한다. 오늘날에는 '주고받기' 형태의 금전적 부조는 지속되고 있지만 무상으로 노동을 제공하는 문화는 덜 일반적이다. 여기에는 전문직화의 문화와 가처분 소득의 증가가 반영되어 있다.

4 「상조산업의 사회적 필요성」, 『시사상조신문』 2016년 8월 23일자.

억 원이었다(『조선일보』 2009년 7월 2일자; 주기종 2010: 312에서 재인용). 2017년 9월까지 회원 수는 502만 명으로, 누적 보험료는 4조 4,860만 원으로 증가하였다.[5] 이 같은 보험에 가입하는 목적은 사랑하는 사람이 사망하여 장례를 치를 때 필요한 인건비와 물품비 등 거액의 비용을 감당하기 위해서이다. 하지만 안타깝게도 상조업체들의 자금 횡령 사건이 꾸준히 보고되고 있으며, 이는 소비자들에게 엄청난 우려를 야기해 왔다. 자신이 가입하고 선납입한 장례 서비스를 받을 수 없다면 상주들은 얼마나 당황하고 충격을 받겠는가! 업체가 파산한 후 소비자가 이미 납입한 보험료를 돌려받지 못한 경우도 있다(주기종 2010: 312). 다른 경우에는 보험 계약자가 계약을 해지할 수 없었다(성주호 외 2014: 1). 상당히 광범위한 소비자의 재정적 손실을 해결하는 것을 어렵게 만드는 흔한 문제 중 하나는 많은 비율의 서비스 업체들이 제한된 액수의 창업 자본으로 사업을 운영한다는 것이다. 2008년 기준 상조업체의 약 60%가 1억 원 미만의 자본금으로 운영되었다([표 6-1] 참조).

또한 2009년 7월 현재 상조업체의 53%가 총자산이 3억 원 미만이었다. 전체 상조 회원의 약 8%(7.8%)인 20만 8,000명이 총자산 3억 원 미만인 회사와 상조보험 계약을 체결하였다(공정거래위원회 2009. 7. 24; 주기종 2010: 316에서 재인용). 상조업체 전체의 총자산은 2008년을 기준으로 5,492억 원으로, 고객이 납입한 총액(8,989억 원)의 61%에 불과하였다(주기종 2010: 316). [표 6-2]에 나타난 바와 같이, 소비자가 납입한 보험료의 총액보다 보유한 총자산이 적은 기업의 비율이 높았다([표 6-3], [표 6-4]).

이후 초기 투입 자본을 최소 3억 원 이상으로 설정하도록 규정을 변경하

5 「2018년 상조업계 대전망 … 회원 수 600만 시대 개막」, 『상조매거진』 2018년 1월 4일자.

였는데, 이는 상조업체들의 지속적인 부정행위가 상대적으로 적은 자본금에서 비롯되는 경우가 많다는 인식에 기반한 것이었다(성주호 외 2014: 1). 그럼에도 부정행위는 계속되었고, 현재는 최소 자본금은 15억 원이 요구된다.[6]

이 장에서 다루어야 할 핵심적인 질문은 내가 '장례자본주의' 또는 천민자본주의라고 부르는 것이 상조회사들에게서 어떤 방식으로 나타나는가이다(한길수 2016a). 이 글의 목적은 조직사회학이나 상조 산업의 경영에 관한 문제를 파고드는 것이 아니다. 점유율과 수익을 놓고 시장에서 치열한 경쟁을 벌

표 6-1 자본금 규모별 상조회사 현황(2008년 기준) (단위: 개, %)

자본금	1억 원 미만	1억 원 이상 3억 원 미만	3억 원 이상 5억 원 미만	5억 원 이상 10억 원 미만	10억 원 이상	기타	계
업체 수	176 (62.6)	59 (21.0)	20 (7.1)	12 (4.3)	5 (1.8)	9 (3.2)	281 (100.0)

주: 기타는 2008년도 자본금 미기재 업체.
자료: 주기종(2010: 316).

표 6-2 고객 불입금 대비 총자산 비율 현황(2008년 기준) (단위: 개, 천 명, 백만 원, %)

구분	50% 미만	50% 이상 100% 미만	100% 이상 150% 미만	150% 이상	기타	계
업체 수	99 (35.2)	54 (19.2)	19 (6.8)	52 (18.5)	57 (20.3)	281 (100.0)
회원 수	1,080 (40.6)	1,097 (41.3)	280 (10.5)	111 (4.2)	89 (3.4)	2,657 (100.0)
불입금	412,323 (45.9)	313,900 (34.9)	152,921 (17.0)	19,605 (2.2)	238 (0.0)	898,987 (100.0)

주: 기타는 2008년도 자산 또는 고객 불입금 미제출 업체.
자료: 주기종(2010: 317).

6 「상조업체 자본금 하한 3억원에서 15억원으로 상향」, 『조선비즈』 2015년 7월 7일자.

표 6-3 회원 규모별 상조업체 현황(2015. 3. 31 기준) (단위: 개, 천 명, 억 원, %)

구분	1,000명 미만	1,000명 이상 1만 명 미만	1만 명 이상 5만 명 미만	5만 명 이상	계
업체 수	115 (51.6)	55 (24.7)	30 (13.5)	23 (10.3)	223 (100.0)
가입자 수	31 (0.8)	213 (5.3)	656 (16.2)	3,143 (77.7)	4,043 (100.0)
2014년 선수금	542 (1.5)	1,998 (5.7)	6,088 (17.3)	26,621 (75.5)	35,249 (100.0)

자료: 「상조 관련 소비자 피해주의보 발령」, 공정거래위원회 보도 자료(2015. 11. 26: 12).

표 6-4 선수금 규모별 상조업체 현황(2015. 3. 31 기준) (단위: 개, 억 원, %)

구분	10억 원 미만	10억 원 이상 50억 원 미만	50억 원 이상 100억 원 미만	100억 원 이상	계
업체 수	120 (53.8)	36 (16.1)	17 (7.6)	50 (22.4)	223 (100.0)
선수금	342 (1.0)	1,030 (2.9)	1,097 (3.1)	32,780 (93.0)	35,249 (100.0)
1개 업체당 평균 선수금	2.9	28.6	64.5	655.6	158.1

자료: 공정거래위원회 보도 자료(2015. 11. 26: 12).

이면서 데스케어 산업은 흥망성쇠를 겪었고, 그 과정은 상조 산업에 특화된 전문 매체들에 의해 보도되었다. 위의 질문에 대한 답은 그 흥망성쇠에 대한 언론의 보도를 분석함으로써 제시될 것이다.

2. 연구 배경 및 문헌 검토

김규종(2012: 189-190)은 주로 법률적 관점에서 상조업체에 만연한 다섯 가지 문제점을 지적한다. 첫째, 불법적인 경영으로 인한 문제점이다. 둘째, 고객이 서비스나 계약에 대해 불만을 품고 해약할 때 과도한 위약금을 부과하는 문제이다. 셋째, 주로 자본금이 적어서 발생하는 상조업체의 자금 불안 문제이다. 넷째는 미흡한 소비자 보호 관행, 다섯째는 상조업체의 비윤리적 행태 등이다. 이러한 문제들이 어떤 결과로 나타나는지, 어떻게 실행되는지에 대한 내용은 이 장 후반부의 언론 보도 분석을 통해 설명될 것이다. 상조업계에 만연한 이 모든 현상을 관통하는 가장 심각한 문제는 선납입된 보험료의 횡령으로 인한 고객들의 부담이다. 김홍석과 전익수(2010)는 소비자 배상을 위해 상조공제조합 설립을 제안하였고, 이는 2010년 9월에 실제로 이루어졌다. 새로 설립된 두 공제조합의 중심적인 역할은 잠재적인 위험으로부터 상조 산업을 보호하고, '신속하고 적절하게' 소비자를 보호, 보상해서 건전한 시장을 구축하는 것이었다(344, 346쪽).

다른 연구들도 비슷한 맥락에서 상조 산업의 문제점을 지적하였다. 작은 창업 자본과 상대적으로 작은 총자산 규모로 인해 상조업체들은 안정적인 사업 운영이 불가능한 상황이었다. 이는 종종 고객이 납입한 보험료의 총액이 총자산보다 월등히 많아 회사가 파산하는 경우 보험료를 갚을 가능성이 낮은 상황으로 이어진다(주기종 2010: 306-307). 간단히 말해서, 문제는 창업 자본이 극히 제한적인 상조회사가 설립되어 치열한 고객 모집 경쟁에 뛰어드는 것에서 비롯된다(주기종 2010: 318).

자산이 한정된 다수의 상조업체들은 신규 모집 회원들로부터 유입된 보험료를 활용해 고객들에게 필요한 서비스를 제공한다. 따라서 이러한 기업의 고객들은 업체로부터 사기당하거나 업체에 대한 실망으로 이어질 위험에 잠재적으로 노출되어 있다(주기종 2010: 320). 이 불안한 상황은 더 안전하고 만족스러운 서비스를 제공할 것으로 여겨지는 더 많은 상조회사들의 설립으로 이어지는데, 이 회사들이 더 낫다고 생각되는 이유는 한화손해보험과 같은 굴지의 보험 회사들이 보증해 주기 때문이다.[7]

일부 상조회사들은 자조 사업의 일환으로 함께 보험 회사를 설립하여 파산 시 회원 상조회사의 고객 이익을 보호하기 위한 대책을 마련하기도 하였다. 그러나 그렇게 설립된 보험 회사 자체가 보통 너무 제한적인 창업 자본이나 총자산을 보유하고 있었기 때문에 단 하나의 상조회사가 무너져도 즉시 재정이 불안정해졌다. 따라서 실제로는 거의 도움이 되지 않았다고 추정된다(주기종 2010: 321). 또한 회사에 선납입된 보험료를 개인적으로 전용하는 것과 전문적인 경영 능력이 부족한 것 또한 많은 상조업체들의 파산 원인으로 지목되었다(주기종 2010: 321). 언론 보도를 통해 많은 증거를 찾아낼 수 있었고, 이는 이 장에서 논의될 것이다.

그동안 상조업체들의 수많은 위법 행위에 대해서는 연구가 이루어졌다. 그러나 장례 서비스의 '부정행위'와 이로 인한 고객의 피해와 손실이 언론에 보도되고 묘사되는 방식에 대해서는, 특히 체계적인 분석을 해볼 필요가 있다. 분석을 통해 한국의 지속적인 현대화 과정에서 잠재적으로 수익성이 높

7 예를 들면, '카네이션B&B상조보험'은 2009년 월 300명에서 2010년 3월 1,181명, 2010년 4월 1,932명, 2010년 5월 2,113명으로 회원이 증가하였고, '녹십자생명 웰엔딩 효보험'은 2010년 5월 17일 사업을 시작해 한 달 만에 3,000명의 회원을 모집하였다(주기종 2010: 320). 「[주목받는 보험 상품] 한화손보 카네이션B&B상조보험」, 『소비자경제』 2010년 4월 13일자를 참조하라.

은 사업 기회로 떠오른 장례 서비스 산업과, 한국 사회에서 경제적, 문화적으로 강하게 지지되는 한국인의 공동체적 삶의 맥락에서 효의 개념이 착취되는 천민자본주의의 관행을 전반적으로 설명할 것이다(Han 2016a).

이들의 부정행위는 법을 준수하고 소비자를 보호해야 한다는 관점에서 보도되는 경우가 많았다. 그러나 수많은 언론 보도에도 불구하고 이 사기 사건들이 장례자본주의를 어떻게 표현하고 있는지에 대한 조사는 거의 이루어지지 않았다. 이 장에서는 이러한 점에 주목하여 상조업계에 만연한 악습을 되돌아볼 것이다. 물론 그러한 문제들이 어떻게 수정될 수 있는지가 가장 중요하다. 그러나 저속한 기업 활동이 어떻게 윤리를 위반하고, 슬픔에 잠긴 회원들의 약해진 마음을 어떻게 이용하며, 사회에서 죽음의 중요성을 어떻게 격하시키는지 되돌아보는 것도 마찬가지로 중요하다(김성일 2012). 문제의 심각성을 명확하게 인식하지 않은 상태에서 새로운 규정을 도입하는 것만으로는 변화를 일으키기에 충분하지 않다. 인간 삶의 가치에 대한 질문과 성찰이라는 이 책의 중심 목표를 염두에 두고, 이 장에서는 상조업체의 관행이 인간의 삶과 고인의 유가족을 대하는 방식을 살펴볼 것이다. 상조업체가 어떻게 잘못 운영되는지도 이 장의 관심사이지만, 주요 초점은 그 결과를 소비자가 경험하는 방식이 언론에서 어떻게 묘사되는지, 즉 상조업체가 어떤 방식으로 이익을 낼 기회를 보고 고객에게 금전적 손실을 초래하는지를 살펴보는 것이다. 다시 말해, 이 장은 한국식 천민자본주의의 맥락에서 장례자본주의가 어떻게 실천되고 있는지를 탐구할 것이다.

일반적으로, 서양에서는 종교기관이 역사적으로 장례 의식에 큰 영향력과 통제력을 발휘해 왔다. 그러나 20세기에는 보험회사, 장례 서비스 제공 회사, 묘지 업자, 관 제작자와 같은 영리 단체가 통제력을 넘겨받게 되었다(Wernick

1995: 280; McManus 2013). 이러한 기업들은 최근 자신이 제공하는 장례 서비스에 대해 고압적인 태도를 취하였다. 북미와 영국에서 장례 서비스의 상품화가 심각한 수준을 보였고, 이는 업계 내에서뿐만 아니라 외부로부터도 큰 비판을 받았다(Coriolis 1967; Harmer 1963; Mitford 1963). 하지만 한국에서는 주로 '뒤늦은 근대화'와, 공동체주의, 유교, 샤머니즘과 같은 일반적인 한국 문화의 특성 때문에 장례 의식은 종교기관의 참여가 점차 증가함에도 불구하고 대체로 '공동체 중심의 행사'였다. 1980년대까지는 고인의 지인과 친지, 지역 사회 구성원들의 역할이 컸다. 그러나 1990년대와 2000년대에 들어 높은 수준의 상업화를 보여 준 장례 산업이 그 역할을 넘겨받았다.

장례 산업이 급격하게 전문화되고 상품화된 이유는 무엇일까? 김성일(2012: 219)에 따르면, 이는 세계적인 고령화 현상과 관련이 있다. 그는 2020-2025년 사이에 인구가 0.009% 감소할 가능성을 언급한다. 이러한 추세에 따라 2010년에는 65세 이상 인구가 전체의 11%였지만 2050년에는 그 비율이 38.2%로 증가할 것으로 예상된다. 마찬가지로, 80세 이상의 인구도 2010년에 9%였지만 2050년까지 14.5%로 증가할 것이다. 김성일(2012: 219-220)은 이어 대가족의 붕괴와 더불어 한국 인구의 고령화가 노인들로 하여금 장례 산업의 서비스를 스스로 찾게 만들었다고 주장하였다(주기종 2010: 314). 하지만 나는 1990년대 이후 장례 산업의 성장과 2000년대 이후의 공격적인 마케팅 및 전문화는, 2020년이나 2050년까지 고령화 인구가 크게 증가할 것이라는 예측 자체에서 비롯된 것이라기보다는, 1990년대와 2000년대의 사회경제적 맥락에서 기인한 것일 수 있다고 주장한다. 즉, 가처분 소득이 있는 부유한 한국 사회의 중장년층 사이에서 전문화된 장례 서비스의 '필요성 또는 수요를 느꼈을' 수도 있지만, 더 중요한 것은 많은 기업인들이 그러한 전문적인 서비스를 제

표 6-5 상조시장 현황(누적) (단위: 개, 만 명, 억 원)

구분	2011년 5월	2012년 5월	2013년 5월
업체 수	300	307	297
가입자 수	355	351	349
선수금	21,819	24,676	28,863

자료: 성주호 외(2014: 7).

공하는 것 이상의 의도를 가지고 있었다는 것이다.

공정거래위원회는 2011년 6월 상조 법인의 핵심 및 주요 정보를 홈페이지를 통해 최초로 공개하였으며, 이는 지금까지 유지되고 있다(공정거래위원회 소비자정책국 2013: 1). 공정거래위원회 소비자정책국(2013)이 제공한, 한국 상조업 현황에 대한 일반적인 정보는 [표 6-5]와 같다.

기업 사기의 요소를 기회 인식, 압력 인식 및 합리화라는 세 가지 범주로 정리하는 고전적 이론을 바탕으로, 알브레히트 등(Albrecht et al. 2010)은 한국 재벌을 언급하며 각 범주의 관련 요인을 상세히 설명하였다(Sutherland 1949; Cressey 1953). 기회 요인에는 가족관계, 견제와 균형의 부재, 취약한 재무 구조, 교차보조금, 기업 간 분리 부재가 포함된다. 압박 요인에는 해외의 수요, 과도한 차입, 가족의 기대가 있었고, '너무 커서 무너질 수 없으며, 국가 및 소유자의 은행이 보증할 것임'이 합리화의 내용이다. 이러한 요인들이 상조 산업에도 만연해 있음은 두말할 나위도 없다. 특히 압박 요인과 관련하여, '아마도 사기의 가장 큰 압박 요인은 한국 문화와 가족관계 속에서 성공해야 한다는 압박이 대단히 큰 데서 비롯된다'(263쪽)라고 주장하는데, 이는 맞는 말이다. 한국 문화와 가족관계의 지속적인 영향력은 쉽게 예상할 수 있는데, 왜냐하면 이들이 비즈니스 관행에 '침투'하는 방식이 바로 타동적인 문화가 영

향력을 발휘하는 방식이기 때문이다(Archer 1995; Porpora 2015: 72).[8]

한국 상조 산업의 매우 두드러진 특징은 오랫동안 지속되어 온 효의 문화를 사업적으로 이용한다는 점이다. 효의 중요성에 대한 인식은 동아시아에서 크게 변하지 않았다. 오늘날 사회적 맥락은 예전 같지 않지만, 사람들은 장례 의식을 통해 부모님께 최대한의 경의를 표하려고 한다(Janelli and Yim 2004; Sorensen and Kim 2004; Ikels 2004). 마당이 없는 아파트에 사는 등 주거 구조가 바뀌면서, 장례식은 집에서 치를 수 없게 되었고 장례식장이나 병원 빈소에서 치러야 하는 행사가 되었다. 장례지도사들이 과거 고인의 공동체 구성원과 친인척들이 맡았던 역할을 대체한 것이다(Park 2010a, b). 이 지점이 바로 장례 전문가들이 이익을 얻을 기회를 만들어 천민자본주의를 탄생시킨 지점이다.

효는 유구한 유교적 전통 속에서 조상 숭배의 핵심이었다. 유교는 지난 세기 동안 공적 영역과 사적인 삶의 변화를 목도하며 다양한 형태로 나타났다(Robinson 1991). 한국의 사회경제적 맥락과 한국인이 살아가고 있는 공동체의 요구는, 조상 숭배와 같은 유교적 의례가 농경 생활과 밀접하게 연결되어 있던 산업화 이전 또는 전근대적 맥락과는 많이 다르다(221쪽). 효의 문화적 가치가 강력하다는 사실에는 변함이 없지만, 그 가치를 유지하는 방법은 끊임없이 변화해 왔다. 특히 경제적으로 풍요해진 상황에서, 상조 산업은 효심을 표현하고자 하는, 혹은 부모 생전에 효도를 못한 것을 보상하고자 하는 한국인의 심리를 노골적으로 이용한다. 즉, 호화로운 장례식은 부모에 대한 죄책감을 극복하는 방법이 된 것이다.

---

8 나는 최근의 「부정청탁 및 금품수수 금지법」(일명 김영란법)은 한국 사회에서 문화적 관행이 된 뇌물 수수와 부패를 방지하기 위한 것이라고 주장한다.

3. 데이터 수집 및 분석

한국 뉴스 공공데이터베이스 시스템 카인즈(Korean Integrated News Database System: KINDs)에서는 상조 산업에 관한 사항을 자세히 다루지 않는다. 이 장의 분석에 사용된 데이터와 내러티브는 『상조장례뉴스』(2010년 10월 27일-2015년 5월 21일), 『시사상조뉴스』(2016년 12월 14일-2016년 7월 9일), 『한국장례신문』(2016년 1월 1일-2016년 7월 21일) 등 몇 안 되는 주요 언론사에서 수집하였다. 특정 기간을 선택한 이유는 단순하다. 전체 데이터를 분석하기에는 시간이 제한되어 있어서 최근 데이터만 분석하였기 때문이다. 이 뉴스 보도들은 A4용지 1,000쪽을 훨씬 넘었다. 이 온라인 출판물에 포함된 많은 내용 중 상조/장례 부분을 추출하여 분석하였다. 그중 많은 기사들이 교차 확인이 필요해서 다른 주류 신문과 상조 잡지들(『상조연합뉴스』, 『상조매거진』 등)을 참조하였고, 보도된 내용과 사건에 대해서는 차이가 없다는 점을 확인하였다. 분석은 근거 이론(Strauss and Corbin 1990)의 원칙에 기반하였으며, NVivo10을 활용하였다. 연구 결과 섹션의 많은 부분은 이 장의 주요 주장을 설명하기 위해 설계되었으며, 기술적 분석 내용이 대부분일 것이다. 보도 자료를 일부 발췌한 경우도 꽤 있는데, 이는 미디어 보도의 많은 부분이 매우 분석적이라고 여겼기 때문이다(Porpora 2015: 4748). 이 장의 사소한 한계는 『상조장례뉴스』와 같은 일부 상조 관련 뉴스 매체들이 전반적으로 상조 산업을 옹호하는 경향이 크다는 점이다.

4. 연구 결과

1) 문화의 지속과 상조 산업의 부상: 일반적인 문제 및 우려 사항

(1) 전근대적 사고방식

지난 30년간 현재 인기 있는 장례 서비스의 형태가 대중화되었지만, 서비스 제공자들은 기업의 잦은 비행을 통제하고 소비자의 권리를 보호하기 위해 정부가 도입한 새로운 규정에 저항하거나 이를 무시하는 경향이 있다. 새로운 규정에는 모든 고객의 월 보험료 50%를 보전하고 예치하는 것이 포함되어 있다. 일부 기업은 이 정책에 대처하지 못하고 다른 기업에게 '떠넘기기'를 시도하였고, 이는 결국 고객을 이탈시켜 이미 지불한 보험료를 잃게 만들었다. 그러나 상조업체들은 상조 산업이 과도기에 접어들었고 정부가 산업 안정을 위한 정책을 거의 제공하지 않는다고 주장한다. 즉, 서비스 제공자들은 현대적인 서비스를 전근대적인 방식으로 운영하고 싶어 하는 것이다. 예를 들어, 선불식 할부 거래를 하는 상조회사를 새로 등록하려면, 임원이 되기 위한 엄격한 요건으로 기존에 요구되었던 30억 원이 아닌 15억 원의 초기 자본이 필요하다(할부거래법 제3장 제18조 및 제20조; 고형석 2015).

고객이 자신의 선불식 할부 서비스 계약을 다른 서비스 제공자로 이관하고자 할 때, 후자는 이전되는 계약이 무엇을 수반하는지 고객에게 설명할 의무가 있다(할부거래법 제3장 제22조 제2항). 또한 다단계 마케팅을 통한 선불식 할부 서비스 계약의 판매와 다른 서비스 계약에 가입하는 조건으로 서비스 계약을 판매하는 일은 금지하고 있다(할부거래법 제3장 제34조 제9호, 제16조). 선불식 할부업의 등록은 법을 위반하여 고객의 권리 보호가 어려워지면 취소된다. 회원권 이전 과정에서 고객은 이전을 무시하거나 새로운 서비스 제공자의 계약 정책에 동의하는지에 대해 어떠한 견해도 표명하지 않을 수 있다. 이 경우 전 서비스 공급자와의 계약이 유지되므로 이전 과정이 단순해지고 용이해진다. 그러나 업계는 고객에게서 동의를 얻는 번거로운 과정에 대해 난색을 표시하고 있다.[9]

특히 창업자본 요건을 15억 원으로 상향하는 것이, 3년의 유예기간(즉, 2019년 1월 24일까지)에도 불구하고 기존 설립된 상조업체들로부터 불만을 샀다.[10] 정부는 또 상조 서비스 선불식 할부거래법을 위반한 사람은 5년 이내에 사업을 재개할 수 없다고 정하였다. 상조회사들은 업계가 투명하고 신뢰할 수 있는 서비스를 제공하고, 고객 보호를 위해 관련 규정을 개정해야 한다는 데는 동의한다. 하지만, 과도한 법적 통제가 원치 않는 결과를 초래할 것이고 결국 고객이 그 결과를 책임져야 할 것이라고 주장한다. 내 생각에는 관련 규정을 시행하여 고객의 권리를 보호하기도 전에 상조업계가 왜 자신의 권리부터 주장하는지 제3자의 입장에서 분명히 이해하기 어렵다. 다른 업체로부터 고객을 인수하는 새로운 업체는 고객이 과거의 업체와 계약하였던 내용을 준수할 의무가 있다.

게다가, 상조 산업의 관점에서 개정안의 가장 불만스러운 부분은 외부 회계감사의 매년 실시를 의무화하고 감사보고서를 공정거래위원회에 공시하는 것이다. 언론 보도에 따르면, 이번 회계감사 관련 개정안이 정상적인 범위를 벗어난 주된 이유는 다른 업종의 경우 기업의 총자산이 12억 원 이상일 때 매년 회계감사를 받는 것과는 차이가 나기 때문이다. 이러한 차이는 이미 어

9 「상조산업 성장 저해하는 할부거래법 개정」, 『상조매거진』 2015년 6월 29일자.
10 「줄줄이 문 닫는 상조업체들, 활로는 결합상품?」, STV 2017년 8월 2일자.

려움을 겪고 있는 중소기업에게 추가적인 부담으로 인식되어 그들을 불안정하게 하는 또 다른 요인이 될 수 있다는 것이다. 한 장례 산업 직원은 장례 산업이 정부의 감시를 받고 있으며, 이는 건실하게 일하는 사람들을 모욕하는 일이라고 주장하였다(『상조매거진』 2015. 6. 29). 하지만, 상당수 상조업체가 고객으로부터 받는 보험료의 50%를 보전해 주지 않거나 기존 서비스 업체로부터 계약이 이전된 고객의 허가 없이 은행 계좌에서 계속 보험료를 인출하는 한, 업계의 이러한 불만은 심각하게 받아들여지지 않을 것으로 보인다.

(2) 상조회사 간 협력의 부재

『상조매거진』의 보도에 따르면(『상조매거진』 2015. 6. 29), 상조 서비스 제공자들 간의 협력이 부족하면 몇 가지 불이익이 발생하는데, 이는 충분히 예방할 수 있다. 이들이 정말로 정부의 규제 범위에서 불이익을 받는지 아닌지는 여기서 중요한 주제가 아니다. 문제는 개별 상조업체들이 몰두하고 있는 기득권이다. 『상조매거진』은 다수의 업계 관계자의 말을 인용해, 어떤 예방 조치를 취하거나 주의 깊게 관찰하기보다는 '발등에 불이 떨어져야만 고통을 인식하는 상조업계의 전형적인 대응 방식'이 문제라고 전하였다(『상조매거진』 2015. 6. 29). 창업 자본 규모를 늘리고 고객 보험료의 50%를 예치해야 하는 등 규제 변화에 대한 업계의 대응 방식 또한 다르지 않다. 업계의 주요 인사들은 업계의 요구와 이익을 대변하는 협동조합 설립의 필요성을 한목소리로 주장하였다. 이는 현재의 우려를 해결하는 건설적인 방법이 될 수도 있다. 하지만, 2015년 중반 보람상조, 프리드라이프 등 대표적인 상조업체들이 이러한 조합의 설립에 나설 것이라는 『상조매거진』의 보도에도 불구하고, 2017년 7월 현재까지 어떤 진척도 보이지 않는다. 보도에 따르면, 업계는 윤리적 사업을 시작하고 사업을 위한 더 나은 환경을 만드는 일과 관련하여 각기 다른 방향으로 분열되어 있다(『상조매거진』 2015. 6. 29). 그러나 지속되는 바람과 앞으로 나아갈 방향이 그것을 위해 취해야 할 행동보다 더 중요하다. 언론 보도에서 쉽게 알 수 있듯이, 고객 중심, 혹은 공감을 형성하는 방식보다는 수익과 사업성 위주의 방식이 상조 산업 전반에 성행하고 있다.

(3) 전통 및 현대 상조업체들의 불법적인 기업 행태와 경쟁: 타인의 슬픔을 이용한 이윤 추구의 문제점

비윤리적이고 불법적인 장례 사업 활동이 특히 문제가 되는 이유는 무엇인가? 이익을 내는 데 몰두하는 노골적인 경쟁이 사랑하는 사람을 잃고 비통해하는 마음을 이용하기 때문이다. 정부는 이러한 사업 행위를 통제하기 위해 행정 조치를 취하였지만 거의 효과를 거두지 못하였다. 관련 보도는 오늘도 계속되고 있다. 『상조매거진』은 장례 산업의 주요 문제 유형과 이를 해결하기 위한 정부의 노력을 다음과 같이 보도하였다.[11] 첫째, 장례업계에 끼워팔기와 강매의 문화가 만연해 있다. 중국산, 혹은 저가의 수의를 국산으로 속여 소비자에게 비싸게 판매한다.[12] 제단 음식과 장식용 꽃 등을 유족에게 알리지 않고 재활용하기도 한다. 또한 마케팅 포인트로서 장례용품 납품업자들로부터 리베이트를 받는 일도 숱하다. 화장장 예약을 대량으로 해놓고 고객에게 더 높은 가격에 되파는 사례도 있었는데, 이는 화장장 업무를 심각하게 방해하는 행위이다(『상조매거진』 2014. 2. 12).

11 「장례식장 불법행위, 무엇이 문제인가」, 『상조매거진』 2014년 2월 12일자.

12 오늘날 한국인들은 중국산 제품을 경시하는 경향이 있다. 이러한 경향에는 타당한 이유도 있지만 타당하지 않은 이유도 있다.

『상조매거진』은 관이 정상가보다 7배 높은 가격에 판매된 사례도 보도하였고, 그 밖에도 유골함 비용과 조문객 수송을 위한 장의 버스 대여 비용을 과도하게 책정하여 폭리를 취하는 문제도 지적하였다(『상조매거진』 2014. 2. 12). 중앙정부와 지방정부도 이러한 관행을 잘 알고 있었으며 수년간 이를 개선하라는 압력을 받아 왔다. 예를 들어, 2014년 1월 13일부터 특별 단속 기간을 정하고, 우수한 '실적'을 낸 경찰관에게는 인센티브를 제공하는 등 한국 사회의 고질적인 문제를 완전히 뿌리 뽑기 위해 노력해 왔다. 하지만, 경찰의 기습적인 단속 및 그 외의 다른 노력이 있은 지 3년 반이 훨씬 넘었음에도 불구하고, 불법적인 관행이 여전하다는 언론 보도를 접하게 된다. 그리고 이는 한국의 대중이 고질적인 문제들을 바로잡는 데 필요한 충분한 의지와 이성을 가지고 있는지 의심하게 만든다. 실제로 경찰이 위법 행위를 특정하였음에도 불구하고 업체가 소액의 벌금과 영업정지 15일이라는 경미한 처벌을 받는 것으로 일단락되었고, 이는 한국인들의 의식이 높아진 상황에서도 장례업계의 불법 행위가 충분히 심각하게 받아들여지지 않고 있음을 보여 준다. 따라서 비윤리적인 행위는 여전히 만연하다. 면허가 정지된 일부 장례식장이 이를 노골적으로 무시하고 평소처럼 영업을 계속하였다는 사실도 매우 황당한 일이다. 일례로 화성시의 한 장례식장 내 음식점은 2014년 1월 24일 한 차례, 1월 27일 다시 한 차례 무허가 영업 행위로 영업정지 처분을 받았다. 그런데도 식당 영업은 경고 이후에도 계속되었다(『상조매거진』 2014. 2. 12). 게다가, 이곳이 이러한 관행의 유일한 사례도 아닌 것 같았다.

『상조매거진』은 투명한 사업경영을 구현하기 위해 노력해 온 현대의 상조회사와 달리, 전통적인 형태의 장례 사업은 이러한 노력이 지지부진하다는 한 상조 전문가의 지적을 인용하였다(『상조매거진』 2014. 2. 12). 하지만, 이 주장 역시 전적으로 타당하지는 않다. 언론 보도에 나타나는 모습으로 미루어, 두 가지 유형의 장례 사업 모두에 문제가 있기 때문이다.

『상조매거진』이 지적한 바와 같이 상조업계에 불법 행위가 만연하고 있으나 그 원인은 복잡하다(『상조매거진』 2014. 2. 12). 가족의 죽음은 자주 있는 일이 아니기 때문에 보통은 장례용품의 현재 가격에 대해 잘 모르는 게 일반적인데, 장례 전문가들이 이 사실을 이용하고 있다. 『상조매거진』은 최근 수십 년간 장례 산업의 불법 행위가 어떻게 악화되었는지에 대해 일반적으로 알려진 사실을 지적하였다(『상조매거진』 2014. 2. 12). 조진관 기자의 보도에 따르면, 전통적으로 결혼식이나 장례식과 같은 중요한 의례를 치르거나 서로의 농사일을 돕기 위해 거액을 조성하는 지원 방식으로 계와 두레가 있었다. 1980년대에 이 전통적인 상조의 정신이 현대의 생산양식 및 생산관계에서 나타난 것이 상조회사, 즉 대규모 장례 서비스 제공 업체인 것이다. 그리고 이는 1945년 일본으로부터 한국이 독립한 후 대중적이 된, 훨씬 덜 현대적인 형태의 장례 서비스, 즉 장의사의 생존에 심각한 위기를 불러왔다.[13] 장례식장을 운영하는 장의사들은 수익의 절반을 잃었고, 강매 전략과 고가의 장례용품 끼워팔기 등 비윤리적인 사업 활동으로 수익을 보전해 왔다.

또한 이들은 대규모 상조회사에 가입한 고객들을 거부하기도 하였다. 이 관행은 최근 몇 년 동안 사라졌다. 그러나 이 업체들의 수입은 줄어들 수밖에 없고, 이는 다시, 업체가 장례식장을 이용하는 고객에게 장례용품을 공급하는 업자들로부터 거액의 리베이트를 챙기는 일에 몰두하도록 한다. 리베이트 금액은 해당 품목 판매 가격의 최대 50%에 달한다(『상조매거진』 2014. 2. 12).

13 「영구차」, 한국민속대백과사전 웹사이트.

일례로, 부산시 경찰청이 두 달(2013년 11월과 12월) 동안 리베이트 관행을 조사한 결과 장례식장에서 일하는 장례 전문가들이 4년간 4억 5,000여만 원을 수수한 것으로 드러났다. 경찰은 실제 금액이 공개된 금액의 5배가 넘는 20억 원에 이를 것으로 추정하였다. 현금으로 리베이트를 지급하는 경우 실제 금액을 파악하기 어렵다. 일단 리베이트를 받으면 장례 전문가들의 개인 소득이 된다. 경찰은 한 장례식장에서 일하는 장례 전문가 팀의 사례를 제시하였는데, 이들은 3년 동안 플로리스트로부터 92건(총 2,700여만 원), 캐딜락 영구차 업체로부터 46건(총 1,380만 원), 그리고 장의차 업체 3곳으로부터 총 124건(총 3,700만 원) 등 총 9,300여만 원의 리베이트를 받았다(『상조매거진』 2014. 2. 12).

(4) 상조회사의 폭리와 낭비의 문화

장례 산업의 비윤리적인 행동이 매우 문제가 된다는 점은 말할 것도 없지만, 다른 한편으로는 장례와 관련된 더 광범위한 소비 문화가 암묵적으로뿐만 아니라 공공연하게 부정행위를 조장할 수 있는 사회적 환경을 조성한다. 『상조장례뉴스』의 발행인 김호승은 장례식과 관련된 대중문화에 대한 그의 통찰을 한 칼럼에 적었다(김호승 2014). 그는 대중에게 '소각로에 들어갈 수의나 관을 굳이 값비싸게 장만하는 게 옳은 일인가'라는 질문을 던졌고, 화려한 장례식으로 자신의 위상을 과시하는 것은 허세라고 지적하였다. 또한 자신의 장례를 사려 깊게 경제적으로 잘 준비해서 주변 사람들에게 도움이 되어야 한다고 제안하였다. 김호승은 미국의 경제학자이자 소박한 삶의 옹호가인 스콧 니어링(Scott Nearing, 1883-1983)을 예로 든다. 그는 죽기 20년 전 작성한 유언장에서 그가 죽으면 '작업복을 입혀 소나무 판자로 만든 관에 넣어 달라'고 당부하였다고 한다(김호승 2014). 김호승은 또 고인과 거의 관련이 없는 장례 전문가들이 장례식을 준비하는 것이 황당하다며, 이 새로운 문화는 허세일 뿐이라고 주장하였다. 600만 원짜리 프리미엄 관이 있는가 하면, 다른 관에는 '화장용'이라는 라벨이 붙지만, 실제로는 화장용이나 매장용이나 별 차이는 없다. 그는 또 대부분의 장례식이 망자에 대한 관심은 거의 없고, 유족 중심으로 치러진다는 점도 문제라고 지적하였다. 유족들은 엄청난 수의 사람들에게 부고를 보내 조문객과 조화 등을 최대한 많이 받으려고 노력한다. 김호승은 상조회사들이 이 모든 새로운 풍속을 만들어 내어 현대인들을 헷갈리게 하고 심리적 혼란에 빠뜨렸다고 주장하였다. 어떤 가족들은 심지어 가족 구성원의 죽음을 이용하여 이익을 취하기도 한다(김호승 2014).

한국의 경우 지난 40년간(1971-2010년) 사망자가 1,000만 명이었던 것에 비해, 앞으로 40년간(2011-2050년)은 사망자가 1,900만 명에 이를 것으로 예상된다고 한다(김호승 2014). 이처럼 많은 사망자의 처리를 관리하기 위해서는 장례에 대한 대중의 인식과 경험에 상당한 변화가 필요하다(김호승 2014). 스콧 니어링의 유언장에 대한 김호승의 글에 네티즌들이 올린 댓글 중에는 '죽은 사람에게 비싼 장례식 옷을 입힐 필요가 없다'라는 생각은 용납할 수 없다는 내용도 있었다. 몇몇 다른 댓글은 김호승의 글을 한국인을 위한 가치 있는 조언으로 받아들였다. 김호승의 전반적인 제안을 상조회사에 대한 쓴소리로 받아들인 또 다른 댓글도 있었다. 불필요한 것을 없앤다는 개념이 아니라, 시신을 더 잘 처리하기 위한 문화의 변화가 뿌리내리기까지는 시간이 걸릴 것으로 보이는데, 이는 특히 효와 밀접한 관련이 있기 때문이다. 김호승의 통찰을 중요한 교훈으로 삼은 청중조차, 막상 자신의 부모님 장례를 치를 때 이 통찰을 구현할 준비가 충분히 되어 있는지는 알 수 없는 일이다.

(5) 상조회사 가입 양상

만약 장례 산업을 소비하는 고객이 없다면, 상조업체는 비윤리적으로 행동하고도 살아남을 수 없을 것이다. 소비자는 어째서 상조회사에 가입하게 될까? 이는 특히 일반 대중이나 소비자와 관련된 내용이지만, 장례 보도 매체들은 이를 상조업체들의 마케팅 전략에 중요한 정보로 제시한다.[14]

[표 6-6]을 보면 설문 응답자의 대다수가 노년층임을 짐작할 수 있다. 응답자의 3분의 1 이상이 부모님 명의로 가입하였다는 점으로 보아, 상조 서비스의 실제 사용자가 대부분 노년층일 가능성이 크다. 상조회 가입 동기에 대해서는 가족, 친지, 혹은 지인의 권유가 51%를 차지하였다([표 6-7] 참조). 장례는 인간의 삶에서 매우 민감한 부분이기 때문에 상조회사 가입에 대한 논의도 대체로 서로에게 상당히 친한 사람들 사이에서 이루어지는 것으로 보인다. 특히 한국과 같은 집단주의적 사회에서는 어떤 종류의 권유나 만류도 상조회 가입에 대한 의사 결정에 커다란 영향을 미칠 수 있다(Hofstede 2001). 이러한 사회적 맥락에서 특정 상조회사에 대한 부정적인 정보는 촘촘한 인적 네트워크나 소셜미디어를 통해 빠르게 확산될 수 있고, 그 영향은, 예를 들어

표 6-6 상조회 가입 당시 가입자 명의 (단위: 명, %)

구분	본인	배우자	부모	형제자매	기타(친척, 조부모)	계
인원	464	90	342	80	25	1,001
비율	46.3	9.0	34.2	8.0	2.5	100.0

자료: 「상조서비스 소비자 만족도 비교정보」, 소비자24 웹사이트(2010. 10. 18 게시).

14 「상조가입 10명 중 약 8명 영업 신문 TV 광고 통해」, 『상조장례뉴스』 2010년 10월 21일자; 「상조서비스 소비자 만족도 비교정보」, 소비자24 웹사이트(2010. 10. 18 게시).

표 6-7 상조회 가입 동기 (단위: 명, %)

구분	인원	비율
가족/친지/아는 사람의 권유로	510	51.0
TV, 신문 광고를 통해	260	26.0
모집인을 통해서	143	14.3
안내 전단을 보고서	60	6.0
생활정보지 광고를 보고서	19	1.9
기타	9	0.8
계	1,001	100.0

자료: 「상조서비스 소비자 만족도 비교정보」, 소비자24 웹사이트(2010. 10. 18 게시).

대규모 회원 탈퇴와 같은 방식으로 회사에 해를 끼칠 수 있다. 상조회사에 가입하게 된 두 번째 동기는 신뢰할 수 있는 정보원으로 여겨지는 TV와 신문의 광고였다. 효가 한국인의 삶에서 중요한 가치로 남아 있는 것처럼, 효와 관련된 관습과 사상 역시 현대 한국에서 지속될 것이며, 이는 지배적인 문화로서 그 중요성을 이어 나가고 있다.

[표 6-8]을 보면, 상조회사를 선정할 때 사람들의 의사 결정에 가장 큰 영향을 미치는 중요한 기준으로 전체적인 상조의 질이 꼽힌 것을 알 수 있는데, 응답자의 49%가 이 기준을 선택하였다. 응답자의 21%는 전문가의 서비스 품질 수준을 가장 중요한 기준으로 꼽았다. 이 두 인적 서비스 영역은 장례용품 항목 기준(12.5%)을 훨씬 앞섰지만, 상조회사들은 후자의 판매에 몰두하고 있다(『상조장례뉴스』 2010. 10. 21).

한국소비자원의 보고서에 따르면, 가장 인기 있는 상조 상품은 301만 원에서 400만 원대의 상품인 것으로 나타났는데, 이는 절반 이상의 고객이 장례를 위해 적립하고자 하는 금액이다. 매달 내는 보험료는 3만 원에서 5만 원 사

표 6-8 상조회 서비스 선택 시 선정 기준 (단위: 명, %)

구분	인원	비율
장례 절차에 대한 전반적인 서비스	490	49.0
직원의 서비스(친절성, 업무의 전문성)	216	21.6
장례용품(품질, 다양성 등)	125	12.5
가입비 및 회원의 혜택 제공	138	13.7
할인(제휴, 쿠폰 등) 제도	25	2.5
회사 안전성	5	0.5
기타	2	0.2
계	1,001	100.0

자료: 「상조서비스 소비자 만족도 비교정보」, 소비자24 웹사이트(2010. 10. 18 게시).

이가 가장 많았으며(49.6%), 상조 회원이 목표액인 300만 원을 적립하기 위해 월 보험료를 불입한 기간은 보통 9-10년이었다(소비자24 웹사이트 2010. 10. 18).

(6) 다른 상조회사에 고객을 팔아넘겼다는 비난

신자유주의 경제의 맥락에서 상조 서비스 산업이 기하급수적으로 호황을 누리면서 노동자에 대한 기업의 횡포, 직원의 바람직하지 못한 영업 활동, 이에 따른 기업과 노동자 사이의 긴장 등이 소송으로 이어지는 것에 대한 우려가 팽배하다. 매출이 큰 상조업체들은 보통 전국에 많은 지점을 운영한다. 예를 들어, 2013년 자본금 50억 원으로 업계 6위였던 한라상조는 가맹점 수가 많았다.[15] 이종철 기자의 보도에 따르면, 한라상조는 특별한 방식으로 가맹점을 유지하였다.[16] 즉, 가맹점주는 직원들에게 급여를 지급하고 사무실 임대와 집기 구입을 위해 3,000만 원 이상의 초기 자본을 투입해야 한다. 극도로 경

15 「현대종합상조, 한라상조 인수」, 『경향신문』 2013년 3월 20일자.
16 「한라상조, 상조사상 최대 5억여원 수당청구 소송 당해」, 『상조장례뉴스』 2012년 3월 5일자.

쟁이 치열한 상조업계에서 살아남기 위해서는 적극적으로 고객, 즉 회원을 늘리고, 가맹점을 확대하며, 직원을 양성하고, 사업을 잘 운영하는 것만이 유일한 방법이다. 그 대가로 가맹점은 한라상조라는 알려진 브랜드의 회원으로 가입하는 고객마다 정해진 수당을 받는다. 2012년 2월 한라상조 가맹점주 2명과 지점장 1명이 한라상조 본사를 상대로 총 5억여 원의 수당을 청구하는 소송을 제기하였다. 가맹점주 중 1명인 김정연 씨는 2005년 11월 영업사원으로 상조업계에 투신하였고, 이후 5년 만에 2만 명의 회원을 모집한 기록이 있다(『상조장례뉴스』 2012. 3. 5). 그러나 『상조장례뉴스』에 따르면 한라상조 측은 원고 3명이 다른 상조업체에 고객을 넘겼고 이에 따라 이들에게 회원 모집 수당 지급을 중단했다고 주장하였다.

5억 원이 연루된 소송은 장례 서비스업계 사상 최대 규모였다. 사실, 상조 노동자들에 대한 이런 종류의 기업의 횡포는 드문 일이 아니다(『상조장례뉴스』 2012. 3. 5). 2012년 당시 상조 산업은 신규 회원 가입 고객 수 측면에서 성장이 부진한 상태였던 듯하다. 따라서 상조회사들은 영업 직원뿐만 아니라 그들의 기존 고객마저 다른 회사에 빼앗길까 봐 전전긍긍하고 있었다. 이렇듯 상조 사업이 부진한 상황에서 상조업체들은 직원들과 아무런 협상 없이 임의로 신규 회원 모집 수당 체계를 변경하였다. 이러한 기업의 횡포는 노동자들의 수입과 미래에 대한 불확실성을 야기한다(『상조장례뉴스』 2012. 3. 5). 원고 3명이 실제로 다른 상조업체에 고객을 대거 넘겼는지 등 소송 사건에 대한 추가 보도는 찾을 수 없었다. 그럼에도 불구하고, 상조 산업이 상을 당한 사람들을 도울 의무가 있는 것과는 별개로, 기업의 횡포와 기업 윤리에는 확실히 문제가 있는 것처럼 보였다. 시르다라는 아이디의 네티즌은 논의된 사건 보도에 대해 '한라상조와 같은 피라미드형 사업 모델을 다른 상조업체들도 시행하고 있는 것이 문제'라고 댓글을 달았다(『상조장례뉴스』 2012. 3. 5). 한라상조는 소송 사건이 보도된 지 1년 만에 고객 75만 명, 출자금 210억 원 규모의 1위 상조업체인 현대종합상조에게 인수되었다(『경향신문』 2013. 3. 20).

(7) 비리로 점철된 상조업체의 급성장

비윤리적인 기업 활동과 관련해 보람상조와 한라상조 등 일부 유력 상조업체에 대한 경찰 수사가 2010년 3월과 8월에 각각 있었다. 그러던 중 『상조장례뉴스』에 앞서 논의되었던 현대종합상조 사건에 대한 비판적이면서도 동정적인 기사가 나왔다.[17] 공정거래위원회는 상조업계의 고객 보험료 유용 사실이 확인됨에 따라 2010년 9월 18일 할부거래 개정안을 도입하였다. 이후 2주 만에 검찰은 현대종합상조에 대한 압수수색을 실시하였다. 기사에 따르면, 이러한 경찰의 압수수색은 회사 대표의 구속기소와 더불어 업계에 공황을 야기하였다.

이어 『상조장례뉴스』는 과거 유사한 사례로 보람상조의 경우 회원 이탈이 컸던 것만큼, 국민들이 상조 산업 자체를 아예 외면하는 것은 아닌지 우려하였다. 기사는 또 정부가 상조 산업에 무관심하고 산업을 쇄신하려는 노력에 적극적이지 못하다고도 비판하였다. 또한 상조업체 대다수(400여 곳 중 235곳)가 현재 할부거래 개정안 준수 의사를 등록한 상태여서 압수수색의 시기가 잘못되었다고 주장하였다. 『상조장례뉴스』는 상조 산업이 일반적으로 정상적인 사업 윤리와 기대에서 벗어난 행태를 보였고, 수용할 만한 경영 모델

17 「검찰, 상조업 초토화 언제까지? 내부 결속력 필요 시점」, 『상조장례뉴스』 2010년 10월 18일자. 『시사상조뉴스』도 마찬가지로 상조업체의 비윤리적인 영업 행위를 우려하며 경찰의 위법 행위 수사와 고객 보호를 주장하였다. 다음 기사를 참조하라. 「부실한 상조공제조합 압수수색 후 철저히 규명해야」, 『시사상조뉴스』 2015년 11월 4일자.

이 없어서 주먹구구식으로 운영되었으며, 이러한 잘못된 관행이 결과적으로 압수수색과 엄격한 통제를 초래하였다는 점은 인정하고 있는데, 이는 명시적이고 명확하게 천민자본주의의 관행을 가리키는 것이다.

『상조장례뉴스』가 주목한 흥미 있는 대목은 현대상조에 적대적이었던 기업들을 포함해 다수의 상조업체가 이례적으로 연대하여 현대상조에 선처를 베풀 것을 정부에 청원하였다는 것이다. 이는 업계가 현재의 위기를 상조 산업 전체에 대한 심각한 위협으로 판단해 연대를 결정한 것이며, 그렇지 않다면 개별 상조업체들은 독자적인 사업 윤리에 따라 경영하며 '서로 비난하고 이기적인 주장만 있었'을 것이다(『상조장례뉴스』 2010. 10. 18). 『상조장례뉴스』는 2010년 10월 6일 현재 수도권을 중심으로 불과 4-5년 만에 업체 수가 221개로 늘고 400만 명 이상의 고객을 확보하면서, 상조 산업이 전례 없이 성장했다고 보도하였다. 『상조장례뉴스』에 따르면, 이 모든 격변, 비윤리적인 기업 활동, 검찰 수사의 핵심 원인을 바로 이 급속한 성장에서 찾을 수 있다. 기사에서 지적하였듯이 제2, 제3의 현대상조가 나와야 한다. 즉, 비윤리적인 사업 관행을 저질렀다면 압수수색을 받아야 한다. 그러나 산업의 급속한 성장이 폭리를 취하기 위해 유족을 부당하게 대하는 문제에 대한 변명이 될 수는 없다. 공정거래위원회가 상조 산업 내 바람직하지 않은 문화의 자정을 기대하였다면, 그것은 분명 순진한 생각일 것이다. 깊이 뿌리박힌 문화나 사회 구조의 문제는 단순히 단기간에 입법을 도입하는 것만으로 해결되지 않는다.

2) 정부의 관심과 규제가 부재한 상황에서 벌어진 부정행위와 사기

논의된 바와 같이, 장례 산업에서는 많은 비윤리적인 사업 활동이 진행 중이며, 이는 경제적, 심리적으로 유족에게 피해를 주고 있다. 또한 한국 사회 전반에도 악영향을 끼친다. 정부의 엄격한 규제가 시행되지 않는 상황에서 상조업계의 비리는 더욱 심해진다. 이러한 비윤리적인 사업 활동 사례에는 어떤 것들이 있는지 살펴보자.

(1) 심각한 리베이트 문제

새로운 상조회사를 시작하는 사람이라면 누구나 앞서 언급한 몇 가지 고질적인 문제에 대해 잘 알고 있다.[18] 특히 리베이트 문제는 장례 전문가들의 낮은 임금에 부분적으로 기인한다. 문영남 KNN라이프 대표(결혼 및 장례 종합 서비스업)가 상조업계에 본격적으로 데뷔하며 '전 직원에게 우리사주 증여'를 약속하였다.[19] 기본적인 아이디어는 투명한 회계를 도입하여 그 혜택이 자연스럽게 고객에게 돌아가고 회사를 튼튼하게 만들겠다는 것이다.[20] 장례 전문가의 평균 연봉은 2008년 10월 기준으로 약 2,700만 원이었으며, 이는 2015년까지도 거의 변동이 없었다.[21] 상대적으로 낮은 임금과 낮은 수준의 전문화는 많은 상조 전문가들이 가능한 곳에서 추가적인 수입을 추구하도록 하는 데 일부 책임이 있다. 문영남 대표는 KNN라이프와 임직원들에게 새로운 정책을 도입하여, 장례식 수익의 60%를 해당 서비스를 제공한 팀의 수당으로 전환하고, 음성적이던 리베이트도 공론화하여 보다 효율적인 규제와 정상화를 도모할 수 있도록 하였으며, 장례용품의 납품업자와 고객 모두에게 경제적 손

18 「서울지방경찰청, 상조회사 불법 리베이트 '철퇴'」, 『상조매거진』 2014년 10월 2일자; 「장례식장 불법행위, 무엇이 문제인가」, 『상조매거진』 2014년 2월 12일자.

19 이 업체는 2017년 1월 사명을 '더리본'으로 변경하였다.

20 「KNN라이프 '우리사주 10만주 무상증여' 약속지켜」, 『상조장례뉴스』 2010년 10월 27일자.

21 「을지대학교 장례지도학과 연봉은 2700만원?」, 서평왕, 티스토리 블로그(2008. 10. 26 게시); 「장례지도사 연봉과 근무환경 낱낱이 공개」, 티스토리 블로그(2015. 11. 4 게시).

실이 최소화되도록 하였다.

문 대표의 구체적인 목표는 (1) 직원들이 회사에 투자하고 경영에 참여할 수 있도록 하는 것, (2) 부당한 이익 분배로 인한 회사와 직원 사이의 갈등을 최소화하는 것, (3) 경영에 참여함으로써 모든 직원이 회사의 주인이 되는 것 등이었다. 예를 들어, KNN라이프는 장례 차량, 꽃, 양복 대여 등의 서비스를 제공하고 납골당 입장권, 웨딩드레스, 한복, 예물, 침구 등을 판매하는 부대 사업장을 직접 설립해 직영화하였다. 회사 측은 부대 업종 직영화에 필요한 창업 자본의 70%를 회사가, 각 지점 직원이 30%를 분담하되, 수익은 회사와 직원이 5 대 5로 배분할 것을 제안하였다. 문 대표는 이러한 사업 추진이 단순히 회사의 이익을 위한 것이 아니라 직원과 고객을 지원하기 위한 것이라는 점을 다시 한번 강조한다. 그리고 이것이 현대 한국 상황에서 회사를 경영하는 올바른 철학이라고 주장한다. 그는 또한 어떤 이익을 추구하기 전에 적절한 마케팅 분석이 필수적이며, 기업의 이익만을 추구한다면 설자리가 없을 것이라고도 주장한다(『상조장례뉴스』 2010. 10. 27).

우리가 이해하기로, 현대 사회에서 모든 합리적인 사업 활동은 문 대표가 제안한 원칙에 기초하고 있다. '어떻게 경영하고 싶은가'에 대한 문 대표의 철학은, 주로 천민자본주의에 기반한 한국의 상조업계를 비난하는 논평이자 이를 극복하려는 노력이다. 안타깝게도, KNN라이프가 다른 상조업체에 비해 회원 가입 취소율이 높다는 것 외에는, 문 대표의 새로운 경영 방침과 관련하여 어떤 노력이 지속되는지에 대한 보도 자료를 찾을 수 없었다.[22] 게다가, 문 대표는 KNN라이프에서 짧은 기간 동안만 재직하였고, 그 후 새로운 직장으

22 「KNN라이프, 상조업계 해약율 2배, 사외 현금유출 70%」, 『상조장례뉴스』 2014년 7월 21일자.

로 옮겨 간 듯하다.

(2) 노약자 대상 사기

한국의 많은 노인들은 상대적으로 삶의 기회가 빈약한, 불행한 역사의 희생양으로서, 삶의 대부분을 현세대가 누릴 수 있는 정치적, 경제적 풍토를 구축하는 데 헌신하였다. 어떤 경우에는 교육이나 경제적인 수준이 제한되어 노년이 풍요롭지 못하다. 게다가 이전 세대의 노인들과 달리, 점점 더 많은 이들이 혼자 살면서 자식들의 관심에서 벗어나 있다. 경로당이나 노인회 같은 곳에서 화투나 바둑을 두며 서로 어울릴 수 있지만, 이들이 종일 머물며 즐겁게 지내려면 좀 더 흥미로운 프로그램이 필요하다. 이러한 점을 이용해서 등장한 것이 홍보관인데, 홍보관은 주로 지역 내 사업목표가 완료되면 이곳저곳을 옮겨 다니는 '메뚜기형 마케팅장'이다. 홍보관은 한 번에 수백 명의 노인들을 끌어들일 수 있다. 20대의 인기 가수들이 공연을 하며, 한 지역에서 몇 주 동안 매일 오전 10시부터 오후 4시까지 게임, 춤, 마사지 서비스 등의 풍성한 오락거리를 제공한다.

쌀과 라면 등 공짜 선물도 많다. 생필품도 판매하는데, 주로 낮은 품질이지만 합리적인 가격이다. 홍보관은 현금이 부족한 사람들에게 대출도 알선한다. 일부 노인들은 전세금을 빼서 필요하지도 않은 물건을 구입하기도 한다고 보도되었다. 60세 이상 인구의 20%(대부분 여성)가 하루의 대부분을 홍보관에서 보내고 있으며, 2010년 3월 기준 한국 전역에 약 1만 개의 홍보관이 있었다고 한다.[23] 홍보관에 다니는 이들은, 일단 유흥의 덫에 빠지면 중독성

23 「노인들 놀이터, '홍보관' 사기 상술」, 『시사IN』 2010년 3월 5일자.

이 있어서 계속 가고 싶고, 홍보관에서 동년배들과 어울리는 게 좋았다고 밝혔다. 언론 보도에 따르면 노인들은 뉴스를 파악하는 것이 느리거나 젊은 사람들만큼 사회의 일반적인 소식들을 잘 알지 못한다. 게다가, 그들은 젊을 때보다 신체적으로나 정신적으로 민첩하지 못하다. 장례 산업이 노약자를 상대로 이익을 취할 사업 기회를 잡은 것도 바로 이러한 맥락에서다. 한 홍보관의 관리자는 이들 회사의 60%가 일반적으로 사기 행위를 하고 있으며, 40%는 건실하게 영업하고 있다고 추정한다(『시사IN』 2010. 3. 5).

2014년 7월 서울경찰청은 14만 원 상당의 수의를 공정가의 16배에 달하는 228만 원에 판매해 노인들로부터 부당하게 이익을 챙긴 혐의로 대천명상조 대표 신씨 및 관련 피의자 70여 명을 체포하였다.[24] 일부 피해자들은 구매한 제품을 받지도 못하였다. 대천명상조는 회사 자체는 1983년에 설립되었지만 2010년 할부거래 개정안이 도입된 이후 장례 서비스 사업에 상당한 투자를 해왔다. 전국 최초로 홍보관과 임시 마케팅방(일명 떴다방)을 활용해 많은 고객을 확보하는 데 성공한 상조업체로 유명해진 기업이다.[25] 대천명은 서울 강동구에 본사를 두고 6명의 직원을 통해 2007년 8월부터 2014년 4월까지 전국 64곳의 홍보관을 운영하였다. 이 회사는 13,673명의 노인들(대부분 여성인)에게 중국산 저가 수의를 고가의 국산 최고급 수의라고 속여 판매하고,[26] 이러한 사기 수법을 통해 수의 한 벌당 100만 원 이상 총 245억 원 상당의 부당

---

24 「노인 울린 상조업체 … 싸구려 수의'를 16배 뻥튀기」, SBS 뉴스 2014년 7월 27일자.

25 「떴다방, 상품 구매하지 않으면 미안하게 만드는 '상술'」, 『상조장례뉴스』 2013년 1월 21일자; 「"자녀 부담 덜어주세요" … 노인 울리는 '바가지' 상조 떳다방」, 연합뉴스TV 2016년 9월 29일자.

26 한국 사회에는 정당한 이유로 중국산 제품을 무시하는 민족주의 문화가 강하지만, 항상 충분히 정당한 것은 아니다. '싼 중국산'이라는 문구는 많은 중국 제품에 대한 대중의 공통된 인식을 반영한다.

이득을 챙겼다.[27]

이들의 사업 전략은 주로 3개월 이내의 짧은 기간 동안 제품을 판매하고 사업장을 폐쇄하여 반품을 불가능하게 만드는 것이었다. 홍보관에서는 라면, 쌀, 화장지 등 무료 사은품과 오락으로 노인들을 유인하였다. 구매를 취소하려는 노인들에게는 그동안 받아 간 사은품을 포함하여 거액의 위약금을 물어야 한다고 협박하였다. 게다가 수의를 구입한 노인들에게 수의를 집에서 보관하면 옷이 상할 수 있으니 상품 수령증만 발급해 주고 필요할 때 찾아가라고 하였다. 그러나 경찰은 대천명이 수의를 보관하는 창고도 없었으며, 판매 대금을 모두 다 써버려서 피해자에게 갚을 여력도 없는 것으로 파악하였다. 노인들의 자식에 대한 배려가 영리 목적으로 악용되었다는 점은 주목할 필요가 있다. 즉, 노인들은 아직 젊은 자녀들이 각기 가정을 이루어 살면서 직면할 경제적 어려움을 잘 알고 있다. 자신의 장례식이 치러질 때 자녀들에게 돌아갈 잠재적 부담을 가능한 한 줄여 주고 싶어서 수의라도 미리 장만하고자 한 것이다. 게다가, 회사는 고객에게 창업 시 필요한 법정 자본금 30억 원을 보유한, 완벽하게 합법적이고 건전한 사업체인 것처럼 속였다. 또한 고객이 지불한 보험료의 50%를 안전하게 적립하고 있다고도 주장하였다. 하지만 이 모든 주장은 사실이 아닌 것으로 판명되었고 회사는 존재 자체가 완전히 사기였다. 경찰은 또 이 회사가 실제 매출액의 8.3%에 불과한 액수에 대해서만 세금을 신고하였다고 밝혔다(『상조장례뉴스』 2014. 7. 29).

대천명상조는 2014년 7월부터 경찰 수사를 받고 있음에도 불구하고 정상적으로 영업을 진행하고 있는 것으로 보였다. 울산시에 28,000명의 고객을

27 「서울광역수사대, 대천명 신춘식 대표 외 70명 검거 발표」, 『상조장례뉴스』 2014년 7월 29일자.

보유한 1위 상조업체 동아상조가 거액의 부도수표(추후 논의) 사태를 일으켜 피해를 입은 게 2015년 2월 5일의 일이었으며, 이로 인해 동아상조와 대천명 상조 등 상조업체의 신뢰성에 대한 국민적 우려가 제기된 상황이었다. 울산의 홍보관을 통해 대천명상조 회원으로 가입한 김정숙 씨(73)의 딸 한모 씨는 김씨의 상조보험 해지를 요청하였다. 이에 대한 대천명 측의 대응은, 회사의 부정행위에 대한 보도는 사실이 아니고 오히려 기사에 의해 막대한 금전적 손실을 입었으며, 이에 따라 『상조장례뉴스』에 보도를 삭제해 줄 것을 요청하였지만 『상조장례뉴스』가 그 대가로 금품을 요구하였다는 것이었다. 『상조장례뉴스』는 한씨에게 대천명에 대한 보도가 경찰의 조사에 기반한 것이라고 밝혔다.

2016년 6월 현재 대천명상조 대표는 징역 3년의 실형을 선고받고 복역 중이었으나, 회사 홈페이지에는 명망 있는 대학병원과 긴밀히 협력하고 있다는 내용이 적혀 있었다. 홈페이지에는 또 '저희 회사는 옛 정통 방식 그대로의 수의 생산 및 정성을 다한 장례대행 서비스 행사만을 고집하며 오직 외길을 걸어온 업체입니다'라고 구체적으로 적혀 있다.[28] 홈페이지의 글은 다음과 같이 계속된다.

> 또한 그동안 쌓은 노하우와 전국 최고 장례 서비스망 구축을 인정받아 국내 권위 있는 정부단체, 종교단체, 예술단체, 국내 대기업 등의 공식 의전행사 지정업체로 선정되었습니다. 이로 인해 2006년 3월 산업경제신문사로부터 수의 품질 및 장례 서비스 부분 대상을 수상하기도 하였습니다(『상조장례뉴스』 2016. 6. 3).

28 「대천명, 신춘식 대표 불법 떴다방 운영 징역 3년 복역 중」, 『상조장례뉴스』 2016년 6월 3일자.

『상조장례뉴스』는 이런 주장에 대한 증거가 전혀 없다고 지적하였다. 회사는 왜 삼베로 만든 수의의 품질에 대해 엄격하다고 강조하였을까? 이러한 공급의 측면은 과거의 오랜 전통을 지키고자 하는 현대 한국 고객들의 수요가 높은 만큼(Sorensen and Kim 2004), 여전히 중요한 요인으로 남아 있다. 하지만 아이러니하게도, 일제강점기(1905-1945년) 이전 한국에서는 고인이 생전에 입던 옷 중 가장 좋은 옷을 수의로 사용한 것으로 밝혀졌다. 삼베로 만든 옷은 한국에서 범죄자들에게 사용되었는데 일본 당국이 이를 수의로 둔갑시킨 것이다.[29]

3) 사업 중단

기업의 재정적 붕괴는 많은 원인으로 인해 발생할 수 있는데, 불법 활동에 연루되거나 고객을 비윤리적으로 대하는 것도 이에 포함된다. 특별히 고객에게 품격 있게 다가갈 것으로 기대되는 장례 서비스 산업의 경우도 다르지 않다. 『상조장례뉴스』는 2016년 3월 공정거래위원회가 상조업체 5곳의 등록을 말소했다고 보도하였다.

(1) 소문난 잔치에 먹을 것 없다

2010년부터 『상조장례뉴스』를 비롯한 여러 언론사들이 상조회사 예다함에 대해 다소 비판적인 보도를 계속하고 있다.[30] 예다함은[31] 1조 7,000억 원 규

29 「삼베 수의(壽衣)는 전통 아니라 일제 식민지 산물」, 『오마이뉴스』 2007년 5월 4일자.

30 「예다함, 500억 자본금 초라한 성적, 회원 3만여 명 모집」, 『상조장례뉴스』 2010년 11월 8일자; 「THE-K 예다함, 증정품 주고도 도마에 오른 내막」, 『스페셜경제』 2015년 1월 2일자; 「상조업체 예다함 '이상한 광고' 논란」, 『일요시사』 2014년 12월 22일자.

31 이 단어는 '예를 다한다'는 뜻으로 이 맥락에서는 고인에 대해 최대한의 존중을 보인다는 의미이다.

모의 강력한 자산을 보유한 한국교직원공제회(KTCU)의 자회사이며, 한국교직원공제회는 한국 교사들에게 안정적인 생활과 복지를 제공하기 위해 설립되었다. 자본금 500억 원으로 시작한 예다함은 2009년 10월 상품을 홍보하기 위한 대대적인 캠페인을 벌이며 사업을 시작하였다. 하지만 이 광고들은 소비자를 오도하고 시장을 혼란스럽게 하는 경우가 많았다. 즉, 성숙하지 못한 천민자본주의의 사례가 되었다. 전체적인 맥락은 상조 산업이 지속적으로 성장하는 가운데, 치열한 경쟁과 비윤리적인 기업 활동이 동반되었다는 점이다. 1980년대 초부터 30년간, 상조 산업에 대한 부정적인 보도가 비일비재하였고, 업계 대표 격인 상조업체의 최고경영자가 구속되기도 하였다.[32] 상조 광고들은 보통 신문과 텔레마케팅을 포함한 광범위한 매체를 이용하며, 최고의 유명 인사들을 고용한다. 예다함의 광고는 소비자의 기대를 무참히 짓밟을 정도로 과장된 것으로 드러났다(『상조장례뉴스』 2010. 11. 8).

그러나 예다함은 성공적인 사업을 자축하며 '10개월 만에 3만 명의 고객을 확보한 초기 성과'를 대대적으로 홍보하였다. 한국교직원공제회가 모회사라는 사실과 이례적으로 큰 규모의 자본금은 상조업계는 물론 일반인들에게도 높은 서비스와 기업 윤리에 대한 기대감을 불러일으켰다. 『상조장례뉴스』는 예다함이 '상조업의 본질인 의전 부분에서 그다지 두각을 나타내지 못하고 있다는 게 종사자들의 공통된 의견'이라고 전하였다(『상조장례뉴스』 2010. 11. 8). 예다함은 직영 시스템을 구축하여 장례 관련 모든 상품을 자체적으로 공급하기로 계획하고 추진하였는데, 이는 엄청난 인력과 자본이 필요하다. 『상조장례뉴스』는 또한 예다함 상조 상품이 기존 상조업체의 상품과 뚜렷한 차

32 『상조장례뉴스』(2010. 11. 8); 「회사재산 빼돌리고 환급금 떼먹은 상조회사 대표 구속」, 『경향신문』 2016년 4월 19일자.

이가 없어 특별히 경쟁력이 있지는 않다는 업계의 평가를 전하였다(『상조장례뉴스』 2010. 11. 8). 예다함은 월 100건의 장례식을 치르고, 첫해 총 37,000명의 고객을 모집하였으며, 2010년에는 139억 원에 달하는 재정적 손실을 기록해 저조한 실적을 입증하였다.[33]

예다함 측은 업계 내부의 불확실성과 불안감 속에서 이 정도의 회원을 모집한 것은 탁월한 성과라고 주장하였다(『상조장례뉴스』 2010. 11. 8). 『상조매거진』은 예다함이 첫해에 37,000명의 회원을 모집하는 데 성공한 것은 상조산업 전반에 대한 국민들의 불신에 따른 반사이익과 예다함은 다를 것이라는 기대감이 반영된 것이라고 지적하였다(『상조매거진』 2011. 5. 23). 회사는 큰 자본금, 한국교직원공제회라는 배경, 그리고 중요한 것은 텔레마케팅을 통한, 기만적이면서도 설득력 있는 광고를 무기로 내세웠다. 하지만 한국교직원공제회가 대한민국 국회 산하 교육문화체육관광위원회에 제출한 보고서에 따르면, 예다함은 2010년부터 2014년까지 관리 부실과 높은 광고비(2010년 80억 원)로 재정적 손실이 지속되어 왔다. 그런데도 회사는 직원들에게 총 70억 원의 성과급을 지급하였다(『상조매거진』 2011. 5. 23); 『스페셜경제』 2015. 1. 2). 잠재 고객들에게 제품을 설명하기 위해 많은 영업사원을 유지하는 다른 상조회사들과 달리, 예다함은 상대적으로 영업 팀이 작았지만, 대면 영업보다 훨씬 더 비용이 많이 드는 텔레마케팅에 크게 의존하였다. 김홍진 예다함 대표는 "영업사원들에게 과도하게 지급되는 리베이트가 없어 상품과 서비스의 거품을 제거할 수 있다"고 주장하였다(『상조매거진』 2011. 5. 23).

광고의 덕을 본 것으로 추정되는 거창한 경영 성과와 많은 고객들이 보

33 「예다함, '영업손실 139억' … 48억 매출에 광고비 80억」, 『상조매거진』 2011년 5월 23일자.

여 주고 싶어 하는 장엄한 장례식 사이에는 분명한 유사점이 있는 것으로 보인다. 게다가, 회사의 재정 상태와 상관없이 장례 산업에서 개인과 기업의 이익을 추구하는 데 몰두하는 행태는 최선의 사업 관행이 무엇인지에 대해 많은 의문을 제기하게 한다.

(2) 사업 중단 사례: 폐업의 원인, 과정 및 여파

동아상조는 1997년 12월에 대우자동차 마케팅 직원 출신인 전상수 대표에 의해 설립되었다. 그리고 2015년 2월 23일에 폐업하였다. 전상수는 1998년 설립되어 2014년에 문을 닫은 디에이치상조의 공동 투자자 3명 중 한 명이기도 하다. 다른 2명의 투자자는 강동규 전 디에이치상조 대표와 강덕재 전 이지스상조 대표였다. 이지스상조는 2001년 설립된 후 2014년에 폐업하였다.[34]

동아상조는 울산시에서 가장 많은 자산과 가장 오랜 역사를 보유하여 국민들에게 인지도가 높았으며 신뢰받는 기업이었다. 폐업 당시 국내 상조업계 자산 순위 18위였다. 인구 110만 명의 동남권 도시 울산에서 동아상조의 마케팅은 주로 인적 네트워크와 지인을 통해 이루어졌고, 따라서 폐업의 여파와 고객의 실망이 상당히 컸다.

동아상조 고객 중 한 명인 정모 씨는 2015년 2월 초, 즉 폐업 약 3주 전에 다음과 같은 경험을 하였다고 한다. 회사가 곧 망할 것이었기 때문에 다른 때보다 더 나쁜 경험을 하였을 수도 있다. 포항시에 거주하는 정 모 씨는 동아상조에서 상조 상품을 구입하였고 보험료를 완납하였다. 정씨가 상을 당하면 150만 원 상당의 장례 행사를 대행해 주기로 되어 있었다. 정씨가 장례식

34 「동아상조, 상조업계 14위 18년 역사속으로 사라지다」, 『상조장례뉴스』 2015년 2월 10일자.

이 필요하다고 동아상조 측에 알리자 동아상조 측은 울산에서 승용차로 1시간 20분 정도 걸리는 포항의 정씨에게 장례 전문가 행사실장을 보냈다. 정 씨는 실장으로부터 "150만 원 상품 가격의 50%인 75만 원은 동아상조와 소비자 보전 계약을 체결한 한국상조공제조합에서 수령하면 되고 대신에 230만 원을 추가로 상주가 납부를 해야만 장례 서비스를 진행하겠다"라는 말을 들었다.[35] 정씨는 조문객이 많지 않으니 처음 가입한 150만 원 상품 그대로 조촐하게 장례 행사를 치러달라고 하였다. 그러나 행사실장은 "그렇게는 할 수 없다"라고 말하였다. 계약 기간 동안 필요한 금액을 완납하였다고 하더라도 리무진, 장의 버스 등 기타 여러 품목을 추가해서 380만 원 패키지 상품으로 장례를 치러야 한다는 것이었다. 정씨는 원래 약관대로 150만 원 상품에 맞게 관과 수의를 선택하고 싶다고 재차 요청하였다. 그러나 실장은 380만 원 상품을 선택하지 않으면 장례 행사를 진행할 수 없다고 단호하게 말하였다. 『상조장례뉴스』는 이 사건이 '계약 위반이고 바가지 상술의 대표적인 사례'이며, '유족들은 두 번의 피해와 상실감, 슬픔을 겪어야 했다'라고 평가하였다(『상조장례뉴스』 2015. 2. 27). 게다가 행사실장은 원하는 것을 얻지 못하자 정씨를 방문 상담한 것에 대한 출장비로 기름값 3만 원을 요구하기까지 하였다.

『상조장례뉴스』는 또한 동아상조 몰락의 피해자들과 상조업계가 약 5만 명의 고객들로부터 거두어들인 총 450억여 원의 선수금을 어디에 썼는지 궁금해하고 있다고 보도하였다.[36] 이는 중대한 문제이지만 대중은 회사가 보험료를 어떻게 관리하는지 알지 못하였다. 동아상조는 장례, 결혼식, 행사 운영

---

35 「동아상조 왜 망했나? 150만 만기상품 380만원 추가강요」, 『상조장례뉴스』 2015년 2월 27일자.

36 「동아상조 왜 망했나? 50억 원 매각설 사실일까?」, 『상조장례뉴스』 2015년 2월 13일자.

등의 사업으로 구성된 동아상조 그룹의 일원이었는데, 결혼식과 행사 운영 분야는 수익성이 높은 것으로 알려져 있었다. 동아상조 대표이사는 울산 지역 경제 활성화에 큰 기여를 하였고, 지역 사회 소외계층 지원에도 큰 힘을 실어 주어 동아상조에 대한 긍정적인 이미지를 구축하였다(『상조장례뉴스』 2015. 2. 10). 외부 감사보고서에 따르면, 동아상조는 2013년 신규 모집 회원 감소와 고객 계약 해지 등으로 52억 원의 영업 손실을 입으면서 재정난에 직면하였다. 매달 해약 환급액으로 수억 원의 비용이 들었던 것이다. 게다가, 영업 직원들에 대한 미지급 수당마저 점차 증가함에 따라 동아상조 내 경영진 전체가 큰 어려움을 겪게 되었다.

동아상조의 몰락과 같은 사건은 전국적으로 상조 계약을 파기하는 고객 수를 크게 증가시킨다(『상조장례뉴스』 2015. 2. 13). 관련 주무 기관은 공정거래위원회로 동아상조 사건에 대해서는 다른 사건과는 달리 '무관심'으로 일관하였다. 2개의 상조공제조합 역시 피해자를 도우려고 적극적으로 나서지 않았다. 일례로, 동아상조 피해자들은 한국상조공제조합에 자신들이 낸 보험료의 절반이라도 돌려달라고 요청해 보라는 권고를 받았다. 그러나 공제조합은 관련 정보를 알려주지 않았고, 전화도 불통이었다. 보상을 받는 과정이 너무 길고 힘든 것으로 판명되자 많은 피해자들이 포기하는 게 나을지 모르겠다며 분통을 터뜨렸다(『상조장례뉴스』 2015. 2. 13). 다행스럽게도, 동아상조 폐업 후 12개월이 지난 2016년 4월까지 피해액 226억 7,300만 원 중 약 83%의 피해 보상금이 피해 고객에게 지급되었고, 보상 청구 기간도 12개월 더 연장되었다.[37]

37 「울산시 "동아상조 가입자 피해보상 청구 서둘러야"」, 『뉴스1』 2016년 4월 21일자.

(3) 영업 중지 사태의 여파: 두 상조공제조합의 개입

상조 산업의 비윤리적인 기업 활동과 잘못된 경영이라는 고질적인 문제로 인한 상조회사들의 폐업은 고객에게 큰 충격을 주었고, 산업의 파장은 일반적인 기업 부문뿐만 아니라 한국 사회 전반을 뒤흔들었다. 가장 먼저 해결해야 할 문제가 고객들의 손실에 대한 합리적인 보상이었다. 이에 따라 상조보증공제조합(KSMAC)과 한국상조공제조합(KMACA)이 설립되었다. 이들의 역할은 할부거래법이 정한 바에 따라 개인 고객이 가입한 상조회사에 선납입한 보험료의 50%를 징수하여 보전하는 것을 포함하였다. 상조회사가 망한 경우 해당 협동조합이 고객에게 보상해 주기 때문에 손실을 최대한 줄일 수 있다.

2016년 5월 말, 상조보증공제조합과 2개의 상조회사(행운라이프, 나라라이프)가 두 회사의 계약 불이행으로 계약 관계가 깨졌다. 게다가, 두 공제조합은 피해자에게 보상을 하는 중이었다. 상조보증공제조합은 5개 상조회사의 고객에게 보상하는 중이었고,[38] 한국상조공제조합은 이화상조의 피해자들에게 보상하고 있었다.

2010년 9월 18일 제정된 할부거래법에 따르면, 모든 상조회사는 2014년 3월 17일까지 과거 상조 회원으로부터 받은 납입 보험료의 50%를 예치해야 하였다. 하지만, 지난 2014년과 2015년 국정감사에서 상조업체들은 요구액의 9-17%만 예치한 것으로 드러났다. 또한 2014년 3월 17일까지 이 요건을 완전히 충족한 상조업체는 단 한 곳도 없었다. 이에 따라 상조업체가 붕괴될 경우 안전대책의 핵심 역할을 맡았던 두 상조공제조합은 업무를 수행할 수 없게

---

38 상조보증공제조합은 아름다운라이프(주), (주)제일상조, (주)연합상조, 아산상조종합써비스(주), (주)SH라이프의 소비자 피해보상을 도왔다. 「공제조합 부실로 상조피해 해답 없는 나락으로 떨어져」, 『시사상조뉴스』 2016년 6월 8일자.

되었다. 한두 개의 상조회사가 망하면서 해당 협동조합의 존속이 위협받게 된 것이다. 한국상조공제조합은 이렇듯 불리한 상황에서 동아상조와 AS상조가 파산하자 피해 고객에게 보상을 지급해야 하였다(『시사상조뉴스』 2016. 6. 8).

한국상조공제조합은 88개의 상조회사가 모여 창립하였지만 현재는 42개의 회사만 가입되어 있다. 상조보증공제조합 역시 창립 당시 45개의 회원사가 있었으나 현재는 25개사만을 회원으로 보유하고 있다. 이러한 상황에서 두 상조공제조합과 공정거래위원회가 아무런 조치를 취하지 않은 데 대해 『시사상조뉴스』가 우려를 표명한 것은 당연한 일이다(『시사상조뉴스』 2016. 6. 8). 『시사상조뉴스』는 87,000여 명의 회원과 납입 보험료 948억 원으로 업계 10위권에 드는 국민상조의 폐업과 그 여파를 우려하였다. 이 같은 우려는 2016년 8월 31일 경찰 조사를 받던 국민상조의 대표이사가 스스로 목숨을 끊으면서 현실화되었다(『시사상조뉴스』 2016. 6. 8).

4) 반성 및 규제 개정

상조 산업을 주제로 인터넷이나 디지털 미디어를 검색해 보면 30분도 안 걸려 비리, 비윤리적인 기업 활동, 고객 불만 등에 대한 끊임없는 제보를 접할 수 있다. 핵심 당사자들이 얽혀 있는 방식은 아마도 다음과 같다. 개인 고객은 사랑하는 사람이 마지막 여행을 떠날 때 제대로 된 작별 인사를 받고 갈 수 있기를 바라는 마음으로 자신이 선택한 상조회사에 가입한다. 상조 전문가들은 타인의 슬픔을 통해 이익을 얻는 데 지나치게 집중한 나머지 계속해서 악습에 휘말리게 된다. 이때 고객의 손실을 최소화하기 위해, 2개의 상조공제조합이 설립되었다. 하지만 상조업체들은 고객이 납부한 선수 보험료의

50%를 보전하도록 하라는 지침을 완벽히 따르지는 않는다. 관련 정부기관인 공정거래위원회는 이 문제에 무관심하거나 통제할 수 없는 상황이다.

첫째, 정부 특히 공정거래위원회에 대한 불신이 팽배한데, 공정거래위원회가 상조 산업의 문제를 예방하고 개입하고 해결하는 데 무관심하거나, 무책임한 방식을 취하고 있기 때문이다. 일례로 『상조장례뉴스』의 김호승은 공정거래위원회가 동아상조가 재정위기에 처한 상황에서도 대표이사의 말만 믿고 적절한 조치를 취하지 못해 결국 동아상조가 추락하였고 수많은 피해자가 발생했다고 지적하였다(김호승 2015). 조사를 위한 골든타임을 놓친 공정거래위원회의 늑장 조사는 문제를 해결하기에는 역부족이었다. 공정위는 상조업체가 고객의 선납입 보험료의 50%를 공제조합에 예치하도록 한 규정이 제대로 시행되는지 감독하지 않았다. 정부가 위기에 처한 상조업체들에 개입하고 엄격하게 감독해야 할 상황에서, 공정위가 한 일이라고는 국회에 제출할 목적으로 해당 기업들의 현황을 파악한 정도가 전부였다. 동아상조가 겪고 있는 재정적자에 대한 우려를 제기한 것은 공거래위원회가 아닌 울산 지방자치단체였다(김호승 2015). 규정의 엄격한 적용, 법 집행, 비윤리적인 기업 활동에 대한 적절한 처벌이 공정거래위원회가 시급히 해야 할 과제이다.[39]

한편, 기존 규정(예: 할부거래법)의 개정 및 실질화, 새로운 입법 추진 등의 노력도 지속되었다. 예를 들어, 전에는 상조업계에서 인수 합병이 일어나는 경우 고객의 동의가 없어도 계약 이전이 가능하였다. 하지만 이제는 불가능하다.[40] 이는 관련 규정을 강화하고 장례 산업을 정화하기 위한 진정성 있는 노력의 일환이다. 그러나 "할부거래법의 제정이 애초에 잘못되었고, 이를 소급

39 「장례식장 불법행위, 무엇이 문제인가」, 『상조매거진』 2014년 2월 12일자.
40 「상조산업 성장 저해하는 할부거래법 개정」, 『상조매거진』 2015년 6월 29일자.

적용하여 많은 상조회사들을 불법적인 지위로 내몰았다"라는 받아들이기 힘든 주장도 접할 수 있었다.[41]

둘째, 두 상조공제조합은 조직의 존재와 행위에 대해 책임을 지지 않는다. 송기호 대한상조산업협회장은 "상조업체 피해자 보호를 위해 한국상조공제조합이 설립되어 1조 2,000억 원을 기금으로 조성하였지만 이 중 9,530억 원의 행방이 묘연하며, 여기에 대한 조사가 필요하다"고 말하였다.[42] 수사의뢰서는 2016년 7월 국정감사장에 제출되었다(『시사상조뉴스』 2016. 7. 15). 하지만 한국상조공제조합 대표의 수천억 원 유용 의혹에 대한 보도 외에는 2017년 8월 현재 추가 보도가 없는 상태이다(『시사상조뉴스』 2016. 6. 1). 게다가 두 상조공제조합은 상조업체뿐만 아니라 공정거래위원회와도 독립된 조직이어야 함에도 불구하고 두 조직의 최고경영자(CEO) 모두 공정거래위원회 관료 출신이다. 이에 송기호 대한상조산업협회장은 공정거래위원회가 두 상조공제조합을 상대로 감독 역할을 수행할 수 없다고 주장하였다.[43] 두 상조공제조합 모두 고객에 대해 책임을 지고 고객과 긴밀한 소통을 해야 한다. 어떤 상조회사가 조합과의 계약을 유지하는지, 아니면 해지될 위험에 처해 있는지 목록을 신속하게 업데이트하여 고객의 문의에 대응할 필요가 있다.[44] 우연찮게도, 김홍석과 전익수(2010: 345)는 상조공제조합 설립 전에, 고객 보호 역할(즉, 공제조합)이 상조업체의 감독 역할(즉, 공정거래위원회)에서 분리되어 있는 상태는 건강한 상조산업을 육성하는 데 거의 효과가 없을 수도 있다고 경고한 바 있다.

---

41 「공정위가 상조업 전체를 망하게 하고 있다」, 『소비자연합타임스』 2016년 4월 12일자.
42 「한국상조공제조합의 추락, '상조대란' 현실로 드러나」, 『시사상조뉴스』 2016년 7월 15일자; 「한국상조공제조합 방탄수사 이제 마침표?-2」, 『시사상조뉴스』 2016년 6월 1일자.
43 「사라진 상조공제자금 1조원 누가 책임질 것인가?」, 『시사상조뉴스』 2016년 4월 12일자.
44 「한국상조공제조합, 공제계약회사 공제계약 기간 명시 못해 의구심 증폭」, 『시사상조뉴스』 2016년 6월 20일자.

개별 상조업체들에 대한 반성과 규정 준수를 요구하는 목소리는 다음과 같이 이어진다.

> 눈앞의 큰 이익을 위해 양심을 저버리는 행태는 끝내 소비자의 신뢰를 잃어 더욱 큰 손실을 불러일으킬 수 있다는 점을 염두하고 서비스의 질을 높이기 위한 개선 노력을 보여야 할 것이다. 또 정부에서는 장례식장의 비리를 끊어 내고 업계의 선진화를 유도할 수 있도록 종사자에 대한 처우개선 등의 당근과 불법 업체 엄단이라는 채찍을 동시에 갖출 수 있어야 할 것이다(『상조매거진』 2014. 2. 12).

공정거래위원회가 상조업체에 지배력을 행사할수록 고객의 금전적 손실도 커질 것이라는, 공정위에 대한 상조업계의 불만도 이어지고 있다.[45] 하지만 한 보도에 따르면, 2016년 2월 현재 약 300개의 상조회사가 파산하였으며, 약 200만 명의 고객이 아무런 보상도 받지 못하였다.[46] 상조 산업에 대한 통제를 완화할 명분이 없어 보인다. 상조업체들의 요청은 대부분 장례자본주의를 강화하고 연장하기 위한 것으로 보인다.

5. 맺음말

『죽음의 대가: 현대 일본의 장례 산업』(Suzuki[2002], *The Price of Death: The Funeral Industry in Contemporary Japan*)의 서평에서 가와노(Kawano 2003: 473)는 몇

---

45 「선수금 50% 예치한 상조회사 얼마나 되나, 공정위 직무유기 해당」, 『시사상조뉴스』 2015년 10월 1일자.
46 「한국상조협회 상조법 개선 제안, 국민대통합위원회 접수」, 『시사상조뉴스』 2016년 2월 4일자.

가지 중요한 질문을 제기한다. '예를 들어, 왜 장례회사들은 회사들이 해야 할 일-이익 추구-을 하는 것에 대해 부정적으로 묘사되는가? 장례의 상업화가 어떤 부정적인 결과를 초래하는가? 상업화된 장례에 대한 대안이 있는가? 스즈키의 글을 읽으면서 떠오른 또 다른 의문점은 왜 장례식(결혼식)을 상업화하는 데 그렇게 오랜 시간이 걸렸는가, 그리고 이것이 더 광범위한 맥락에서 어떻게 현대화 및 상품화와 연관되어 있는가이다'. 경제적인 사업으로서 장례 산업이 차지할 자리가 있음은 두말할 나위도 없다. 문제는 이윤을 창출하는 것과 고객에게 적절한 케어를 제공하는 것 사이의 균형을 어떻게 확립할 수 있는가 하는 것이다.

장례 산업의 비리에 대한 보도를 분석해 보면, 장례 산업은 '애도가 결여된 장례'를 만들어 내거나, 강요하고 있다(Standaert 2011: 18). 단순히 이런 일을 하고 있다는 말이 아니라, 상을 당한 사람들을 착취한다는 말이다. 제도적 조작과 개인의 피상적인 만족 추구 사이에 어색한 교차점이 생성된다.

과거 지역 사회 내에서 처리되던 장례 업무의 상당 부분이 전문가를 통해 이루어지고, 이는 장례업계의 비리를 위시하여 많은 영업 활동으로 이어진다. 그럼에도 장례 산업은 빠르게 고령화하는 한국 사회에서 성장성 있는 유망한 사업으로 여겨진다. 급변하는 한국 사회의 맥락에서 효의 문화가 근대성의 특정 단계와 얽혀 상조 산업의 천민자본주의를 만들어 냈다. 데스케어 산업은 특별히 민감한 분야이기 때문에 적합한 수준의 전문성에 대해 훨씬 더 많은 주의를 기울여야 한다(주기종 2010: 322).

정부, 산업, 그리고 소비자 섹터에서 수많은 조치들이 진행되고 있음에는 의심의 여지가 없다. 이는 국가를 발전시키고 국민들에게 더 나은 복지를 제공하기 위한 노력의 일환이다. 1999년 을지대학교는 한국 최초로 장례지도학과를 설립하였다.[47] 이 밖에 대전보건대, 창원문성대, 서라벌대, 동부산대 등 4개 대학이 장례지도사 교육을 실시하고 있다.[48] 건양대학교 역시 이 분야의 전공 학과를 개설하였다. 이는 더욱 전문화된 품질의 장례 서비스를 제공하는 데 기여하는 일이라서 더욱 의미 있고 시의적절하다. 하지만 상조회사 측에서도 적절한 근로조건을 제공해야 하며, 두 상조공제조합 및 필요한 산업 규정을 제공하는 공정거래위원회와 협력해야 한다. 또한 중요한 것은 공익에 대한 고객 교육이 상황 개선을 위한 중요한 출발점이 될 수 있다는 점이다. 즉, 현대 한국 사회의 맥락에서 전통적인 효의 실천을 재고해야 한다. 효도가 사라져야 한다는 게 아니라, 현대 한국의 맥락에서 효를 어떻게 실천하는 것이 적절한지에 대한 논의가 필요하다는 것이다. 이처럼 모든 관계자들이 함께 진지하게 협력한다면 장례는 더 밝고 긍정적으로 경험될 것이며, 이는 선진 사회의 중요한 요소이다.

---

47 「한일 장례산업의 현재와 미래」, 『한국장례신문』 2014년 11월 27일자.
48 「장의사」, 나무위키(2017. 8. 8 접속).

제7장

대중의 우려: 장례 상조 산업의 소비자 경험

1. 서론

상조 서비스에 대한 소비자 만족도는 상조 산업이 서비스를 어떻게 제공하느냐에 따라 크게 좌우된다. 앞 장에서 논의한 바와 같이, 업계가 고객에게 제공하는 것과 관련하여, 상대적으로 높은 수준의 소비자 만족도를 기대하기는 어려울 것이다. 소비자의 부정적인 경험은 일부 이미 언급되었지만, 서비스 사용과 관련하여 더 많은 소비자의 경험을 다루는 것은 상당한 가치가 있는 것으로 보인다. 소비자들의 상조 서비스에 대한 부정적이고 긍정적인 경험을 충분히 이해해야만 상조 산업이 건전한 방향으로 정착하고 결과적으로 한국인의 복지가 향상될 것이기 때문이다.

따라서 이 장은 이전 장과 어느 정도 연속성이 있다. 주로 언론 보도를 중심으로 구성되어 있는데, 상조업체들의 횡령으로 인해 고객이 겪어야 하였던 일에 더 초점을 맞추고 있다. 이어서 상조업체, 소비자, 그리고 일부 금융 부문이 고객의 피해를 해결하기 위해 노력해 온 방법들을 설명할 것이다. 마지막으로 상조 산업의 현황을 정리할 것이며, 관련 역사를 간략하게 담아낼 예정이다. 장이 끝날 무렵 이야기하겠지만, 여기서 제시되는 데이터의 일부는 오래전의 것이다. 그러나 지난 수십 년간의 역사는 상조 산업의 진화를 보여줄 것이며, 이를 알아야 고객의 경험을 이해할 수 있다.

2. 문헌 검토

소비자의 불만을 종류별로 조사하거나 분석한 것에 근거하여 작성된, 상조 산업에 대한 소비자의 인식에 관한 문헌은 많지 않다. 이두찬 외(2016: 68)는 이전의 연구를 경영학 분야(강재경 2007; 박성훈 2009), 법학 분야(권병석 외 2004; 주기종 2010; 고형석 2012; 김규종 2012) 및 상조 소비자의 피해 경험(한국소비자원 2000, 2005)으로 분류하였다. 이들은 상조 법인의 비윤리적이고 비전문적인 경영으로 소비자들이 손해를 입고 있으며, 상조 산업과 상조 고객의 처우 개선을 위해 더 발전된 법질서가 필요하다는 점을 지적한다는 점에서 그 자체로 가치가 있다. 하지만 나는, 다른 조사를 수행하는 대신, 소비자의 경험, 혹은 이 '주제에 관련된' 우려에 대한 소비자의 우려, 즉 미디어 내러티브를 전하고자 한다. 미디어 자료는 우리에게 한국 사회뿐만 아니라 상조 산업의 많은 측면을 이해할 수 있는 프리즘을 제공한다. 중요한 문제는 소비자들이 사랑하는 사람들을 애도하고 그들과 영원히 작별하는, 아주 힘든 시기에 어떻게 피해를 경험하는가 하는 것이다. 이는 특히 중요한 지점인데, 사람들이 상조보험을 선택하는 주된 이유가 장례를 적절하게 치르고 장례에 필요한 목돈을 조성하기 위함임을 고려할 때 특히 그러하다(이두찬 외 2016: 79). 이 두 이유는 서로 떨어져 있는 게 아니라 본질적으로 연결되어 있다.

앞 장에서 언급한 바와 같이 자산 규모가 큰 상조업체는 고객의 요구, 예를 들어 많은 고객이 계약을 해지하기를 원하거나 회사가 파산한 경우 고객에게 보험료를 돌려줄 수 있는 능력과 관련해서 큰 문제가 있는 것은 아니다. 고객 수가 1,000명 미만인 기업이 특히 위험하다. 공정거래위원회에 따르면 115개(2015년 3월 31일 기준 상조업체 223개 중 51.6%)의 상조업체가 그러하다.[1] 이 115개 기업이 징수한 보험료는 총 542억 원으로, 전체 223개 상조업체가 징

1 「상조 관련 소비자 피해주의보 발령」, 공정거래위원회 보도 자료(2015. 11. 26: 12).

수한 보험료의 1.5%에 지나지 않는다([표 6-3] 참조). 이두찬 외(2016)는 이러한 소규모 기업들은 재무적 능력이라는 측면에서 불안정한 경향이 있다고 지적한다. 이 회사들이 합병되거나 다른 회사에 매각되었을 때, 회사의 기존 고객들은 '이전'되었다. 이 과정에서 고객의 동의를 구하는 절차는 없었으며, 고객은 결국 권리의 대부분 또는 전부를 상실하였다(주기종 2010).

상조업에 대한 소비자 불만은 2008년 1,374건, 2009년 2,446건, 2014년 17,083건, 2015년 10,763건이었다(1372소비자상담센터; 이두찬 외 2016: 71에서 재인용). 2007년과 2008년에 제기된 일반적인 불만은 보험료 미환급이나 요구액 미만의 환급 등이었다. 2009년 이후 상조업체들은 고객들의 계약 해지 요청을 거부하는 사례가 늘었고, 부적절한 계약을 작성하는 사례도 증가하였다. 2013년에는 상조보험 계약 관련 신고 514건(55.9%), 고객에 대한 부당대우 신고 394건(42.8%), 상조 상품 품질 불량 신고 6건, 기타 6건 등 920건이 접수되었다(이두찬 외 2016: 71).

김민정(2006: 127-128)의 연구 결과는 한국의 장례 문화, 장례 서비스 기업 등에 대한 불만의 수준을 보여 준다. 하지만, 김민정도 불만의 근본적인 이유와 사람들의 구체적인 경험을 자세히 설명하지 않는데, 이것이 내가 인터넷에서 검색할 수 있는 다양한 정보와 뉴스를 통해 찾고자 하는 것이다.

3. 공정거래위원회 보고서

상조 고객은 상조 관련 문제에 대한 민원을 공정거래위원회에 등록할 수 있다. 공정거래위원회는 최근 상조업체로부터 피해를 본 고객과 관련하여

2015년 11월 25일과 2016년 5월 17일 두 차례 경고 조처를 내렸다.[2] 첫 번째 경고는 상조 영업 직원이 상품 설명을 제대로 하지 않은 것에 관한 것이었다. 즉, 고객에게 판매한 상품이 고객이 구매하였다고 생각하는 상품과 다르다는 것이다. 두 번째 경고는 상조 직원이 잠재 고객의 정보를 입수해 고객 동의 없이 상조 회원에 가입시킨 후 은행 계좌를 통해 자동결제까지 신청해 버린 사건에 관한 것이었다. 일부 상조업체들이 '비상조' 품목을 상조 제품으로 판매해서 고객이 구매한 품목에 대해 어떠한 환불도 할 수 없었던 사례에 대해서도 추가로 경고 조처를 내렸다. 게다가 일부 기업은 고객을 다른 기업으로 이전한 후에도 전자금융을 통해 월 보험료를 계속 징수하기도 하였다.

2016년 보고서에 포함된 경고는 다음과 같다(공정거래위원회 보도 자료 2016. 5. 18). 첫째, 고객이 보험 계약을 해지한 후 납입 보험료의 반환을 청구하기가 어렵다는 점이다. 둘째, 앞서 언급한 바와 같이 상조업체의 인수 합병 시 고객의 보험 계약이 A사에서 B사로 이전되는데, 이때 B사가 고객이 A사에 지불한 보험료를 인정하지 않을 수 있다. 셋째, 상조 영업은 제품을 '결합'함으로써 나이 든 고객을 속이는 경우가 있다. 예를 들어, 고객은 A 제품을 샀다고 착각하지만, 알고 보면 B 제품을 산 것이다. 넷째, 상조업체의 사은품 오남용 문제이다. 상조 사은품은 결함이 있는 경우가 많았는데, 회사는 사은품을 다른 것으로 교환해 달라는 고객의 요청을 받아들이지 않았다. 그래서 계약을 해지하지만, 보험료는 돌려받지 못한다는 사실을 알게 되는 식이다.

2 공정거래위원회 보도 자료 2015년 11월 26일자; 「상조 관련 소비자 피해주의보 발령」, 공정거래위원회 보도 자료 2016년 5월 18일자.

4. 조사 방법

보통 장례에 대해 보도하는 언론사들은 상조 서비스를 이용하면서 겪은 문제를 제보할 수 있는 게시판을 운영한다. 그러나 이러한 웹사이트는 일반적으로 광고나 상조업계에 대한 전반적인 불만으로 가득 차 있으며, 특정 상조업체에 관해 문의하거나 해외의 상조업계를 견학한 경험을 공유하는 글이 대부분이다. 그래서 나는 구글에서 '상조 피해자'라는 단어를 검색하였다. 그리고 구글 검색 결과에서 TV, 동영상 매체 또는 '비디오' 카테고리에 분류된 첫 50개의 뉴스를 수집하였다. 수집된 50개 중 3개의 '동영상' 뉴스가 반복 검색되었고, 6개는 해당하지 않는 것으로 나타났다. 나머지 41개의 동영상 뉴스를 피해자들의 경험에 대한 기술적 분석과 설명의 자료로 사용하였다. 무료로 방영되는 텔레비전 또는 동영상 미디어는 인쇄 매체나 라디오에 비해 상대적인 영향력 측면에서 시청자에게 특별한 위치를 차지한다. TV 보도는 대개 뉴스 전달 방식에 있어 정확하고 단순하기 때문에 보도되는 문제의 성격이 상당히 분명하다. 나는 또한 2017년 9월 13일 기준 가장 최근 '뉴스'로 분류된 문서 100건을 수집하였다. 이 뉴스 보도는 A4 용지 115쪽에 이른다. 설명을 보충하기 위해 다른 뉴스 보도들도 이 장에서 소개할 것이다. '상조 소비자 만족'이라는 검색어도 사용하였다. 하지만 '뉴스'와 '동영상' 카테고리의 검색 결과는 저마다 고객만족도 1위를 차지하였다고 주장하는 개별 상조업체들의 광고들로 가득 차 있었기 때문에, 이에 대한 분석은 포기하였다. 데이터 정리와 요약, 분석에는 근거 이론의 방법적 원칙을 적용하였다.

이 장의 목적은 많은 미디어 보도를 재생산하고 해석하여 소비자의 경험이 미디어에 어떻게 표현되는지 기술적으로 분석하는 것이다(Porpora 2015 참고).

기술적 분석은 한국 전통이 현대로 이행하는 과정에서 나타나는 특징과 장례식이 폭리 추구에 의해 훼손되는 방식, 인간의 삶과 의례의 가치가 비인간화되는 과정을 명확하게 보여 줄 것이다.

데이터 분석은 다음과 같은 질문에 초점을 맞추고 있다. 고객의 피해라는 측면에서 상조업계에서는 어떤 일이 벌어지고 있는가? 고객은 어떤 피해를 당하였는가? 상조회사에 대한 고객 불만에는 어떤 종류가 있는가? 고객은 자신의 권리를 보호하기 위해 어떻게 상조회사에 대항하였는가? 상조 피해자를 돕기 위한 사회적 노력은 어떠하였는가?

5. TV에 보도된 상조 고객의 피해 경험

1) 상조업체 폐업 또는 소유주의 부재 및 변경으로 보상도 못 받고 막다른 길에 내몰린 고객

상조 가입자의 월 보험료는 5만 원에서 6만 원 사이, 또는 더 비싼 상조 상품의 경우 그 이상일 수도 있다. 납입 기간은 10년에서 20년 사이이다. 상조 상품은 500만 원에서 1,000만 원 이상이 들 수 있으며, 이는 장례 비용의 일부 또는 전액에 해당한다. 이런 식으로 상조 상품을 구입하는 것을 '상조 회원에 가입'한다고도 말한다. 한 달에 5만 원을 내는 것이 중산층 가정에 반드시 부담되는 것은 아닐지도 모른다. 하지만 수입이 적은 가정에는 상당한 부담이 되고 의도적인 노력이 필요할 수 있다. 어쨌든 월 보험료 납입이 요구되는 상조 상품을 구입하는 것은 장기적인 약속이다. 상조 상품을 구입하는 강력한 동기는 값비싼 장례를 치르기 위해서이고, 부모의 장례를 치르면서 빚을 지지 않기 위해서이다. 잠재 고객은 특정 상품에 대한 합의가 이루어지기 전에 다양한 상조 상품을 소개받는다. 상품에는 수의와 영구차 리무진, 전문가에 의한 장례 서비스, 화장 또는 매장 비용이 포함될 수 있다. 상조 서비스를 세트로 구매하는 것이 개별적으로 구매하는 것보다 훨씬 저렴하다. 더 중요한 것은 상조 상품의 가격이 계속 오르고 있다는 점이다. 현재 가격으로 특정 상조 상품을 구입하는 고객은 보험료를 계속 납부하고 있는 한, 실제 장례 시기와 관계없이 이미 합의된 가격에 장례 서비스를 제공받는다. 이는 고객에게 상당한 인센티브가 되며, 상조업체와 기꺼이 계약을 맺도록 유도한다.[3]

장례 서비스를 필요로 하는 고객과 이를 제공하는 상조회사와의 관계는 다음과 같이 성립하고 유지된다. 상조 상품을 구입한 사람은 매달 보험료를 내야 한다. 합의된 기간에 납입이 완료되면, 상조회사는 그가 부모의 장례를 치를 때까지 그의 보험료 전액을 유보한다. 그리고 상조회사는 계약된 대로 필요한 장례 서비스를 제공한다. 납입 완료 전에 사망이 발생하면 상조업체가 장례 서비스를 제공하고 고객은 실제 장례가 끝난 직후 보험료의 나머지를 일시불로 지급한다.

점점 더 경쟁이 치열해지는 상조업계에서, 많은 상조업체가 일상적인 재정적 요구를 충족시키는 데 어려움을 겪고 있다. 이렇듯 경쟁적인 환경에서 일부 상조업체는 다른 회사에 인수되고 일부는 자금난 끝에 문을 닫았는데, 수많은 고객이 이 사실을 알지 못하는 경우가 많다. 고객들은 몇 년 동안 납

---

3 「PD수첩 E1098 160913 위기의 상조회사, 내 돈은 어디에?」, Citopes 잡다한 이야기, 유튜브(2016. 9. 19 게시); 「PD수첩 왜곡·편파 보도 … 대량 해약 잇따라 업계 피해 '심각'」, 『상조매거진』 2016년 10월 12일자.

입한 보험료조차 환불받지 못하고 있다. 한국소비자원과 공정거래위원회가 2012년 상조 산업 재무감사를 인용한 바에 따르면, 자산 100억 원 이상의 상조업체는 24개였다(한국소비자원 웹사이트; 공정거래위원회 웹사이트). 그중 오직 한 회사만 흑자를 냈고 나머지는 재정적으로 미래가 불확실하였다. 일부는 자산 규모의 두 배가 넘는 부채를 안고 있었다. 예를 들어, 국민상조는 자산이 376억 원이었지만 부채가 919억 원이나 되었다.[4] 서울경제TV는 치열한 경쟁과 무분별한 경영을 주범으로 지목하였다. 국민상조는 2016년 7월 파산하였다.

YTN 뉴스는 A씨의 경험담을 다음과 같이 보도하였다.[5] A씨는 아버지가 90세가 되던 5년 전 월 보험료 5만 원짜리 상조 상품을 구입하였다. 5년 동안 총 240만 원을 납입하였다. 5년차 초에 A씨가 계약한 B 상조업체가 C사와 합병하였다. A씨는 납입 기간 5년차가 끝날 때까지 B사에 보험료를 계속 납부하였다. 하지만 A씨는 지난 8개월간 매달 보험료를 수금한 것이 상조업체 C사라는 사실을 알게 되었다. 즉, A씨의 보험료 32만 원이 C사로 넘어간 것이다. 게다가, C사가 문을 닫으면서, A씨는 32만 원을 돌려받았다. 하지만 그가 B사에 지불한 208만 원에 대한 보상은 없었다. A씨가 몹시 당황해하는 것도 당연하다. "1, 2년 부은 것도 아니고 말이에요. 그렇게 오랫동안 내고, 하루아침에 다 날아가니까 … 돈 있는 사람들이야 240만 원이 아무것도 아닌지 몰라도 우리 같은 사람은 큰돈입니다."

앞 장에서 논의한 바와 같이, 상조 고객들의 피해는 계속되어 왔고, 더욱 악화되었다. 보험 계약이 다른 회사로 이전되는 경우(위에서 설명한 경우와 유

---

4 「대형 상조업체도 재정부실 '비상' … 소비자 피해 급증」, 서울경제TV 2013년 5월 8일자.
5 「나도 모르게 바뀐 상조회사 … 보상은 어떻게?」, YTN 2015년 5월 25일자.

사), 고객은 종종 계약 해지 시의 보상을 거부당한다. 또한 원래 계약에는 포함되지 않은 추가금 납입을 요구받는 경우가 많다. 이에 따라 상조 서비스 업체를 상대로 한 소비자 불만 신고가 한국소비자원에 이어지고 있다(한국소비자원 웹사이트). 상조업계를 예의주시하는 이필도 교수는 한국에 상조업체가 너무 난립해 있어 모든 상조업체의 재정적 생존력이 크게 떨어진다고 생각한다.[6] 이 교수가 발언하였던 2015년 5월 24일 현재 상조업체는 253곳이었고, 고객 수는 389만 명이었다.[7] 이 교수는 현재 한국 인구 대비 상조회사는 약 100개 정도면 충분하다고 주장하였다.

KBS TV에서 보도한 또 다른 뉴스는 소비자들을 업계의 부정행위로부터 보호하기 위한 제도적 장치가 거의 없다는 점을 지적하였다.[8] 임혜영 씨는 38개월 동안 월 3만 원의 보험료를 냈다. 개인적인 사정으로 계약을 취소하려고 상조회사에 문의하였다가 황당한 일을 겪었다. 임씨와 계약을 맺은 상조업체는 폐업하였고, 새로 인수한 회사는 계약 해지가 불가능하다고 답하였던 것이다. 그녀는 "황당하죠(상조회사의) '해당' 번호에 전화했는데, '먼저' 회사가 폐업했다고 하고, 자기네는 무조건 책임 없다고 하니까"라고 말하였다. KBS 뉴스 보도에 따르면 임씨의 민원과 유사한 사례가 2008년 234건에서 2011년 618건으로 늘었다. KBS 뉴스는 이러한 불만이, 우후죽순 생겨난 상조회사들 사이의 치열한 경쟁이 상조업체들의 구조조정으로 이어졌고, 폐업하거나 합병

6 「PD수첩 E1098 160913 위기의 상조회사, 내 돈은 어디에?」, Citopes 잡다한 이야기, 유튜브 (2016. 9. 19 게시).

7 공정거래위원회에 따르면 상조회사 고객은 2014년 9월 389만 명, 2015년 3월 400만 명, 2016년 3월 419만 명에 달한다. 선수 보험금 규모는 2014년 9월 33억 6,000만 달러였으며, 이는 2016년 3월 39억 2,900만 달러로 증가하였다. 다음 기사 참조: 「PD수첩 왜곡·편파 보도 … 대량 해약 잇따라 업계 피해 '심각'」, 『상조매거진』 2016년 10월 12일자.

8 「상조 가입자 피해 급증 … 보호장치 전혀 없어」, KBS 뉴스 2012년 10월 8일자.

하는 기업들이 많아졌기 때문이라고 주장하였다. 이처럼 소비자들이 불안정한 상조 사업 환경에 노출되어 있음에도 불구하고, 소비자를 보호하기 위한 규정은 거의 없다. 상조 산업을 직무에 포함하고 있는 국회 정무위원 김정훈 의원은, 현재 공정거래위원회가 모든 개별 상조업체에 대해 1년에 한 번 조사하고 있지만, 공정위의 점검이 적어도 1년에 두 번 이상은 이루어져야 한다고 주장한다(KBS 뉴스 2012. 10. 8).

SBS TV 보도의 사례에서는 상조회사가 노인들을 호구로 여기는 것처럼 보인다. 한모 씨(70세)는 12개월간 총 168만 원의 보험료를 냈다. 계약 해지 후 보험료 환불을 요청하였는데, 그가 받은 것은 돈 대신 저가의 수의 한 벌이었다.[9] 한씨는 수의라도 받지 않으면 더욱 손해라는 생각에 수의를 받고 택배비까지 지불할 수밖에 없었다. SBS TV 기자는 또 일부 상조 모집인이 잠재 고객들의 개인 정보를 입수해 몰래 가입시키고 월 보험료를 인출한 사례도 있다고 경고하였다. 또 다른 사례에서는 상조업체들이 장례식이 진행되기 전에 계약서를 통해 당초 합의한 금액 이상의 추가 비용을 요구하기도 하였다(SBS 뉴스 2015. 11. 25). 이런 상황에서 유가족이 처한 딜레마를 상상하는 것은 어렵지 않다.

상조업체 비리의 피해자에 대한 TV 보도를 분석하다 보면 피해자들과 장례 전문가들 모두 상조업체의 실패 원인을 잘 알고 있는 것 같다. 한 피해자는 "회원들 돈 받아서 (사장) 본인 혼자 호의호식하고 산다"고 말하였다.[10] 한 전직 장례 전문가는 그가 일하던 업체의 CEO가 매달 말까지 걷힐 보험료가 얼마인지 알고 있는 경우가 많아서 큰 지출을 하는 데 주저하지 않았고,

9 「환불 요구에 '싸구려 수의' 보내 … 피해 속출」, SBS 뉴스 2015년 11월 25일자.
10 「우후죽순 생기던 상조업체, '몰래 폐업' 속출」, SBS 뉴스 2013년 4월 4일자.

그러한 행동은 분명 회사의 파산으로 이어질 것이라고 뉴스에서 증언하였다. 이 상조업체가 파산하기 전에 1,700명의 고객으로부터 거두어들인 보험료 총액은 19억 5,000만 원이었다. 하지만, 고객 보호를 위해 은행에 예치한 돈은 8,600만 원에 불과하였다.[11] 만약 회사가 보험료 징수 전후로 지출을 계속하였다면, 은행이나 상조공제조합에 예치할 여유가 없었을 것이다. 상조회사는 이 모든 문제를 회원에게 알리지 않았고 회원은 다른 문의를 위해 회사에 전화해 본 후에야 이를 알게 되었다. 회원들은 결국 보상도 못 받고 장례 서비스도 못 받는 실정이다(SBS 뉴스 2013. 4. 4).

앞서 언급하였듯이, 실패한 상조회사들이 고객을 불법적으로 다른 회사로 넘기는 경우도 자주 있다. SBS TV 보도에 따르면, 상조회사가 문을 닫고 그들의 계약이 다른 회사로 이전된 사실을 알게 된 고객들이 새로운 회사에 보상을 요구하기도 하였다. 그러나 그 요청은 받아들여지지 않았다. 오히려 일부 업체는 계약 기간 동안 보험료를 완납한 고객에게 계약 해지를 요구하기도 하였다. 더 이상 받을 돈이 없고, 회사에 이익이 되지 않기 때문이다. 고객의 항의에 상조업체 측은 '그렇게 억울하면 소송을 걸어라'라는 반응뿐이었다(SBS 뉴스 2013. 4. 4). 이러한 종류의 사건들이 계속해서 언론에 보도되었다. 이러한 보도는 잠재 고객이 상조회사에 가입하는 것을 만류하고, 이는 다시 상조 산업의 재정을 점점 더 악화시킨다. 악순환의 고리가 완성되는 것이다.

경남 MBC도 고객들의 요구가 어떻게 외면당했는지 보도하였다.[12] 2016년 4월 27일 회원 수가 8,000명이 넘는 진주시의 한 상조업체가 자금난을 이

---

11 공정거래위원회는 2013년 3월 1일부터 고객의 원금 보전액을 40%로 인상하도록 입법하였다.

12 「상조회사 폐업 … 회원 8천 명 어쩌나?」, 경남 MBC 2016년 5월 3일자.

기지 못하고 5월 초에 폐업한다고 당국 및 회원들에게 알렸다. 회원들은 이 소식을 듣자마자 바로 회사로 전화하거나 달려왔다. 이들은 상조공제조합을 통한 보험료 50%의 환급과 나머지 50%도 장례 서비스를 통해 적절히 보상하겠다고 약속받았다. 다만 이 회사가 보험료 50%를 실제로 예치하였는지는 보도에 포함되지 않았다. 게다가, 회사가 문을 닫는 마당에 어떻게 고객에게 장례 서비스를 제공할 수 있겠는가? 파산한 회사가 어떻게 장례 전문가들을 유지할 수 있겠는가? 더욱이 이 회사는 폐업 계획을 알고도 고객들로부터 보험료를 계속 징수하고 고액의 위약금을 핑계로 계약 해지 요청도 승인하지 않은 것으로 알려졌다.

2016년 5월 경남 진주시의 상조 법인이 파산한 데 이어 경남 창원시의 상조회사 2곳도 폐업하였다.[13] 이 두 사건으로 인한 피해액은 120억 원에 달하였다. 안씨는 친구 소개로 2008년 상조 상품에 가입하였고 10년 가까이 매달 3만 원의 보험료를 내고 있었다. 회사가 파산하면서 안씨는 이제 자신이 납입한 보험료를 모두 떼일 위기에 놓였다. 안씨는 형편이 여의치 않아 택시도 안 타고 버스만 이용하는 등 월 보험료를 내기 위해 안간힘을 썼다. 아들 결혼할 때 쓸 돈 360만 원을 모으기 위해서였다.[14]

어떤 식으로든 환불이 어려운 상황에 더해 계약 당시 합의한 장례 서비스를 맹목적으로 거부당한 사례도 있다.[15] 강지훈 씨는 매달 3만 원씩 총 150만 원의 보험료를 완납하였다. 강씨의 조모가 세상을 떠나자, 그는 상조회사에

13 「잇따른 도내 상조회사 부도 … 피해만 100억 원대」, 경남 MBC 2016년 7월 13일자.

14 앞서 언급하였듯이, 상조라는 단어는 문자 그대로 '서로 도움'을 의미한다. 상조업은 일반적으로 결혼식, 장례식, 여행 등에 드는 많은 돈을 절약하기 위해 활용된다. 그러나 현대 한국의 상조업은 장례업으로 이해된다.

15 「환급금 나몰라라 … '상조업체 횡포' 피해 속출」, SBS 뉴스 2012년 5월 24일자.

장례 서비스를 부탁하였다. 그러나 업체는 장지가 부산이나 경남 지역일 경우에만 서비스를 제공할 수 있다며, 강씨가 요청한 전라도에서의 장례 서비스 제공을 거부하였다. 강씨 역시 보험료를 환불받을 수 없었다. 장지 등 계약 조건에 대한 오해가 있었을 가능성도 배제할 수는 없다. 하지만 강씨와 회사가 문제를 해결하지 못한 것은 안타까운 일이다. 강씨의 상조 상품은 필요할 때 아무 쓸모가 없었다.

2011년 8월 16일, SBS TV는 고객이 해약을 원할 경우 보험료를 환불받기가 힘들다는 사실을 보도하였다.[16] 윤모 씨(72세)는 지난 2010년 목돈 178만 원을 내고 상조업체에 가입하였다. 이후 해약하려고 환불을 요청하였지만 거절당하였다. 윤씨의 아들은 아버지는 환급받을 수 없는 반면 장기간 보험료를 납부한 사람은 환급받을 수 있는 이유가 무엇인지 업체에 문의하였다. 회사의 반응은 '자기네 사규가 그렇다'는 것이었다. 하지만 같은 회사의 또 다른 고객인 신모 씨는 최근 몇 년간 월 3만 원씩 총 162만 원을 납입하였는데, 중도 해지를 하려 하자 회사 측에서 환급금으로 40만 원을 제시하였다. 한국소비자원은 2010년에 604건의 상조 고객 불만을 접수하였는데, 이 중 80%가 해약과 환급금 관련 사안이었다. 공정거래위원회는 고객에 대한 상조 산업의 위법 행위를 해소하기 위해 새로운 규정을 마련하여 2011년 9월 1일부터 시행하였다. 새 규정에 따르면 월 보험료를 10년간 내는 계약, 즉 매월 120회 납입 계약을 한 고객은 월 보험료를 10회 납입한 뒤부터 계약을 해지하고 환급을 요청할 수 있다. 완납한 경우 총납입액의 85%까지 환불받을 수 있다. 규정을 지키지 않는 상조업체는 무거운 처벌을 받을 수 있다. 공정위의 규정에

16 「상조 고객은 봉이다? … '해약' 이제 쉬워진다!」, SBS 뉴스 2011년 8월 16일자.

는 모집인 수당으로 고객이 낸 보험료의 최대 30%를 받는 상조업체의 관행을 폐지하는 내용도 담겼다. 이 새로운 법이 계획대로 시행되었다면, 이 절에서 제시된 모든 고통과 갈등은 전혀 문제가 되지 않았을 것이고, 상조업계의 문제도 점진적으로 해결되기 시작하였을 것이다. SBS TV의 보도는 상조회사가, 애초에 회사와 고객을 묶어 주는 핵심 아이템인 장례 서비스를 제공할 것을 염두에 두지 않은 채, 납입된 보험료를 소비하고 있음을 암시하고 있다. 이 점은 고객이 확보되는 순간 잊히는 것처럼 보이며, 고객의 보험료 납입은 회사가 재정적으로 누리는 즐거움의 원천에 지나지 않는다.

2) 과도한 마케팅과 '사은품'

이토록 많은 고객 피해의 근원에는 급성장한 상조업체들 간의 치열한 경쟁이 자리하고 있다. 상조보험을 판매하면서 다른 '선물'을 주는 것도 경쟁의 한 방법이다. 다음은 한 유명 상조회사의 사기를 다룬 MBC 뉴스의 보도이다.[17]

> 앵커: 상조 가입자가 420만 명이나 되는데요. 가입자가 많아진 만큼 관련 피해도 끊이지 않고 있습니다. 고장 난 밥솥을 사은품으로 주는 등 소비자 피해 유형도 여러 가지였습니다.
>
> 기자: 한 유명 상조회사의 광고입니다.
>
> 광고: 가입 고객 전원, 쾌속 취사 되는 미니 전기밥솥과 다용도 인덱스 도마 3종 모두 다 무료!
>
> 기자: 광고를 보고 가입한 윤모 씨, 하지만 받은 밥솥은 고장 나 있었고 마음이 상해 몇 달 뒤 해지했지만 7개월 치 납입금 30만 원은 돌려받지 못했습니다.

17 「고장 난 전기밥솥이 사은품? 상조관련 피해 속출」, MBC 뉴스 2016년 5월 17일자.

피해자: 회사 직원이 '아니 신뢰도가 깨졌다면서요? 그럼 해지하시면 되잖아요. 해지되었습니다' 하고 딱 통보가 오는 거예요. 하도 어이가 없어서 ….

기자: 봄나들이 철에 속칭 떴다방으로 불리는 홍보관을 통해 노년층을 현혹하는 업체도 있었습니다. 69세 박모 씨는 사은품으로 명품 수의를 준다는 말을 듣고 일시금 160만 원에 가입했다가 해지했는데, 업체는 박씨가 상조에 가입한 게 아니라 수의를 산 거였다며 환불을 거부했습니다.

MBC 뉴스는 또한 상조 상품의 사은품으로 '결합 제품'을 삽입하는 꼼수에 대해서도 보도하였는데, 이는 앞에서 언급된 사례와 여러 면에서 유사하다(MBC 뉴스 2016. 5. 17). 광고에는 전동 안마 의자를 무료로 제공한다고 나온다. 그러나 일단 고객이 상조 상품에 가입하면 상조보험료와는 별도로 매달 할부금을 내야 한다.

연합뉴스TV는 상조 회원이 어쩌다 여행사 회원이 되었는지 보도한다.[18] 한 여행사 대표는 자신이 운영하던 여행사가 자금난을 겪자 같은 이름의 상조회사를 차려서 상조 회원의 선수 보험료를 빼돌렸다. 그렇게 빼돌린 금액이 20억 원이 넘었고, 이로 인해 대표는 체포되었다. 상대적으로 형편이 넉넉하지 못한 고객들이 모든 피해를 떠안았다. 상조회사는 10년이 지나도 장례 서비스가 필요 없는 고객들에게 호화로운 해외 크루즈 여행을 제공하겠다는 솔깃한 광고로 고객을 현혹하였다. 회사 대표는 일단 상조 회원을 모으는 데 성공하자, 점차 선수금 규모를 키우면서 그 돈의 대부분을 여행사로 빼돌렸다. 납입된 선수금의 50%를 예치하지 않은 채 여행사를 되살리는 데 자금을 유용하였고, 많은 상조 회원이 결국 장례 서비스를 요청할 것이라는 사실

18 「상조업체 가입했는데 … 나도 모르게 여행사 회원?」, 연합뉴스TV 2016년 3월 11일자. 다음 기사도 참조: 「박진호의 시사전망대: 광고는 번듯한 상조회사, 알고 보니 부실비율이 무려?」, SBS 뉴스 2017년 7월 22일자.

은 무시하였다. 대부분의 상조보험료를 빼돌리면서, 회사 대표는 상조공제조합에 훨씬 축소된 금액을 신고하였다. 여행업체와 상조업체의 이름이 비슷해서 고객들은 이 같은 위법 행위를 알아채지 못하였다. 그렇게 유용한 돈이 22억 원이고, 이 중 15억 원은 여행사와 호텔 사업을 지원하기 위해 불법으로 빼돌렸으며, 7억 원은 고가의 코트를 구입하는 등 개인 소비에 사용되었다. 그가 5년간 거두어들인 보험료는 134억 원이었고, 은행이나 상조공제조합에 67억 원을 예치해야 하였지만 실제로 예치된 금액은 3억 원에 불과하였다. 나머지는 모두 그의 다른 사업에 불법적으로 유용되었다. 회사 대표는 결국 검찰의 조사를 받기 위해 구속 기소되었다.

왜 여행사 대표가 여행사를 지원할 대리 회사로 다른 어떤 사업도 아닌 상조업체를 설립하였을까? 아마도 누구나 상조 서비스를 필요로 하기 때문에 상조 산업 내에서 자행되는 모든 횡령과 불법 행위에도 불구하고 많은 고객을 확보하는 것이 거의 보장되어 있기 때문일 것이다. 누구나 먹어야 살 수 있으므로 '음식 장사는 망하지 않는다'라는, 한국의 금언과 비슷한 논리이다.

일부 상조회사들은 월 보험료를 일정 기간 납입하면 '무료' 여행을 제공하는 크루즈 상품을 상조 상품의 일부로 포함한다. 다른 경우에는, 고객이 내는 월 보험료에 추가로 여행 비용을 적립하는 관광 상품을 제공하기도 한다. 이것이 광고에 안내되는 크루즈 여행의 종류와 필요한 경비의 세부 내용이다. 하지만 정기적으로 납부를 해도 여행을 못 가거나 해약하였을 때 보험료를 환불받지 못하는 고객들이 증가하고 있다.[19] 여행 상품의 피해자들은 위에서 설명한 상조 상품의 피해자들과 비슷한 경험을 한다. 이모 씨(45)

---

19 「크루즈 여행, 꼬박꼬박 돈 냈다 못 갈 수도」, YTN 2017년 1월 4일자.

는 휴대전화 판매원을 통해 여행 상품에 가입하였다. 이씨는 계약 내용이나 약관을 요구하였다. 그는 계약을 해지하고 싶었지만 이미 지불한 42만 원의 환급을 거부당하였다. 이씨는 다시 약관을 요청하였고, 약관 개정 중이라 줄 수 없다는 말을 들었다(YTN 2017. 1. 4). MBN 뉴스에 따르면 여행 상품과 상조 상품은 모두 선납이 필요하고 적립된 보험료가 관광이나 예상 장례식 자금으로 사용된다는 점에서 유사점이 많았다. 그러나 현행 할부거래법의 선불식 할부 거래에는 혼례와 장례만 포함되고 여행 상품은 포함되지 않는다.[20] 이는 설득력이 거의 없는 핑계에 불과하다. 법적 통제에서 벗어난 상품을 어떻게 팔 수 있었을까?

앞서 논의한 바와 같이, 홍보관이나 임시 마케팅장(떴다방)이 소비자, 특히 노인들에게 질 낮은 상품을 강매하는 데 자주 활용되었다.[21] 떴다방은 흔히 선물이나 '공짜' 관광 상품으로 노인들을 꾀어내어 바가지를 씌웠다. 떴다방 판매원은 '자녀들의 부담을 덜어주어야 하지 않겠냐'며 노인들의 감정을 자극한 뒤, 불리한 조건으로 상품을 구매하라고 강요하였다고 한다. 박모씨(73)는 2011년 8월 재미있는 공연을 보러 가자는 친구와 함께 떴다방을 방문하였다. 그곳에는 40-50명의 노인이 가득하였고, 한 상조업체가 개설한 것이었다.

> 박씨: 노래도 하고 재밌어요, 가면. 웃고. 사람을 그렇게 만들고선 장사를 하더라고요. 이걸 하면 자식들이 참 편하겠구나 생각해서 … 현금으로 달라고 그러니까, 은행 가서 카드로 돈을 뽑았죠(연합뉴스TV 2016. 9. 29).

---

20 「크루즈 여행 결합한 상조상품 '돈 받고 모르쇠'」, MBN 뉴스 2017년 1월 5일자.
21 「'자녀 부담 덜어주세요' … 노인 울리는 '바가지' 상조떴다방」, 연합뉴스TV 2016년 9월 29일자.

연합뉴스TV는 65세 이상 300명 중 77%가 이와 비슷한 악덕 상술을 경험하였다는 한국소비자원의 조사 결과를 보도하였다. 이들의 피해 금액은 1인당 약 12만 5,600원이었다. 조사 결과 이들에게 강매된 상품은 상조 서비스가 가장 많았고, 이러한 악덕 상거래는 떴다방에서 가장 많이 발생하는 것으로 나타났다. 한국소비자원의 박미희 부장은 어떤 고객이라도 본인이 원하지 않는 상조 상품 계약을 체결하였다고 생각되면, 14일 이내에 구매한 서비스 계약을 취소해야 한다고 말하였다. 특히 상조 서비스 상품의 경우 고객이 계약서를 받지 못하였다면, 3개월 이내에 서면으로 구매 취소가 가능하다고 한다(연합뉴스TV 2016. 9. 29). 언론은 충고와 경고를 끝없이 쏟아낸다.[22] 하지만 이것들은 단지 규제일 뿐, 어떻게 하면 노인 인구를 악덕 상술로부터 보호할 수 있을까? 규정이 시행되고 있음에도 불구하고, 특히 취약계층에 대한 사기나 부당 행위라는, 사회경제적으로 내재된 문화를 극복하기는 쉽지 않다.

상조업계는 '사은품'이라고 속여 상조 상품에 끼워 파는 방식으로 고객을 더 유연하게 속일 기회를 만들었다. A씨는 상조업체 회원으로 가입하면서 상조 상품 구매의 일부로 전동 안마 의자를 제공받았다. 얼마 지나지 않아 의자가 고장 나자, A씨는 의자를 반환하려고 하였다. 하지만 환불이 되지 않았고 계속 사용해야 한다는 말을 들었다. A씨는 상조회사가 자신의 요청을 단호히 거절하였으며, 소송하겠다고 위협하니 그제야 합의하자고 했다고 말하였다(SBS 뉴스 2008. 10. 28).

---

22 「가계부경제: 상조회사 가입시 유의할 사항은?」, SBS 뉴스 2008년 10월 28일자.

3) 도덕적 해이, 폭리 추구, 오도 또는 속임수

김지민(36) 씨는 TV리포트(『한경비즈니스』)를 통해 상조업체로부터 '홀대'당한 경험을 털어놓았다. 그는 장례 과정에 대해 잘 모르는 상태에서 처음으로 집안에서 상을 당하였기 때문에 이번 경험이 특히 힘들었다고 말하였다.

> 아버지가 돌아가셔서 부랴부랴 기존에 가입했던 상조회사에 전화했다가 황당한 일을 겪었습니다. 기존에 가입한 상조회사가 몇 차례 인수 합병(M&A)되는 과정에서 원래 가입했던 240만 원짜리 장례 상품은 없어졌다며 변경된 상품으로 진행하려면 추가금 150만 원을 더 내라고 하더라고요. 장례 상품을 선택하지 않고 해지하면 해지 환급금은 지급할 수 없다고 해서 울며 겨자 먹기로 추가금을 내고 장례를 치렀습니다.[23]

김씨는 고인을 최대한 좋은 마음으로 보내드리기 위해 상조회사에 대한 불만을 억눌러야 하였다. 다만 상조 산업에 대한 불신이 깊어진 것은 사실이라고 털어놨다. 『한경비즈니스』의 보도에 따르면 김씨가 가입한 상조업체 M상조는 공정거래위원회로부터 수차례 제재와 검찰 고발을 당하였다. 게다가 최근에는 고객 35명의 해약 환급금 3,000만 원을 환불해 주지 않았다. M상조는 2017년 8월 또 한 번 검찰에 고발되었다. 또한 외부 회계 감사 요건을 충족하지 못해 신규 금융거래를 할 수 없게 되었다. M상조는 상습적인 불법 행위와 대표이사 자격정지 등의 이유로 할부거래업 등록도 취소되었다. 실제로 M상조 대표는 한국상조협회 회장직을 맡아 한편으로는 상조업체의 폐업으로 인한 피해자 구제 캠페인을 펼치기도 하였다. 그러나 정작 자신의 회

---

23 「고인 가족 두 번 울리는 부실 상조」, 『한경비즈니스』 2017년 10월 5일자.

사는 폐업과 설립을 반복하며 수많은 피해자를 양산하였다. 2017년 10월 현재, 그는 계약서 위조로 징역형을 받아 수감 중이다. 또한 7개의 상조회사를 인수하여 M상조회사와 합병한 뒤 75억 원의 법정 예치금을 납부하지 않았고 고객 예치금 3억 원도 횡령하였다(『한경비즈니스』 2017. 10. 5).

M&A를 통한 이런 종류의 사기는 전형적으로 몰락한 상조업체와 고객의 불행을 이용해서 이익을 얻으려는 행위이다. SBS CNBC의 또 다른 보도는 경영난에 빠진 상조업체 44곳을 사들인 송씨에 관한 것이다.[24] 이들 매각업체의 고객들은 대부분 자신이 가입한 상조업체가 매각되는 것도 모른 채 월 보험료를 계속 내고 있었다. 송씨는 폐업한 기업들이 고객을 위해 상조공제조합에 예치한 자금을 유용하기도 하였다. 전용된 금액은 약 13억 원에 달하였다. 고객이 상조 계약을 해지하거나 약속한 장례식을 요청하자 송씨는 서비스를 제공하지 못하였고, 송씨와 고객들 사이에 분쟁이 불거져 형사사건이 되었다. 피해 고객은 약 43만 명에 이르는 것으로 알려졌다. 보험료를 환불받지 못한 한 고객은 M상조 고객상담실과 5분간 통화한 내용을 녹음해 유튜브에 올렸다.[25] M상조 직원의 수많은 변명은 어떤 청취자도 납득할 수 없는 것이었다.

황모(50대) 씨 부부는 12개월 전 240만 원을 선금으로 내고 상조회사에 가입하였다. 하지만 해약하려고 환불을 요청하자 24만 원만 돌려받을 수 있다고 하였다는 것이다. 가입 당시에는 해약 관련 설명을 들은 기억이 없었다. 하지만, 집으로 돌아와 약관을 살펴보다가 안경을 써야 간신히 읽을 수 있는 작은 글씨로 된 문구를 확인할 수 있었다. 해약 시 환급액이 납입금의 10%에

---

24 「44개 부실상조 인수해 회비 '꿀꺽' … 대표 구속」, SBS CNBC 2013년 9월 13일자.
25 「미래상조 119 배짱영업 … 할 말 없음」, 이한오, 유튜브(2017. 11. 1 접속).

불과하다는 내용이었다.[26] SBS 뉴스는 보험을 해지한 고객에게 환급액을 돌려줄 여력이 없는 상조업체들이 당장의 이익을 위해 무리해서 고객을 계속 모집하고 있다고 전하였다. 한국소비자원 금융보험팀장은 "보험료를 내면 영업비용 같은 초기 비용을 다 공제하고 나머지를 돌려주는 구조로 돼 있거든요. 공제하는 방식은 상조도 똑같습니다"라고 조언한다(SBS 뉴스 2010. 2. 23). 하지만 이 조언 역시 현재 상황에서 고객에게 거의 소용이 없는, 판에 박힌 말인 것 같다.

현대의 상조 상품이 제공되는 방식은 공동체 내 상호 원조의 전통적인 방식인 계와 유사하며, 그 구성원들은 서로 신뢰로 강하게 연결되어 있다. 계는 결혼식, 환갑잔치, 장례식 등 주요 행사에 필요한 목돈을 한 번에 마련하는 방법이다. 계 모임의 모든 구성원이 정해진 기간 정해진 금액을 낸다. 계원 중 1명이 모든 회원에게 차례가 돌아갈 때까지 회원들로부터 곗돈을 모아 관리한다. 예전이든 요즘이든 이 계 모임을 이용할 때 좋은 점 하나는 운영을 위한 비용이 따로 들지 않는다는 것이다. 하지만 계는 계원들의 믿음과 신뢰가 없는 상황에서는 매우 불안한 구조이며, 국내 및 해외 한인 커뮤니티에서 계가 붕괴하는 사례가 수없이 발생하고 있다. 일이 잘못되었을 때 깨진 관계를 바로잡을 법적 장치도 거의 없다. MBC 뉴스는 현재 형태의 상조가 조금 덜 성행하였던 1990년의 한 사례를 보도하였다.[27] 이 보도는 뉴스 앵커의 다음과 같은 논평으로 시작한다. "전국에는 저소득층 서민들 간에 경조사가 있을 때 서로 돕는다는 각종 상조회 모임이 많습니다. 그런데 돈에 대한 관리와 감독이 철저하지 못해서 피해자가 늘어나고 있습니다."

---

26 「노인 울리는 상조업체 … 광고만 믿었다간 낭패」, SBS 뉴스 2010년 2월 23일자.
27 「카메라출동: 저소득층의 상조회 피해 늘어」, MBC 뉴스 1990년 5월 18일자.

기자: 서울 정릉에 있는 정수노인상조계 사무실입니다. 계원들이 몰려들어 불입한 곗돈을 되돌려줄 것을 요구하고 있습니다. 상조계 회장은 옆 골방에 감금돼 있습니다. 회장이 돈을 횡령하고 달아나려 했다는 것이 회원들의 얘기입니다. 피해액은 40억 원 이상으로 추정됩니다. 계원은 한 조에 1,000명씩 모두 10개 조이며, 만 명에 이릅니다. 계는 이렇게 운용되었습니다. 같은 조의 계원이 상을 당하면 계원들은 1,000원씩 냅니다. 이렇게 모이는 백만 원 가운데 상을 당한 계원은 80만 원을 받습니다. 한 조 1,000명 가운데 한 달 평균 30-40명이 상을 당해 월 3, 4만 원을 내면 내 가족이 상을 당할 때 80만 원의 목돈을 마련할 수 있다는 점이 달동네 서민들의 호응을 받았습니다.

(중략)

그런데 1,000원씩 600번, 즉 60만 원을 낼 때까지도 집안 어른이 돌아가시지 않으면 더 이상 곗돈을 붓지 않고 상을 당할 때까지 기다렸다가 장례비를 받습니다. 이렇게 60만 원을 낸 사람이 설립 연도인 83년 이후 5,000명을 넘어서게 돼 이자 등을 합쳐 결국 40억 원 이상이 적립됐습니다. 그런데 은행 통장에는 5,000만 원밖에 안 남았습니다. 그래서 회원들은 회장이 이 돈을 가로챘다고 주장합니다.

회원: 식모살이하는 사람, 육체노동 해서 먹고사는 사람들이 부모들 상 당하면 쓰려고 곗돈을 부었습니다. 하지만 회장이 그렇게 모은 돈을 몽땅 삼키려다가 이 난리가 난 겁니다.

기자: 설립 당시 사글셋방에서 살던 회장은 현재 수억짜리 빌라에서 살고 있고 주머니에서 골프 회원권이 나왔다고 가입자들은 말하고 있습니다. 회장이 이처럼 기금을 쉽게 빼낼 수 있었던 것은 거금이 걸려 있는데도 계의 운영을 감시할 수 있는 상조회 체계의 제도적 장치가 없었기 때문입니다. 또 하나, 이 같은 계모임은 상호신용금고나 각종 공제회와는 달리 친지 간에 이루어지는 사사로운 계와 다름이 없기 때문에 정부의 아무런 법적 규제를 받지 않는 것도 문제점입니다. 이번 사고 난 정릉 상조계의 경우 사업이 날로 번창해 전북 정읍에 지점을 낼 정도로 비슷한 종류의 상조회가 급격히 늘고 있는데도 관련 부서인 재무부에서는 그 숫자조차 파악하지 못하고 있습니다. 한편 경찰은 이 사건이 민사사건이기 때문에 피해자들의 고소가 없을 경우 이 사건에 개입할 수 없다고 말하고 있습니다. 카메라 출동팀은 감금된 회장의 얼굴이 공개될 경우 적립금을 받을 수 없을 것을 두

려워하는 피해자들의 요구로 회장의 인터뷰를 보도하지 않기로 했습니다.

현대의 상조 서비스 산업은 주로 1980년대 초 일본에서 유행하였던 유사 산업을 기반으로 한, 수입한 형태지만, 위에서 언급한 상조회는 한국의 전통 계와 현대 상조 산업의 특징을 모두 반영하였다고 보아도 무방할 것 같다. 그러므로 계의 오랜 전통, 문화, 가치, 그리고 기대는 이 특정한 사건의 희생자였던, 비교적 나이 든 한국인들의 일상생활에 여전히 단단히 뿌리박고 있다. 또 중요한 것은, 이들의 마음속에 유구한 효의 문화가 심겨 있고, 이것이 최소한의 장례는 수행해야 한다는 의무감을 계속해서 불러일으키고 있다는 점이다. 특히 보도된 사건의 경우 피해자들이 가장 소외된 지역 사회 출신이어서 피해자들의 고충은 더욱 심하였다. 여기서 발생하는 의문점은, 한국의 전통적인 계 문화와 효의 가치가 얼마나 변하였는가 하는 것이다. 이에 대한 답은, 변화하고는 있지만 그 속도가 매우 느리다는 것이다. 사실 현대의 상조 산업은 여전히 오랫동안 이어져 온 한국의 사회 구조와 문화에 기반을 두면서도, 현대의 은행 체계, 장례 관련 기술, 전통적이면서도 동시에 현대적인 형태의 인적 네트워크 등과 같은 현대의 특징들을 지니고 있다.

이 장이 주로 상조 서비스 고객의 경험을 다루는 이유는 상조업체들이 고객에게 약속한 적절한 서비스를 제공하지 않기 때문이다. 업계 내에는 또 다른 유형의 피해자도 있다. 일부 기업인들이 투자자를 상조 산업으로 유인한 뒤 투자한 돈을 전용하는 것이다. 이러한 종류의 사기는 상조 서비스에 대한 수요가 대중적이고 그 결과 상조회사 설립이 많이 요구되는 상황에서 일반적으로 나타난다. 연합뉴스TV에 따르면, 한 무리의 사기꾼들이 상조회사를 설립하거나 추모공원을 개발하는 등 상조 산업에 투자하면 고수익을 얻을 수 있다고 광고하였다.[28] 이들은 수백 명의 투자자들을 모집해 20억 원의 자금을 빼돌렸고, 결국 경찰에 검거되었다. 이 사기단은 애초에 상조회사를 설립하는 데에는 전혀 관심이 없었던 것으로 밝혀졌다. 예를 들어, 송씨(50대)는 나무 주변에 유골을 매장해서 나무장으로도 알려진 수목장에 투자하면 고수익을 주겠다는 말에 수천만 원을 투자하였다. 산업의 수익성에 대해 약간의 의구심이 들긴 하였지만 이 사기단은 협동조합을 사칭하며 계속 설득하였다. 그러나 송씨는 어떤 수익금도 받지 못하였다. 이들은 다른 투자자들에게 자신들의 활동이 일자리 창출을 위해 대통령이 계획한 일의 일부라고 하였고, 투자자들은 속아 넘어갔다. 박씨 등 4명의 사기단은 협동조합 형태의 상조회사를 설립하고 420명의 투자자로부터 20억 원을 모았다. 또한 서울과 부산 등지에서 사업 설명회를 열고 상조 1구좌에 123만 원을 투자하면 '410만 원권 상조증서'를 주고, 20주 동안 매주 10만 원의 배당금을 지급할 것을 약속하였다. 그러나 상조회사 설립에는 전혀 관심이 없었다. 최근 투자자들이 지불한 돈으로 이전 가입자들에게 배당금을 지불하는 식으로 돌려막기를 하다가 결국, 사무실을 버리고 도망쳤다.

지난 수십 년 동안의 급속한 산업화 이후, 한국인들은 삶의 모든 면에서 환경친화적인 방법을 모색하려는 수많은 계획에 많은 관심을 가지게 되었다. 위에서 언급한, 인기 있는 자연 매장 방식도 이에 포함된다. 추모공원의 나무 주변에 유골을 매장하는 것은 지난 수십 년 동안 대중화되었다. 또 다른 사기단이 이를 악용해 폭리를 취하려 하였다.[29] 이들은 TV 시청자들을 타깃으로 아름다운 홍보 동영상을 제작하였다. 홍보 영상은 잔디로 뒤덮인 자연 매

28 「상조회 투자하면 고수익: 수십억 챙긴 일당들」, 연합뉴스TV 2015년 12월 30일자.
29 「수목장 투자하면 고수익 … 날아간 노후자금」, YTN 2015년 4월 21일자.

장지와 그림 같은 연못, 나무 등이 있는 추모공원의 조감도를 보여 준다. 그러나 실제로는 전혀 다른 황량한 모습이었다고 YTN은 전하였다. 기자는 경기도 광주 혹은 이천으로 추정되는 곳에서 다음과 같이 말한다.

> 기자: 수목장이 들어선다고 했던 땅입니다. 하지만 나무들만 덩그러니 심어져 있을 뿐 휑한 모습입니다. 47살 이모 씨 등은 경기도 광주와 이천에 있는 수목장에 투자하면 큰돈을 벌 수 있다며 투자자를 끌어모았습니다. 수목장을 세울 자격 요건도 갖추지 못했고 설립 허가도 받지 않았지만, 곧 허가가 날 거라고 호언장담했습니다. 또 무허가로 산지를 훼손했다 복구명령을 받은 곳을 마치 수목장 조성 공사를 진행 중인 것처럼 투자자들을 속였습니다. 주변에 용인이나 여타 안성에 있는 수목장들의 분양 가격이 계속 오르고 있다는 부분만 강조했습니다. 피해를 본 사람은 50여 명, 금액은 17억 원에 달합니다. 피해자 대부분은 노후 자금을 쏟아부은 중장년층으로 투자금을 돌려받지 못해 생활고에 시달리거나 이혼을 당하는 경우까지 있었습니다.
>
> 피해자: 카드 대출을 받아서 5,000만 원 마련해서 넣었는데 노후에 더 편한 생활해보려다가 구렁텅이에 빠졌어요. 지금은 정말 죽고 싶은 심정입니다.

순진한 투자자들이 상조 산업계를 더욱 복잡하게 만드는 것처럼 보인다. 투자자들은 인간 죽음의 확실성에 의해 뒷받침되는, 환경친화적인 매장법의 전망이 유망하다는 사실을 틀림없이 알고 있었을 것이다.

4) 폭리를 취하는 수의 판매

1970-1980년대 미국과 유럽에서 '메이드 인 코리아' 제품들이 품질 불량이나 노동 착취의 이미지를 강하게 내포하고 있었던 것처럼, 지난 수십 년간 한

국에서도 중국산 제품들이 비슷한 대우를 받아왔다. 예를 들어, 중국산 곡물이나 건채류는 화학적으로 오염되어 국내산에 비해 품질이 떨어지는 것으로 평가된다. 이런 중국 제품에 대한 부정적 인식은 한국의 민족주의와도 얽혀 있다. 이러한 맥락에서, 중국산 수의는 앞 장에서 언급한 바와 같이 장례서비스 산업의 중요한 수익원이다. SBS 뉴스에 하나의 사례가 보도되었다.[30] 중국산 수의를 고급 국산으로 속여 판매해 70억 원이 넘는 피해를 입힌 업계 최고의 상조업체 보람상조의 일부 직원들이 적발되었다. 그들은 또 고객에게 납골당을 소개하고 불법 수수료를 챙겼다. 보도는 다음과 같이 이어진다.

> 기자: 지난 1991년에 만들어져 업계 1, 2위를 다투는 보람상조의 일부 장례지도사들은 유족들에게 비싼 국산 수의를 권했습니다.
>
> 피해자: '남해포'나 '안동포'를 소개하면서 부모님 고생하시고 했기 때문에 가실 때 조금 좋은 옷 입혀 드리라고 ….
>
> 기자: 유족들이 비싼 값에 산 수의는 사실은 중국산이었습니다.
>
> 피해자: '안동포'라고 해서 딱 속아서 그걸 했어요. 중국산 싸구려라는 거 뻔하게 알면서 하겠어요? 안 하지 절대!
>
> 기자: 올 4월까지 4년 반 동안 회원 1만 9,000여 명이 중국산 수의를 속아 샀고, 보람상조는 74억 원의 부당이익을 챙겼다고 경찰은 밝혔습니다. 보람상조는 또, 유족에게 납골당 분양을 알선하고 분양 대금의 30%에서 40%를 납골당으로부터 리베이트로 받아 21억 원을 챙긴 혐의도 받고 있습니다. 보람상조는 일부 직원의 개인 비리일 뿐이라고 해명했습니다.
>
> 보람상조 직원: 장례 행사 시 협력업체 장례지도사와 고객 간에 발생한 일이기 때문에 저희도 정확한 사실관계를 파악한 이후에 회사의 공식적인 입장을 말씀드릴 수 있을 것 같습니다.

---

30 「대형 상조업체 믿고 샀는데 … '싸구려' 수의」, SBS 뉴스 2014년 10월 14일자. MBC는 같은 사건을 조금 다른 시각에서 보도하였다: 「유족 두 번 울린 상조회사 … 중국산 수의 고급 국산 둔갑」, MBC 뉴스 2014년 10월 14일자.

기자: 하지만, 경찰은 본사의 지시가 있었다는 직원들의 진술을 토대로 보람상조 대표 등 임직원 16명과 장례지도사 167명을 사기 혐의 등으로 입건했습니다.

또 다른 TV 보도는 수의 공급 업체의 창고를 수색하는 경찰을 취재하였다. 업체는 수의가 없다고 잡아뗐지만, 경찰은 수의가 든 상자를 발견하였고, 그 안에 든 것은 한 벌에 3만 원에서 5만 원 정도 하는 중국산이었다. 보람상조 측은 "장례 상품 자체가 300만 원, 400만 원짜리 상품인데, 국산 1,000만 원짜리를 어떻게 취급"하냐고 변명하였다. 그러나 보람상조 직원들은 뻔뻔스러운 거짓말로 상품을 선전하였다. '360만 원짜리 상조 상품을 계약한 뒤 490만 원짜리로 전환하면, 국산 명품 수의를 제공한다'고 홍보한 것이다(MBC 뉴스 2014. 10. 14). 이들은 피해자들이 다른 혜택은 전혀 받지 못한 채 100만 원이나 200만 원을 추가로 내도록 부추겼다. 이는 거대 상조업체의 브랜드 가치를 남용해서 고객을 우롱하는 일이 분명하다. 또한, 경쟁이 매우 치열한 산업 내에서 상조회사의 자금을 충원하는 또 다른 방법이기도 하다.

한국인들은 예로부터 삼베로 만든 수의를 사용하였으며, 장례식 때는 고인과 유가족 모두 삼베로 만든 옷을 입었다는 것이 세간의 인식이지만,[31] 전통적인 한국의 장례 의식에서 삼베 수의의 중요성은 논쟁의 여지가 있다. 그러나 한국의 수의에 대해 무작위로 검색하면 삼베로 짠 수의의 중요성이 바로 나온다. 남해읍과 안동시에서 생산되는 남해포, 안동포 등으로 만든 고

31 제6장에서 언급하였듯이, 한국인들은 일제강점기(1905-1945) 이전에는 그 사람의 가장 좋은 옷을 수의로 사용하였다. 삼베로 만든 옷은 한국에서 범죄자들에게 사용되었고 일본 당국은 그것들을 수의로 도입하였다. 이에 대해서는 더 많은 연구가 필요하다. 다음 기사 참조: 「삼베 수의(壽衣)는 전통 아니라 일제 식민지 산물」, 『오마이뉴스』 2007년 5월 4일자.

급 수의 한 벌의 가격대는 천차만별인 것으로 보인다.[32] 일반인들은 고급 제품과 모조품을 구별하기 어렵다. 남해포와 안동포로 만든 고급 수의 한 벌의 가격은 각각 350만 원과 400만-700만 원이다.[33] 안동에서 생산되는 삼베는 특히 내구성이 좋고 땀 흡수와 증발도 빠른 것으로 알려져 있다. 이런 이유로 한국에서는 여름옷을 만들 때 안동포를 최고로 쳤다. '이승에서 실컷 입지 못해 저승까지 입고 간다'는 말이 있을 정도다. 또한, 천 년 동안 썩거나 좀이 슬지 않는다고 하여, 조선시대에는 왕에게 진상되기도 하였다. 윤달에 수의를 사드리면 부모님이 장수한다는 속설도 있다. 안동포 수의 한 벌은 960만 원이 넘기도 한다. 이모 씨(49)는 "정성껏 수의를 준비하는 것도 효도하는 일이라 생각해 이번 윤달에 마련하겠다"고 말하였다.[34]

사실 수의에서 폭리를 취하는 것은 일상적인 일처럼 보인다. YTN 뉴스 기자가 서울에서 유명한 적십자 병원 장례식장을 방문하였다. 병원이 2호 수의를 구입한 가격은 23만 8,000원이지만 판매 가격은 250만 원, 3번 수의의 구입 가격은 10만 6,000원, 판매 가격은 90만 원인 것으로 밝혀졌다. 관의 경우 1만 원짜리를 10만 원에, 9만 6,000원짜리를 60만 원에 판매하였다. 이렇듯 높은 이윤으로 병원 장례식장은 2015년부터 2017년까지 72억 원의 순 수익금을 남겼다. 장례식장 관계자는 '일부 품목들이 높게 잡혀 있지만 2015년에 1개, 2017년에 거의 판매되지 않은 상황'이며, '장의업계에서 보통 따지는 수익률 정도라고 생각'한다고 밝혔다. 이것은 '부정행위'가 일상이 되었다는 것을 의미한다. 직원의 해명은 설득력이 없다. 매출이 적은데 어떻게 그렇게

32 「안동포, 원산지조차 수의 가격 제각각」, 『경북in뉴스』 2012년 10월 31일자.
33 「진짜 삼베수의의 구매방법과 가격을 알려드립니다」, 효수의이야기, 네이버 블로그(2015. 10. 15 게시).
34 「최고급 1벌 960만원 안동포 수의 윤달에 얼마나 팔릴까」, 『연합뉴스』 2017년 6월 16일자.

많은 이익을 냈을까. YTN 기자의 취재가 끝나 갈 무렵, 장례식장 관계자는 "가격을 합리적으로 조정하겠다"고 말하였다. 하지만 나는 '정말 그럴까?'라는 의문이 든다. YTN 기자는 "이 같은 일부 장례식장의 폭리는 어제오늘 일이 아니다"라며 보도를 마무리하였는데, 이는 이런 식으로 고객의 돈을 착복하는 일이 전부터 계속되고 있었음을 의미한다.[35]

묘 이장 사기

풍수는 수백 년 동안 한국인의 삶에서 중요한 원리였다(Yoon 2006). 풍수의 원리 중 하나는 고인이 묻힌 곳이 후손들의 번영, 행운, 불행에 영향을 준다는 것이다. 묘역을 참배하거나 유지할 수 없게 된 경우, 또 묘역이 재개발되는 경우에는 전문 서비스를 통해 이장하게 된다. 당연히 묘 이장은 민감한 작업이며 특별한 주의가 필요하다. 그러나 어떤 이들에게는 묘 이장이 수익 창출의 기회로만 여겨져 업계의 사기 행각이 계속되고 있다. 묘 이장은 남아 있는 유골을 수습하여 새로운 무덤으로 옮기는 작업이다. 어떤 경우에는 유골을 화장한 후 갈아서 그 재를 묻거나 뿌리거나 유골함에 담아 납골당에 보관한다. 이씨는 각각 다른 곳에 흩어져 있던 8기의 조상 묘를 이장하여 가족 묘지에 모시려는 계획을 진행하였다.[36] 그런데 이장하던 날 유골함을 열었을 때 화장도 하지 않은 고인의 유골 일부만 들어 있는 것을 보고 '억장이 무너졌다'.

피해자 이모 씨: 조상님 유골에 손을 대서 그렇게 뼈만 몇 조각 담아서 하관하려

35 「수의값 10배 폭리 … 유족 울리는 적십자 장례식장」, YTN 2017년 10월 20일자.
36 「제주 MBC 리포트: 묘 이장까지 사기」, 제주 MBC 2016년 10월 24일자.

고 했던 게 너무 억울하고, 좋은 데로 모시려고 하다가 이 난리가 나니까 조상님께 너무 죄송하고 ….

이씨는 지인으로부터 소개받은 상조회사에 8기의 묘지를 가족 묘지로 이장해달라고 부탁하고 500만 원을 지불하였다. 그런데 인부들은 유골을 파낸 후 화장장에도 가지 않은 채 작은 뼛조각들만 골라 묻으려 하였다. 후손들이 항의하자 이들은 트럭에 숨겨둔 나머지 유골을 꺼냈다. 이들은 경찰의 조사를 받았다.

앞서 지적하였듯이, 일부 묘지는 공공 기반 시설을 건설하거나 아파트를 건설하기 위해 재개발되기도 한다. 개발업자가 묘역에 있는 고인의 후손들에게 안내문을 보내면 오랫동안 방치된 묘역의 '주인'들이 모습을 드러낸다. 예를 들어, 평택시의 한 개발업자가 이처럼 택지 개발을 진행하려 하자 102개 묘역의 후손이라며 10명의 사기꾼이 몰려들어 보상을 요구하는 일이 발생하였다.[37] 이들은 허위 연고자를 모집하거나 직접 연고자 행세를 하고, 인우증명서와 위임장을 허위로 작성하였다. 이들이 챙긴 보상금은 1인당 1,500만 원에서 1억 3,000만 원까지 다양하였다. 총 3억 2,000만 원의 보상금을 부당하게 착복한 것이다.

윤달에 수의를 사면 복을 받는다는 속설과 마찬가지로, 윤달에 묘를 이장하면 후손들이 복을 받는다는 속설도 있다. 이러한 관습을 미신이라고 생각하는 한국인들도 여전히 '복'을 추구하며, 이를 믿는 사람들은 관습을 엄격하게 따르고 자신의 삶이 실제로 이에 좌우된다고 믿는다. 조상을 화나게 해서 좋을 게 없다는 생각으로 관습을 지키는 사람들도 있다. 2014년 음력 9월

---

37 「"조상 묘인데 …" 분묘이장보상금 챙긴 사기 일당」, 연합뉴스TV 2015년 11월 4일자.

의 윤달은 182년 만에 찾아온 드문 기회였다. 전례 없이 많은 '후손'들이 묘 이장에 몰려들었고, 그러자 사기가 급증하였다. 이에 대해 언론은 네 가지 유형의 사기를 보도하였다.[38] 첫째, 상조업계가 윤달을 조상 묘 이장과 그에 따른 '복'을 받을 특별한 기회로 홍보한다. 많은 사람이 하나의 서비스를 받기 위해 몰려들면, 이를 이용해 정당하지 못한 이익을 얻으려는 사기꾼들이 생겨나게 마련이다. 둘째, 고객이 많아 화장장 서비스를 받기 위한 대기 시간이 길다. 일부 업체는 화장터가 아닌 임의의 장소에서 불법 장비를 사용하여 유골을 불법적으로 처리한다. 셋째, 윤달에는 화장된 유골을 담을 유골함의 가격도 치솟는다. 일단 이장이 시작되면, 예상을 뛰어넘는 가격을 불러도 받아들일 수밖에 없다. 넷째, 같은 봉안당이라도 단의 높이와 접근성에 따라 다양한 수준의 '급'이 있어서 이를 이용해 이익을 취한다.

6. 상조 산업의 자정 노력과 상조 피해자 지원을 위한 다양한 대응

공정거래위원회에 따르면, 상조 서비스 관련 피해 상담 건수는 2013년 1만 870건, 2014년 1만 7,083건, 2015년 1만 1,779건으로 집계되었다.[39] 앞 장에서 논의한 바와 같이, 상조 산업의 전반적인 모습은 성장과 사기, 몰락이라는 말로 요약될 수 있다. 이는 유족에게 고통을 주고 여기에 드는 사회경제적 비용도 높다. 상조업체가 337개로 정점을 찍은 2010년까지 이러한 현상이

38 「노정호 사무총장 사건반장출연_분묘이장사기」, 노정호, 유튜브(2014. 10. 28 게시).
39 「고인 가족 두 번 울리는 부실 상조」, 『한경비즈니스』 2017년 10월 5일자.

지속되었는데, 상조업체의 수는 2012년에 307개로 감소하였다. 그러나 이 기간 동안 상조 회원은 275만 명에서 351만 명으로 증가하였다. 선납 보험료도 1조 8,555억 원에서 2조 4,676억 원으로 증가하였다. 월 보험료를 상조공제조합이나 은행에 예치하는 법정 보전비율도 2011년 20%에서 2012년 30%, 2013년 40%, 2014년 50%로 높아졌다.[40] 그러나 2013년 3월 기준으로 보전금을 예탁하지 않은 기업이 27개 사(8.8%)였다. 보전비율이 1-10%인 업체가 18곳(5.9%), 11-20%와, 21-29%인 업체는 각각 25곳(8.1%)과 18곳(5.9%)이었다. 납입 보험료의 법정 보전비율이 증가하면서 부실기업이 많아서 소비자에게 피해를 주었지만, 이는 재정적 능력이 떨어지는 업체를 '퇴출'하는 과정이었다. 즉, 상조업계에도 적자생존이 적용되는 것이다. 문재인 정부 시절 서울시와 금융감독위원회는 고객이 상조업체에 보험료를 납입하는 즉시 적정 비율을 은행에 예치하게 하는 '실시간 확인' 서비스를 도입하였다. 이는 고객이 직접 상조업체의 행태를 감시할 수 있도록 한 것이다. 그러나 대부분 60세 이상인 회원 중 많은 수가 인터넷 금융거래를 어려워하기 때문에 실효성이 적었다.[41]

이제, 최근 몇 년간 상조업체와 소비자 및 다른 부문에서 상조 고객을 돕기 위한 어떤 움직임이 있었는지 살펴볼 차례이다.

1) 무책임한 상조업체, 그러나 개선을 위한 노력

제대로 조직되지 않은 상조업체들이 고객 피해를 계속 늘리는 동안 상조공제조합은 이를 막기 위해 최선을 다하고 있지만 사회의 요구에는 턱없이

40 「봄바람 타고 '상조 대란' 먹구름 몰려온다」, 『위클리서울』 2013년 3월 8일자.
41 「김상조 공정위, 상조피해 막을 대책 세워라」, 『시장경제신문』 2017년 6월 27일자.

부족한 실정이다. 법 제도를 통한 지원이나 통제가 미흡한 것도 문제의 일부다. 예를 들어, 상조회사가 심각한 재정적 어려움에 처해 있다면, 정부가 적절히 개입할 필요가 있을 수 있다. 총자산 기준 10위의 장례 서비스 기업인 국민상조는 2015년 6,000억 원이 넘는 막대한 부채를 안고 급속한 재정 악화를 겪고 있었다. 자금난 속에서도 2014년 3억 원이었던 광고비를 2015년 9억 원으로 늘리는 등 무모한 행보를 보였다. 회사는 결국 2016년 7월 5일에 파산 선고를 받았다.[42] 동아상조[43]와 한라상조[44]의 사례에서처럼, 상조회사가 망해도 고객의 이익을 보호하기 위해 대표이사가 지는 책임은 최소한의 수준에 불과한 것으로 보인다. 그도 그럴 것이, 상조회사 대표들은 주로 불량한 사업 활동을 통해 폭리를 취하는 것에만 관심이 있기 때문이다.

지난 수십 년간 벌어진 상조회사들의 횡령과 그에 따른 고객 침해는 어떤 식으로도 용납될 수 없다. 그러나 새로운 종류의 사업 활동은 기존의 것과 공통점이 있을 수 있지만 여러 면에서 나름의 고유한 영역을 지니고 있다. 더욱이, 새롭게 개발되고 있는 사업은 실험실과 같은 폐쇄된 환경과는 달리, 개방적인 시스템이라는 주어진 맥락에서 가능한 최선의 활동을 모색하고 있다. 정부는 상조 산업을 통제하기 위해 노력해 왔지만, 상조업계는 미지의 영역에서 길을 개척하며 수익을 올리는 다양한 방법을 시도하고 있다. 따라서 상조 산업은, 특히 정부 규제가 여전히 불완전한 상황에서, 경쟁이 치열한 사업 환경에서 살아남기 위해 정부 규제를 종종 무시해 왔다(『위클리서울』 2013. 3. 8). 예를 들어, 고양시에 있는 유일추모공원은 묘지 시설을 확장해서는 안 된다

42 「국민상조 공제계약 해지 공지 한 달 후 보상 예정」, 『상조장례뉴스』 2016년 7월 14일자.
43 「동아상조 피해자입니다」, 『상조장례뉴스』 2017년 3월 3일자.
44 「한라상조피해자대책협의회, 한라를 검찰에 고발키로 잠정 합의」, 『상조장례뉴스』 2007년 7월 11일자.

는 법원의 명령을 받았고, 추후 통지가 있을 때까지 납골기 분양을 금지한다는 판결을 받았다. 공원의 방문객에게도 이 사실을 알리기 위해 입구에 안내판을 설치하도록 하였다. 그러나 공원 측은 법원의 명령을 숨기고 분양 요청을 계속 받았고, 공원의 영업은 계속되었다. 일부 상조 영업사원은 법원의 판결을 알면서도 공원 측으로부터 임금과 리베이트를 받기 위해 영업을 계속하였다.[45]

분명, 상조 산업의 주요 업무 중 하나는 가능하면 (산 사람들의 눈에) 위로가 되는 방식으로 유족이 고인과 작별할 수 있도록 돕는 것이다. 그러나 상조회사의 고객은 고인이 아니라 유족이며, 이들을 이익을 위해 조작하고 이용하는 대상으로만 보는 것 같다. 그러니 고객과의 계약을 다른 회사에 팔기도 하는 것이다. 폐업하는 기업들은 고객에게 알리지도 않고 고객 정보를 판매하지만, 이를 '구매'한 기업들은 고객의 보험료를 통해 미래의 금전적 이익만을 볼 뿐, 고객이 입는 금전적 피해는 챙길 의사가 없다.[46] 앞서 논의한 또 다른 사기 유형은 '보험료만 받고 튀기'였다. 2010년 정부의 엄격한 상조 산업 통제하에 상조업체의 수는 400개에서 300개로 줄었다. 많은 회사가 매각되고 파산하여 약 30만 명의 고객이 오도가도 못하는 상황이 되었다.[47]

2016년 8월 12일 기준으로 2년간 60건이 넘는 '먹튀 상조' 사례가 발생하였다. 회사는 피해 고객의 연락도 받지 않았고 웹 페이지도 차단하였다. 고객 피해를 보상하기 위해 보험료의 50%를 징수하는 한국상조공제조합(KMACA)에도 연락이 닿지 않았다. 이러한 문제가 계속되자 두 상조공제조합은 부정

45 「유일추모공원, '분양금지 판결' 숨기고 사기 분양」, 『시사상조뉴스』 2015년 3월 11일자.
46 「AS상조 사태로 본 상조업계 이상한 M&A 추적」, 『일요시사』 2015년 5월 22일자.
47 「'돈을 갖고 튀어라' … 헬스·요가·상조업체 야반도주 속출」, 『국민일보』 2013년 8월 19일자.

행위나 사기, 부도로 피해 본 고객을 구제하기 위해 '안심서비스'(상조피해 대체 서비스)를 도입하였다. 이 서비스의 핵심은 상조업체의 파산이나 폐업으로 피해가 발생한 소비자가 보상기관으로부터 '50%의 보상금'을 수령한 후, 상조공제조합이나 주요 은행이 지정한 상조회사에 그 돈을 지급해 고객이 당초 계획한 장례 서비스를 받을 수 있도록 하는 것이다. 보험료를 완납한 고객의 경우, 원금의 40%인 피해 보상금만 부담하면 기존의 상품과 유사한 장례 서비스를 받을 수 있다. 납입 기간이 끝나지 않은 고객의 경우에는 잔여 회비를 납부해야 한다.[48] 그러나 대한장례인협회는 추가 비용이 분명히 발생할 것이라고 주장하였다. 대한장례인협회는 상조공제조합의 보상 정책에 대해 비판적인 입장을 보여 왔다.[49] 50% 보상은 진정한 보상이 아니며, 소비자를 위해서가 아니라 자신들의 피해를 줄이기 위한 졸속 행정일 뿐, 이들이 하는 일은 '삼류 코미디쇼'에 불과하다는 것이다. 이들은 또 '안심서비스는 고객이 아닌 상조공제조합만을 위한 것'이라며 공제조합이 비윤리적이고 고객을 배려하지 않는 상조 산업의 근본적인 문제를 방치하였다며 비난하였다(대한장례인협회 웹사이트 2016. 8. 12).

사실 상조공제조합의 실제적인 기여와 역할에 대해서는 이미 논의한 바와 같이 계속해서 의문이 제기되고 있다. 예를 들어, 고객 보험료의 50%에 해당하는 1조 2,000억 원 규모의 상조 예치금의 행방이 묘연하였다. 게다가, 한국상조공제조합은 2015년에 102억 원의 손실을 기록하였다. 장득수 한국상

48 「상조보증공제조합, '상조피해 대체 서비스' 시행」, 『상조장례뉴스』 2013년 8월 27일자.

49 「삼류코미디 하는 한국상조공제조합」, 대한장례인협회 웹사이트(2016. 8. 12 게시). 안심서비스의 주요 요소에 대해서는 다소 다른 보도가 있는데, 예를 들어 계약 기간 동안 납입금을 전액 납부한 고객은 애초에 구매한 상품에 대해 더 이상의 납입금을 내지 않는다. 다음 기사 참조: 「100% 장례서비스 보장 '안심서비스' 시행」, 『시사IN』 2016년 8월 12일자.

조공제조합 이사장은 2016년 국정감사에서 연봉을 알려달라는 요청을 받자 2억 2,000만 원이라고 말하였다. 장 이사장은 또 2015년 102억 원의 손실로 피해를 본 고객이 얼마나 되냐는 질문에 "고객과는 직접적인 관계가 없다"고 대답하였다. 어떻게 관계가 없을 수 있는가? 비록 상조공제조합의 이사장들이 국정감사에서 자신들의 행동에 대한 질문 세례를 받았지만,[50] 개별 상조업체가 상조공제조합을 재정적으로 뒷받침하는 한 이들이 실제로 할 수 있는 일은 매우 제한적일 수밖에 없다. 상조공제조합이 어려움에 처한 상조 고객에게 보상해 줄 여력을 확대하기 위해 그간 노력해 왔다는 사실에는 의심의 여지가 없다. 신동구 상조보증공제조합 대표도 윤리적 마케팅을 위한 워크숍을 개최하는 등 상조 산업 안정화를 위해 노력하고 있다.[51]

2) 소비자 지원 및 관계 개선을 위한 움직임

위에서 살펴본 바와 같이, 상조업체들의 비윤리적인 사업 행태는 다양하다. 1,800명의 상조 서비스 피해자들이 2016년 6월 변호사를 선임하여 AS상조 대표 5명을 상대로 춘천시에서 소송을 제기하였다. 이들은 소장에서 AS상조가 상조공제조합에 상당수의 고객을 누락하여 등록하고 고객 보험료를 횡령해서 영농 법인을 만들고 부동산에 투자했다고 주장하였다.[52]

한편, 상조 피해자를 돕는 방법에도 괄목할 만한 발전이 있었다. 예를

50 「한국상조공제조합 담보비율 5년 내에 18%까지 상향?」, 『시사상조뉴스』 2016년 10월 12일자.

51 「상조 표시·과장광고 세미나 개최」, 『시사경제뉴스』 2017년 9월 7일자.

52 「AS상조 피해자 1000여명, 13억 7천여만원 배상소송」, 『일요신문』 2015년 6월 23일자; 「강릉서 등록 취소된 AS상조 피해자 … 대책위 구성」, 『연합뉴스』 2015년 5월 21일자.

들어, 몇몇 '소비자 단체'는 상조 피해자들이 너무 많아지자, 이들의 권리를 보호하기 위해 자율분쟁조정위원회를 중심으로 모여 상조회사들에 대한 소송을 제기하기 위해 원고인단을 모집하였다(자율분쟁조정위원회 웹사이트). 참여하고자 하는 피해자는 인지대와 송달료 부담분을 포함하여 1만 원만 내면 소송에 참여할 수 있었다.[53] 이러한 선의의 노력이 어떤 결과를 낳았는지는 보지 못하였다. 상조업계의 문제점에 대한 전문가들의 의견은 현재와 같은 상황에서 고객에게 피해를 주는 문화가 가까운 시일 내에 해결되지는 않을 것으로 보고 있다.[54] 한국노년복지연합은 상조 고객의 피해를 최소화하기 위한 최선의 방법은 상조 상품의 종류와 각각의 비용을 공시하여 합리적인 상조 비용을 합의하는 것이라고 주장하였다(한국노년복지연합 웹사이트). 복지연합은 선불식 할부 서비스 상품이 너무 많은 문제를 일으켰으니 후불식 서비스를 도입하는 것도 고려해야 한다고 제안하기도 하였다.

상조공제조합이 제안한 서비스와 유사하게, 비영리단체인 한국금융소비자연맹(KFCF)도 상조 고객에게 이익이 되는 유용한 조치를 취한 것으로 보인다. 이 조치의 핵심은 회사가 파산해도 애초에 가입한 상조 서비스를 받을 수 있도록 하는 것이다. KFCF는 상조공제조합 및 한국의전협동조합(후불 상조회사), 한국장례협회와 같은 일부 상조회사들과 긴밀히 협력하였다(한국의전협동조합 웹사이트; 한국장례업협회 웹사이트). 이 회사들이 이익을 덜 보더라도 공공의 이익을 위해, 특히 상조 피해자들을 대변하여 KFCF가 협상할 수 있었을 것이다. 한국노년복지연합도 한국표준장례문화원(KSFCL)과 함께 피해 고

---

53 「소비자단체 뭉쳐 상조피해자 구제」, 『파이낸셜뉴스』 2013년 8월 17일자.

54 「본인이 가입한 상조회사, 폐업사실도 몰라 … 피해 키워」, 『밝은미래뉴스』 2016년 8월 10일자.

객 보호 방안을 모색하였다(한국표준장례문화원 웹사이트). 『밝은미래뉴스』의 보도에 따르면, 한국표준장례문화원은 그동안 소외계층을 위한 무료 장례 서비스를 제공하였으며 합리적인 장례 비용 책정을 위해 노력해 왔다(『밝은미래뉴스』 2016. 8. 10). 한국표준장례문화원은 후불식 서비스 제공 업체로, 고객에게 혼란을 주고 선불식 할부 거래 사업에 부정적인 영향을 미친다고 하여 선불 상조업계를 대변하는 언론에 의해 그간 부정적으로 묘사되었다.[55] 아름씨에스는 KSFCL과 유사한, 건전한 장례 문화를 추구하는 또 다른 비영리 서비스 제공 기관이다(아름씨에스 웹사이트). 선불식 서비스와 후불식 서비스의 핵심적인 차이점은 선불식 서비스는 상조회사가 서비스를 제공하기 전이라도 보험료를 징수할 수 있지만, 후불 서비스 회사는 서비스가 제공된 후에만 수수료를 징수할 수 있다는 점이다. 업계에는 확실히 선불식 서비스가 유리하며, 후불식 서비스가 한국 시장에 안착할지는 아직 불분명하다. 장례 서비스, 교육 지원, 일자리 창출, 나눔 등을 통해 소외계층을 지원하는 한국 전통 상조의 정신을 계승한 JH협동조합도 주목할 만하다.[56] 이는 비록 영향력이 미미할지라도 이익만 추구하는 상조회사들의 행태에 대항하는 방법이기도 하다.

피해 고객을 돕기 위한 이러한 노력은 지난 수십 년간 암울하였던 한국의 상조 산업 환경 속에서도 인상적이다. 상조 산업에 대한 내부, 외부, 정부 그리고 그 이상에 의한 비판적인 논평에도 불구하고 말이다. 예를 들어, 제6장에서 논의된 동아상조 몰락 당시 한국상조공제조합은 220억 원을 들여 피해 고객에게 보상하였다. 그러나 동아상조가 조합에 예치한 금액은 50억 원

---

55 「언론플레이 한국표준장례문화원, 상조업계 질서 무너뜨려」, 『상조장례뉴스』 2017년 10월 16일자.
56 「JH협동조합, 나눔장례서비스」, 『상장례산업뉴스』 2016년 4월 25일자.

에 불과해, 조합은 170억 원의 손실을 보게 되었다.[57] 물론 비윤리적인 사업 활동에 대한 처벌도 중요하지만, 기업의 몰락에 어떻게 대처하는지, 특히 어떻게 고객을 보호하는지는 업계에 대한 고객의 신뢰를 구축하고 장기적으로 산업의 안정을 위해 필요한 중요한 문제이다.

상조 피해 고객과 상조업체 간의 조정이 포함된 자율분쟁조정위원회(AMC)의 업무에도 주목할 필요가 있다(자율분쟁조정위원회 웹사이트). AMC는 한국소비자단체협의회의 실무위원회이다(한국소비자단체협의회 웹사이트). AMC 위원은 법조인과 교수 등 학계의 인사를 포함, 2016년 11월 현재 36명으로 구성되어 있다. 이들은 분쟁 당사자들 간의 화해를 주선한다. 위원장인 변웅재 변호사는 사소한 피해라도 처리해 주고 분쟁 해결에 도움을 주는 일에 대한 자부심을 밝혔다.[58] 그가 다룬 몇 가지 기억에 남는 사건들은 다음과 같다.

> 변웅재: 한 할머니가 상조 상품에 가입하면서 '사은품'을 받았습니다. 할머니와 상조회사 대표가 조정에 참석했습니다. 일단 그 문제가 해결되자 할머니는 안심한 듯 눈물을 흘렸습니다. 분쟁을 중재하면서, 저는 가끔 왜 그렇게 작은 돈을 가지고 싸우고 있는지 의문이 들 때가 있었습니다. 문제는 감정을 어떻게 풀어주느냐라는 걸 이제는 압니다.
> 한 고객과 대기업 사이의 분쟁을 조정하는 상황이 있었습니다. 고객이 불만을 제기하자 대기업에서는 공식적인 사과 편지를 보냈습니다. 그러자 그 고객은 보상 청구를 취소했습니다. 이 특별한 조정 사례 이후 그 회사는 고객 지원 정책을 크게 개선했습니다. 고객의 불만을 통해 인터넷 구매 절차에 존재했던 문제를 해결할 수 있었습니다. 이 일은 더 큰 문제를 예방할 수 있었던 좋은 사례가 되었습니다.

---

57 「동아상조 피해자 보상 계속 … 상조서비스 안심지킴이 될 것」, 『중앙일보』 2015년 11월 18일자.
58 「변웅재 위원장 인사말」, 자율분쟁조정위원회 웹사이트(2017. 12. 5 접속).

분쟁은 인간의 상호작용에서 발생하기 마련이다. 시민 사회의 선진화와 상관없이 문제는 계속 발생할 것이다. 근대화와 새로운 종류의 사회 이슈 및 문제 사이의 불일치는, 특히 빠르게 변화하는 사회에서 계속해서 만연할 것이다. 무엇을 해야 하고 어떻게 문제를 해결해야 할지가 관건이다. 규칙과 규정이 그러한 문제를 다 해결할 수는 없다. 그러나 당사자들이 서로 소통하고 경청하려는 태도를 가진다면 해결의 가능성은 분명히 커진다(Dobson 2014). 게다가, 애초에 다른 이들의 필요를 고려하지 않는, 이기적인 사업 윤리를 피하는 노력이 있다면 갈등은 훨씬 줄어들 것이다. 이는 시민 의식의 문제이며, 한국 사회가 진정 의미 있는 방향으로 나아가기를 원한다면 시급히 공론화하고 연구해야 한다.

『한경비즈니스』에 보도된 상조 산업의 현황에 대한 설명으로 이 장을 마무리 짓고자 한다.[59]

> 지난 30여 년간 장례 상품을 중심으로 성장해 온 상조 산업이 안정화 단계에 들어섰다. 최근 몇 년간 업체 수는 감소 추세지만 상조회사 납부금인 선수금 규모와 가입자가 해마다 늘고 있다. 특히 선수금 100억 원 이상인 대형 업체를 중심으로 시장이 재편되는 분위기다. 더욱 탄탄한 상조회사에 가입하려는 고객 욕구로 대형 업체로의 쏠림 현상이 나타난다. 상조업계 관계자들은 시장 논리에 따라 자체적인 구조조정 속에서 상조 산업이 서서히 자리 잡아 가는 과도기라는 해석을 내놨다.
> 공정거래위원회(공정위)는 올해(2017년) 6월 자료를 제출한 상조회사 174곳을 분석해 '2017년 상반기 선불식 할부거래업(상조업) 주요 정보 공개'를 발표했다. 이 자료에 따르면 상조업체 가입자는 483만 명, 선수금 규모는 4조 2,285억 원을 기록했다. 상조업계의 총자산은 3조 9,202억 원으로 지난해보다 3,329억 원

59 「가입자 480만시대 연 상조시장, 구조조정 '성장통'」, 『한국비즈니스』 2017년 9월 29일자.

증가했다. 자산 대비 부채비율은 111.6%로 지난해보다 줄었고, 지급 여력(고객에게 받은 선수금 대비 상조회사 자산비율)은 90%로 증가했다. 선수금은 1,500억 원 늘어 총 4조 2,285억 원이었다. 이 중 절반 정도인 2조 1,376억 원은 공제조합·은행·지급보증을 통해 보전되고 있다. 58곳이 공제조합에 가입했고 110곳이 은행에 예치했다.

상조회사는 2012년 이후 점차 감소하는 추세다. 공정위에 등록된 상조업체는 2014년 253개, 지난해 195개, 올해 6월 176개로 하향 그래프를 그리고 있다. 업계 관계자들은 상조업계가 최근 들어 성장 정체기를 맞은 가운데 빈익빈 부익부 현상을 겪고 있다고 지적한다. 대형 업체는 더욱 성장을 가속화하고 있고 소형 상조업체 폐업률이 높아지는 상황이기 때문이다. 실제로 지난 6개월 동안 21곳이 문을 닫고 폐업 처리했다. 가입 회원이 1,000명 미만인 곳이었다. 업체 간 과도한 경쟁과 업종 자체의 수익성 악화가 주요 원인이라는 지적이다.

업체 수는 줄고 있지만 상조업체의 재무 건전성은 전반적으로 개선되는 분위기다. 특히 대형 상조업체가 회원 수와 선수금 증가를 견인하고 있다. 올 상반기 선수금을 100억 원 이상 보유한 대형 상조회사는 가입 회원이 50만 명 증가했고, 선수금은 1,853억 원 늘었다. 가입자가 5만 명 이상인 업체는 23곳으로 전체의 13.1%를 차지했다. 이들 23곳에 가입한 회원은 398만 명이다. 전체 회원 483만 명의 82.4%가 대형 업체에 몰려 있는 셈이다.

최근 수년간 중대형 상조업체의 잇단 도산으로 시장 전체가 어려움을 겪었다. 고객은 폐업 후 환급금을 지급받기 위해 발을 동동 구르기도 했다. 상조업계의 고객 빼앗기, 대량 해약 등은 업계 신뢰도 악화로 이어졌고 공정위에서는 상조시장에 칼날을 겨누기 시작했다. 결국 지난해 1월 설립 최저 자본금을 3억 원에서 15억 원으로 올리고 외부 회계감사를 의무화하는 등 할부거래법 개정안을 시행했다.

상조회사는 다양한 어려움을 겪으며 불황을 극복할 방안을 찾았다. 장례식 상품을 판매하며 수익을 창출하는 데 국한하지 않고 신사업에 투자하며 미래 먹거리 발굴에 나섰다. 지난해에는 줄기세포 보관, 크루즈 여행 상품이 히트했다. 크루즈 상품은 상조 가입자가 장례 상품을 선택하지 않을 때 적립금으로 크루즈 여행을 갈 수 있도록 한 것이다. 자녀들이 부모님 환갑이나 칠순 때 효도 여행을 보내드릴 목적으로 가입하는 일이 많다는 후문이다.

이 느리지만 꾸준한 상조 산업의 질적 향상은 소비자의 비교적 긍정적이고 만족스러운 서비스 이용 경험으로 이어질 가능성이 높다.

7. 맺음말

이 장을 준비하는 과정에서 현재 한국의 1인당 GDP가 3만 달러에 육박하고 있음에도 불구하고 상조 고객은 300만-500만 원의 목돈을 감당하기가 부담스러울 수 있다는 것을 알게 되었다. 애당초 400만 명 이상의 한국인이 상조회사에 가입해 월 3만-5만 원의 보험료를 내는 이유이다. 이는 우리나라 인구 대다수에게 적지 않은 액수지만, 상조 서비스 업체는 한 달에 한 번 수입을 얻을 수 있으니, 회사 소유주가 횡령의 유혹에 빠지기 쉽다. 새로운 유형의 사기가 계속 발생하겠지만, 상조업계에 마침내 더 나은 기업 윤리가 정착하고 있는 것 같아서 안심이다. 시민 의식이 성숙할수록 천민자본주의의 생존 가능성은 점차 줄어들 것이다.

상조 회원들은 체계적인 규제의 부재가 야기한 비윤리적인 사업 행위와, 폭리를 일삼는 상조 직원들로 인해 많은 고통을 받아 왔다. 그러나 이들이 가치 있게 여기고 실천하고자 하는 것은 유구한 효의 문화이며, 이야말로 계속해서 사업을 통해 수익을 낼 수 있는 원동력이 될 것이다. 이제 막 첫걸음을 뗀 업계와 정부, 고객들의 협업이 합리적인 비용으로 부끄럽지 않은 장례를 치르는 법을 찾는 일에 결실을 볼 수 있을 것이다. 효를 어떻게 하면 가장 잘 표현하고 행하는가에 대한 논쟁은 새로운 것이 아니며, 효와 소모적인 의례 사이에서 어떻게 균형을 맞출 것인가에 대한 논쟁 역시 수십 년 동안 지속되어 왔다. 박정희 대통령은 심지어 「가정의례준칙」을 도입하기도 하였다. 박정희 정권 이후 한국인의 삶의 속도는 크게 달라졌지만, 효를 표현하기 위한 소비 문화와 전통 의례는 21세기에도 계속되고 있으며 당분간 지속될 가능성이 높다(Sorensen and Kim 2004).

제8장

매장, 화장장, 납골당: 사후세계에서의 사회적 지위와 부

전해 내려오는 말에 따르면, 탄필드(Tanfield) 여사는 남편이 웨스트민스터 사원(Westminster Abbey)에 묻히지 않은 것에 격분하였다고 한다(Gittings 1997: 30).[1]

1. 서론

인류는 역사의 특정한 순간과 상황에 따라 그들만의 독특한 방식으로 죽은 자를 처리하고 추모하는 바람직하고 특권적인 방법을 만들어 냈다. 특정 시점과 특정 문화에서 바람직한 방법은 동일한 시대의 다른 문화에서 다르게 이해될 수 있다. 한국은 산업화와 도시화가 진행된 지난 반세기 동안 장례 방식이 전신 매장에서 화장으로 점차 바뀌었다. 1971년에는 7%, 1980년 13.9%, 1990년 17.5%, 그리고 2016년에는 82.7%가 화장을 선택하였다(천선영 2003; 이필도 외 2015).[2] 이러한 변화는 주로 '죽은 사람을 묻기 위해 작은 땅을 소비하는 것'에 대한 대중의 우려에 기인한다. 매장률이 감소하는 동안 시신을 처리하는 다른 방법이 급증하였고, 새로운 관행을 둘러싼 새로운 문화와 전통에 더해, 관련 시설의 부족, 호화로운 추모 방식, 불법적인 묘지, 환경 파괴 등 새로운 우려도 생겨났다(신재주 2007: 226). 이 장은 화장터, 봉안당, 자연장/수목장과 같이 매장과 관련하여 발생하는 일을 다루는데, 이는 고인 및 유족의 계급과 지위에 관련된 주제이다. 이 장에서는 다양한 시신 처리 방법

1 기팅스(Gittings)의 책 한 장에는 추모에 대한 약간의 논의가 들어 있다.
2 「지난해 전국 화장률 82.7% … 서울·경기·부산은 화장로 '부족'」, 『한겨레』 2017년 12월 7일자.

이 상업화되는 정도와, 그 속에서 고인이 살아 있을 때의 사회적 지위와 부를 어떤 식으로 표현하는지를 탐구한다.

한국에서 시신 처리와 추모 방식은 지난 30년 동안 급격한 변화를 겪었다. 장례의 마지막 단계에서 보이는 일반적인 특징은 무엇인가? 앞서 논의하였듯이, 현재의 장례와 관행에는 매장, 화장, 추모와 밀접하게 관련된 뚜렷한 특징이 많다. 이 장은 이들의 상업화와 현대화의 측면에 집중할 것이다.

2. 배경 정보

다음은 한국소비자원이 2014-2015년에 화장장과 봉안당 및 자연장 서비스 이용자 790명을 대상으로 실시한 설문조사이다(이기헌 2015: 61-62). 이를 통해 독자들에게 이에 대한 폭넓은 맥락을 제시하고자 한다. 이용자 중 40%는 일반·대형 병원에 속한 장례식장을 이용하였고, 29.7%는 전문 장례식장을, 23.5%는 중소 병원을, 0.4%는 기타를 이용하였다. 장례 기간은 사망 후 추모일까지 3일(88.1%), 4일(7.1%), 5일(4.0%), 기타(0.7%) 순으로 집계되었다. 화장과 전신 매장 중 77.3%(494명)가 화장을, 22.7%(145명)가 매장을 선택하였다. 시신을 매장한 145명의 응답자 중 80.0%(116명)가 사유지에 있는 '개인 또는 가족' 무덤을 사용하였고, 11.7%(17명)가 공립 묘지에, 8.3%(12명)가 사설 묘지에 있는 무덤을 사용하였다.

화장을 선택한 494명 중 74.5%(368명)가 건물 내부의 봉안당을 사용하거나 유골함을 매장하였고, 23.7%(117명)가 나무 주변에 유골함을 묻는 자연장을 택하였으며, 1.8%(9명)는 유골을 야외에 뿌리는 산분장을 택하였다. 산분

표 8-1 장사 비용(장례 및 장묘) 실태 (단위: 명, 만 원)

구분	사례 수	총 비용	장례 비용	장묘 비용
전체 이용자	630	1,380.8	1,013.8	367.0
화장 이용자	480	1,327.6	989.0	338.6
매장 이용자	145	1,558.0	1,096.0	462.0

자료: 이필도·김미혜(2009) 참조.

장을 택하지 않은 485명의 참가자 중 38.7%는 공립 추모 시설을 사용하였고 61.3%는 사설 추모 시설을 사용하였다(61쪽). 보고서에 따르면, [표 8-1]에서 볼 수 있듯이, 630명의 설문 참가자가 전신 매장과 자연장/납골당에 따른 장례식 비용과 추모 비용에 대해 답변하였다(이필도·김미혜 2009).

이전 장에서는 고객의 불만을 야기한 장례 산업의 몇 가지 측면에 대해 논의하였다. 한국소비자원의 조사보고서에는 다음과 같은 소비자 불만 사항이 열거되어 있다. 조사 참가자 790명 중 75.2%(594명)가 피해를 보았다.[3] 피해 내용은 장례식장에서 장례용품이나 서비스 강매(56.5%), 장례용품 및 서비스의 품질(21.8%), 장례 전문가의 팁 요구(21.7%) 등이었다. 곧 소개될 이와 비슷한 보고서와 몇몇 연구가 이미 이 책에서 논의된 바 있는 우려 사항을 다루고 있다. 이 책에서 다룬 언론 보도에 대한 분석과 현지 조사(에필로그 참조)가 이에 대한 더 통찰력 있고 자세한 설명을 제공할 수 있기를 바란다.

3 일부 참여자들은 한 가지 이상의 불만을 가지고 있었다.

3. 문헌 검토

화장은 20세기 초 일본과 유럽 등 세계의 다른 지역에서 더 일반적으로 사용되었다. 어떤 지역은 다른 곳보다 화장을 채택하기가 더 쉬웠다(Jupp et al. 2017; Suzuki 2002; Danely 2014). 지난 30년간 한국에서 시신을 처리하는 방법에 주목할 만한 변화가 일어났는데, 바로 매장에서 화장으로의 전환이다. 이에 따라 화장된 유골을 나무 주위에 뿌리거나, 나무 밑에 묻거나, 유골 단지를 나무 근처에 묻는 경우가 많아졌으며, 이를 자연장 또는 수목장이라고 한다(이삼식 외 2005).[4] 또한 봉안당도 많이 지어졌다. 2015년 기준 전국의 봉안당은 280개로 총 257만 기의 유골함을 수용할 수 있다. 1970-1980년대에는 매년 서울 여의도 면적과 비슷한 규모의 땅을 매장 목적으로 사용하는 데 대한 국민적 우려가 제기되기도 하였다. 제한된 국토가 점점 더 낭비되는 것에 대한 논쟁은 1990년대 중반 정점에 도달하였다. 매장, 화장, 추모에 관한 많은 연구가 한국어로 출판되었다. 첫 번째 유형의 연구는 관련 규정의 분석 또는 다양한 장례 서비스 사용자에 대한 경험적 조사를 통해 최근 사망자의 매장과 관련된 규정에 초점을 두고 있다. 두 번째 유형은 주로 현재의 관행에 대한 사회문화적 비판이다.

첫째, 장례와 최근 사망자의 매장에 대한 대부분의 학술적 연구는 현재의 문제를 해결하기 위한 입법 및 정책적 요구에 초점을 맞추고 있다(이삼식 외 2005; 정민자·김명희 2001; 고창현 2001; 나달숙 2007, 2008; 임경수 외 2011). 또한

4 일반적으로 자연장은 자연환경에 화장한 유골분을 흩뜨리거나, 나무 주위에 유골분이나 유골분(또는 유골함)을 묻거나, 바람, 불, 물을 통해 시신을 자연으로 돌려보내는 등의 광범위한 장례 방법을 말한다.

유해/유골 매장의 문화적 관행에 대한 우려를 조사하고 관련 규정 분석을 통해 개선책을 제안하였다(이필도 2005; 연창흠 2002). 이들은 정부의 규제와 기업 부문 및 소비자들이 새로운 문화를 정착시키고 문제를 해결할 방안을 모색하고 있는 상황에서, 오래된 문화 관행이 점차 퇴색되고 새로운 관행이 다소 빠르게 정착되고 있는 전환기에 새롭게 대두되는 문제를 해결하고자 하였다. 예를 들어, 임경수 외(2011: 290)는 서로 모순되는 도시 개발에 대한 규정 때문에 일부 장소에 화장터를 건설할 수 없는 점을 지적하였다. 또한, 지방정부가 봉안당이나 불법 묘지 건설을 통제할 권한이 없다는 점도 문제가 되었다(293쪽). 나달숙(2008)은 2000년대 초에 한국 가구가 핵가족화되면서 묘지의 40% 이상이 버려져 토지 사용이 비효율적으로 되었으며, 따라서 토지 사용을 통제하기 위해 적절한 국가 정책이 그 어느 때보다 시급하다고 주장하였다(조덕용·임이택 2009). 그는 새로운 규정을 만들어 (1) 매장지의 크기를 제한하고, (2) 묘지와 화장 추모 시설 및 봉안당의 호화로운 건설을 금지하고, (3) 화장의 이점을 대중에게 알리는 한편 정부가 화장 추모 시설에 대해 적절히 투자해야 한다고 제안하였다. 나달숙의 연구는 한국의 매장 문화에 대한 반성을 포함하고 있으며, 특히 모든 인간은 존엄하게 존중되어야 한다는 평등의 원칙을 망자들에게도 적용하여 모든 시신에 동일한 크기의 땅을 할당해야 한다고 강조한다. 이 점은 현대 한국에서 망자를 매장하고 추모하는 방식에 만연한 불평등을 분명히 보여 준다. 이에 대해서는 이 장에서 더 자세히 살펴볼 것이다.

변우혁(2006)과 신재주(2007: 227)는 한국의 장례 관련 정책 입안자들이 직면한 몇 가지 주요 문제를 지적하였다. 현재의 과제는 국토와 자연환경을 보호하는 것이 우선이지만, 수요를 충족시키기 위해서는 새로운 묘지를 개발해야 할 필요성이 지속적으로 제기되고 있다. 또한 자연환경의 보존, 인간성의 문제, 그리고 유구한 전통과 가치를 담고 있는 장례 의식 사이에서 균형을 유지하는 일도 계속되는 도전이다. 신재주(2007: 227)는 경험적 연구를 통해 장례 시설의 부족, 환경 피해 및 현행 장례 관련 정책의 실효성을 참고하여 문제점을 분석하였다. 그의 목표는 사용자들의 수요를 충족시키면서도 자연을 보호하는 관점에서 현재의 장례 제도를 개선하는 것이다.

정책 지향적 연구는 중요하다. 그러한 연구는, 매장 또는 추모의 새로운 맥락에서 자연 보호와 유족 만족과 같은 중요한 문제를 해결하는 데 필요한, 증거에 입각한 정보를 제공할 것이다. 그러나 이 장에서는, 화장, 매장 및 화장-추모를 위한 새로운 시설이 빠르게 발전하는 상황에서 발생하는 신구 장례 관행 간의 긴장과 충돌에 특히 주의를 기울일 것이다. 예를 들어, 한국의 화장률은 현재 80% 이상이지만 나머지는 계속해서 전신 매장을 선택하고 있다. 매장 방식은 호화로운 묘지 조성이라는 고질적인 문제를 야기하였다. 언급된 바와 같이, 봉안당 역시 호화롭게 건축하는 것이 일반적인데, 특히 환경에 좋지 않은 석재의 남용이 문제가 되고 있다. 신재주(2007: 233)는 봉안당에 호화로운 추모관을 건립하는 것이 빈부 간 격차와 긴장을 명시적으로 나타낸다고 주장하였다. 풍수 역시 여전히 많은 한국인에게 중요한 믿음이며, 조상에게 효를 표현할 뿐만 아니라 후손의 복을 기원하는 기본 원리이지만, 근대화의 방향과는 완전히 반대되는 것으로 보이는 몇몇 잘못된 관행으로 이어진다(한규량 2004; 김병주·이상해 2006). 이에 따라 매장 관련 서비스가 지나치게 상품화되고, 매장지는 영원한 안식처라기보다는 상업적 투쟁의 현장이 되었다. 게다가, 님비(Not In My Back Yard: NIMBY) 현상도 화장장을 충분히 확보하는 데 주요 걸림돌이 되어 왔다. 이 장에서는 이러한 주제가 미디어에 어떻게 표현되는지도 분석할 것이다.

둘째, 이 책의 중요한 목표인 장례 관행에 대한 연구가 있다(천선영 2003; 배성산 1999 등). 천선영(2003)은 1990년부터 2002년까지 4대 신문에 보도된, 이 주제에 대한 공적 담론을 분석하였다. 저자는 매장이나 화장 중 어느 하나를 옹호하지 않지만, 수많은 사설과 특별 보도들이 국가의 가장 귀중한 자산인 한정된 땅의 가장 효과적인 사용을 위해 매장을 포기하고 화장을 선택해야 할 때라고 주장한다는 점을 지적하였다. 그는 또 프랑스 등 외국에서는 죽음을 추모하는 가장 환경친화적이고 바람직한 방법이 무엇인지에 대한 건전한 공개 토론이 있었지만, 한국에서는 그러한 공론화 과정 없이 화장을 지지하는 담론이 주를 이룬다고 지적하였다(2003: 136). 『한겨레』(1998년 9월 25일자; 천선영 2003에서 재인용)가 매장과 화장에 대한 찬반양론을 대중에게 소개하기는 하였다. 화장 찬성론자들은 매장할 땅이 부족하고, 많은 무덤이 부를 과시하기 위해 호화롭게 꾸며졌거나, 또 많은 무덤이 수년 동안 버려져 있다고 주장하였다. 매장을 주장하는 이들은 '죽은 자를 다시 죽이는 것'은 용납할 수 없고, 유교 문화는 존속되어야 하며, 매장 방식은 후손들에게 기억의 장소를 제공해 왔다고 지적하였다(Horlyck 2008). 하지만 천선영(2003: 140)은 『한겨레』 역시 앞으로는 화장이 대세가 되어야 함을 대중에게 가르치려고 한다는 점에서 예외가 아니라고 주장하였다. 요약하자면, 주장의 어느 쪽도 명확한 근거가 없으며 이 주제에 대한 적절한 토론이 필요하다는 것이다(2003: 141).

천선영(2003: 146)에 따르면, 최대 70%의 무덤이 불법적으로 조성되었고 40%의 무덤이 '주인'이 없는 상태이다. 이를 해결하고 무덤에 시간제한을 두어 재사용될 수 있도록 한다면 문제는 눈에 띄게 개선될 것이다. 천선영은 또한 근본적인 문제는 한국인들이 죽음과 추모에 가치와 의미를 부여하는 방식에 있다고 주장하였다. 크리스 실링을 인용하여, 천선영(2003: 149)은 장례의식이 가능한 한 빨리 죽은 자를 처리하여 죽음으로부터 도망치는 과정이 아니라, 공동체가 의미 있는 방식으로 죽음을 성찰하는 기회가 되어야 한다고 주장한다.

전신 매장의 금지, 화장의 장려, 그리고 봉안당의 건설에는 상품화와 금전적인 결과라는 함의도 상당히 포함되어 있다. 이러한 우려와 관심으로부터 어떤 새로운 우려와 개선이 나타났을까? 천선영(2003)과 신재주(2007)가 지적한 바와 같이, 최근 수십 년간 새로운 장례 시설이 도입되었고, 2006년 4월에는 장례에 관한 정부의 새로운 규정이 마련되었다. 규정을 새로 만든 이유는 다음과 같다. (1) 묘지 부족으로 화장 수요가 현저히 증가하는데 화장장이 부족하여, 이에 따른 불편을 해소하기 위해(이재호·이태종 2012). (2) 호화로운 봉안당 건설과 관련된 문제를 해결하기 위해. (3) 환경친화적인 자연 매장 방법을 도입하기 위해. (4) 봉안당의 도입과 정착을 촉진하기 위해(신재주 2007: 231). 이 모든 변화는 빠르게 이루어졌고, 장례와 추모에 관련된 한국인의 전통문화는 급격한 조정 국면에 들어섰다. 이에 대해, 이재호와 이태종(2012: 185)은 2000년대 다수의 문헌이 화장터의 급격한 증가로 인해 발생한 사회문화적 갈등에 초점을 맞추고 있다고 언급하였다(강규범 외 2006; 김효정·이주헌 2009; 양승일 2009; 이수장 2006; 백종섭 2002). 이들 연구 중 일부는 정부 규제와 관련하여 관심 영역을 다룰 때 지역민의 우려도 함께 다루었는데, 이들은 상호 연결되어 있기 때문이다. 임경수 외(2011: 295)는 국민들의 불만 사항과 이를 해결할 방안을 다섯 가지 범주로 나누었다. 첫째, 대중들은 장례 시설의 필요성은 인정하였지만, 자신이 살고 있는 지역 근처에 짓는 것을 원하지 않았다. 이 문제를 해결하기 위해서는 대중 교육이 필요하다. 둘째, 새로운 장례 및 지원 시스템의 도입에 특정한 문화적 또는 종교적 신념이 방해되는데, 이는 일반적인 자유의 원칙을 훨씬 뛰어넘는다. 셋째, 빈곤층 역시 마지막 여정을 다른 이들처럼 품위 있게 보낼 자격이 있으며, 따라서 모든 이들의 매장과 장례에 대한 '공공의 책임'이라는 개념이 지켜져야 한다. 넷째, 무덤과 봉안당에 대한 적절한 통제와 유지가 요구된다. 다섯째, 화장장 관리, 비용 및 서비스 품질은 개선의 여지가 크다. 매장 시설에 대한 미디어 표현 및 현장 관찰 분석에도 이 다섯 가지 범주가 유용할 것으로 예상한다.

과거의 갈등과 화장터 건립의 어려움을 고려할 때, 지난 20여 년간 이루어진 체계적이고 실용적인 제안 덕분에 문제 해결에 많은 진전이 있었다. 백종섭(2002: 208)은 다음과 같이 제안한다. (1) 개방적인 행정과 지역 사회 구성원들의 참여. (2) 정부 정책에 대한 지역 사회 구성원들의 신뢰 얻기. (3) 관련 이해관계자를 이용한 협력 정치 모델 적용. (4) 다양한 지역에 대한 공평한 접근. 즉, 각 지역은 공평하게 '불편'해야 한다. 나는 최근의 언론 보도(2015-2018)를 분석해 이들 주제를 재검토하고, 해당 분야에서 어떤 진전이 있었는지 조사할 것이다.

화장터, 자연장, 봉안당 등 장례 시설이 빠르게 도입되고 확대되는 상황에서 유족과 한국 사회는 어떤 사건 혹은 경험을 직면하거나 겪어 왔을까? 이 장의 중요한 목표는 자연 보호, 인간의 존엄성, 비용 등의 제약 속에서, 가능한 한 최선의 방법으로 망자를 장사 지내는 것이 얼마나 중요한지 인정하자는 인식을 높이는 것이다.

4. 조사 방법

분석에 사용된 다량의 데이터는 (에필로그에 언급된) 일부 장례 시설에 대한 현장 조사와 더불어 한국의 신문 보도에서 얻은 것이다. KINDS(한국 뉴스 공공데이터베이스 시스템)에서 매장, 화장, 자연장/수목장, 봉안당 등 5개의 주제에 대한 신문 보도를 수집하였다. 다음의 검색어를 사용하였다. 첫째, 2017년 3월 13일부터 2018년 3월 13일까지 나온 기사 중 '장례'와 '매장'을 포함하고 '반려동물'이 포함되지 않는 기사. 이 검색을 통해 102개의 기사를 수집하였다. 둘째, 2017년 3월 13일부터 2018년 3월 13일까지의 기사 중 '장례'와 '화장'을 포함하고 '동물'이 포함되지 않은 기사. 60개의 기사가 검색되었다. 셋째, 2015년 3월 12일부터 2018년 3월 12일까지의 기사 중 '수목장' 또는 '자연장'을 포함하고 '동물'이 포함되지 않는 기사. 이 검색을 통해 108개의 기사를 수집하였다. 넷째, 2013년 3월 12일부터 2018년 3월 12일까지 나온 기사 중 제목에 '납골당'이 포함된 기사. 36개의 기사가 검색되었다. 다섯째, 2017년 5월 9일부터 2018년 3월 13일까지의 기사 중 제목에 '봉안당'이 포함된 기사. 이번에는 26개의 기사가 검색되었다. 4차 검색에 사용된 '납골당'이 일본식 표현이라고 해서 공식적으로 5차 검색에 사용된 '봉안당'으로 대체되었지만, 일반적으로는 두 단어 모두 사용된다. 검색된 기사는 행간 여백 없이 A4용지 310쪽에 달하였다.

5. 연구 결과

전신 매장은 특히 유교의 전통을 따르는 한국의 상황에서 선호되는 시신 처리 방법이었다. 조선총독부(1910-1945)는 한국 전통문화 말살 정책의 일환으로 화장을 도입하려고 노력하였다. 앞서 언급한 바와 같이, 화장, 자연장/수목장(숲이나 땅의 제한된 부분을 개인 혹은 가족이 점유하여 화장된 유골을 나무 주변이나 숲에 매장하는 것), 그리고 봉안당은 지난 30년 동안 시신 처리 및 추모의 일반적인 방법이 되었다. 오늘날 한국 장례의 20%만이 전신 매장으로 치러진다. 지방자치단체들도 기존의 묘지를 자연장묘와 봉안당으로 개조하는 등 적극적인 홍보에 나섰다. 예를 들어, 인천시 당국은 2008년부터 부평에 있는 대규모 공동묘지를 재개발하기 시작하였고 그 프로젝트는 2018년 현재 진행 중이다. 인천시는 묘지의 '소유자'들에게 보상을 해주었고 묘지는 이장을 위해 개장되었다.[5] 화장-추모의 문화는 이제 한국인들의 마음과 현실에 잘 정착되었다.

사실 후손들은 묘역의 장기적인 유지를 공공연히 부담스럽게 여겨 왔다. 한국인들은 상대적으로 작은 한국 땅을 전국에 걸쳐 차지하고 있는 수많은 무덤들이 경제적으로 어떤 결과를 가져오는지 오랫동안 인식해 왔다. 직장인 이모 씨(39)는 앞으로 있을 자신의 장례식에 관해 이야기하면서, "화장을 한 뒤 산에 올라 바람에 유골이 뿌려지는 '풍장'을 해서 죽은 후에는 자유롭고 싶다는 생각을 해본 적이 있다"고 말하였다. 또 다른 샐러리맨 조모 씨(38)

5 「인천가족공원(3-1단계) 조성사업에 따른 무연분묘 개장 실시」, 지자체 소식, 정부24(2018. 1. 12 게시). 관련 기사는 다음을 참고: 「인천가족공원(3-1단계) 조성사업 분묘 개장 및 보상실시」, 『서울경제』 2017년 4월 3일자.

는 "아파트식 납골당에 갇혀 있는 것보다 새 소리가 들리는 산에서 쉬고 싶다"고 말하였다. 공무원 양모 씨(50)는 은퇴하면 고향에서 정원을 가꾸고 유골을 그곳에 뿌리도록 해서 후손들에게 묘지를 관리해야 하는 부담을 주지 않고 싶다고 하였다.[6] 이는 전례 없는, 엄청난 변화이다. 환경을 의식한 방법, 자연 매장, 봉안당 및 님비(내 뒤뜰에서는 안 됨)와 관련하여 이러한 변화는 어떤 식으로 전개되고 있을까?

1) 대중 교육, 장례에 대한 열린 생각, 그리고 환경

한국인에게 죽음과 장례에 관해 토론할 의지가 얼마나 있느냐는 측면에서 과거와 현재를 자신 있게 비교하는 것은 어려운 일이다. 그러나 이에 대한 정보가 풍부하다는 사실과 미디어를 통해 이러한 정보를 어디에서나 접할 수 있다는 사실은 확실히 영향력 있는 요소이다. 예를 들어, 가장 선호되는 (실제 사용되는 게 아니라) 추모 방식에 대한 보도가 계속된다. 한국소비자원 조사에 따르면, 자연장/수목장(43.7%), 봉안당(21.1%), 다양한 방법의 조화(25.9%), 매장(4.4%) 등의 순으로 선호된다고 한다.[7] 『한국일보』는 강모 씨(53)의 경험담을 소개하였다. 그는 아버지가 세상을 떠났을 때 가입해 두었던 상조회사가 도움이 되었지만, 답사도 가보지 않아서 장지가 어디에 마련될지 전혀 몰랐다고 하였다. 상조회사가 추천한 장지를 선택하였지만, 현장에 도착하자마자 후회하였다고 한다. 현장의 모습은 홍보 카탈로그에 있는 사진들과 많

6 「납골당도 답답 … 귀농하면 집 근처 마당에 수목장 만들겁니다」, 『한국일보』 2017년 9월 27일자.
7 「국내 납골당, 수목장, 공원묘지 한눈에 볼 수 없을까?」, 『나우뉴스』 2016년 7월 29일자.

이 달랐다. 『한국일보』는 다양한 장묘 시설을 비교할 수 있고, 각각의 강점과 약점, 접근 난이도, 가격 등 추모 시설에 대한 보다 자세한 정보의 필요성을 제기하였다. 또 잠재적인 유족들에게 그러한 정보를 제공하는 전문 서비스 업체 하늘그린을 소개하였다.[8] 여기서, 언론과 장례 관련 전문 서비스 업체는 장례를 공개적으로 논의하고 미리 준비하는 사회 풍토를 조장하려는 것으로 보인다. 앞 장에서 논의한 바와 같이 미디어에서 상조 상품을 광고하는 것은 드문 일이 아니다. 예를 들어, 아침 토크쇼에서 장례에 대해 논의하기 위해 장례학 교수를 초빙하는 일도 어렵지 않게 볼 수 있다.[9]

통계청에서 주관한 또 다른 사회조사에 따르면 화장 후 자연장(45.4%), 봉안당(39.8%), 매장(12.6%), 기타(2.1%) 순으로 매장 방식의 선호도가 나타났다. 또 20대에서 60대까지 전 연령층에서 자연장/수목장을 선호하는 비율이 가장 높은 반면 70세 이상은 봉안당(36.8%), 매장(32.6%), 자연장(27.6%) 순으로 조사되었다. 이는 노년층에서 매장에 대한 선호도가 눈에 띄는 수준을 유지하고 있음을 암시하며, 이와 관련하여 사회적으로 바람직하지 않다는 점이 한국 언론에 상당히 분명하게 보도되고 있다.[10] 언론은 전국적으로 화장률이 80%를 넘어섰다고 전하며, 한국의 상황에서 마지막 시신 처리의 적절하고 바람직한 방법으로 자연장과 봉안당을 홍보하고 있다.

지방자치단체장들도 '건전하고 소박한' 장례를 적극적으로 홍보하고 있다. 이필운 안양시장은 만안·동안 노인지회장과 안양시바르게살기협의회장

8 「공원묘지, 수목장, 봉안당(납골당) 한눈에 볼 수 있는 토털장묘서비스가 필요하다」, 『한국일보』 2015년 10월 22일자.
9 「TV하이라이트: 믿을 만한 상조회사 선택법」, 『경향신문』 2017년 6월 19일자.
10 「통계청 장례(장묘)방법 선호도 조사에서 자연장(수목장 포함), 봉안당(납골당), 매장 순으로 나타나」, 『서울경제』 2016년 8월 15일자.

을 시청으로 초청해서 '허례허식을 버린 작은 장례 문화'를 확산시키기 위한 작은장례실천 서약식을 하였다. 이들의 서약서에는 다음과 같은 내용이 포함되었다. '수의는 평소 즐겨 입던 옷으로, 관은 고가의 나무 재질보다는 소박한 관으로, 하객 음식 대접은 필요한 양만큼만, 그리고 시신은 화장 또는 기증할 것'. 이들은 이후 공무원과 유관기관 단체 및 시민들에게도 작은 장례 문화 실천 서약 서명운동을 전개하기로 하였다.[11] 앞서 논의한 바와 같이, 사망자를 처리하는 최선의 방법에 대한 논의는 오랫동안 진행되어 왔다(천선영 2003). 그러나 현재, 소박하고 환경친화적인 장례를 위한 캠페인은 거의 공격적이라고 해도 무방할 만큼 적극적으로 추진되고 있다. 그러한 추세는 이미 잘 잡혀 있고 가까운 미래에도 계속될 가능성이 높다.

진행되고 있는 논의 중 입법을 통해 대중의 진지한 관심을 받는 또 다른 주제는 말기 질환을 앓고 있는 사람들에게 생명 유지 장치를 사용하는 것에 관한 것이다. 1990년대 이전에는 한국인의 90%가 집에서 임종을 맞았는데, 집 밖에서 죽는 것을 불행하다고 믿었기 때문이다. 그런데 2014년 조사에 따르면, 한국인의 60%는 사망 장소로 병원보다 집을 선호하였지만 실제로는 70-80%가 병원에서 사망하였다. 20%는 호스피스에서 임종을 맞고 싶어 하였다. 한국인들은 병원에서 생명 유지 장치를 몇 개씩 몸에 삽입한 채 죽는 것을 부정적으로 생각한다. 『문화일보』는 1960년대 교통사고 피해자 등 중증 환자 치료를 위해 개발된 의료 과학의 성과를 고령이나 말기 질환으로 사망하는 환자 등에게도 광범위하게, 비판 없이 사용하게 되면서, 병원 수입은 늘었지만, 품위 있는 죽음은 막았다고 지적하였다. 언론은 병원의 과잉 진료가

11 「이필운 안양시장 "건전하고 소박한 작은장례문화 확산"」, 『헤럴드경제』 2018년 1월 16일자.

일반적이라는 점을 자주 지적한다. 예를 들어, 2004년에 암으로 사망한 17개 병원의 3,750명의 환자가 사망하기 한 달 전까지 항암치료를 받았다. 또한, 2009년 기준 256개 병원에서 회생 가능성이 없는 1,500명의 환자들이 연명장치에 의존해 생을 유지하고 있었다.[12]

한국 사회는 안락사와 존엄사, 연명장치의 사용에 대해 오랫동안 논의해 왔으며, 2017년 8월 4일에는 「호스피스, 완화치료 및 임종 과정에 있는 환자의 연명의료 결정에 관한 법률」이 제정되어 2018년 2월 4일 실질적인 시행이 이루어졌다(선종수 2017; 보건복지부 2017; Kellehear 2007). 지금까지 이루어진 죽음에 대한 사회적 논의와 입법은 한국 대중의 열린 생각과 성숙도를 반영한다고 생각한다. 호스피스 분야의 권위자인 허대석 박사는 연명의료결정법의 시행으로 국민과 보건 전문가의 인식이 달라지고, 이들에 의해 이 법의 미비점이 드러나면, 결국 환자와 보호자, 의료 전문가의 관점에서 이 법을 보강할 수 있을 것으로 기대하였다(허대석 2018).[13] 이 법이 제대로 시행되려면 한국의 의료 문화도 더 많이 변화해야 한다. 환자의 병에 대해 보호자들에게만 알리는 것이 아니라 환자 자신에게도 알려 주는 것 또한 이 변화에 포함된다. 환자가 자신의 병에 대해 잘 알게 되면, 병의 치료와 생명 유지에 대한 기본 정보가 있는 상태에서 결정을 내릴 수 있고, 그러면 죽음의 질도 향상될 것이다(『문화일보』 2018. 1. 19). 허대석(2018)은 지난 20여 년 동안 한국인들이 매장에 부여하던 높은 가치관을 거의 하루아침에 포기하고 화장으로 바꾼 것처럼, 죽음과 임종을 맞이하는 새로운 방식에 빠르게 적응할 수 있을 거라고 언급하였다. 현대 한국의 자연장과 봉안당의 특징에 대해서는 이후 논의될 것이다.

---

12 「'존엄한 마지막' 누가, 어떻게 결정할 것인가」, 『문화일보』 2018년 1월 19일자.
13 「〈신간〉 허대석 교수 '우리의 죽음이 삶이 되려면' 펴내」, 『경향신문』 2018년 1월 22일자.

부유해진 한국에서는 웰빙 운동에 이어 유언장을 써보고, 영정사진을 찍고, 수의를 입고 관에 누워 죽음을 간접적으로 체험하는 '웰다잉 프로그램'이 인기이다.[14] 이는 경쟁적인 한국 사회 환경에서 긍정적인 삶을 영위하기 위한 노력으로 이해된다. 『서울신문』은 승려가 주재하는 소박한 영결식, 화장터를 미리 둘러보는 당일 관광, 죽음과 장례를 계획하는 숲 산책 등 일본의 유사한 프로그램을 소개하였다.[15] 한국인이 일반적으로 일본과 관련된 모든 것에 적대적인 반응을 보이는 와중에 이러한 관행이 한국인들에게 보도된 것이다. 사실 많은 한국인들이 일본의 사회적, 경제적 관행이 얼마 후 한국에서 재생산되는 경향이 있다는 사실을 인정한다. 『파이낸셜뉴스』는 초고령 사회에 진입한 일본에서는 한동안 다양한 장례식이 많이 등장했다고 보도하였다. 안자키 사토루 전 건설장비업체 사장은 한 호텔에서 생전 장례식을 열었는데, 죽기 전에 지인들에게 감사 인사를 전하기 위해서였다.[16] 일본은 20년 전에는 과학 연구를 위해 기증된 시신이 턱없이 부족하였지만, 지금은 너무 많은 시신이 기증되고 있다고 한다. 시신 기증은 동료 인간들에 대한 마지막 감사의 표현이다.[17] 장례 비용을 지불할 수 없는 사람들도 종종 시신을 기증한다. 일본의 이러한 실천은 한국 대중에게 가치 있는 메시지를 주고 있으며, 이는 성과가 있는 것으로 나타났다. 『파이낸셜뉴스』의 보도는 작은 장례식, 가족끼

---

14 「윤달 '화장' 열풍에 장묘시설 대란」, 『서울경제』 2017년 6월 25일자; "South Koreans, Seeking New Zest for Life, Experience Their Own Funerals," *New York Times* 2016년 10월 26일자.

15 「관 사고 화장터 투어 … 일 '엔딩 페어' 확산」, 『서울신문』 2017년 8월 21일자.

16 「웰빙 이어 웰다잉 열풍 … 장례식도 개성 따라 선택한다」, 『파이낸셜뉴스』 2018년 3월 4일자.

17 「[이동준의 일본은 지금] 시신 기증하는 베이비붐 세대 "죽어도 돈 필요하다, 가족에게 부담"」, 『세계일보』 2017년 12월 22일자.

리만 장례를 치르는 가족장, 고인이 좋아하던 음악을 틀어놓는 음악장, 유골을 화분에 담는 화분장 등 일본의 다양한 장례식을 소개하고 있다. 그 밖에도 다양한 지역의 다양한 장례법이 언론에 소개되었다. 예를 들어, 고인의 영혼이 우주에서 자유로워질 수 있도록 화장 후의 유골을 성층권으로 쏘아 올리는 우주장은 미국에서 2,795달러가 든다고 한다. 또, 일본에서는 차에서 내리지 않고 조문하는 드라이브 스루 방식의 장례식장도 있다고 한다. 친환경 장례로 뼈를 제외한 시신을 3시간 이내에 화학적으로 녹이는 '물 화장'에 이어,[18] 미국과 일본, 중국에서는 고인이 남긴 사진과 글, 동영상을 조문객들이 볼 수 있도록 하는 'QR코드 묘비' 등 디지털 장례 문화도 확산하고 있다고 한다(『파이낸셜뉴스』 2018. 3. 4).

일본에서는 사망자의 거의 100%가 화장된다. 2017년 화장장 이용을 위한 대기 시간은 평균 4.1일이었는데, 주로 고령자 비율이 높고 화장장이 부족하였기 때문이다. 노인들은 특히 겨울에 심장마비로 사망하기 쉽다.[19] 『세계일보』 보도에 따르면, 미국은 2030년까지 화장 비율이 70% 이상을 기록할 것으로 보인다. 하지만 현재로서는 매장을 위해 과도한 양의 자원이 사용되고 있다. 2014년 기준 미국에서 장례에 사용된 자원은 다음과 같다. 올림픽 규모 수영장을 1.2배 채울 수 있는, 80만 갤런의 액체 방부제가 시신 처리에 사용되었다. 엠파이어 스테이트 빌딩 2,000개를 건설할 수 있는 1억 1,500만 톤의 철이 관에 사용되었다. 23억 톤의 콘크리트가 묘지를 건설하는 데 사용되었는

18 「시신을 액체로 만드는 '현대식 장례법'(?) 英 도입 예정」, 『세계일보』 2017년 12월 18일자. 용기에 담긴 남은 뼈는 유족에게 전달된다. 이 액체는 하수구를 통해 배출되기 때문에 영국 폐수회사의 우려가 제기되고 있다.

19 「"화장터가 부족하다" 초고령사회 일본, 해마다 사망자 증가」, 『세계일보』 2018년 2월 13일자.

데, 이는 중국 최대 싼샤댐 36.8개를 건설할 수 있는 양이다. 그리고 460만 채의 집을 지을 수 있는, 400만 에이커의 숲에서 나온 목재가 목관 제작에 사용되었다. 2014년 미국의 평균 장례 비용은 8,508달러였다.[20] 이런 종류의 언론 보도는, 그 정보가 곧 현실로 번역되는지의 여부와 상관없이 설득력 있는 경종을 울리며, 한국 사회 전반은 물론 개인에게도 심각하게 인식되는 영향을 미친다. 한국의 신문 기사를 읽다 보면, 특히 시신의 처리와 관련하여, 한국인들의 환경 의식이 세계 어느 나라 사람들 못지않다는 점을 알 수 있다.

2) 한국인이 선호하는 자연장

화장 관련 추모 방식을 선호하는 경향이 필연적으로 강해짐에 따라 자연장, 즉 숲 속 나무 주변에 유골이나 유골함을 묻는 방식이 전례 없이 인기를 끌고 있다(권병석 외 2014). 이러한 현상에 영향을 끼친 주된 요소에는 소박하고, 저렴하고, 의미 있는 장례식 추구, 가족 중심의 의례, 환경 운동 등이 있다. '나무와 함께 자연으로 돌아가다'라는 선전 문구가 인기를 끌었다.[21] 한국 정부는 이러한 추세를 뒷받침하기 위해 수요와 지지를 만들어 내고, 이와 관련된 정책 틀을 제공하였다.

예를 들어, 남원시는 환경친화적인 장례 문화를 확산하기 위해 추모공원을 조성하였다. 12억 6,000만 원을 들여 잔디장과 수목장, 화단장 등을 치를 수 있는 자연장지를 조성하였으며, 그 규모는 10,000m^2에 달한다. 이는 3,580

20 「[세계는지금] 미국 절반 이상 화장 … 2030년 70% 넘을 듯」, 『세계일보』 2017년 11월 21일자.

21 「나무와 함께 자연으로 돌아가다 … 수목장, 알아둬야 할 것은?」, 『한국경제』 2017년 1월 13일자.

기의 봉안묘를 안치할 수 있는 규모이다. 추모공원은 휴게 쉼터와 주차장을 갖추고 있고, 유골을 뿌릴 수 있는 언덕도 있다. 남원의 추모공원은 전라북도에서 여덟 번째로 조성된 자연장묘 시설이다. 지역에 소재한 분묘를 개장한 유골뿐만 아니라 남원에 6개월 이상 거주하다가 사망한 사람들도 사용할 수 있다. 사용료는 1기당 50만 원이고, 사용 기간은 40년이다. 이 시설은 인근에 있는 기존의 화장장 및 봉안당과 연계해서 운영될 예정이다. 화장장에는 3기의 화장로가 있고, 봉안당은 1만 1,500여 기의 유골분을 수용할 수 있으며, 2018년 2월 현재 5,188기를 안치하고 있다. 이환주 남원시장은 "장사에 대한 인식 변화로 화장 문화가 보편화됨에 따라 후손에게 건강한 자연을 물려줄 수 있는 자연장지를 조성하게 되었다"고 말하였다.[22]

환경을 의식한다는 맥락에서, 전신 매장은 이제 땅을 소모하고, 자연을 파괴하고, 시간이 지남에 따라 버려진 묘지를 남기는 등, 어떤 관점에서도 완전히 낭비적이고 파괴적이라는 꼬리표가 붙는다. 반대로 자연장은 환경친화적이면서도 고인을 추모하는 데 부족함이 없다. 또한 자연장은 결과적으로 숲을 더 좋게 만드는 방법이기도 하다. 자연장을 유지하는 데 필요한 지식과 기술은 여전히 전문화 과정에 있다. 자연장에 일반적으로 사용되는 나무의 종류는 정해져 있는데, 그중에서도 특히 한국인들이 선호하는 나무가 있다. 수목장림의 추모목은 한 그루당 유골 2-4기, 또는 8-16기, 그리고 가족목은 12기까지 수용할 수 있다(『한국경제』 2017. 1. 13).

한국의 중앙정부와 지방정부는 전국에 자연장묘 시설을 건설하는 데 적극적으로 투자하고 있다. 2017년 1월, 정부는 과거 독일과 스위스가 하였던

---

22 「친환경 장례문화 확산 … 자연장이 대세」, 『세계일보』 2018년 2월 1일자.

것과 유사하게 '개발이 금지되었던 보존 국유림'의 규제를 풀어 자연장지 조성을 허용하겠다고 발표하였다. 『문화일보』의 보도에 의하면, 자연장에 대한 선호도가 높아지고 있음에도 불구하고 '합리적 가격의 괜찮은 수목장림'이 거의 없어 어쩔 수 없는 선택을 하다 보니 상대적으로 만족도가 낮다고 전하였다.[23] 실제로 수목장은 2007년 이후 기하급수적으로 인기를 끌었지만, 2015년 12월 31일 기준 전국 51개의 수목장림 중 대부분인 45개가 사설, 5개가 공립이며, 이 중 국립은 1개에 불과하다.[24] 사설 수목장림 45개 중 26개는 특정 개인과 가족 및 친지만 수용하는 곳이다. 기획재정부와 보건복지부, 산림청은 산림조합중앙회, 한국토지주택공사, 농협중앙회, 국민연금공단, 공무원연금공단 등 공공기관과 긴밀하게 협력하여 2020년까지 48개의 수목장림을 추가로 건설하여 자연장지 부족을 해결하기로 하였다. 현재의 수목장에 대한 수요와 선호도를 권장하면서 자연장을 용이하게 하는 것이 목표이다. 정부가 염두에 두고 있는 중요한 요소는 개인사업자가 숲을 단기 임대해서 유족들로부터 돈만 받고 '먹튀'하는 일을 방지하는 것이다. 2015년 통계청의 조사에 따르면 자연장을 선호한다는 응답자가 45.4%였지만, 2014년 실제 자연장 비율은 12.7%였다.[25] 2016년에 정부는 산림보호구역에 수목장림을 설치할 수 있도록 규제를 완화하였다.[26] 따라서 민간 기업이 국유림에 수목장림을 조성할 수 있게 되었다.[27]

23 「전국 국유지 풀어 '저렴하고 질 좋은 수목장림' 조성한다」, 『문화일보』 2017년 1월 9일자.
24 「자연 품에 안기는 '웰다잉' … 유가족 78.5%가 만족」, 『국민일보』 2017년 8월 30일자.
25 「전국 국유지 풀어 '저렴하고 질 좋은 수목장림' 조성한다」, 『문화일보』 2017년 1월 9일자.
26 「산림보호구역 안에서 수목장 설치 가능 … 국민연금법 시행령도 개정」, 『헤럴드경제』 2016년 1월 26일자.
27 「민간기업 수목장 조성 참여 … 국유림에도 수목장 조성」, 『서울경제』 2017년 2월 27일자.

또한, 소규모 수목장림 조성 관련 규정을 간소화하여 가족이나 종중, 문중이 개인 소유의 숲에 100m^2 이하의 자연장지를 쉽게 설립할 수 있게 되었다.[28] 이와 같은 정부의 자연장지 확대 노력의 하나로, 전국에 142개의 네트워크를 갖고 있는 산림조합중앙회는 2016년 9월에 자연장을 위한 시설 건설에 직접 투자 및 참여한다고 발표하였다.[29] 실제로 2017년 2월 22일, 산림조합은 'SJ 숲처럼 깨끗한, 푸르른, 소중한, 고귀한'이라는 모토를 내걸고 SJ산림조합상조를 출범시켰다. SJ산림조합상조는 벌초 대행, 추모 동영상 제작, SJ 바우처 등 관련 서비스를 제공한다.[30] 이석형 산림조합중앙회장은 "장례 문화를 혁신하고 국토의 효율적 이용을 위해 녹색문화추모사업단과 SJ산림조합상조를 설립, 운영에 들어갔다"고 밝혔다.[31] 이 회장은 또 숲을 가꾸는 일을 뒷받침하기 위해 지속 가능한 개발이 이루어져야 한다고 강조하였다(Kellehear 2007; Clayden 2004; Howarth 2007). 『국민일보』의 보도 제목은 한국의 상조 산업이 이윤 창출에 지나치게 치중되어 있어 문제가 있음을 여실히 보여 준다. 현재의 문제가 어느 정도나 해결될지는 시간이 흘러보아야 알 수 있는 일이다.

2017년 8월 현재 산림조합이 주관하여 운영하는 수목장림은 단 한 곳이다. 한국산림복지진흥원이 국립수목장림인 양평 하늘숲추모원 이용객 3,788명을 대상으로 설문 조사한 결과 응답자 600명 중 78.5%가 만족한다고 응

28 「가족 수목장 절차 간편화 … 친자연 장례 활성화」, 『MBN 뉴스』 2016년 8월 22일자.
29 「산림조합중앙회, 상조사업 진출 … 수목장 문화 이끈다」, 『파이낸셜뉴스』 2016년 9월 19일자.
30 「대한민국 최고의 상조서비스를 제공한다」, SJ산림조합상조 보도 자료 2017년 2월 22일자.
31 「[이사람-이석형 산림조합중앙회 회장] 수목장 중심 상조사업 진출 "올바른 장례문화 앞장서겠다"」, 『국민일보』 2016년 12월 25일자.

답하였다. 17.4%는 '괜찮다'고 응답하였고, 불만스럽다는 응답은 3.7%에 그쳤다. 추모원의 연간 수익은 18억 원에 달하였고, 2009년 개장 이후 2017년까지 누적 방문자 수는 26만 명으로 집계되었다. 첫해에는 649그루의 추모목이 분양되었고 매년 500여 그루가 분양되고 있다. 2017년 현재 6,315그루 중 3,929그루(62%)가 분양되었다. 추모객인 김경원 씨(39)는 숲을 찾는 사람들이 줄을 잇고 있어 추모원이 "활기가 넘치는 것 같다"고 말하였다. 또, 묘지가 아니라 울창한 숲에 들어가는 느낌이며(『국민일보』 2017. 8. 30), '봉분이나 비석이 없어 자녀들과 나들이 온 듯한 기분'이라고 전하였다. 비교적 저렴한 비용과 체계적인 관리도 만족스럽다고 한다. 노갑선 씨(65)의 평가는 정부의 선전 문구와 정확히 일치한다. 아니면 정부가 국민들의 마음을 미리 알고 선전 문구로 이용한 것일까?

> 수목장림은 최대한 자연경관을 해치지 않는 친환경적인 장례 문화이다. 추모원은 묘지 같지 않고 숲 그대로라서 너무 좋다. 인간은 자연에서 태어나 자연으로 되돌아간다는 사실을 인식해야 한다. 수목장림 조성으로 우리의 좁은 국토가 더 아름다운 숲으로 가꿔질 수 있다(『국민일보』 2017. 8. 30).

사설 추모원 이용자들도 만족도가 높은 것으로 나타났다. 전남 진도에 위치한 보배숲 추모공원 이용객 김혁준 씨(59)는 "사시사철 꽃이 피고 잘 가꿔진 나무에 부모님을 모셔 마음이 편안하다"며 "비나 눈이 와도 걱정이 없고 항상 관리가 잘 돼 만족스럽다"고 말하였다.[32] 또 다른 이용객인 주재환

32 보배숲 추모공원은 정부의 상당한 지원을 받아 조성되었으며, 이 공원은 완전한 민간보다는 준민간 혹은 준공공으로 보인다. 2017년 9월 현재 공공투자 수목장림은 양평의 공공시설과 진도의 준공공시설 2곳뿐이다.

씨(59, 안성시)도 수목장림에 대해 “잘 조성된 공원과 같다”며 칭찬하였다. 그는 또 “수목장림을 흉물이라며 혐오하는 경향이 있는데 그럴 이유가 전혀 없다고 본다”고 말하였다(『국민일보』 2017. 8. 30). 20년 전만 해도 화장은 혐오의 대상이었지만, 2016년 기준 화장률이 82.3%였다는 점에 다시 주목할 필요가 있다. 화장 후에는 44.2%가 수목장을, 37%가 봉안당을 선호하였다. 화장은 이제 혐오의 대상으로 인식되는 것이 아니라 ‘편안함, 만족, 박수를 받는 일’이 되었다.

친환경적인 매장을 구현하기 위해 골분함은 자연 분해가 잘되는 나무, 종이, 또는 옥수수 전분으로 만들어진다. 최초이자 유일한 국립 수목장림은 2009년 5월에 경기도 양평의 국유림 48ha에 세워진 하늘숲추모원이다. 이 추모공원은 현재 산림청 산하 한국산림복지진흥원에 의해 관리되고 있다. 말기 환자들은 최대 12개월 전까지 장지를 사전 예약할 수 있다. 사용료는 15년 사용 기준 가족목은 232만 5,000원, 공동목은 73만 5,000원이며, 2009년 개장 이후 인상 없이 동일하다. 15년씩 3회 연장이 가능해 총 60년까지 이용할 수 있다. 비석 설치는 금지되었고, 200cm^2 미만의 명패를 달 수 있다. 국유림에 조성된 수목장림의 경우 가로 10cm, 세로 15cm의 명패에 사망자의 이름과 생년월일 및 사망 일자를 기록하여 나무에 매달 수 있다(『국민일보』 2017. 8. 30). 사설 수목장림은 15년 사용료가 1인당 100만 원에서 3,000만 원까지, 훨씬 높은 요금을 부과한다.[33] 4인 가족을 위한 추모목의 사용료도 700만 원에서 2,200만 원까지 형성되어 있다. 이처럼 사설 수목장림의 사용료가 높은 것은 국공립 시설의 부족을 반영하는 것이다.[34] 더 많은 국공립 수목장림이

33 「공공 수목장림 확충 비상」, 『내일신문』 2018년 1월 18일자.
34 「장례문화 바뀌는데, 갈길 먼 수목장(1) 수목장 선호 45%, 국공립은 3곳뿐」, 『내일신문』

조성되어 경쟁력 있는 요금을 제공한다면 사설 수목장림의 높은 사용료도 낮아질 것이다.

3) 자연장지 조성 사례

2015년 3월부터 2018년 3월 사이에 4곳의 자연장지 건설이 언론에 보도되었다. 경기도 양평에 위치한 추모공원 별그리다는 자연장, 화장, 매장 등 다양한 시설을 갖춘 '유럽형 추모공원'으로 만들어졌다(김춘식 2017 참조). 하지만 별그리다의 홈페이지와 언론 보도는 주로 자연장/수목장에 초점을 맞추고 있다. 『경향신문』은 바쁜 일상으로 벌초 등 묘지 관리를 어려워하는 현대인들에게 추모공원이 좋은 선택이 될 거라고 보도하였다.[35] 오래된 묘지를 유지할 수 없는 사람들 중 묘를 추모공원으로 이장하여 다시 추모하는 사람들이 점점 많아지고 있다. 추모공원은 고인이 된 부모님을 찾아뵙고 가족 나들이도 즐길 수 있는, 효도와 가족 휴양이 결합된 장소라는 홍보가 강하다. 눈물과 애도 대신 '아름다운 추억과 치유'라는 수식어가 자연을 기반으로 한 추모공원에 거의 필수적으로 붙어 있다. 유족이 어떻게 치유되고 아름다운 추억을 만들 것인지는 별개의 문제지만 이러한 홍보 메시지는 극히 일반적이다. 무궁화공원묘원은 양평의 또 다른 자연장지이다. 42년의 역사를 자랑하는 이 추모공원이 최근 수목장 서비스를 도입하였다. 공원은 체계적인 관리로 유족이 관련 부지를 쉽게 찾을 수 있고, 도로와 인접해 있어 접근성이 좋다.[36] 은하

2017년 2월 22일자.

35 「다양한 장묘 시설 제공하는 메모리얼 파크, 양평 추모공원 '별그리다' 눈길」, 『경향신문』 2017년 5월 24일자.

36 「무궁화공원묘원, 선진장례문화 수목장 서비스 개시」, 『경향신문』 2017년 9월 1일자.

수공원은 고 최종현 전 SK 회장이 500억 원을 기부해 지난 2007년 조성되었다. 기부금과 공사 모두 최씨의 유언에 따른 것이다. 최씨는 1998년에 타계하였고 현재 은하수공원에서 추모되고 있다. 은하수공원은 현재 세종시에서 관리하고 있다.[37] 유명 인사였던 최씨의 행동이 자연장 홍보에 큰 영향을 끼친 것은 의심할 여지가 없다. 네 번째 시설은 남부 지역의 울산하늘공원이다. 공원 전체가 98,026m²의 숲에 조성되었고, 총개발비 485억 원이 들었다. 장례식장, 10기의 화장로를 갖춘 화장장, 봉안당(2만 16구 봉안), 자연장지(잔디장 5만 7,070구), 수목장 등의 시설이 있는, 국내 유일의 '원스톱 종합 장례 시설'로도 알려져 있다. 수목장림은 2,000m² 규모로, 2,730여 구를 안장할 수 있다.[38] 사용료는 1구당 140만 원이며, 사용 기간은 30년이고 연장은 불가능하다. 골분은 흙과 섞어서 묻기 때문에, 유족에게 반환할 수 없다.[39]

4) 님비 - 우리 동네 말고

자연장에 대한 언론 보도를 분석한 결과 자연장지 건설에 대한 보도는 제한적이었다. 대신, 님비(NIMBY), 즉 자연장지 건설을 여기저기서 반대하는 사태에 대한 기사가 특정 기간 지배적이었다. 자연장지 조성 관련 분쟁을 구체적으로 언급한 보도 발췌문이 8,000여 단어에 달하였다. 장례 시설은 꼭 필요한 것이고, 특히 몇 개의 시, 군마다 자연장지를 조성하는 것이 바람직하지만, 이 시설의 위치와 규모를 두고 지자체 당국과 주민들이 어떻게 합의를 끌

37 「세종시 은하수공원 장례식장서 수목장 개장」, 『충북일보』 2017년 9월 27일자.
38 「울산하늘공원 2700여구 규모 수목장 조성」, 『경상일보』 2016년 12월 22일자. 잔디장과 수목장 모두 '자연장'으로 간주된다.
39 「울산하늘공원, 내년부터 수목장 운영」, 『경남신문』 2016년 12월 27일자.

어내야 하는지 최근 수십 년간 논란이 이어지고 있다. 장례 시설이 '우리 동네에' 있으면 안 좋다고 여기는 것이 주된 이유이다. 해당 지역의 지도자들이 이해당사자 및 지역 주민들과 협의하는 과정을 보면 그 지역에 장례 시설을 조성할 가능성이 있는지의 여부를 결정하는 요인이 몇 가지 드러난다(백종섭 2002; 조영석 2003). 이는 몇몇 학자들의 연구 주제이기도 하였다. 예를 들어, 이주헌과 김효정(2010: 94)은 님비 운동에 지역 주민들이 깊이 관여하는 이유로 잠재적인 금전적 득실을 지적하였다. 장례 시설 건설 예정지는 보통 현재 개발이 제한된 지역이다. 일반적으로 개발을 위해 제한이 풀리면 땅의 경제적 가치가 치솟는다. 그러나 장례 시설이 들어선다면 땅값은 오르지 않을 것이고, 오히려 인접한 지역의 부동산 가격에 부정적인 영향을 미칠 가능성이 있다.

이러한 상황에 개입하는 요인이 언론의 친환경 장례 시설에 대한 긍정적 홍보, 주민 운동을 통한 극도의 저항 및 언론의 보도이다(이주헌·김효정 2010: 94; 조영석 2003). 서초구 원지동 서울추모공원의 경우 지역 주민에게 알리지 않고 비밀리에 사업을 추진하다 보니 시설 건립 과정에서 분쟁이 발생하였다. 추모공원 조성을 반대하는 주민들이 서울시를 상대로 소송을 벌였지만, 결국 고등법원은 원고 패소 판결을 내렸다. 그러나 다음과 같은 조정이 이루어졌다. 당초 계획된 20기의 화장로는 11기로 축소되었고 봉안당 건설 계획은 폐기되었다. 시설이 들어설 땅의 소유자들에게는 보상금이 마련되었다. 이 지역에서 이주한 사람들은 대출을 제공받거나 국민 임대 주택에 거주할 수 있는 우선권이 주어졌다. 그럼에도 불구하고, 토지 보상이 완료된 후에도 한동안 금전적 분쟁은 계속되었다. 이주헌과 김효정(2010: 95)은 당사자 간에 여전히 협력보다는 갈등이 지속되고 있다고 지적하였다. 이들에 따르면, 원지동 서울추모공원은 1998년 12월 부지를 처음 지정한 지 13년 후인 2011년 12월에

야 준공하였고, 원래의 계획을 수정하였다(95-96쪽).[40]

이주헌과 김효정(2010: 96-100)은 장사 시설을 건설하는 2개의 다른 사례도 논의하였다. 서울추모공원의 사례에 이해당사자 간 갈등과 긴장의 역사가 있었다면, 홍성과 부산의 사례는 달랐다. 이주헌과 김효정은 이 세 사례가 독특한 복잡성을 보인다고 말한다. 관련된 주요 당사자들, 즉 지방정부 당국과 해당 지역의 지역 사회 구성원들 사이에 갈등이 발생하였다. 앞서 언급한 바와 같이 처음부터 정보를 투명하게 공개하고 지역 사회 구성원들이 참여할 수 있도록 하는 것이 시설의 성공적인 건설을 위한 결정 요인이 될 수 있다. 요컨대, 시설을 건설하는 과정에서 의사소통이 원활하고 협업이 생겨나면, 최종 결과는 훨씬 더 바람직하고 만족스러워질 수 있다. 홍성과 부산의 사례가 모두 이 범주에 속한다. 시설을 건설하는 데 힘을 보탠 지역 사회 구성원들은 건설 후에도 여전히 시설 유지에 기여하고 있으며, 심지어 시설 용량을 확대하는 방안까지 제시하고 있다(이주헌과 김효정 2010: 98). 따라서 장사 시설을 어떻게 하면 지역에 만족스럽게 들여올 수 있느냐가 중요하다. 하지만 이 부분에서 나의 목표는 이주헌과 김효정의 목표보다 훨씬 더 서술적인 것이다. 나는 지역민들과 지역의 단체들이 사유지 근처에 시설이 건설되는 것에 강하게 반대하여, 자연장지를 조성하는 데 어려움을 겪었던 경험적 사례를 몇 가지 제공하고자 한다.

조사 기간 특정 지역 근처에 자연장지를 건설하려는 시도가 여러 차례 보도되었지만, 성공적인 결과를 보이거나 관련된 모든 당사자에게 건설적인 것으로 밝혀진 사례는 없었다. 첫 번째로 소개할 사례는 충북 충주시 목벌동이

40 「서울추모공원 연혁」, 서울시설공단 웹사이트.

다. 한 사업 법인이 이 마을 인근 6만 5,000m²의 임야에 300억 원을 투자하여 2030년까지 수목장림을 조성할 계획을 세우고 있었다. 수목장림을 '기피 시설'로 규정한 가운데, 마을 주민들은 양분되었다. 반대하는 측은 수목장림이 마을에 들어서는 것을 꺼림칙하게 여겼고, 찬성하는 측은 운영 업체가 마을 발전 기금도 내놓고 일자리도 생기니 나쁘지 않다는 의견이었다. 반대 주민들은 수목장림이 조성되면 일대의 땅값이 하락하고 환경이 오염될 것도 뻔하다고 주장하였다. 30여 명의 주민들로 구성된 반대위원회는 집회를 열고 '수목장 설립이 백지화될 때까지 반대 투쟁을 이어 가겠다'고 밝혔다. 반면, 찬성하는 주민들은 개발 업체가 수목장림 공사에 마을 주민을 고용하고, 마을 주민들에게는 매장지를 무상으로 제공하겠다고 약속함에 따라 이 계획을 수용하겠다는 의지를 보였다. 한편, 임재종 마을발전위원장은 "주민들이 마을 총회에서 이미 수목장림 조성을 허용하기로 결정했다"고 말하였다. 임씨는 "연세 많으신 어르신들이 소일거리를 할 수 있고, 마을 기금도 늘어나는데 마다할 이유가 없다"며 "원주민들은 대부분 반기는데 수년 전 마을에 펜션을 차린 일부 주민들이 반대하고 있다"고 덧붙였다.[41] 『연합뉴스』 보도에 따르면, 충청북도 당국도 갈등이 더 고조되기 전에 어느 쪽이든 조속히 결정하기로 하였다.

『충청일보』는 한 주민의 말을 인용하여 목벌동에 이미 화장장과 납골당이 운영되고 있다고 보도하였다. 이 주민은 "수목장까지 조성된다면 영원히 공동묘지 지역으로 전락되어 주민들의 정신적, 물질적 피해가 극심할 것"이라고 말하였다.[42] 반대위원회는 마을 주민들이 이미 "주변 토지의 재산가치 하

---

41 「마을 발전 vs 땅값 하락 … 수목장 놓고 양분된 농촌마을」, 『연합뉴스』 2016년 1월 28일자.
42 「목벌동 수목장 허가 안 돼」, 『충청일보』 2016년 1월 27일자.

락으로 심각한 피해와 생업에 지장을 받고 있다"고 주장하였다.[43] 또한 식수원인 충주호가 오염될 가능성과 당뇨병 치료를 위한 특수 농장 사업에 영향을 미칠 수 있는 점 등도 수목장림 건설을 반대하는 이유이다. 결국 충청북도 당국은 '찬반 의견이 첨예하게 맞서는 등 장례 시설 설치에 대한 주민 의지가 불분명하고 관련 민원이 상존해 사업이 제대로 추진될 수 있을지 불투명하다'고 판단하여 사업을 불허하였다.[44]

이 밖에도 다음과 같은 사례들이 문제점을 드러내며 사회적으로 논란을 일으켰다. 달성군에서는 한 업체가 수목장으로 허가받은 4,990m^2의 땅을 훨씬 초과하는 땅을 불법으로 개발하였다. 5,000m^2 이상의 토지를 개발하려면 환경영향평가를 실시해야 한다.[45] 포항시 동해면에서는 한 종교단체가 1,900m^2 부지에 수목장림 조성 허가를 받았다. 이 계획은 허가받은 지 3개월이 지나서야 대중에게 알려졌다.[46] 2016년 8월 여주시 강천면에서는 T 교회가 자연수목장림 조성 허가를 받은 것에 대해 지역 주민들이 불만을 품고 위조된 것으로 알려진 신청 서류를 수용한 시 당국에 항의하기도 하였다.[47] 2018년 4월 현재 이 사건의 진행 상황과 관련된 뉴스는 찾아볼 수 없다. 충남 서천군 마산면은 산림청이 전국에서 두 번째로 국립 수목장림 조성을 시도한 곳이다. 산림청은 서천군 판교면에 조성하려던 계획이 실패하자 10세대의 동

---

43 「충주 목벌동 일부 주민, 수목장 추진 백지화 촉구」, 『중도일보』 2016년 1월 28일자; 「충주 목벌동 수목장 추진 주민 반발」, 『중부매일』 2016년 1월 28일자.

44 「충주 목벌동 수목장 조성사업 무산」, 『충북일보』 2016년 2월 11일자; 「충주호변 수목장 조성 무산」, 『한국일보』 2016년 2월 11일자.

45 「수목장 부지 불법 조성 "눈 감은 달성군"」, 『매일신문』 2016년 4월 27일자.

46 「"수목장 허가 취소하라" 포항 동해면 주민 반발」, 『매일신문』 2016년 5월 25일자.

47 「여주 도전리 주민들 종교단체가 신청한 자연수목장 설치에 반발」, 『경기일보』 2016년 8월 18일자.

의만 얻어 다른 마을에 조성하려고 허가를 요청하였다. 하지만 이 사업 부지 반경 1km 이내에 초등학교와 면사무소가 있었다.[48] 이에 160명의 마을 주민은 상여를 운반하는 퍼포먼스를 하며 반대 시위를 하였다. 이 글을 작성하고 있는 현재, 이 사건에 대한 추가 보도도 찾아볼 수 없다.

이처럼 자연장에 대한 국가적, 국민적 추진력은 압도적이지만 시행에는 다소 어려움이 있다. 한국 인구의 대부분이 도시에 살고 있지만, 여기 보고된 사례들은 도시화의 맥락에서 상대적으로 경제 활동이 부진한, 빈곤한 지역 사회에서 발생하였다. 이러한 지역들은 경제 활동이 투입되기를 바란다. 장례나 매장 시설에 반대하는 공동체 운동이 전국적으로 확산되었다. 많은 농촌 마을의 입구에는 '상여 금지'와 같은 표지판이 걸려 있다. 한 예로, 2017년 8월 8일 오전 8시, 한 가족이 소유한 장지로 시신을 모셔 가던 장의차량이 충남 부여시 옥산면의 한 마을 입구를 통과하지 못한 일이 있었다. 마을 입구는 소형 트럭으로 막혀 있었고, 마을 이장은 통행세로 500만 원의 '마을 발전 기금'을 요구하였다. 유족은 350만 원을 주고 사태를 해결하였고, 오전 9시 16분 마을을 통과해 15km 이상 떨어진 장지로 향하였다. 매장은 정오까지 완료될 예정이었지만 오후 3시가 넘어서야 모든 절차가 완료되었다. 그날의 낮 기온은 약 35°C였다.[49] 충남 부여시 임천면에서도 유족에게 500만 원을 '기부'해달라고 요청하는 또 다른 사건이 보고되었다. 통행세를 내지 않기로 한 유족은 '불구덩이에 넣지 말라'는 아버지의 유언을 지키지 못하고 결국 고인이 된 아버지를 화장하였다.[50] 이들은 불효하게 되어 몹시 괴로웠을 것이

48 「서천 마산면 주민들 "수목장 조성 결사반대"」, 『충청투데이』 2016년 12월 20일자.
49 「"통행료 500만원 내라" … 장의차 2시간 막은 마을주민들」, 『세계일보』 2017년 10월 14일자.
50 「경찰, '장의차 갈취' 수사 전담반 긴급 편성」, 『세계일보』 2017년 10월 24일자.

다. 충청남도 당국은 이와 유사한 불법 행위에 대한 경찰 조사 전담반을 조직하였다.[51]

5) 봉안당의 고급화

전신 매장이 아닌 화장의 시대에 인기를 끌고 있는 또 다른 추모 방식은 1981년 3월에 한국에 도입된 봉안당이다. 고인을 화장한 후 가장 대중적으로 선택하는 것이 봉안당으로, 화장 이용자의 74%가 봉안당을 선택하였고 그 다음이 자연장/수목장이었다. 이는 전반적인 선호도와는 다르다(메모리얼소싸이어티 2016). 봉안당 시설은 실내 또는 실외의 두 가지 유형으로 나뉜다. 실내 봉안당은 단의 높이에 따라 가격이 다르므로 경제적인 여건에 따라 단을 선택할 수 있다. 날씨에 상관없이 연중 방문할 수 있다는 점이 큰 장점이다. 실외 봉안당은 우아한 외관이 특징이며 주변 자연에 접하는 경험을 제공한다.[52] 2015년 기준, 사설 봉안당이 239개소, 공설은 141개소로, 총 수용 능력은 2,571,580기이다(메모리얼소싸이어티 2016).

지난 몇 년 동안 몇 개의 봉안당이 건설되었는데, 이는 환경 의식과 가족 구조의 변화를 반영하는 것이면서, 동시에 효에 대한 인식이 약간의 수정을 거치면서 추모 장소도 접근의 용이성이 중요하게 여겨지고 있다는 점을 확인해 준다. 새로 지어진 봉안당의 첫 번째 사례는 수도 서울과 가까운 성남시 분당구에 위치한다. 2018년 1월에 개장한 분당 봉안당은 개업 고객들에게 화장 후 유골과 고인이 사용하였던 소중한 물품을 보관할 수 있는, 특별히 제

51 「부여 장의차 갈취사건 이장 등 8명 '기소의견' 검찰 송치」, 『세계일보』 2017년 11월 16일자.
52 「화장률 급증으로 봉안당(납골당) 발걸음 줄 이어」, 『한국일보』 2015년 12월 1일자.

작된 품격 있는 유골함을 제공하였다. 첫 5년간 관리비(50만 원 상당)는 무료였고, 초기 안치비 40만 원도 면제되었다.[53] 분당 봉안당은 지하 1층, 지상 4층짜리 건물 12개로 구성된 최첨단 시설이다. 원형으로 지어진 12개의 건물은 온종일 해가 들도록 설계되었다. 특히 바닥, 벽, 천장 등의 인테리어에 세계 각지에서 수입된 최고급 소재를 사용하였다. 『헤럴드경제』는 유족이 장지를 고를 때 명절 성묘를 고려하여 주변의 교통, 위치, 접근성 등을 중요하게 생각하는데, 분당 봉안당이 이러한 요소를 충족한다고 언급하였다. 인근 화장장까지 이동하는 시간도 덧붙였다. 『헤럴드경제』의 기사에 의하면 이 시설은 '영장산을 끼고 있어 자연경관이 뛰어나고 금계포란형으로 이루어진 길지에 자리 잡고 있어서 고인에게 평안한 안식을 제공한다. 더불어 방문하는 가족들을 위해 안락한 커뮤니티 공간을 구성해 고인과 장시간 교감할 수 있도록 하였다.' 분당 봉안당의 내부는 전통적인 서재처럼 꾸며졌는데, 이 아이디어로 특허까지 받았다. 책장형 안치단의 뒷줄에는 가죽 유골함을 두고, 앞줄의 가죽 봉안함에는 안경, 펜, 시계 등 고인이 애지중지하며 사용하였던 유품을 보관할 수 있다. 이를 현대적 형태의 부장품(Horlyck 2013, 2014)으로 보아도 좋을 것이다. 방문객은 책상에 앉아 봉안함을 꺼내 보며 고인에 대한 기억을 떠올릴 수 있다. 각 유골함에는 GPS가 부착되어 있으며, 안전을 위해 전용 특수 키를 만들어 유족에게 제공한다.[54] 홍보 동영상을 보면, 분당 봉안당이 기존의 추모 공간과는 매우 다르다는 것을 알 수 있다. 이곳에서는 모든 위치에 동일한 요금이 적용되기 때문에 '책장 자리'의 높이에 따라 비용이 달라

53 「분당추모공원 납골당 가격은?」, 네이버 블로그(2018. 2. 1 게시).
54 「서울 접근성 뛰어난 고품격 추모공원 '분당 봉안당 홈HOME'」, 『헤럴드경제』 2018년 1월 19일자.

지지 않는다. 하지만 당시 언론에서는 싸지 않다는 언급만 있을 뿐 실제 사용 요금은 알려주지 않았다. 후에, 안치단 1건당 비용이 1,000만 원에서 3,000만 원 사이라는 것을 알게 되었다(에필로그 참고).

낡은 봉안당을 철거하고 새로 건설하거나 기존 시설을 확장하는 사례도 몇 건 보도되었다. 충남 청양군은 2001년 13억 원을 투자해 봉안당을 건립하였다. 그러나 시설의 상태가 급속히 악화되어 4,650만 원을 들여 보수 공사를 해도 소용이 없었다. 이에 청양군은 선진적인 장례 문화를 도입하기로 하고, 새로운 봉안당 건설을 계획하였다. 총사업비는 16억 1,000만 원으로 예상되었다.[55] 새 봉안당은 2층 건물로 1,800여 기의 봉안함을 수용할 수 있으며 2017년 9월 30일에 개장하였다. 사용료는 15만 원이며 15년마다 갱신할 수 있다.[56] 인천과 창원에서도 시립 봉안당을 건설하거나 증설할 계획이 있었지만, 이 글을 작성하고 있는 시점까지도 님비 현상 때문에 추진되지 못하였다.[57]

전국적으로 봉안당 부족 문제가 심각하며 이 문제를 해결하기 위한 노력도 계속되고 있다. 분당 봉안당의 고급스러움도 눈에 띈다. 경제적으로 윤택해진 상황에서, 추모 역시 질적으로 더 정교해지고 향상될 가능성이 높다. 고속도로에서 쉽게 접근할 수 있고, 자연재해를 견딜 수 있는 설계, 그리고 추모객이 편하게 쉴 수 있는 공간 등이 봉안당 선택에서 중요하게 여겨지고 있다.[58] 부산 봉안당은 부부합장묘와 유사하게 부부의 유골함 2기를 하나의

55 「청양군, 선진 장례문화 정착 위한 봉안당 건립」, 『대전일보』 2017년 5월 9일자.
56 「청양군추모공원 봉안당 신축 개관」, 『청양신문』 2017년 9월 29일자.
57 「인천 영종하늘도시 봉안당 건립 갈등」, 『경향신문』 2017년 11월 28일자; 「창원 상복공원 봉안당 증설 안돼」, 『경남도민일보』 2017년 11월 20일자.
58 「선진화된 장묘문화를 선도하는 "천국의계단 추모관"」, 『경향신문』 2018년 1월 31일자; 「부활 소망 간직하고 남은 자들 신앙 되새기는 안식처」, 『국민일보』 2018년 2월 2일자.

단에 안치하는 것을 허용하기 시작하였다. 이는 고객의 다양한 요청에 부응하기 위한 변화이다.[59]

봉안당이 한국인에게 친숙한 장소로 빠르게 정착하면서, 봉안당을 둘러싼 새로운 사건과 범죄도 발생하고 있다. 최모 씨는 송파공원 봉안당 건립이 시작되자 표준도급계약서를 위조하였다. 그는 임모 씨에게 자신을 하도급 업자로 내세우며 위조된 계약서를 보여 주고 사업 기회를 주는 척하며 3,000만 원을 갈취하였다.[60] K씨는 봉안당 사업에 투자하면 250%의 고수익을 올릴 수 있다며 5명으로부터 1억 1,495만 원을 가로챘다.[61] 화가 설모 씨는 A씨에게 양평의 한 추모공원과 그림 계약을 맺었다고 거짓으로 말한 후 사업비 명목으로 4,000만 원을 가로챘다.[62] 일부 장례식장 직원은 유족에게 특정 봉안당을 이용하도록 유도하고 그 대가로 봉안 시설 업체로부터 리베이트를 받았다. 한 장례식장은 49차례에 걸쳐 2,950만 원을 받았다.[63]

또 다른 사람들은 봉안당을 '보물'이 있는 장소라고 생각한다. 전주시에 사는 A씨(35세)와 B씨(28세)는 함께 아르바이트하며 친하게 지냈다. A씨는 B씨의 가족과도 잘 아는 사이였다. B씨가 교통사고로 세상을 떠나자, 유족은 유골함과 160만 원이 든 지갑 등 유품을 안치함에 넣었다. 그런데 생활고에 힘들어하던 A씨가 안치함에서 지갑을 훔쳤다가 덜미를 잡힌 것이다.[64] 또 다

59 「부산시설공단, 봉안시설 부부합장 시행」, 『부산일보』 2017년 6월 9일자.
60 「"송파공원 납골당 공사 맡게 해줄게" 투자금 가로챈 건설업자 구속」, 『헤럴드경제』 2015년 4월 3일자.
61 「"납골당 투자땐 250% 고수익" … 1억 가로챈 사기범 구속」, 『경향신문』 2016년 6월 14일자.
62 「"납골당 조성" 사업자금으로 속여 수억원 가로챈 화가 실형」, 『한국장례신문』 2015년 5월 26일자. 참고: 내려받은 일부 기사는 카인즈(KINDS)에 기록된 사이트에서 이용할 수 없지만 다른 곳에서는 이용할 수 있다. 이 기사가 그 한 예다.
63 「비싼 장례 비용 알고 보니 … "뒷돈" 챙긴 장례식장 직원들」, 『한겨레』 2015년 5월 22일자.
64 「"죽은 아들 노잣돈인데" … 납골당 안치함서 돈 훔친 30대」, 『헤럴드경제』 2016년 8월 29

른 사례에서는 황모(45) 씨가 부산의 한 사찰에 있는 봉안함을 방문해 유골 보관함의 유리문을 강제로 열고 250만 원 상당의 금목걸이와 금반지 등을 훔쳤다.[65]

6) 새로운 효도 문화

음력 8월 추석과 설 명절에 한국에서 중요한 의례는 차례와 성묘이다. MBC TV는 새해 첫날 관련 장면을 다음과 같이 담아냈다. 파주의 한 납골당 안에는 제사를 모실 공간이 마땅치 않다. 대신 건물 밖에 제단이 몇 개 있다. 여러 가족이 줄을 서서 차례를 기다린다. 각 가정은 제단 위에 음식과 과일을 차려놓고 차례를 지낸다.[66] 봉안당과 자연장의 목표에는 친환경적인 장례를 치르는 것 외에 토지의 효율적인 사용도 포함된다. 방문한 후손들은 차례를 기다리는 것을 마다하지 않고 오히려 새로운 환경에서 치르는 의례에 빠르게 적응한 것으로 보인다. 한 추모객이 자신의 견해를 표현하였는데, 이는 심지어 그의 부모님의 견해이기도 하였다. "땅들이 좁잖아요. 그게 자연에서 와서 자연으로 가는 거. 그걸 원하셨어요"(서울 은평구 손모 씨, MBC 뉴스 2017. 1. 28). 기사에 의하면 수목장림에는 한 그루의 나무에 24기의 유해가 '모셔져' 있다. 다른 경우에는 언덕이나 잔디밭으로 된 자연장지에 수백 위의 유해가 수용되는데, 모두 비교적 작은 면적이다. 서울에서 온 50대 초반의 차모 씨는 "저도 이제 언젠가는 자연으로 갈 텐데 저도 이걸 택할 것 같아요"라고 말하였다(MBC 뉴스 2017. 1. 28).

일자.

65 「납골당 유골 보관함서 귀금속 유품 훔친 40대 영장」, 『헤럴드경제』 2018년 1월 16일자.

66 「수목장·언덕장 등 자연장 늘며 달라진 성묘 문화」, MBC 뉴스 2017년 1월 28일자.

이모 씨(39)는 "화장을 한 뒤 산에 올라 바람에 유골이 뿌려지는 '풍장'을 해서 죽은 후에는 자유롭고 싶다는 생각을 해본 적이 있다"고 말하였다. 그는 "주변에 들어보니 부모의 유골을 모신 곳이라도 없으면, 자녀들이 부모님 사망 후 상실감을 더 느낀다는 말을 들었다"며 부모님의 추모식을 어떻게 해야 할지 고민이라고 하였다. 장모(62) 씨는 "어머니가 '자연으로 돌아가고 싶으니 화장 후 바다에 유골을 뿌려달라'고 말씀하시는데, 한국 정서상 쉬운 결정이 아니"라고 말하였다.[67] 『한국일보』는 이러한 이유로 대부분의 사람들이 화장한 유골을 뿌리는 산골보다 나무 주변이나 화초, 잔디에 묻는 것을 선호하는데, 이것은 또한 자연 친화적이라는 점에서 호응이 높다고 지적하였다. 한국인들이 갖고 있는 양가적 감정은 한국장례문화진흥원 정혁인 정책기획부장의 말에도 잘 드러난다. 정씨에 따르면, "한국은 묘를 찾아서 제사를 지내는 등 가시화된 추모를 중요하게 여기는 문화"가 있다. 묘지에서 제사 지내는 것은 지하에 묻힌 관에 누워 있는 고인을 시각화하는 과정을 포함하는 것으로 보인다. 화장된 유골을 묻는 자연 매장은 이러한 시각화를 허용하지 않는다.[68] 화장이 일반화된 후에도 추모 공간이 따로 마련된 납골당과 같은 봉안 시설을 많이 이용하였다. 이제 인식이 바뀌고 있는 만큼 자연장 이용률이 현재 15% 수준에서 몇 년 내에 빠르게 높아질 것'이다.

이는 봉안당이나 자연장이 비용에서는 큰 차이가 없기 때문에 맞는 말일 것이다. 조모 씨(38)는 아버지를 봉안당에 모셔놓았지만, 아버지를 "닭장처럼 비좁은 곳에 모시고 나니 허리도 못 펴고 계실 것 같아 마음이 쓰인다"며 수

67 「납골당도 답답 … 귀농하면 집 근처 마당에 수목장 만들겁니다」, 『한국일보』 2017년 9월 27일자.

68 다음 기사 참고: 「늘어나는 '수목장' … 조금씩 바뀌는 추석 풍경」, SBS 뉴스 2016년 9월 17일자.

목장을 다시 알아보려니 이장은 절차가 까다롭더라"고 말하였다(『한국일보』 2017. 9. 27). 이러한 불편한 감정은 한국의 효 사상이 변화하고 누군가의 인생을 추모하는 방식이 변화하는 동안 피할 수 없는 것일지도 모른다. '비좁은 봉안당 안의 삶'이 살아 있는 인간의 삶과 비교되는 방식을 관찰하는 것도 흥미롭다. 사실, 한국 사람들은 주택이 아니라 좁은 아파트에서 사는 것도 숨이 막히는데, 저세상으로 가면 봉안당에 갇혀 있게 되니 좋은 일이 아니라고 입버릇처럼 말한다.

한국 전통에서 윤년은 필요하다면 무덤을 개장하기에 좋은 시기이다. 하늘과 땅의 신들이 사람의 행동을 관찰하는 데 부주의한 때라고 여겨지기 때문이다. 한편으로는 조상들을 성가시게 하고 싶지는 않지만, 아마도 불행을 피하거나, 결과적으로, 심지어 21세기에도, 복을 받는 것에 더 많은 관심을 기울일 것이다. 2016년과 같은 윤년 동안, 많은 한국인이 유해를 화장하기 위해 무덤을 개장하는 일을 문의하였다. 화장 후 남은 유골은 자연장 또는 봉안당에 모셔진다.[69] 수요가 너무 많아서 일부 서비스 제공 업체는 고객에게 바가지를 씌우기도 한다. 묘 개장의 이유 중 일부는 후손들이 추모지에 더 쉽게 접근할 수 있도록 하기 위해서이다. 김모 씨(58)는 급하게 아버지의 장례를 치르느라 집에서 멀리 떨어진 봉안당에 유해를 모시는 바람에 자주 찾아뵐 수 없는 상황인데, 이를 매우 불안하게 여긴다.[70] 효를 표현하는 방식은 개인적 신념에 따라 다양할 수 있지만, 효 자체가 한국인의 삶에서 궁극의 중요

69 2013년과 2015년은 윤달이 없는 해였다. 각각 48,206건과 46,453건의 이장 및 화장이 있었다. 그러나 2012년과 2014년에는 윤달이 있었고, 각각 87,982건과 80,015건의 이장 및 화장이 있었다. 윤달이 있는 해들은 장례 산업 전반에 활력을 불어넣고 있다(한국장례문화진흥원; 「윤달 '화장' 열풍에 장묘시설 대란」, 『서울경제』 2017년 6월 25일자).

70 「올해는 4년에 한번 있는 '윤년'으로 수목장, 납골당, 공원묘지 이장 문의 급증!」, 『서울경제』 2016년 9월 30일자.

성을 지닌다는 점에는 변함이 없다. 하지만 한국인들이 효를 표현하는 방법이 빠르게 변화하고 있는 것도 사실이다. 이제는 효의 표현도 후손들의 입장에서 편리하고 현실적인 방식이어야 한다.

7) 고독사, 경제 발전의 부작용인가?

초고령화와 1인 가구의 증가로 많은 사람이 홀로 죽고 있고, 유족이 경제적인 이유로 이들의 장례를 포기하는 경우도 있다. 보건복지부에 따르면, 장례를 치러줄 유족이 없는 무연고 사망자는 2011년 693건에서 2016년 1,232건으로 늘었다. 하지만 이들의 장례를 치를 공영 장례 시설은 턱없이 부족하다. 서울시는 무연고 사망자가 발생하면 고양시에 위치한 서울시립승화원에서 화장한다. 유해는 10년 동안 보관되고, 이 기간에 찾아가는 사람이 없으면 다른 유해와 합동 매장한다. 『파이낸셜뉴스』에 인용된 정부 통계에 따르면, 고독사 가능성이 높은 사람 중 많은 수가 빈곤계층으로, 서울의 독거노인 28만 1,068명 중 약 23%인 6만 4,656명이 기초생활보장 수급자와 저소득 노인이다. 시신 인도가 안 된 사망자는 장례 절차 없이 곧바로 화장장으로 보내지며, 그 후에야 지인들에게 사망 통지를 보내게 되어 있다. 장례 비용이 많이 드는 것도 이와 관련 있다. 한국소비자원에 따르면 평균 장례 비용은 1,198만 원이며, 서울시가 권장하는 '착한장례서비스'도 594만 원이다. 이 때문에 무연고 사망자의 80%는 실제로 친인척이 있지만 장례 비용이 많이 들어 시신 인수를 포기하는 경우가 발생하고 있다.[71] 역설적으로, 이러한 고독

---

71 「혼자 삶 마감하는 무연고 사망자 급증」, 『파이낸셜뉴스』 2017년 6월 21일자.

사 현상은 근대화, 서구화, 경제 발전의 과정에서 발생한 가족 구조의 변화와 관련이 있는 것으로 보인다. 고독사는 일본에서 훨씬 더 심각한 사회 문제지만 한국에서도 확대될 일만 남았다.

이 '외로운 사람들'은 살아 있을 때도 고군분투하였고, '안녕히 갈 수 없었던,' 소외된 집단이다. 『한겨레』의 기사는 다음과 같은 말로 시작한다. '삶과 죽음의 의미는 주변인들의 추모에 따라 갈린다. 어떤 이는 누군가의 기억으로 되살아나고, 어떤 이는 잊힌 채 사라진다. 가족과 사회에서 고립된 채 홀로 죽어가는 사람들, 그들의 죽음은 '악취'로 기억되고 곧 잊힌다. 외로운 삶만큼이나 고독한 죽음은 가까운 곳에 있었다'. 이 기사는 2018년 1월 19일 고양시 서울시립승화원에서 고독사 후 마지막 순간을 맞은 망자들에 대해 보도하였다. 많은 시신이 화장되고 있었지만, 화로 앞에 애도하는 사람이 없어 이들의 외로운 삶을 짐작하게 하였다. 이들의 고단한 인생에 공감해 주는 이는 아무도 없었다. 알아주는 이 하나 없이 과거로 사라지고 만 것이다.[72]

다음은 이 기사에 보도된 고독사 사례 중 하나다. 박기리 씨(64)의 시신은 2018년 1월 서울 은평구의 한 임대아파트에서 발견되었다. 검안의는 사망이 시신 발견 2주 전에 발생했다고 판단하였다. 입고 있던 옷은 색이 바래기 시작하였고 몸도 부어오른 상태였다. 체액이 흘러 누워 있던 이불에 묻어 있었지만, 아파트 안의 냉기 덕분에 시신은 온전한 상태로 보존되어 있었다. 2017년 12월 가스 요금은 1만 5,000원에 불과하였다. 박씨의 죽음은 이사할 때 박씨를 만난 적이 있던 이웃 이정하 씨의 신고로 발견되었다. 이씨는 정부미 한 포대가 며칠째 박씨의 집 문 앞에 놓여 있는 것을 이상하게 여겼다고

---

72 「죽어서도 외로운 '17번 화장로' … 아무도 울어주지 않았다」, 『한겨레』 2018년 3월 2일자.

한다. 고지서가 나날이 쌓이고, 박씨의 아파트에서 냄새가 나기 시작하자 이씨는 경찰에 신고하였다. 박씨는 광주에서 고아로 자라 인생의 대부분을 서울에서 지냈는데, 이곳저곳을 전전하며 근근이 살아온 것으로 드러났다. 술이 그의 유일한 친구였다. 그는 2015년 1월부터 기초생활수급자가 되었다. 공공임대주택에 입주할 자격이 되었지만 50만 원의 보증금이 없었다. 그러던 중 2015년 겨울 술에 취해 도로를 걷다가 교통사고를 당하였다. 병원에 입원한 후 약간의 합의금을 받아 일부를 2017년 2월에 임대아파트 보증금으로 사용하였다. 아마도 그곳은 그의 생애 최고의 거주지였을 것이다. 그의 유일한 자산이었던 보증금은 모두 본인의 장례식에 사용되었다. 한겨레 기자는 박씨의 집이 자기 집에서 불과 150m 떨어진 곳에 있었다고 말하며 '고독사는 그리 멀지 않은 곳에 있었다'고 전하였다(『한겨레』 2018. 3. 2). 실제로, 우리 모두가 그런 죽음을 맞이할 가능성이 있다. 보도된 사건을 단순히 신문에 나온 슬픈 인생의 이야기로, 시간이 지나면 빠르게 잊힐 일로 치부해서는 안 된다.

고독사 화장 현장의 전형적인 모습은 다음과 같다. 화장장에는 시민단체 '나눔과 나눔'에서 활동하는 자원봉사자 3명과 은평주거복지센터 직원 2명, 성직자 1명, 한겨레 기자 2명이 전부였다. 장례 자원봉사자 이경동 씨(42)는 "보통 나눔과 나눔에서만 2-4명 오는 게 전부거든요. 다른 빈소랑은 달라요. 무연고자 장례식에선 아무도 울지 않아요"라고 말하였다. 시신은 아무런 의식도 없이 화로로 직행한다. 은평주거복지센터의 상담사가 조사를 읊었다.

> 살아서도 죽어서도 혼자인 무연고 사망자의 외로움을 바라보면 2018년 문명사회를 살고 있는 우리의 또 다른 모습을 발견합니다. 같은 시대를 함께 살았을 당신을 국화꽃 한 송이 없이 보내드리고 싶지는 않았습니다. 고인이 걸어온 긴 외로움의 여정을 함께하지는 못했지만 그리고 너무나도 늦었지만 이제 가야만 하

는 여행길은 덜 외로웠으면 합니다(『한겨레』 2018. 3. 2).

독거 노인층을 비추는 밝은 빛도 있다. 대한적십자사 지역봉사회는 전국에 2,300개의 네트워크를 가지고 있으며, 지역 사회의 노인들에 대해 잘 알고 있는 13만 명의 자원봉사자들로 구성되어 있다. 유의옥(91) 씨는 6.25전쟁 때 고향 평양을 떠나면서 부모와 4남매와 헤어져 한국에 정착하였다. 유씨는 가끔 아침에 일어나지 못할 경우를 대비해 현관문을 잠그지 말고 자야 하나 생각한다고 한다. 3명의 적십자 자원봉사자들이 1주일에 한 번 유씨를 방문하는 게 중년 여성들과 이야기를 나눌 기회가 될 뿐만 아니라 큰 안도감을 주기도 한다. 자원봉사자들이 위독한 상황에서 치료받지 못하고 쓰러진 노인의 생명을 구한 사례도 있다. 고독사의 원인은 복잡하고 쉽게 해결되지 않겠지만, 그렇기에 적십자 자원봉사자들의 활동은 더욱 가치 있다. 특히 개인적이고 친밀한 지원을 통한 상향식 접근이 효과를 보고 있다. 이런 맥락에서 나눔과 나눔 관계자의 다음과 같은 주장에도 주목할 가치가 있다. '모든 사람의 죽음에 공공성을 부여해야 한다. 특히 형편이 어려운 사람들에게, 다만 24시간 만이라도 장례식을 치르고 애도의 기간을 거칠 수 있도록 보장해야 한다'(『한겨레』 2018. 3. 2). 적십자 자원봉사자들이 사회적 약자에게 위안을 주는 일은 정말 감사한 일이다. 하지만, 단순히 자원봉사자들에게 감사하는 것 말고 고독사를 예방할 수는 없는 걸까?

모든 인간은 자신의 신조나 배경에 상관없이 품위 있고 합리적인 삶의 질을 누릴 자격이 있다. 하지만 현실은 그렇지 않고 세계 곳곳에서 빈부의 격차가 점점 벌어지고 있다(McManus 2013: 181). 살아 있는 동안의 계급과 지위가 장례식과 매장 방식, 추모 방식, 그리고 오랜 세월 동안 기억되는 방식에 매우 분명하게 반영되어 있다는 사실은 그리 놀라운 일이 아니다. 신문 기사를 검색하면서, 나는 어떤 애완동물의 장례가 꽤 호화롭고 아주 괜찮은 방식으로 치러지고 있다는 사실도 알게 되었다.

6. 맺음말

예상보다 길어진 이 장은 무엇이 가장 의미 있고 좋은 추모의 방식인지에 대해 생각할 거리를 많이 던져 준다. 나는 개인 및 공공의 이익을 위해 장례를 논의하고 배우려는 대중의 열린 생각에 감동하였다. 환경 보존이 가장 중요한 문제임에도 시신을 처리하는 다양한 방법에 대한 충분한 논의는 이루어지지 않았지만, 화장에 대한 무비판적인 지지가 있었다. 이전 장에서 살펴본 바와 같이 수익 창출에만 집착하는 업계의 행태도 문제이다. 호화로운 묘지 건축은 감소하고 있지만 이 호화로움은 이제 봉안당과 자연장지에서 발견된다. 빈부의 격차는 삶에서만큼이나 죽음과 추모의 방식에서도 잘 드러난다.

그런가 하면 님비 현상이 꼭 필요한 추모의 장소를 건설하는 데 방해가 되고 있다. 백종섭(2002)은 화장장 건설의 어려움과 이해당사자(정부, 산업계, 국민) 간의 갈등을 해결하려면, 의사 결정 과정에 지역 주민을 포함해야 한다고 주장하였다. 이필도 외(2015)도 한국 사회가 장례 시설을 인간 삶의 일부이며 공동체의 응집력에 잠재적으로 기여할 수 있는 것으로서 긍정적으로 보고 있다고 주장하였다. 따라서 양질의 서비스와 시설을 제공하기 위해 적절한 투자가 이루어져야 한다. 이런 종류의 제안은 아마도 20년 전보다는 오늘날의 한국 민주주의 시스템 안에서 훨씬 더 실행 가능성이 높을 것이다. 그러므로 나는 앞으로 사회에 필요한 추모 장소가 건설될 것이라는 희망을 여전히 품고 있다.

특히 독거노인들의 삶을 지원하고 방문하는 자원봉사자들이 있다는 점이 고무적이다. 초고령화되어 가는 한국 사회가 어떻게 도움을 계속 제공할 것인가 역시 중요한 문제이다. 효의 개념은 현대로 접어들면서 새로운 형태와 내용을 띠게 되었다. 그것이 어떻게 변화하고 살아남을 것인지는 앞으로 두고 볼 일이다.

제9장

맺음말

여타의 일반적인 문화 현상과 마찬가지로 현대 한국의 장례 의식은 다양한 사회경제적 요인의 영향으로 빠르게 변화하고 있다. 이 책은 장례 의식을 이미 정착된 특정 문화 현상이 아니라 변화가 진행 중인 것으로 보고 그 과정을 스케치하려고 시도하였다. 디지털 미디어와 광고의 급속한 발전, 환경에 대한 관심이 눈에 띄게 커진 것과 인간 수명이 늘어난 것이 이러한 변화에 영향을 미치는 요인들이다.

제2장에서는 책의 주제를 이론적으로 이해하고자 시도하고 비판적 실재론의 관점에서 기존 이론들의 경험적 문제에 대해서도 성찰해 보았다. 경험적, 물리적으로 검증 가능한 여러 요소들이 현대 한국 사회에서 장례 의식에 중요한 변화를 가져왔다. 개별 주택에 딸린 야외 공간인 마당의 소멸, 시신을 처리하는 현대적인 방법으로서 화장을 대중화하는데 정부가 한 주도적인 역할을 한 점, 서구에서 그랬듯이 출생과 사망을 처리하는데 병원이 점점 중요해진 점 등이 그러한 요소이다(Autton 1966; Howarth 1997: 131). 한국 사회 전반에 대해, 특히 장례 의식에 대해 더 잘 이해하기 위해, 나는 한국 사회에 일어난 변화를 좀 더 깊이 있게 숙고해 보았다. 조선시대 유교가 평민을 통제하는 기제였다는 의견에 동의하든 아니든 간에, 유교는 수백 년 동안 한국 전통과 문화의 중요한 요소였다. 산업화와 도시화의 강력한 영향에도 불구하고 유교에 기반한 장례 문화와 효의 실천은 현대의 효의 문화에서 중요한 역할을 유지해 오고 있는데, 이는 한국인들의 일상생활에 근대화의 영향이 뿌리내리고 있어도 여전하다. 이러한 효 문화의 지속성은 상조와 묘지 산업의 급속한 성장에 중요한 자극제가 되었다.

제2장의 중요한 과제는 현대 장례 의식의 특징을 만들어 내는 메커니즘을 푸는 것이었다. 현대의 장례가 지금의 모습이려면 어떤 조건이 충족되어

야 하는가? 혹은, 이것을 가능하게 하는 것은 무엇인가? 나는 일반적인 상조 산업을 참고로 사회경제적, 문화적 구조와 관계를 고찰하였다. 좀 더 구체적으로 보자면, 관련 요인으로는 효, 무속, 도시화, 상품화, 장례 의식의 시장화, 일본으로부터의 장례 문화 수입, 그리고 극단적인 자본주의, 즉 천민자본주의가 있었다. 천민자본주의는 윤리적 행동과 책임이라는 인문학적 가치를 최대한 배제하고 이윤 창출에만 몰두하는 자본주의의 한 형태이다. 나는 이 천민자본주의가 이웃의 보살핌을 필요로 하는 장례 의식에 적용되는 것을 장례자본주의라고 불렀는데, 이는 천박한 형태의 자본주의이다. 이런 식의 비열하고 배려 없는 자본주의의 관행은 '화장'되어야 하고, 그 '유해'는 폭발물과 함께 공중으로 발사되어야 한다.

그러한 관행의 문화적 뿌리는 무엇인가? 결혼식이나 장례식 등 주요 의례를 치를 때 상조, 즉 서로 도움을 주고받는 문화는 수백 년에 걸쳐 확립된 것이다. 관련된 관행으로 다른 사람들의 대소사에 3만-10만 원의 부조금을 내는데, 한국인들은 이 경조사비가 가계 재정에 부담이 된다고 생각해 왔다. 하지만, 본인이 부조를 받는 것은 좋아한다. 상조 산업은 바로 이 오랜 세월 동안 정착된 '저축' 혹은 '할부'의 개념을 사용하였고, 이는 상조 산업의 급속한 성장과 함께, 한편으로는 횡령과 회사 부도로도 이어졌다. 상조 산업의 이러한 현상은 실로 국내외적 요인과 사회경제적 구조가 복잡하게 얽힌 결과이다. 이러한 현상이 현대 사회에서 합리적인가라는 질문은 또 다른 문제이다. 즉, 합리성이 아니라 비합리성에 근거한 것일 수도 있다.

제3장에서는 한국 사회 전반에 일어난 급격한 변화에 대해 논의하였다. 이 광범위한 변화의 물결에는 산업화, 도시화, 현대화가 포함되었다. 국가를 발전시키고 현대화하기 위해 수많은 개발 전략을 세웠지만, 결국 한국의 현

실적인 목표는 많은 서구 사회들, 특히 미국과 같이 재정적으로 부유한 사회를 만드는 것이었다. 박정희, 전두환, 노태우와 같은 전직 군 장성들이 이끌었던 독재 정권은 한국인의 재정 상태를 향상하기 위해 가능한 모든 경로를 작동시켰다. 이는 또한, 의도하였든 의도치 않았든, 군사 정권을 합리화하는 방법이기도 하였다(Han and Sharp 1997). 그동안 박정희 정권의 성과에 대한 비판과 반성이 적지 않게 이루어졌다(Kim and Sorensen 2015; Kim 2004; Lie 1998). 박정희 정권의 중요한 전략은 사회 이동성, 즉 신분 상승을 향한 국민적 요구를 전국적으로 동원하는 것이었다. 다시 말해서, 어떤 개별 행위자는 다른 행위자보다 유동적인 사회에 더 많이 대비되어 있고 이를 더 원하였을 수 있다. 박정희 정권은 주어진 상황에서 국민의 욕망과 문화를 최대한 활용하였다. 또한 국제 무역과 사업 기회를 열심히 찾아다녔고 그 영향은 국내 경제로 흘러들어갔다. 급속한 경제·정치적 발전은 한국 사회의 모든 제도를 철저히 변화시켰는데, 이 책에서는 이를 충분히 탐구하지 못하였다. 그러나 경제 발전과 이로 인한 개인 삶의 변화, 가처분 소득의 증가, 가족 구조의 변화 등이 장례 및 묘지 산업에 관련 요인으로 작용한 점은 살펴볼 수 있었다. 모든 연령대에서 경제적 풍요로움 속에서도 '상대적 빈곤'이라는 인식이 팽배해진 것도 주목할 만하다. 노인들은 다가올 장례를 피할 수 없고, 젊은이들은 부모의 장례를 미리 준비하려는 욕구를 가지게 된 것도 상조 산업 호황의 강력한 자극제가 되었다. 현대적이고 풍요롭고 경쟁이 치열한 환경에서 거의 모든 활동이 전문화되면서, 산업화가 시작된 이래로 오랫동안 기다려 왔던 장례 산업의 전문화도 지난 20년 동안 완전히 정착하였다.

제4장은 한국인들이 인간 생명의 소중한 가치에 대한 생각을 어떻게 표현하는지 담아냈다. 목숨을 잃은 것에 대한 깊은 애도는 사실 인간의 삶을

가치 있게 생각한다는 사실을 표현하는 것이다. 죽음은 현대 한국에서 장례 의식보다 문학과 예술에 훨씬 더 자주 등장하는 주제이다. 한국의 전통 장례 문화는 지난 반세기 동안 급격한 변화를 겪었다. 가장 큰 특징은 직장과 밀접한 관련이 있는 생활 양식의 변화이다. 결국, 부모가 어떤 '작별 인사'를 받으며 이승을 뜰 수 있는지는 자녀의 생활 양식에 달려 있다. 지역 사회에서의 인간관계에 대한 적응과 물질문명도 장례 문화에 변화를 가져왔고, 이는 이 장에서 논의된 여섯 편의 연극 및 영화에 잘 반영되어 있다. 세월이 흐르면서, 한국인들은 죽음과 장례라는 주제를 더 잘 다루게 되었고, 공개적으로 논의하기에는 여전히 어려움이 있지만 이를 인간 삶의 일부로 받아들일 수 있게 되었다. 연극과 영화는 사랑, 질병, 행복과 같은 인간 삶의 영역에 죽음과 장례 의식이라는 주제를 도입하기 위해 매우 정교한 기술을 발전시켰다.

제5장에서는 상조 산업의 언론 광고를 분석하였다. 자원이 부족한 한국에서 '어떻게 하면 제품이나 더 나은 홍보를 위한 아이디어를 낼 수 있을까'라는 질문에 대한 답을 많은 한국인들이 끊임없이 찾고 있다. 신제품과 적극적인 광고가 계속 쏟아져 나온다. 일단 제품이 명성을 얻으면, 수요는 급증한다. 이 빠르고 적극적인 과정에서, 면밀하고 윤리적이고 엄격하고 과학적인 조사는 누락되는 경우가 많다. 상조업체들의 광고는 일견 온화하고 고객을 배려하는 것으로 보인다. 그러나 자세히 들여다보면 정서적으로 불안하고 취약한 유족을 겨냥한 광고가 오히려 공격적임을 알 수 있다. 마치 호화로운 장례 서비스를 구입해서 치러드리는 것이 효도하는 것인 양 묘사하며, 효의 문화에 대한 착취가 마케팅에서 계속되고 있다. 자식은 아무리 부모에게 잘 해드려도 부족하다고 느낄 수밖에 없다. 한국인이 한국 문화에서 배우고 사회화되는 방식이 그러하다. 효도에 대해 생각하는 사람은, 현재 부모님의 죽음을 애도

하는 중이거나 그렇지 않거나 항상 마음이 약해질 수밖에 없을 것이다.

한국의 전통과 문화를 현대 기술과 시설에 접목한 상조 상품을 개발하면서, 대부분의 상조업체는 자신의 상품을 돋보이려고 과장, 허위 광고를 일삼았다. 이러한 광고의 확산은 꼭 성공하리라는 보장도 없을뿐더러, 양질의 서비스를 제공하고 고객과의 신뢰 구축이라는 측면에서, 포화 상태에 있는 장례 서비스 산업을 점점 더 악화시킬 수 있다.

제6장에서는 때로 기본적인 기업 윤리를 훼손하면서까지 사업을 통해 최대의 이익을 창출하는 것만을 계속 추구해 온 장례 산업의 복잡한 특징들을 제시하였다. 업체들이 제공하고자 하였고, 실제로 제공하는 장례 서비스는 사업 환경이라는 측면에서 상당히 현대적이다. 그러나 이 현대적인 기업들은 사업 활동을 '전근대적인' 방식, 더 구체적으로는 천민자본주의적인 방식으로 운영하려고 한다. 이러한 방식이 업체의 편의와 고객이 선납한 보험료를 유용하고자 하는 유혹에 부합하기 때문이다. 예를 들어, 오늘날에도 마을의 상점을 운영하는 것과 서울 중심부의 대규모 백화점을 경영하는 것에는 상당한 차이가 있다. 그러나 어떤 경우에도 두 유형 모두 현대의 법적, 윤리적 환경에 맞게 적절히 관리될 필요가 있다. 이는 단지 비즈니스 섹터의 비리인 것만이 아니라, 데스케어 산업에 대한 적절한 통제력을 갖추려는 정부의 의지와 능력의 문제이기도 하다. 그리고 이는 상조 산업과 관련하여 한국 사회의 경제적, 정치적 구조를 개선할 필요가 있음을 시사한다. 한국 사회의 구조 개혁은 뒤처지고 있으며 더 이상 지체할 수 없다. 문재인 정부에서 공정거래위원회는 과거 정권에서보다 더 적극적으로 상조업 등 비즈니스 섹터 개혁에 착수하였다. 정치 및 경제 구조 개혁은 더딘 과정이며 개혁이 한국인의 일상 문화에 스며드는 데는 더 많은 시간이 필요하다. 게다가, 한국 대중과 상조 소비

자들은 자신이 어떤 권리를 가졌는지 더 잘 알아야 하고, 기업과의 관계 속에서 권리와 책임을 행사할 수 있어야 한다. 이는 소비자 문화를 정착시키는 일이다. 의심할 여지없이, 이 2개의 넓은 영역, 즉 구조와 문화는 밀접하게 연결되어 있고, 모든 관련 주체들에게 좋은 방향으로 빠르게 개선되고 있다. 그러나 개선의 여지는 여전히 많다.

제7장은 고도로 상업화된 한국의 상조 산업을 소비자들이 어떻게 경험하는지 기술적으로 분석하였다. 많은 이들이 소비자 권리와 관련된 정보 부족으로 불안과 실망을 겪었다. 그러나 상조회사를 믿고 계약을 체결한 고객을 탓하기는 어려울 것이다. 상조업계가 지나친 폭리를 취하며 고객을 착취한 것도 사실이기 때문이다. 많은 상조회사가 규정을 지키지 않고 '천민자본주의적 폭리 추구 집단'으로 회사를 운영해 왔는데, 그 정도가 대부분의 현대 소비자의 상상을 초월한 것으로 보인다. 한국경제가 부흥하고 있는 것으로 인식되는 반면, 뉴스 보도에서는 많은 한국인들이 장례 비용을 마련하는 데 심각한 어려움을 겪는 것으로 묘사된다. 이는 많은 이들이 부모님께 효를 다하고 '체면을 유지'할 수 있도록 상조 서비스에 서둘러 가입하게 된 이유이기도 하다. 10년에서 20년 동안 매달 3만 원의 보험료를 내면 360만-720만 원 상당의 상조 서비스를 받을 수 있다. 이것만 해도 중산층 이하 한국인들에게 상당한 금액이지만, 다른 일로 돈이 긴급하게 필요해서 계약을 취소할 수밖에 없는 상황에 처할 수도 있다. 그러나 상조회사들이 소비자의 진정성을 무시하는 방식은 간담이 서늘할 정도로, 도저히 묵인할 수 없는 정도다.

언론은 상조 고객들이 상조 서비스에 가입하고 이용하는 과정에서 겪는 고통을 보도해 왔다. 폭리를 취하고자 하는 업계의 접근 방식은 사랑하는 가족에게 가장 품위 있는 방식으로 작별 인사를 하고자 하는 유족의 심정을 두 배로 고통스럽게 만들었을 것이다. 상조 전문가들이 고객을 위해 더 나은 방법을 생각할 필요가 있다는 점은 말할 필요도 없다. 그럼에도 불구하고, 장례 산업은 그 자체로 독립적이지 않고, 유구히 지속되는 장례 문화와 의례뿐만 아니라 한국 사회와 경제의 다른 부분과도 연결되어 있다. 다행히 상조 업계는 자금 여력이 부족한 업체들을 솎아 내는 등 자정에 나서고 있다. 또한 금융소비자연맹, 한국장례협회 등 많은 단체들이 장례 서비스 기준 개선의 필요성을 명확히 인식하고 상호 긴밀히 협력해 오고 있다. 한국표준장례문화원은 지속적으로 증가하는 장례 비용을 제한할 필요성뿐만 아니라, 특히 빈곤층을 지원하는 데 특별히 관심을 기울이고 있다. 이 모든 건설적인 노력이 이미 긍정적인 결과를 내고 있다. 이러한 노력은 계속되어야 하고, 이는 삶과 죽음이 존엄하게 다루어지는, 보다 문명화된, 살기 좋고 인간적인 한국 사회를 만드는 데 중요한 자극이 될 것이다.

제8장은 화장, 수목장 및 봉안당 등 최근에 개발된 장사 방법의 몇 가지 주요 특징을 스케치하였다. 1980년대까지 매장이 지배적이었던 시기에 주된 걱정거리는 비교적 적은 양의 가용 토지가 묘지 터로 사용되어, 결과적으로 훨씬 줄어든 크기의 토지를 다음 세대에게 넘겨주게 되는 문제였다. 소수 부유층의 호화로운 묘지 건축도 사회적 문제로 대두되어 빈부 간의 갈등을 표현하기도 하였다. 하지만 장례 산업이 지금처럼 상업적으로 활기를 띠지는 않았다. 최근 수십 년 동안 화장, 자연장, 봉안당이 장례 산업을 완전히 재활성화시킨 것으로 보인다. 환경 운동과 환경 의식은 주로 화장, 수목장, 그리고 봉안당에 기반을 둔 지배적인 매장 문화를 복잡하게 만들었다. 토지가 한정된 국가의 유일한 대안으로 인식되어 온 자연장과 봉안당 시설을 개발하기 위해 국가와 지방정부는 물론이고 민간 기업들도 투자를 서두르고 있다. 대

중 역시 이를 환경적으로 지속 가능한 방법으로 인식한다. 그럼에도 불구하고, 시설을 건설하려는 많은 노력이 전국적인 님비 운동을 통해 저항에 부딪혔다. 일부 분쟁은 잘 해결되어 침체된 지역경제를 지탱하는 촉매제로 정착되었지만, 해결되지 않은 채 남아 있거나 중단된 상태로 있는 지역도 있다.

한편으로, 웰빙과 웰다잉의 문화로 인해 죽음을 준비하는 일에 대해 긍정적으로 접근하고 개방적인 태도를 취하는 사람들이 많아졌다. 한국이 부유한 경제 대국이라지만, 생계를 겨우 꾸려나가는 소외계층이 많고, 이들은 빈약하고 쓸쓸한 최후의 의식을 치를 가능성이 크다. 다행히 노약자와 고독사의 위험이 있는 사람들을 돌보는 자원봉사자가 적지만 늘어나고 있다. 봉안당과 자연장의 맥락에서도 조상 숭배의 문화는 명백하다. 매장 문화에서는 제를 지낼 때 무덤에 누워 있는 고인의 전신을 상상할 수 있었을 것이다. 그러나 자연장과 봉안당의 문화에서는 후손들이 부모는 마음에 두고 제단은 다른 시설 방문객과 공유한다. 추모와 조상 숭배의 문화는 새로 도입된 문화 및 그 기반이 되는 사회경제적 맥락을 중심으로 계속 진화할 것이다. 에필로그에는 화장장, 봉안당, 그리고 묘지에 대한 저자의 현지 관찰 몇 가지를 추가하고자 한다.

세계화 과정에서 지속적으로 논의되어 온 문제 중 한 가지는 한국적인 전통과 비한국적인 전통 혹은 서양적 전통의 만남에 관해서이다. 서구화와 한국의 전통을 고수하는 것과 서구 문화를 접목시키는 것 중 무엇이 바람직한 방향인가? 개인의 수준에서는 무엇이든 할 수 있겠지만, 이때에도 요구되는 것은 자신의 욕망을 성찰할 능력과, 그 과정에서 삶의 모든 의례에 대해 정보에 입각한 결정을 내리는 것이다.

천선영은 장례식장이 의료 시설에 자리 잡는 유일한 이유가 시신 처리의 편의성 외에는 없다고 주장하면서, 병원 건물에 장례식장이 존재하는 것에 대한 문제 제기가 거의 없다고 아쉬워한다(천선영 2014: 317-318). 실용성도 중요하지만, 저자의 관점에서 그것은 장례식장이 병원에 위치해야 하는 이유를 완전히 정당화하지 못한다. 게다가, 이윤 창출이 병원과 장례식장이 공존하는 중요한 이유였다. 대형 마트가 많은 지역의 상점들이 폐업으로 이어지듯, 병원 장례식장도 기본적으로 장례 산업 수입의 많은 부분을 독점해 왔다. 천선영(2014)은 한국인이 죽음을 사고하는 능력에 대해 심각한 의문을 제기한다. 그는 사람들이 본질적으로 죽음의 중요성을 과소평가하고 삶과 죽음에 대해 성찰하지 못하는 것을 염려한다. 장례식장과 의료의 공존에 대해서는 의견이 다른 측면도 있지만, 이 점에 대해서는 내 견해도 완전히 일치한다. 스스로 삶과 죽음에 대해 성찰하는 기회를 갖고, 이를 독자들과 공유하는 것이 이 책에서 이루고자 하는 나의 개인적인 목표였다. 실제로 장례식은 성찰의 시간이어야 하지만, 현재 한국의 상황에서는 그 가치가 훼손되었다. 죽음은 멀리 있지 않고 항상 문 앞에 있다. 죽음이라는 개념을 성숙하게 다룰 수 있는 개인과 사회라면(천선영 2012) 아마 장례 의식도 성숙하게 다룰 수 있을 것이다.

이 책의 원고를 준비하는 과정에서, 놀랍게도 장례를 포함한 인간 삶의 모든 활동이 이윤을 창출하는 데 강하게 초점이 맞추어져 있다는 것을 알게 되었다. 하지만, 전문화에는 현재의 경제적 맥락에서 재정적 보상, 경쟁 및 이윤 창출이 따른다. 나는 일반적인 생산 양식하에서 벌어지는 그러한 경제적 교류를 비판할 준비가 되어 있지 않지만, 문제는 인간의 존엄성, 전문화 및 이윤 창출 사이의 균형을 찾는 것이다.

아우스웨이트 등(Outhwaite et al. 1996: 513; McManus 2013: 88에서 재인용)의 저서에 나타난 장례 관련 직업의 본질은 다음과 같이 명확하다.

전문직의 가장 중요한 특징은 직업 윤리강령을 통해 자율적으로 규제되는 생계 수단이라는 점이다. 또한 현대 사회의 제도적 인프라의 일부이기도 하다.

의심할 여지없이, 대부분의 장례 전문가는 원칙에 기초한 윤리적 행동이라는 개념을 잘 이해하고 있으며, 이 개념은 이들의 생각과 실천 속에 건재한다. 한 가지 과제는 더 많은 장례 전문가가 그러한 윤리적인 행동을 받아들이고 유족에게 서비스를 제공하는 일에 일상적으로 적용하는 것이다.

화장이 아닌 전신 매장이 시신을 처리하는 가장 환경친화적인 방법이라는 사실도 놀랍다. 나는 수년간 어디에서나 당연히 화장이 가장 바람직한 방법이라고 생각하였다. 특정 장소에 만연한 대중적인 생각을 비판 없이 받아들인 것이다. 다른 사안들도 과학적 근거 혹은 필요한 공개적 결정 없이 당연하게 여겨지는 일이 있을 수 있다. 이를 대중에게 알려야 할 의무가 있는 만큼, 특히 언론, 지식인, 사회 평론가, 정치인의 역할에 대해 재고할 필요가 있다.

책 전체에서 논의된 많은 우려 사항과 함께, 나는 또한 장례 산업을 둘러싼 긍정적인 움직임도 많다는 것을 알게 되었다. 그러나 개선 속도가 더딘 것은 분명하며 동일한 문제가 만연하고 계속 반복되고 있다. 따라서 한국 사회는 합리적인 비용으로 가장 의미 있게 장례를 치를 수 있는 최선의 방법에 대해 지속적으로 논의할 필요가 있다. 예를 들어, 빠르게 고령화되고 있는 한국 사회에서, 70세를 훨씬 넘는 고령자가 상주가 되는 경우도 있다. 이 경우, 상주가 절을 하며 문상객에게 경의를 표하는 전통적인 방식은 무릎에 무리가 될 것이다. 과거에는 장례식장에 지인이 찾아와 고인을 추모하는 것을 중요하게 여겼지만, 이제는 그렇지 않다. 이는 공리주의의 문제일 뿐만 아니라, 민폐를 피하는 것이기도 하다.[1] 이러한 상황에서 효의 개념과 현대 사회에서 효를 어떻게 실천할 수 있을지 다시 생각해 볼 필요가 있다.

나는 죽음에 대한 열린 논의를 진지하게 고민하는 이유가 우리 삶을 소중하게 여기고 가치 있는 삶을 살기 위해 노력하고 싶어서라고 주장한 바 있다. 나는 또 호주에 있는 중국 이민자들이 일반적으로 자신의 죽음과 장례에 관해 이야기하는 것은 아무렇지 않게 생각하면서도, 삶의 의미를 공개적으로 토론하고 탐구하는 것에 대해서는 깊이 유보적이라는 것을 발견하였다(Han et al. 2018). 다음 기사 발췌문의 내용에서 볼 수 있듯이, 한국인의 태도도 이와 거의 같다고 주장해도 무방할 것이다.

> 그런데 살아 있는 사람에게 가장 확실하게 예측할 수 있는 것은 바로 죽음이다. 죽음이야말로 가장 확실하게 예측되는 사건이다. 그러면 이것에 대한 모습을 이해하고 이에 대한 대응책을 논하는 것은 당연한 일일 것이다. 그러나 우리의 죽음에 대한 태도는 매우 미래학적이지 못하다. 가장 확실한 미래에 대해 말하는 것에 대해서조차 금기시하고 피하고 싶어 한다. 이러한 태도는 태풍이 불어오고 있는데, 그에 대한 논의를 하기 싫어하는 것과 마찬가지다. 더 작고 발생 가능성이 더 낮은 일에도 미래를 예측해 보고 대응책을 강구하는 현대인의 태도로서 매우 바람직하지 못한 모습이라 할 수 있다. 마치 피할 수 없는 절벽이 있다는 것을 알면서도 눈을 감고 달리는 것과 비슷하다.[2]

의대 교수인 허대석은 경험을 바탕으로 쓴 그의 책『우리의 죽음이 삶이 되려면』(허대석 2018)에서 안락사라는 민감한 주제를 다룬다. 이미 언급한 바와 같이, 이 책은 질병 치료와 연명 치료에 대해 정확한 정보에 근거한 결정을 내려서 죽음의 질을 향상시키는 문제에 대한 사회적 논쟁을 끌어냈다. 이것은

1 「70대 상주 '장례 치르다 내 무릎 나갈라'」,『조선일보』 2017년 9월 13일자.

2 「웰다잉 시대에 금기시된 죽음 … 다가올 '미래'를 준비하라」,『세계일보』 2017년 4월 7일자.

죽음에 대한 대비를 공론화하는 훌륭한 출발점이 될 수 있으며, 앞으로도 더 많은 논의가 필요하다. 이러한 사회적 논의가 죽음과 삶의 질을 향상시킬 것이다.

이 책을 기획하게 된 출발점은 한국 장례 산업의 특징에 관한 구체적인 질문이었다. 그러나 근본에 깔린 의문은 지난 수십 년 동안 전례 없는 급격한 정치경제적 변화를 겪은 한국 사회를 이해하려는 지속적인 탐구의 일부였다. 우리가 의례, 자본주의 발전, 근대화와 관련하여 성찰해야 할 더 폭넓은 질문은 어떤 종류의 사회를 향해 나아가야 하는가이다. 의무, 목표, 가치 및 이들 사이의 균형을 찾는 방법을 인간이 어떻게 이해하는가에 대한 현재 진행 중인 논쟁 역시 여기에 해당한다. 김석수도 현대 한국의 갈림길에서 생각할 거리를 던져주었다. 우리는 어떤 가치를 추구하였다기보다는 공리주의에 입각하여 근대화를 이루었고, 계속해서 추진해 왔다(김석수 2002). 예컨대, 공리주의적 가치는 민주주의와 자본주의 발전의 근본적인 기반을 형성하였다(119쪽). 그러나 현대 사회에서 인간은 목표를 달성하기 위해 전략적이고 도구적인 방법에 몰두하고 있다. 그러한 전략과 선택된 방법이 적절한지 아닌지가 반드시 주된 윤리적 관심사는 아니다. 인간은 항상 한편으로는 윤리/적절한 것/옳은 것과 다른 한편으로는 욕망하는 것/편의성 사이에서 갈등해 왔다(127쪽). 윤리를 무시하고 욕망을 추구한다면 우리는 쾌락주의로 이끌릴 것이고, 욕망을 무시하고 올바른 것을 추구한다면 금욕으로 이끌릴 것이다.

한국 사회에 대한 김석수의 평가를 염두에 둘 필요가 있다. 김석수에 의하면, 한국의 경제 성장은 서구의 합리성에 기반한 유용성 추구가 아니라 비합리적인 유용성 추구에 기반을 두고 있다(김석수 2002: 132). 오히려 혈연, 학연, 지역주의가 공리주의를 능가한다(Han 2016b). 김석수는 한국에 만연한 공리주의가 비합리적 공리주의에 불과하다고 정확하게 지적한다. '도덕의 옷을 입은 천민자본주의, 천민민주주의가 아직도 산재해 있다'(132쪽). 장례 의식의 상품화 자체는 문제가 아니다. 과도한 상품화가 문제이다. 김석수는 계속해서 다음과 같이 주장한다(132쪽).

> 합리적인 정의보다는 비합리적인 의리가 현실 영역에서 여전히 강한 힘을 발휘하고 있으며 수단과 방법을 가리지 않고 최대의 행복량을 산출하려는 결과주의의 노예 문화가 상존하고 있다. 그동안 서구의 공리주의는 좋은 결과를 얻기 위해서 과정상의 절차를 중시하는 훈련을 받아 왔다. 이런 의미에서 우리 사회는 아직도 서구의 근대화와 함께 추진된 공리주의 문화의 중심부를 통과하고 있지도 못하고 있다.

김석수는 이 문제를 극복하기 위한 학계의 논쟁과 실제 투쟁이 동시에 존재한다고 지적한다(132쪽). 그러나 그도 인정하였듯이, 이 문제의 기원은 고작 몇십 년 동안 나타난 게 아니라, 수백 년 동안 이어진 오랜 역사적, 문화적 기반에 기초한 것이다. 실재론자라면 사회 개혁과 운동을 통한 구조적 문화적 정교화가 한국의 사회 구조와 문화에는 부분적으로만 일어났다고 주장할 것이다(Archer 1995: 193). 한국 사회를 이해하기 위한 나의 탐구에서 반복된 질문은 장례자본주의가 한국에만 존재하는가였다. 이에 대한 내 대답은 '확실히 아니다'이다. 이전에 다른 곳에서도 존재하였고, 세계의 다른 지역에서 현재 진행되고 있으며, 앞으로 또 다른 곳에서 반복될 것이다(Howarth 1997). 그러나 그 특징은 주어진 사회 역사적, 경제적 맥락에 따라 다양한 지역에서 다르게 나타난다.

그럼에도 불구하고 김석수(2002)는 한국 사회에도 한 줄기 희망의 빛이

들어오기 시작하였다고 증언한다.

> 한 가지 다행스러운 것은 이런 열악한 현실 속에서도 좋음에 비해 옳음을 절대시하는 전통주의도, 옳음에 비해서 좋음을 절대시하는 모던주의도 거부하고 점차적으로 옳음의 바탕 위에서 좋음을 모색하는 새로운 시민운동이 다양한 영역에서 이루어지고 있다는 점이다. 이들은 중심에 들어가 권력을 소유하는 주체가 아니라 주변부에서 권력을 감시하는, 이른바 옳음의 바탕 위에서 좋음을 정립하는 새로운 주체로 자라나고 있다. 이 새로운 주체는 공리주의에 함몰된 부르주아적 주체도 아니고, 그렇다고 공리주의를 전면적으로 배격하는 프롤레타리아적 주체도 아니다. 이제 우리는 소유하는 주체가 아니라 감시하는 주체로서의 새로운 시민 주체를 통하여 옳음과 좋음을 중용적 관점에서 조화시켜 나가야 할 것이다(139쪽).

나는 시민운동이 한국 사회에서 개별 행위자들의 행동에 변화를 가져오려는 노력이며, 이러한 변화는 결국 사회경제적, 문화적 구조에도 변화를 주입하는 효과가 있다고 본다. 또한 시민운동은 사회 구조와 문화에 영향을 미쳐 사회 구조적, 문화적 정교화가 한국 사회 개별 주체의 행동으로 구현될 수 있도록 하려는 노력이기도 하다(Archer 2000, 2003, 2007). 과정은 지난하겠지만, 결국 변화는 일어날 것이다. 사실 최대의 이익을 창출하는 것만이 기업의 존재 이유는 아니다. 사회적 책임이라는 것도 있다(강원돈 2001). 이 문제에 대한 논쟁과 노동자의 투쟁이 한국에서는 수십 년 전에 시작되었다. 최저임금과 노동 시간을 정하고, 직장 내 괴롭힘과 맞서고, 성희롱과 성차별에 반대하고, 뇌물 수수를 금지하는 노력 등이 여기에 해당한다. 과거에 용인되었던 부정행위가 이제는 공공연하게 성토되고 용인되지 못한다. 짜증스러울 만큼 느리지만, 변화는 일어나고 있다.

진행 중인 근대성의 문제가 이 책을 기획하게 된 문제의식의 핵심에 있다.

한국 사회가 전환기에 있다는 인식은 지난 수십 년간 지속되었다. 지식인들은 왜 OECD 회원국인 대한민국이 개발도상국에나 있을 법한 사회경제적 특징을 지니고 있는지 묻는다. 이 책에서 언급된 사기적인 사업 행태와 전문적이지 못한 고객 응대가 그 예이다. 많은 문제가 시간이 지나면 해결될 것이고 문제의 범위도 상당한 정도로 수정될 수 있을 것이라는 점에는 의심의 여지가 없다. 그럼에도 불구하고, 모든 OECD 국가, 혹은 '가장 살기 좋은 곳'을 향한 인기 있는 경쟁국들도 그들만의 문제를 가지고 있으며, 그들만의 독특한 결함과 도전 과제를 내놓고 있다는 점을 잊어서는 안된다. 즉, 가장 선진적인 국가와 가장 선진적인 시민 의식을 가진 공동체조차 비합리적인 생각과 행동으로 가득 차 있다. 개별 행위자는 종종 자신이 관여하는 활동과 의례의 비합리적인 차원을 알지 못하거나, 문제가 있다고 판단하더라도 그것에 대해 할 수 있는 일이 제한될 수 있다(Brubaker 1984). 이는 부분적으로 개별 행위자에 대한 구조의 압도적인 우세 때문이다. 합리적이거나 비합리적인 사고와 행동은 모든 사회에서 공존하며, 각 사회의 구조적, 문화적 상황에 따라 다르게 나타난다. 병원 안에 장례식장이 있는 것도 그 예이다. 이러한 점에서, 모든 사회는 전환기에 있다. 세계화된 시대에는 어디를 가더라도 공통적인 특징이 있으며, 각 사회의 문제와 우려 사항을 비슷하거나 공통적인 치료법을 적용하여 수정할 수 있다. 그러나 장소에 따라 다른 문제도 있고, 그런 문제는 더 구체적인 치료법이 필요하다.

마지막으로 언급하고 싶은 것은, 이 책의 기획이 망자의 처리에 대한 나의 관심에서 시작되었지만, 결국 한국 대중의 관심은 죽은 자보다는 산 자가 죽은 자에게 무엇을 하는가였다는 점이다. 죽은 사람은 자신에게 일어나는 일을 통제할 수 없다. 시신을 어떻게 처리할지에 관한 요청은 살아 있는 동안 이루어져야 한다. 따라서 장례는 한 사회가 어떤 곳인지, 어디로 가고 있는지, 즉 한국인이 스스로 어떤 사회를 건설하고자 하는지를 반영하는 중요한 의식이다. 그러므로 죽음은 삶의 끝에서 겪어야 하는 마지막 순간이 아니라, 인간 삶의 일부이다. 이 책은 한국 사회 전반과 특히 한국 장례 의식에 대한 철저한 비판적 성찰을 제공한다. 비판받고 반성해야 할 관행들이 많지만, 장례 관행의 많은 문제가, 일부는 여전하겠지만, 많은 부분 수정될 것이라고 확신한다는 점을 다시 언급하고 싶다. 지난 수십 년간 많은 다른 문제에 대해 보여 준 것처럼, 결국 한국 사회는 긍정적인 방향으로 나아갈 것이다. 속도가 지나치게 느려서 조바심이 날 수도 있겠지만, 그것이 이 사회가 앞으로 나아가는 방식이다.

에필로그

나는 자살에 관해 한 장을 쓸 계획이었다. 하지만 이 책을 쓰는 과정에서 그 계획을 접었다. 한국 사회에서 죽음은 한편으로는 꽤 공공연하게 논의되지만, 다른 한편으로는 받아들이기 힘든 현실이기도 하다. 많은 한국인들이 근심하며 죽음을 마주하고 사랑하는 이의 죽음을 받아들이는 것이 더딘 것도 이 때문이다.

대신, 상황이 허락하여 책의 말미에 비교적 짧은 현지 조사 내용을 덧붙이게 되었다. 나는 한국인이 마지막 여정을 보내는 현장과 추모하는 방식을 직접 관찰하고 싶었다. 현장에서 발견한 내용을 관련 장에 삽입하는 대신 여기 에필로그에 간략하게 소개하기로 한다. 한 가지 지적할 점은 나의 현지 조사 내용이 뉴스 보도와 문헌 분석에서 얻은 결과를 그대로 반영한다는 것이다. 사실 내가 앞서 제기하고 논의한 문제들은 지금도 진행 중이며, 일부는 여전히 해결하는 과정에 있다. 예를 들어, 2019년부터 창업 자본금 15억 원 이상을 보유한 기업만 상조업에 진출할 수 있다는 규정도 이제 막 시행되었다. 이전 장에서 분석한 시설에 대한 정보는 언론에 이미 발표된 내용이고 누구나 마음만 먹으면 알 수 있는 사실이다. 또한 공적 자금이 지원된 시설들은 대부분 공공의 이익을 위한 것이어서 실명을 그대로 밝혔다. 그러나 내가 방문하였던 비영리 민간 기업은 익명을 사용하였다.

처음 방문한 현장은 서울 서초구에 있는 서울추모공원이었다. 방문 전 뉴스 보도를 분석한 후, 나는 화장장과 추모 장소가 있을 거라는 기대를 가지고 추모공원에 도착하였다. (지역 사회의 저항으로 추모 장소 건설은 철회되었다.) 이곳에는 하루 55구의 시신을 처리할 수 있는 화장장과 유골을 처리할 수 있는 별도의 부지, 그리고 영유아 및 어린이의 유골을 따로 처리할 수 있는 부지가 있었다. 어린이 추모동산인 나비공원은 '꿈을 펼쳐 보기도 전에 생을 마감한' 아이들이 하늘나라에서 '나비처럼 자유롭게 날 수 있기를 바라는' 마음을 담아 꾸며 놓았다. 애도하는 부모의 아픔을 달래 줄 치유의 공간이다. 이 화장장은 서울시 경계 내에 있는 유일한 시설이다. 건설 계획이 확정된 후 완공하는 데 14년이 걸렸다. 지역 주민들이 주변에 그러한 시설이 들어서는 것에 반대하였기 때문에, 즉 님비 현상 때문이었다. 사실 이러한 시설을 설립하려는 시도는 이전에도 몇 차례 있었다. 한국인들은 화장터라는 단어를 사용하는 것조차 꺼리는 것으로 보이며, 대신 '추모공원'이라는 표현을 사용하였는데, 서울추모공원의 경우 오해의 여지가 있다. '화장장'은 혐오 단어가 되었다. 서울추모공원의 흥미롭고 인상적인 부분은, 경제적인 장례 의식에 대한 대중 교육을 위해 서울시가 공동의 노력을 기울이고 있다는 점이다. 이는 장례 의식을 현대화하려는 노력이다.

추모공원에는 한국 역사에서 망자가 처리되고 매장되는 방식이 어떻게 변화하였는지 보여 주는 사진 삽화가 있었다. 이 중에서 관람객들의 눈길을 끈 것은 화장률 80% 시대의 두 가지 '불편한 진실'이다. 첫 번째는 '단순하고 가벼운 관, 혹은 종이 관'과 같이 쉽게 소각할 수 있는 관의 사용을 장려하는 것이다. 관이 너무 커서 화로에 들어갈 수 없어 화장하기 전에 시체를 꺼내야 하는 경우도 있었다고 한다. 휴대전화나 성경 등 오염을 유발하는 부장품도 넣지 않도록 설득하고 있다. 두 번째는 삼베로 지은 수의에 집착하는 현실이다. 역사학자들은 한국인들이 전통적으로 평소에 즐겨 입던 옷을 수의로 입었다는 것을 발견하였다. 삼베 수의는 일본 제국주의자들에 의해 도입된 것이다. 며칠 만에 잿더미가 될 수의에 거액을 쓰는 것은 무의미하다.

서울시립승화원은 서울과 인접한 고양시에 위치하고 있으며, 서울 시민들을 위한 두 번째 시설이다. 하루 화장 한도는 94구이다. 또한 이 화장장 부지는 만 개가 넘는 유골함을 보관할 수 있는 시설이 있다. 유골함을 안치함 안에 넣고 문을 닫아 잠그는 방식이다. 가족이 헌화 등을 놓을 자리는 없다. 안치함의 사용 기한은 20-30년이고 사용료는 5년에 약 5만 원이다. 사용 기한이 다 되면 유골함을 수거해야 한다. 유지보수 비용을 지불하지 않으면, 유골함에 일정 기간 안에 유지비를 납입하지 않으면 폐기할 것이라는 내용의 경고장이 부착된다. 화장장 접수처에도 약 100개의 유골함이 보관되어 있는데, 비용은 6,000원에서 35만 원 사이였다.

서울시는 또한 경기도 파주시에 한정된 면적의 전신 매장지와 수목장림, 그리고 실내 및 야외 봉안당을 운영하고 있다. 전신 매장은 특히 공설 추모공원에서는 사라지고 있는 전통이다. 화장 후 나무 주변에 유해를 묻고 고인의 이름이 적힌 작은 명패를 부착하는 수목장은 환경친화적이고 상쾌한 경관을 만들며, 변화하는 한국의 문화 상황을 반영한다. 공설 추모공원 내 실내 및 야외 봉안당은 유지와 장식에 들어가는 비용이 비교적 저렴하다. 탁 트인 장소에 있는 봉안당은 추모객이 놓고 간 꽃 외에 다른 장식물은 없다. 나는 꽤 시간을 들여 사랑하는 사람 없이 '외롭게 죽은' 이들이 모여 있는 곳을 찾아다녔다. 그러한 이들 수백 명의 유해가 제대로 추모되기 위해 사랑하는 이들이 인도해 가기를 기다리고 있는 곳 말이다. 보아하니 그 장소는 어딘가 구석의 눈에 안 띄는 자리에 마련되어 있는 듯하였고, 한동안 그곳을 찾으려는 내 노력은 수포로 돌아갔다. 소외되고 외로운 사람들이 홀로 죽고, 사랑하는 이들과 연구자에게까지 알려지지 않은 채 남아 있다는 사실에 씁쓸하였다. 고독사는 계속 발생할 것이다.

B 추모공원은 경기도에 위치하며 2동이 서로 마주 보고 있는 건물로 이루어진 실내 추모 시설이다. 3만 5,000기의 유골함을 수용할 수 있다. 3층짜리 건물 2동의 추모 공간은 대부분 자리가 찼다. 이 추모공원의 인기는 서울 중심부에서 대중교통으로 약 45분 걸리는, 비교적 짧은 거리 때문으로 보인다. 추모공원은 민간 기업으로 운영되고 있다. 일반적인 묘지 및 공설 봉안당과 비교되는 분명한 특징은 다음과 같다. 추모 장소의 각 봉안함에는 화장 유골함뿐만 아니라 성경, 안경, 시계, 체스판, 당구판, 고인이 생전에 좋아하였을 음식들로 구성된 미니어처 상차림 등 고인이 생전에 즐겨 사용하였던 몇 가지 중요한 유품이 놓여 있다. 초기 안치 비용은 개인의 경우 200만 원에서 600만 원, 부부의 경우 600만 원에서 1,400만 원까지 다양하다. 유지비는 5년에 250만 원이다. 우연히 발견한 전단에는 15만-30만 원의 비용으로 진짜 제사상을 차릴 수 있다는 광고가 적혀 있었다. 이는 장례 서비스를 포함하여 인간 삶의 모든 측면을 전문화하고 우리가 스스로 하던 일을 외부의 업체에 맡기는 추세의 일부이다.

성남시 분당구 봉안당홈은 독특한 스타일의 시설을 제공한다. 세계 최초로 건설된 서재형 추모 시설인데, 설립자가 삶을 추모하는 것에 특별한 가치를 둔 덕분에 오랜 기간 많이 고민하며 구상되었다고 한다. 이곳의 모토는 '웰다잉'이다. 시설이 너무 독특하여 익명을 쓰는 것이 의미가 없을 정도다. 비영리 법인인 송파공원이 운영한다. 추모 장소는 이용자 친화적인 카페테리아 형태로 꾸며져 있으며, 사용된 자재는 대부분 해외에서 수입된 것이다. 비용은 1,000만 원에서 2,000만 원, 심지어 3,000만 원까지 다양하다. 개장한 지 아직 얼마 되지 않아 잠재 고객을 비롯한 시장을 아직 개발 중이며 추모 공간도 여유가 있다. 상대적으로 높은 비용으로 인해 대중의 수요가 가까운 미래에 급격히 증가할 가능성은 적다.

2018년 9월 24일 KBS는 한진그룹이 회장 선친의 묘역 관리에 직원을 동원하고 있다고 보도하였다. 삼성그룹도 전 회장과 가족의 묘지를 만들기 위해 회사 땅을 사용하였다고 한다. 두 사례 모두 불법으로 밝혀졌지만, 묘지는 아름답게 조성되고 잘 정비되어 있었다(KBS 9시 뉴스 보도). 호화로운 묘지는 여전히 부의 상징이다.

C 추모공원은 한 개신교 주요 교단에서 비영리 법인 자격으로 설립한 곳이다. 추모공원이라는 이름이 붙었지만, 지난 몇 년 동안 운영되어 온 실내 추모 공간이다. 대부분의 특징은 B 추모공원과 유사하다. 현장의 한 관리자가 전환기 한국 장례 의식의 특징에 대해 잘 알고 있었다. 그리고 한국 사회 내 종교의 다양성도 추모지에 잘 수용되어 있었다. 즉, 현장은 다양한 종교를 가진 망자를 모두 환영하지만, 현장에서 거행되는 의식은 기독교적인 방식으로 수행되어야 한다. 사후 추모 방법에 대해 가족 간 다툼이 간혹 발생하는 경우는 유골함 회수로 이어질 수 있다. 한국인의 수명이 늘어나면서 추모지에서 영면하는 고인의 약 30-40%는 젊은 층이 차지하고 있다. 자녀가 사망하면 부모는 주기적인 유지 비용을 지불하면서 자녀의 추모에 '투자'하는 경향이 있다. 그러나 고인이 부모일 때, 자녀들은 덜 비싼 방법을 찾고, 유지비에 돈을 쓰는 것도 주저할 때가 많다고 한다. 유골함 한 기 안치 비용은 200만 원에서 1,000만 원까지 다양하다. 부부 안치대의 가격은 350만 원에서 1,800만 원 사이이다. 5년간 관리비는 싱글의 경우 25만 원, 부부의 경우 50만 원이다. 현장 관리자에 따르면, 개장한 지 얼마 되지 않았고 추모 공간에도 아직 여유가 있다고 한다. 이곳의 독특한 특징은 추모객이 사랑하는 사람과 '소통'하기 위해 작은 수첩을 보관하고 방문할 때마다 메모할 수 있다는 점

이다. 최근에는 자연적이고 개방적인 공간에 유해를 두는 것을 선호하고 가격이 저렴하기 때문에 자연장이 대중적으로 선택되고 있다.

다음으로 나는 지난 20년간 한 상조회사에서 근무하였으며 현재는 대형 상조회사의 수석 매니저로 재직 중인 최모 씨를 인터뷰할 기회를 얻었다. 그는 한국의 상조 산업을 공정하게 평가하였고, 내가 이전 장들에서 논의하였던 내용을 확인해 주었다. 상조업체들이 긍정적인 방향으로 변화하고 있다는 점은 상조 전문가들도 잘 알고 있다. 그러나 대부분의 한국인은 가족의 장례식을 치르면서 상조업체의 비리에 대해 알게 된다. 대부분의 한국인은 일반적으로, 다른 문화에서도 마찬가지겠지만, 가족이 죽으면 무엇을 해야 할지 거의 알지 못한다. 업계 내 전문가들의 부정행위와 횡령은 수년간 현저하게 감소하였으며 이 추세는 앞으로도 지속될 것이다. 상조 서비스를 처음 선보였던 1990년대, 최씨의 회사는 최고 90%의 수익률을 올렸다. 그 후 극심한 경쟁 때문에 수익률은 40%로 낮아졌고, 최근에는 더 낮아져서 적정 수준인 20%대로 내려왔다. 상조 서비스는 대부분 종합 케어 패키지를 제공하고 여기에는 직원의 서비스도 포함된다. 그러나 일부 고객들은 특별한 요소가 없는 서비스를 선호하기 때문에 상조회사와 고객들 사이에 분쟁이 발생하는 경우가 있다. 상조업체와 장례식장 간의 경쟁도 계속되고 있다. 일부 장례식장이 단순히 장례식장을 대여하는 것보다 장례용품을 판매해서 수익을 내려고 하기 때문이다. 그러나 대개는 장례식장과 상조업체가 협업하고 있다.

최씨는 조만간 상조업체가 30-40개로 줄어들고, 더 먼 미래에는 더 줄어들 수도 있다고 예상하였다. 그는 상조업체가 문화 콘텐츠의 생산자이며 더 나은 서비스를 제공하기 위해서는 혁신이 필요하다고 생각한다. 예를 들어, 그의 회사는 서울의 주요 대학과 협력하여 전문가들을 '엔딩 플래너'로 훈련시키고 있다. 이를 통해 미래의 장례 서비스 제공자 수를 예측할 수 있게 되고, 이는 다시 양질의 서비스 제공으로 이어질 것이다. 상조 서비스가 수익 창출에만 계속 집중하기보다는, 지역 사회와 긴밀히 협력하여 고인의 가정으로 돌아가 양질의 서비스를 제공하는 것이 가능할 지도 모른다. 탐구해 볼 가치가 있다고 생각한다. 전반적으로 상조 서비스의 질은 지속적으로 개선되고 있는 것으로 보이지만, 훨씬 더 의미 있는 개선을 목도하기까지는 시간이 필요할 것이다.

마지막으로, 언론 분석에 기반한 연구와 인터뷰에 기반한 연구는 동일하지 않다는 점을 언급하고 싶다. 이 둘의 조합이 이상적일 것이다. 그러나 광범위한 미디어 표현에 대한 체계적인 분석은 상당히 신뢰할 수 있다. 이번 연구의 경우, 인터뷰를 한다고 해도 더 높은 품질의 정보를 얻기는 힘들었을 것이다. 물론 '부모가 자녀를 추모하는 방식과 자녀가 부모를 추모하는 방식의 비교'와 같은 내밀한 정보는 언론 분석만으로 의미 있는 통찰을 얻을 수 없다. 이렇게 민감하고 내밀한 연구는 기꺼이 다른 연구자에게 맡겨 두겠다.

강규범·박구원·김태복(2006), 「장사시설 입지에 대한 주민 의견 - 시흥시를 중심으로 -」, 『한국토지행정학회보』, 13(2), 67-89.

강규일(2015), 「영화 〈화장〉에 담겨 있는 화장의 의미」, 『The Artist Magazine』 4월 13일자.

강원돈(2001), 「기업의 사회적 책임과 시민사회」, 『신학연구』, 42, 275-299.

강재경(2007), 「상조회사의 서비스 품질이 고객만족과 구전의도에 미치는 영향」, 동아대학교 경영학 석사학위 논문.

강정희·염동문(2014), 「소득이 복지인식에 미치는 영향에 관한 연구: 정치만족도의 매개효과를 중심으로」, 『사회과학연구논총』, 30(2), 319-351.

강준만(2007), 「한국 장례의 역사: '산 자'를 위한 인정투쟁인가?」, 『인물과사상』, 109, 135-186.

_____(2010), 「죽음의 문화정치학: 한국의 '장례' 커뮤니케이션에 관한 연구」, 『한국언론학보』, 54(5), 86-107.

고창현(2001), 「장묘문화 선진화의 저해요인과 장사법의 개선방안」, 『21세기』, 60, 105-118.

고형석(2012), 「선불식 할부거래와 소비자보호 - 미등록 선불식 할부거래 및 해약환급금을 중심으로 -」, 『서울법학』, 19(3), 211-248.

_____(2015), 「선불식 할부계약(상조계약)의 이전에 관한 연구」, 『소비자문제연구』, 46(2), 165-189.

공정거래위원회 소비자정책국(2013), 「2013년도 상조업 주요정보 분석 결과」.

구인회(2015), 『죽음에 관한 철학적 고찰』, 한길사.

권병석·변우혁·우재욱(2014), 「수목장에 대한 국민의식 조사 분석」, 『한국산림휴양학회지』, 18(2), 33-46.

김경일(2005), 『공자가 죽어야 나라가 산다』, 바다출판사.

김규종(2012), 「상조서비스 및 정보 이용에 관한 현행법상의 개선점」, 『한국컴퓨터정보학회논문지』, 17(3), 185-191.

김기원·김한곤(2011), 「노인자살률에 영향을 미치는 요인에 대한 거시적 분석」, 『한국인구학』, 34(3), 31-54.

김기환(2013), 『한국의 경제기적 지난 50년 향후 50년: 지속성장을 위한 새로운 패러다임』, 기파랑.

김민정(2006), 「상장례 소비문화 실태와 의식에 관한 연구」, 『과학논집』, 32, 117-133.

김병우(2008), 「기술혁신, 여성 일자리 창출과 경제성장」, STEPI Working Paper Series WP 2008-06, 과학기술정책연구원.

김병주·이상해(2006), 「풍수와 한국 전통마을에 대한 생태적 해석: 경기 이천시 백사면 도니피 마을을 대상으로」, 『대한건축학회논문집 - 계획계』, 22(6), 19-30.

김상원(2010), 「사회적 지원과 일탈: 지역단위의 사회적 지원이 자살률에 미치는 영향」, 『지방정부연구』, 14(3), 81-95.

김석수(2002), 「공리주의, 합리성 그리고 한국사회」, 『사회와 철학』, 3, 117-144.
김선재·이영화(2011), 「뉴 노멀 시대의 도래와 한국경제의 성장잠재력」, 『산업경제연구』, 24(6), 3887-3903.
김성일(2012), 「장례산업의 부흥을 통해 본 '죽음의 질' 관리」, 『문화과학』, 69, 216-223.
김시덕(2005), 「현대 도시공간의 상장례 문화」, 『한국민속학』, 41, 51-94.
_____(2007), 「한국 유교식 상례의 연구」, 고려대학교 민속학 박사학위논문.
_____(2010), 「현대 한국사회 전통 상례의 현황과 과제」, 『국학연구』, 17, 435-462.
김열규(2001), 「총론: 현대적 상황의 죽음 및 그 전통과의 연계」, 김열규 편, 『한국인의 죽음과 삶』, 철학과 현실사, 11-72.
_____편(2001), 『한국인의 죽음과 삶』, 철학과 현실사.
김은주(2015), 「영화에서 불교보기(53) 행복한 장의사」, 『불교저널』 5월 4일자.
김춘식(2017), 「독일의 장례문화사 - 죽음에 대한 의식과 장례문화를 중심으로 -」, 『독일연구』, 36, 5-41.
김형수·권이경(2013), 「한국 노인자살률과 사회·경제적 요인의 관련성 - 1990~2010년 변화 추이를 중심으로」, 『한국콘텐츠학회 논문지』, 13(6), 236-245.
김호승(2014), 「장례, 빈익빈 부익부 상조상품 프리미엄 상품선호」, 『상조장례뉴스』 7월 10일자.
_____(2015), 「공정위 '상조업 관리 감독 자격상실' 당장 손 떼라」, 『상조장례뉴스』 5월 21일자.
김홍석·전익수(2010), 「상조업에서의 소비자 피해 예방을 위한 공제조합 설립 필요성과 운영방안」, 『법학논총』, 23, 323-352.
김효정·이주헌(2009), 「지속적인 지방정부 간 협력모델 연구: 장사시설 관련 갈등 사례를 중심으로」, 『한국행정학회 동계학술발표논문집』, 1-19.
나달숙(2007), 「환경적 관점에서 장사제도에 관한 고찰: 장사제도의 변천과 법적 대응을 중심으로」, 『환경법연구』, 29(2), 115-140.
_____(2008), 「장사제도의 법제도적 변천과 현황 문제」, 『법학연구』, 29, 449-472.
메모리얼소싸이어티(2016), 『2016년 장사시설 현황과 장사문화 통계』.
박보영(2015), 「근대 이행기 독일 선교사들의 한국 상례에 대한 인식」, 『지방사와 지방문화』, 18(2), 213-240.
박성훈(2009), 「상조회사의 서비스품질이 서비스가치와 고객만족에 미치는 영향에 관한 연구」, 경성대학교 심리학 석사학위논문.
박정석(2002), 「장례사의 업무와 죽음에 대한 태도: 광주지역 장례사를 중심으로」, 『보건과 사회과학』, 12, 173-198.
_____(2003), 「도시지역의 장례공간과 장례방식에 대한 사례연구: 광주시 지역을 중심으로」, 『비교민속학』, 25, 565-589.
박해광(2004), 「한국 산업노동자의 도시 - 70년대를 중심으로」, 『경제와 사회』, 61, 127-155.

배성산(1999), 「화장문제 당신은 어떻게 생각하십니까?」, 『기독교사상』, 483, 111-133.
백종국(1998), 「한국외환위기의 원인과 구조」, 『국제정치논총』, 37(3), 249-271.
백종섭(2002), 「서울시 추모공원 건립정책의 갈등원인과 해결방안」, 『한국사회와 행정연구』, 13(2), 191-216.
변우혁(2006), 「새로운 장묘문화인 수목장의 도입과 정책 방향」, 『공원문화』, 81, 15-30.
보건복지부(2017), 『연명의료결정 제도 안내』.
선종수(2017), 「「연명의료결정법」의 문제점과 향후 과제」, 『형사법의 신동향』, 55, 163-190.
성주호 외(2014), 『상조시장 리스크 관리방안 연구: 최종보고서』, 공정거래위원회.
소영현(2014), 「근대의 노스탤지어, 사회의 자기조절 - 이농/탈향 시대의 빈곤과 하위자의 몸」, 『한국문학연구』, 47, 355-398.
손경목(1996), 「소멸과 생성의 제의」, 『창작과비평』, 93, 317-320.
송재룡(2008), 「한국사회의 자살과 뒤르케임의 자살론: 가족주의 습속과 관련하여」, 『사회이론』, 34, 123-162.
송현동(2004), 「의례와 사회변화: 장례식장을 중심으로」, 『종교연구』, 35, 313-338.
_____(2005), 「한국사회의 죽음에 대한 태도: 죽음의 경관을 중심으로」, 『비교문화연구』, 11(2), 207-243.
신재주(2007), 「장사제도의 개선방안에 관한 연구: 장사 등에 관한 법률 개정안에 대한 의식조사를 중심으로」, 『사회과학연구』, 23(3), 225-252.
안재욱(2008), 『시장경제와 화폐금융제도』, 나남출판.
양난주(2018), 「[시론] 저출산의 뿌리」, 『한겨레』 3월 4일자.
양승일(2009), 「장묘시설을 둘러싼 복지정책 형성과정의 역동성 분석: 서울추모공원 건립정책을 중심으로」, 『한국행정학보』, 43(1), 321-350.
연영란(2015), 「병원간호사의 직장 내 괴롭힘, 소진 및 이직의도에 관한 연구」, 『한국산학기술학회논문지』, 16(12), 8343-8349.
연창흠(2002), 「우리나라 장묘문화의 문제점과 개선방안」, 『도시문제』, 37(5), 87-98.
용석원(2011), 「매체 특질과 서사 구성요소의 선별에 따른 서사물의 의미 차이: 소설 『축제』와 영화 〈축제〉를 중심으로」, 『영화와문학치료』, 5, 167-189.
윤문영·좌보경·최윤형(2013), 「한국인의 '정'이 위기 대응 전략에 미치는 효과에 관한 연구」, 『한국광고홍보학보』, 15(3), 156-186.
윤은자 외(2017), 「병원간호사의 직장 내 괴롭힘에 대한 태도 양상: Q 방법론적 접근」, 『한국웰니스학회지』, 12(2), 1-13.
이기헌(2015), 『장묘서비스 소비자문제 및 개선방안』, 한국소비자원.
이기홍(1998), 「실재론적 과학관과 사회과학의 연구방법」, 『경제와사회』, 39, 178-205.
이두찬·제미경·전향란(2016), 「상조서비스 이용실태와 소비자 인식」, 『소비자문제연구』, 47(1), 67-89.

이민아·강정한(2014), 「한국 사회 자살률의 변동과 원인: 지역단위 지표를 이용한 패널 분석」, 『한국인구학』, 37(2), 1-19.

이민아·송리라(2014), 「소득, 물질주의와 행복의 관계」, 『한국인구학』, 37(4), 89-114.

이삼식 외(2005), 『장사제도 개선방안 연구』, 정책보고서 2005-02, 한국보건사회연구원.

이성준(2012), 「영화 〈축제〉에 나타나는 한국의 장례의식과 의미 고찰」, 『영주어문』, 24, 221-254.

이수장(2006), 「장사시설과 관련된 갈등 해결방안 연구: 홍성군과 부천시 사례를 중심으로」, 『지방행정연구』, 20(3), 165-195.

이양호·지은주·권혁용(2013), 「불평등과 행복: 한국의 사례」, 『한국정치학회보』, 47(2), 25-43.

이윤주·이은진(2014), 「직장 내 괴롭힘 개념 개발: 병원간호사를 중심으로」, 『보건교육건강증진학회지』, 31(1), 57-70.

이재경(2015), 「가부장제 이후의 한국 가족 - 정상성에서 유연성으로 -」, 『한국문화연구』, 29, 283-310.

이재호·이태종(2012), 「장사정책의 효율적 수립을 위한 장사시설의 적정 공급량 추정 연구」, 『한국사회와 행정연구』, 22(4), 183-204.

이주헌·김효정(2010), 「지방정부간 갈등과 협력기제에 대한 비교연구: 장사시설 관련 갈등 사례를 중심으로」, 『한국지방자치학회보』, 22(4), 83-105.

이채원(2010), 「이청준 소설에서의 자의식적 서술과 자가반영성: 『축제』(1996)를 중심으로 」, 『한국문학이론과 비평』, 14(2), 259-284.

이필도(2005), 「장사정책 및 제도개선」, 『장사법 개정에 관한 서울 공청회 자료집』, 보건복지부.

이필도·김미혜(2009), 「표준장례비용 산정에 관한 연구」, 『보건사회연구』, 29(2), 98-125.

이필도·김혁우·김수봉(2015), 「장사시설의 선호 요인 분석 - 경기도를 중심으로 -」, 『소비자문제연구』, 46(2), 87-106.

이한방(2001), 「과소농촌지역의 휴경요인과 유형: 경북 상주시 사벌면 덕가리의 사례연구」, 『한국지역지리학회지』, 7(3), 74-90.

이현송(2000), 「소득이 주관적 삶의 질에 미치는 영향」, 『한국인구학』, 23(1), 91-117.

이현송·이필도(1995), 『장의제도의 현황과 발전방향: 장례식장을 중심으로』, 한국보건사회연구원.

이혜영(2001), 「이청준 소설에 나타난 자아 정체성 회복 연구」, 『교육연구』, 9, 39-56.

이호창(1999), 『작업장 재편과 노조의 전략: 작업장의 인간화와 민주화를 위하여』, 한국노총 중앙연구원.

이홍림(2016), 「역사 속에 살아 있는 한국인의 창의성은 대한민국과 전 인류의 미래를 위한 비전이며 아픔과 슬픔의 한은 추진동력이다!」, 『세라미스트』, 19(4), 101-137.

임경수·소진광·임형백(2011), 「지방자치단체의 장사관련 제도운영실태와 개선방안」, 『한국지방자치학회보』, 23(3), 285-308.

장미영(2013), 「슬픔과 애도의 축제 문화: 이청준 소설의 신화적 탐색」, 전북대학교 국제문화교류연구소 심포지엄 발표문.
_____(2017), 「목회상담을 위한 애도 과정의 이해와 인문학적 의미: 이청준 소설을 중심으로」, 『문화와 융합』, 39(5), 853-884.
장석만(2009), 「병원의 장례식장화와 그 사회적 맥락 및 효과」, 『종교문화비평』, 16, 123-145.
장승진(2011), 「행복의 정치경제학: 소득불평등에 대한 인식이 한국인들의 삶의 만족도에 끼치는 영향」, 『한국정당학회보』, 10(2), 43-66.
장윤수(2003), 「〈축제〉의 글쓰기 제의와 연희적 성격」, 『현대소설연구』, 20, 55-82.
장혜경(2014), 「2030년 가족미래에 대응하는 정책패러다임과 선제적 정책과제」, 『2030년 가족미래 시나리오와 정책적 대응 토론회 자료집』, 한국여성정책연구원.
정민자·김명희(2001), 「장묘제도의 현황 인식과 발전을 위한 실천적 방안」, 『생활과학논문집』, 3(1), 107-125.
조덕용·임이택(2009), 「대한민국 장묘제도에 관한 연구」, 『한국지적정보학회지』, 11(1), 127-142.
조동현·권혁용(2016), 「무엇이 한국인을 불행하게 만드는가?: 소득불평등, 기회불평등, 그리고 행복의 균열구조」, 『OUGHTOPIA』, 31(1), 5-39.
조영석(2003), 「갈등 조정기제로서 바람직한 지역거버넌스에 관한 연구: 주민기피시설의 갈등사례를 중심으로」, 연세대학교 행정학 박사학위논문.
주기종(2010), 「상조회사의 경영관련 문제들에 대한 법적 검토」, 『법학연구』, 40, 311-334.
천선영(2003), 「매장과 화장문제를 둘러싼 사회적 담론 분석: 1990년~2002년 주요 일간지 보도내용을 중심으로」, 『역사민속학』, 16, 127-152.
_____(2012), 『죽음을 살다: 우리 시대 죽음의 의미와 담론』, 나남출판.
_____(2014), 「병원장례식장, 그 기이하고도 편안한 동거 - '상징기호 충돌' 개념을 중심으로 한 시론적 탐색 -」, 『사회사상과 문화』, 30, 291-325.
최병록(1993), 「우리나라 광고규제의 개선방안」, 『광고연구』, 19, 151-174.
최창섭·문영숙(1992), 「광고비평에 관한 이론적, 방법론적 접근」, 『광고연구』, 15, 205-225.
통계청(2016), 『2016 통계로 보는 여성의 삶』.
표정옥(2009), 「이청준 소설의 영상화 과정의 생성원리로 작용하는 원형적 신화 상상력에 대한 연구 - 영화 〈서편제〉·〈축제〉·〈밀양〉·〈천년학〉을 대상으로 -」, 『서강인문논총』, 25, 265-287.
한국소비자원(2000), 「상조회사 운영 및 이용실태 조사」.
_____(2005), 「상조업 관련 소비자피해 실태조사」.
한규량(2004), 「한국장례문화 개선 방안: 충북 장묘문화의 실태와 개선방안」, 제23회 충북사회복지포럼 발표논문.

한선민(2016), 「광고윤리의 기초와 성격」, 『마케팅』, 50(8), 40-48.

한양대학교 법학연구소(2007), 『상조업 업종관리 방안 연구』, 공정거래위원회.

한은경·류은아(2003), 「기업의 사회 책임 활동이 구매 의도에 미치는 영향에 관한 연구」, 『광고연구』, 60, 155-177.

한은혜·하영미(2016), 「병원간호사의 자아존중감, 사회적지지, 간호조직문화, 직장 내 괴롭힘 행위와 직장 내 괴롭힘 결과의 관계」, 『간호행정학회지』, 22(3), 303-312.

허대석(2018), 『우리의 죽음이 삶이 되려면』, 글항아리.

홍익대학교 법학연구소(2004), 『상조회사 운영실태 분석 및 거래개선 방안 연구』, 공정거래위원회.

Adams, Kathleen M.(2015), "Families, Funerals and Facebook: Reimag(in)ing and 'Curating' Toraja Kin in Trans-local Times," *TRaNS: Trans-Regional and -National Studies of Southeast Asia*, 3(2), 239-266.

Albrecht, Chad et al.(2010), "The Relationship between South Korean Chaebols and Fraud," *Management Research Review*, 33(3), 257-268.

Alford, Fred C.(1999), *Think No Evil: Korean Values in the Age of Globalization*, Cornell University Press.

Amnesty International(2017), "Republic of Korea: Authorities fail to protect human rights."

Archer, Margaret S.(1989), *Culture and Agency: The Place of Culture in Social Theory*, Revised edition, Cambridge University Press.

_____(1995), *Realist Social Theory: The Morphogenetic Approach*, Cambridge University Press.

_____(2000), *Being Human: The Problem of Agency*, Cambridge University Press.

_____(2003), *Structure, Agency, and the Internal Conversation*, Cambridge University Press.

_____(2007), *Making our Way through the World: Human Reflexivity and Social Mobility*, Cambridge University Press.

_____(2010), "Morphogenesis versus Structuration: On Combining Structure and Action," *British Journal of Sociology*, 67(s1), 225-252.

Autton, Norman(1966), *The Pastoral Care of the Dying*, S.P.C.K.

Balkan, Osman(2016), "Between Civil Society and the State: Bureaucratic Competence and Cultural Mediation among Muslim Undertakers in Berlin," *Journal of Intercultural Studies*, 37(2), 147-161.

Batra, Rajeev, John G. Myers, and David A. Aaker(1996), *Advertising Management*, Prentice Hall.

Bhaskar, Roy(1978), *A Realist Theory of Science*, Harvester Press.

_____(1979), *The Possibility of Naturalism: A Philosophical Critique of the Contemporary Human Sciences*, Harvester Press.

_____(1986), *Scientific Realism and Human Emancipation*, The Thetford Press.

_____(1989), *Reclaiming Reality: A Critical Introduction to Contemporary Philosophy,* Verso.

Blanchflower, David G. and Andrew J. Oswald(2008), "Is well-being U-shaped over the life cycle?," *Social Science and Medicine*, 66(8), 1733-1749.

Bloch, Maurice and Jonathan Parry(1982), *Death and the Regeneration of Life*, Cambridge University Press.

Brown, Penelope and Stephen C. Levinson(1987), *Politeness: Some Universals in Language Usage*, Cambridge University Press.

Brubaker, Roger(1984), *The Limits of Rationality: An Essay on the Social and Moral Thought of Max Weber*, Allen and Unwin.

Chan, Chee Hon et al.(2014), "Suicide Rates among Working-Age Adults in South Korea before and after the 2008 Economic Crisis," *Journal of Epidemiology and Community Health*, 68(3), 246-252.

Chang, Kyung-Sup(1999), "Compressed Modernity and its Discontents: South Korean Society in Transition," *Economy and Society*, 28(1), 30-55.

Chang, Shu-Sen et al.(2009), "Was the Economic Crisis 1997-1998 Responsible for Rising Suicide Rates in East/Southeast Asia? A Time-Trend Analysis for Japan, Hong Kong, South Korea, Taiwan, Singapore and Thailand," *Social Science and Medicine*, 68(7), 1322-1331.

Choi, Hyup(1987), "Industrialization, Urbanization and Family Change in Korea," *Akademika*, 30(1), 49-58.

Chung, Byung-Ho(2001), "Changes in Korean Family Structure and the Conflicts of Ideology and Practice in Early Socialization," *Korea Journal*, 41(4), 123-143.

Clayden, Andy(2004), "Natural Burial, British Style," *Landscape Architecture*, 94(5), 68-75.

Clayton, John(2009), "Thinking Spatially: Towards an Everyday Understanding of Inter-Ethnic Relations," *Social and Cultural Geography*, 10(4), 481-498.

Coetzee, Cerneels A., Tania Maree, and Neels van Heerden(2014), "The Marketing of an Unsought Service through an Unobtrusive Medium: A Content Analysis of the Websites of Members of the National Funeral Directors Association of South Africa," *Communicare: Journal for Communication Sciences in Southern Africa,* 33(1), 35-56.

Collier, Andrew(1994), *Critical realism: An introduction to Roy Bhaskar's philosophy*, Verso.

Corbin, Juliet M. and Anselm Strauss(1990), "Grounded Theory Research: Procedures, Canons, and Evaluative Criteria," *Qualitative Sociology*, 13(1), 3-21.

Coriolis(1967), *Death, Here is Thy Sting*, McClelland and Stewart.

Cressey, Donald R.(1953), *Other People's Money: A Study in the Social Psychology of Embezzlement*, Free Press.

Danely, Jason(2014), *Aging and Loss: Mourning and Maturity in Contemporary Japan*, Rutgers University Press.

Danermark, Berth et al.(2001), *Explaining Society: An Introduction to Critical Realism in Social Sciences*, Routledge.

Desjarlais, Robert(2016), *Subject to Death: Life and Loss in a Buddhist World*, University of Chicago Press.

Di Tella, Rafael, Robert J. MacCulloch, and Andrew J. Oswald(2003), "The Macroeconomics of Happiness," *Review of Economics and Statistics*, 85(4), 809-827.

Dobson, Andrew(2014), *Listening for Democracy: Recognition, Representation, Reconciliation*, Oxford University Press.

Drumwright, Minette E. and Patrick E. Murphy(2004), "How Advertising Practitioners View Ethics: Moral Muteness, Moral Myopia, and Moral Imagination," *Journal of Advertising*, 33(2), 7-24.

Gittings, Clare(1997), "Expressions of Loss in Early Seventeenth-Century England," in Peter C. Jupp and Glennys Howarth, eds., *The Changing Face of Death: Historical Accounts of Death and Disposal*, MacMillan Press and St. Martin's Press, 19-33.

Glaser, Barney G. and Anselm L. Strauss(1967), *The Discovery of Grounded Theory: Strategies for Qualitative Research*, Weidenfeld.

Grayson, James H.(2002), *Korea: A Religious History*, Clarendon Press.

_____(2009), "Ch'udo Yebae: A Case Study in the Early Emplantation of Protestant Christianity in Korea," *Journal of Asian Studies*, 68(2), 413-434.

Han, Gil-Soo(2010), "International Medical Graduates in Australian News: A Media Narrative Analysis," *Journal of Health Organization and Management*, 24(3), 237-257.

_____(2012a), *Korean Diaspora and Media in Australia: In Search of Identities*, University Press of America.

_____(2012b), "Nouveau-Riche Racism and 'Pure Blood' Nationalism at Grassroots Level in the Korean Internet Space: A Media Narrative Analysis," Australia and New Zealand Communications Association Conference Paper.

_____(2013), "Oppan Gangnam Style: Psy's Popularity and its Social Significance in Contemporary Korea," *International Review of Korean Studies*, 10(1), 91-115.

_____(2015), "K-Pop Nationalism: Celebrities and Acting Blackface in the Korean Media," *Continuum*, 29(1), 2-16.

_____(2016a), "Funeral Capitalism: Commodification and Digital Marketing of Funeral Services in Contemporary Korea," *Korean Studies*, 40, 58-77.

_____(2016b), *Nouveau-Riche Nationalism and Multiculturalism in Korea: A Media Narrative Analysis*, Routledge.

Han, Gil-Soo and Rachel Sharp(1997), "Economic Development in South Korea: By-Product of Military Regimes," *Policy, Organisation and Society*, 14(1), 23-39.

Han, Gil-Soo and Carmel Davies(2006), "Ethnicity, Health and Medical Care: Towards a Critical Realist Analysis of General Practice in the Korean Community in Sydney," *Ethnicity and Health*, 11(4), 409-430.

Han, Gil-Soo, Helen Forbes-Mewett, and Wilfred Y. Wang(2018), "My Own Business, Not My Children's: Negotiating Funeral Rites and the Mobility and Communication Juncture among Chinese Migrants in Melbourne," *Mobilities*, 13(5), 761-775.

Han, Gil-Soo and John Budarick(2018), "Overcoming the New Kids on the Block Syndrome: The Media 'Endorsement' on Discrimination against African-Australians," *Continuum*, 32(2), 213-223.

Han, Taejoon(2014), "Book Review: The Korean Economic Development Path: Confucian Tradition, Affective Network," *Journal of Asian Studies*, 73(4), 1140-1141.

Harmer, Ruth M.(1963), *The High Cost of Dying*, Collier Macmillan.

Helliwell, John F. and Haifang Huang(2008), "How's Your Government? International Evidence Linking Good Government and Well-Being," *British Journal of Political Science*, 38(4), 595-619.

Hockey, Jenny(2002), "The Importance of Being Intuitive: Arnold Van Gennep's Rites of Passage," *Mortality*, 7, 210-217.

Hofstede, Geert(2001), *Culture's Consequences: Comparing Values, Behaviors, Institutions, and Organizations across Nations*, Sage.

Hong, Jihyung and Martin Knapp(2014), "Impact of Macro-Level Socio-Economic Factors on Rising Suicide Rates in South Korea: Panel-Data Analysis in East Asia," *Journal of Mental Health Policy and Economics*, 17(4), 151-162.

Hong, Kang-E. M.(2006), "Impacts of Rapid Social and Family Changes on the Mental Health of Children in Korea," *Psychiatry Investigation*, 3(1), 6-25.

Horlyck, Charlotte(2008), "Confucian Burial Practices in the Late Goryeo and Early Joseon Periods," *Review of Korean Studies*, 11(2), 33-58.

_____(2013), "Desirable Commodities - Unearthing and Collecting Koryŏ Celadon Ceramics in the Late Nineteenth and Early Twentieth Centuries," *Bulletin of the School of Oriental and African Studies*, 76(3), 467-491.

_____(2014), "The Eternal Link: Grave Goods of the Koryŏ Kingdom (918-1392 CE)," *Ars Orientalis*, 44, 156-

179.

Horlyck, Charlotte and Michael J. Pettid(2014), *Death, Mourning, and the Afterlife in Korea: Ancient to Contemporary Times*, University of Hawaii Press.

Howarth, Glennys(1997), "Professionalising the Funeral Industry in England 1700-1960," in Peter C. Jupp and Glennys Howarth, eds., *The Changing Face of Death: Historical Accounts of Death and Disposal*, MacMillan Press and St. Martin's Press, 120-134.

_____(2007), *Death and Dying: A Sociological Introduction*, Polity Press.

Hsieh, Hsiu-Fang and Sarah E. Shannon(2005), "Three Approaches to Qualitative Content Analysis," *Qualitative Health Research*, 15(9), 1277-1288.

Hunter, Alistair(2016a), "Deathscapes in Diaspora: Contesting Space and Negotiating Home in Contexts of Post-Migration Diversity," *Social and Cultural Geography*, 17(2), 247-261.

_____(2016b), "Staking a Claim to Land, Faith and Family: Burial Location Preferences of Middle Eastern Christian Migrants," *Journal of Intercultural Studies*, 37(2), 179-194.

Ikels, Charlotte(2004), "Introduction," in Charlotte Ikels, ed., *Filial Piety: Practice and Discourse in Contemporary East Asia*, Stanford University Press, 1-15.

Janelli, Roger L. and Dawnhee Yim(2004), "The Transformation of Filial Piety in Contemporary South Korea," in Charlotte Ikels, ed., *Filial Piety: Practice and Discourse in Contemporary East Asia*, Stanford University Press, 128-152.

Ji, Yingchun(2015), "Asian Families at the Crossroads: A Meeting of East, West, Tradition, Modernity, and Gender," *Journal of Marriage and Family*, 77(5), 1031-1038.

Jupp, Peter C. and Glennys Howarth, eds.(1997), *The Changing Face of Death: Historical Accounts of Death and Disposal*, MacMillan Press and St. Martin's Press.

Jupp, Peter C. et al.(2017), *Cremation in Modern Scotland: History, Architecture and the Law*, Birlinn Ltd.

Jwa, Sung-Hee(2017), *The Rise and Fall of Korea's Economic Development: Lessons for Developing and Developed Economies*, Palgrave Macmillan.

Kawano, Satsuki(2003), "Book Review: *The Price of Death: The Funeral Industry in Contemporary Japan*," *American Anthropologist*, 105(2), 471-473.

Kearl, Micheal C.(1989), *Endings: A Sociology of Death and Dying*, Oxford University Press.

Kellehear, Allan(2007), *A Social History of Dying*, Cambridge University Press.

Kendall, Laurel(1996a), *Getting Married in Korea: Of Gender, Morality, and Modernity*, University of California.

_____(1996b), "Korean Shamans and the Spirits of Capitalism," *American Anthropologist*, 98(3), 512-527.

Kim, Hyo-Jung(2017), "Married South Korean Migrants with Children in Australia: Investigation of Their Acculturation," Ph.D. Dissertation in Psychology of Queensland University of Technology.

Kim, Hyung-A(2004), *Korea's Development under Park Chung Hee*, RoutledgeCurzon.

Kim, Hyung-A and Clark W. Sorensen(2015), *Reassessing the Park Chung Hee Era, 1961-1979*, University of Washington Press.

Kim, Sung-Won(2009), "Social Changes and Welfare Reform in South Korea: In the Context of the Late-Coming Welfare State," *International Journal of Japanese Sociology*, 18(1), 16-32.

Kwon, Jin-Woo, Heeran Chun, and Sung-il Cho(2009), "A Closer Look at the Increase in Suicide Rates in South Korea from 1986-2005," *BMC Public Health*, 9(72), 1-9.

Langford, Jean M.(2009), "Gifts Intercepted: Biopolitics and Spirit Debt," *Cultural Anthropology*, 24(4), 681-711.

Lee, Hyung Song(1996), "Change in Funeral Customs in Contemporary Korea," *Korea Journal*, 36(2), 49-60.

Lee, Jae Kyung(2011), "Imagining the South Korean Family Beyond Patriarchy," in Korean Family Studies Association, ed., *Korean Families: Continuity and Change*, Seoul National University Press, 245-270.

Lee, Yoonkyung(2015), "Labor after Neoliberalism: The Birth of the Insecure Class in South Korea," *Globalizations*, 12(2), 184-202.

Lew, Seok-Choon(2013), *The Korean Economic Development Path: Confucian Tradition, Affective Network*, Palgrave Macmillan.

Lie, John(1998), *Han Unbound: The Political Economy of South Korea*, Stanford University Press.

Lomborg, Kirsten and Marit Kirkevold(2003), "Truth and Validity in Grounded theory - A Reconsidered Realist Interpretation of the Criteria: Fit, Work, Relevance and Modifiability," *Nursing Philosophy*, 4(3), 189-200.

Marmot, Michael(2017), "Social Justice, Epidemiology and Health Inequalities," *European Journal of Epidemiology*, 32, 537-546.

McManners, John(1981), *Death and the Enlightenment: Changing Attitudes to Death among Christians and Unbelievers in Eighteenth-Century France*, Clarendon Press.

McManus, Ruth(2013), *Death in a Global Age*, Palgrave Macmillan.

Mertens, Donna M.(2009), *Transformative Research and Evaluation*, The Guilford Press.

Milner, Allison, Andrew Page, and Anthony D. LaMontagne(2013), "Duration of Unemployment and Suicide in Australia over the Period 1985-2006: An Ecological Investigation by Sex and Age during Rising versus Declining National Unemployment Rates," *Journal of Epidemiology and Community Health*, 67(3), 237-244.

Mitford, Jessica(1963), *The American Way of Death*, Simon and Schuster.

Moshe, Mira(2014), *The Emotions Industry*, Nova Science Publishers.

Murakami, Haruki(2000), *Norwegian Wood*, Harvill Press.

OECD(2016), "OECD Better Life Index."

Oliver, Caroline(2004), "Cultural Influence in Migrants' Negotiation of Death. The Case of Retired Migrants in Spain," *Mortality*, 9(3), 235-254.

Oliver, Carolyn(2012), "Critical Realist Grounded theory: A New Approach for Social Work Research," *British Journal of Social Work*, 42(2), 371-387.

Olsen, Wendy(2004), "Methodological Triangulation and Realist Research: An Indian Exemplar," in Bob Carter and Caroline New, eds., *Making Realism Work: Realist Social Theory and Empirical Research*, Routledge, 135-150.

Park, Chang-Won(2010a), *Cultural Blending in Korean Death Rites: New Interpretive Approaches*, Continuum.

_____(2010b), "Funeral Transformations in Contemporary South Korea," *Mortality*, 15(1), 18-37.

Park, David M. and Julian C. Muller(2014), "The Challenge that Confucian Filial Piety Poses for Korean Churches," *HTS: Teologiese Studies*, 70(2), 1-8.

Park, Hong-Jae(2015a), "Legislating for Filial Piety: An Indirect Approach to Promoting Family Support and Responsibility for Older People in Korea," *Journal of Aging and Social Policy*, 27(3), 280-293.

Park, Sangyoub(2015b), "A Silent Revolution in the Korean Family," *Contexts*, 14(2), 77-79.

Peters, John D.(1999), *Speaking into the Air: A History of the Idea of Communication*, University of Chicago Press.

Peterson, Chris L.(2003), "Work Stress: Studies of the Context, Content and Outcomes of Stress: A Book of Readings," Baywood Pub.

Porpora, Douglas V.(2015), *Reconstructing Sociology: The Critical Realist Approach*, Cambridge University Press.

Potter, James W.(2014), "A Critical Analysis of Cultivation Theory," *Journal of Communication*, 64(6), 1015-1036.

Queenan, Joe(2001a), *Balsamic Dreams: A Short but Self-Important History of the Baby Boomer Generation*, 1st edition, Henry Holt & Co.

_____(2001b), ""I don't do grief" while Baby Boomers Rest-in-Peace, Their Funerals Have Become Hell-on-Earth," *The American Spectator*, 34(5), 53-58.

Redman-MacLaren, Michelle and Jane Mills(2015), "Transformational Grounded theory: Theory, Voice, and Action," *International Journal of Qualitative Methods*, 14(3), 1-12.

Robinson, Michael(1991), "Perceptions of Confucianism in Twentieth-Century Korea," in Gilbert Rozman, ed.,

The East Asian Region: Confucian Heritage and its Modern Adaptation, Princeton University Press, 204-225.

Sayer, Andrew(1992), *Method in Social Science: A Realist Approach*, Routledge.

_____(2000), *Realism and Social Science*, Sage.

Scott, David(2005), "Critical Realism and Empirical Research Methods in Education," *Journal of Philosophy of Education*, 39(4), 633-646.

Shin, Gi-Wook(2006), *Ethnic nationalism in Korea: Genealogy, Politics, and Legacy*, Stanford University Press.

Simmel, Georg(1971a), *Georg Simmel On Individuality and Social Forms*, Donald N. Levine, ed., University of Chicago Press.

_____(1971b), "The Transcendent Character of Life," in Donald N. Levine, ed., *Georg Simmel On individuality and social forms*, University of Chicago Press, 353-374.

Smith, Robert(1992), "The Living and the Dead in Japanese Popular Religion," Columbia University Modern Japan Seminar.

Sorensen, Clark and Sung-Chul Kim(2004), "Filial Piety in Contemporary Urban Southeast Korea: Practices and Discourses," in Charlotte Ikels, ed., *Filial Piety: Practice and Discourse in Contemporary East Asia*, Stanford University Press, 153-181.

Standaert, Nicolas(2011), *The Interweaving of Rituals: Funerals in the Cultural Exchange between China and Europe*, University of Washington Press.

Steptoe, Andrew, Angus Deaton, and Arthur A. Stone(2015), "Subjective Wellbeing, Health, and Ageing," *Lancet*, 385, 640-648.

Strauss, Anselm L. and Juliet Corbin(1990), *Basics of Qualitative Research: Grounded Theory Procedures and Techniques*, Sage.

Suh Moongi(2011), "State Intervention, Economic Growth, and Income Inequality in South Korea," *Korea Observer*, 42(3), 413-429.

Sullivan, John L.(2013), *Media Audiences: Effects, Users, Institutions, and Power*, Sage.

Sutherland, Edwin H.(1949), *White Collar Crime*, Dryden Press.

Suzuki, Hikaru(1998), "Japanese Death Ritual in Transit: From Household Ancestors to Beloved Antecedents," *Journal of Contemporary Religion*, 13(2), 171-188.

_____(2002), *The Price of Death: The Funeral Industry in Contemporary Japan*, Stanford University Press.

Swedberg, Richard(1998), *Max Weber and the Idea of Economic Sociology*, Princeton University Press.

Taylor, Carolyn and Susan White(2001), "Knowledge, Truth and Reflexivity: The Problem of Judgment in

Social Work," *Journal of Social Work*, 1(1), 37-59.

Travits, Margit(2008), "Representation, Corruption, and Subjective Well-Being," *Comparative Political Studies*, 41(12), 1607-1630.

Weber, Max(1958), *The Protestant Ethic and the Spirit of Capitalism*, Talcott Parsons, trans., Charles Scribner's Sons.

Weinstein, Deena and Michael A. Weinstein(1989), "Simmel and the Dialectic of the Double Boundary: The Case of the Metropolis and Mental Life," *Sociological Inquiry*, 59(1), 48-59.

Wernick, Andrew(1995), "Selling Funerals, Imaging Death," in Mike Featherstone and Andrew Wernick, eds., *Images of Aging: Cultural Representations of Later Life*, Routledge, 280-293.

Winch, Peter(1958), *The Idea of a Social Science and its Relation to Philosophy*, Routledge and Kegan Paul.

Yoon, Hong-Key(2006), *The Culture of Fengshui in Korea: An Exploration of East Asian Geomancy*, Lexington Books.

[ㅇ]